国家教师资格考试专用教材

# 综合素质

## 中学

山香教师资格考试命题研究中心　主编

首都师范大学出版社
CAPITAL NORMAL UNIVERSITY PRESS

**图书在版编目(CIP)数据**

综合素质. 中学/山香教师资格考试命题研究中心主编. —北京:首都师范大学出版社,2015.6(2019.9 重印)

国家教师资格考试专用教材

ISBN 978 - 7 - 5656 - 2384 - 4

Ⅰ. ①综… Ⅱ. ①山… Ⅲ. ①教师素质—中学教师—资格考试—教材 Ⅳ. ①G451.6

中国版本图书馆 CIP 数据核字(2015)第 130999 号

国家教师资格考试专用教材

**ZONGHE SUZHI ZHONGXUE**

**综合素质 · 中学**

山香教师资格考试命题研究中心　主编

---

策划编辑　张文强

责任编辑　曹亮亮　王慕飞　　　封面设计　山香教育

首都师范大学出版社出版发行

地　　址　北京市西三环北路 105 号

邮　　编　100048

咨询电话　010 - 68418523(总编室)　　010 - 68982468(发行部)

网　　址　http://cnupn.cnu.edu.cn

印　　刷　河南黎阳印务有限公司

经　　销　全国新华书店

版　　次　2015 年 8 月第 1 版

印　　次　2019 年 9 月第 14 次印刷

开　　本　889mm × 1194mm　1/16

印　　张　20

字　　数　512 千

定　　价　56.00 元

---

# 前言

国家教师资格考试作为从事教师行业的入门级考试，主要测查报考者应知应会的基本知识和所要具备的教师专业素养。其所考查的知识因内容繁杂而让考生在备考时无从下手。通过分析近几年的考试情况，我们发现国家教师资格考试对知识点的考查越来越全面、细致，对考生的专业知识和文化素养提出了更高要求。主要有以下三个方面的表现：

**表现 1：难度增加，创新性强**——命题方式更加灵活，结合教学实例考查的题目增多，更注重考查报考者的素养，增加了试题难度。

**表现 2：考查点更加细致，针对性强**——契合报考学段学生特征的题目明显增多，题目更有针对性，考点更加细致。

**表现 3：主观题命题灵活，凸显综合能力**——材料（案例）分析题和教学设计题灵活性更强，要求也更为具体。

基于以上考情变化，我们认为教师资格考试的难度有增无减，考生若想在较短的时间里通过考试，仍需披荆斩棘、百炼成钢。为此，我们建议：一是在宏观上把控知识，对教材知识一定要系统复习；二是在微观上根据重难点知识有针对性地掌握；三是合理掌握一些应试技巧。

为此，我们在 2019 版教材的基础上，重新梳理内容，精心策划设计 2020 版教材，力求使考生备考更加高效。

## 特色 1» 精研考情 内容全面

本教材秉承"只为考试而生，仅为过关而作"的理念，以考试大纲为"标尺"，通过对历年真题的分析，将考试涉及的知识点进行汇总，并依据命题方式、出现频次，对汇总的知识点进行"瘦身"。这样做的好处是摒除无用的知识，保证教材上每一句话都是命题点。同时采取漫画（图示）助解、真题对接、知识视野等多种呈现形式，使教材更加有趣、有颜、有内涵。

## 特色 2» 技巧点拨 方法实用

能解决题目的方法才是好方法，能得高分的技巧才是好技巧。本教材摒除传统教材纯文字讲述、语句冗长，缺乏针对性的缺点，设计增加"应试指导""考向分析""山香指导"等多个模块，使教材更具实用性。同时，针对材料（案例）分析、教学设计、写作等"大题"，特别撰写了答题指导和解题方法。变学习记忆型考试为技能型考试，减轻考生学习负担，提高学习效率。

## 特色 3» 学练结合 稳步提升

本教材在内文中有针对性地穿插真题，使考生知晓具体的考题形式。在每一章的最后特设"强化练习"模块，精选大量和真题同类型的考题并附详尽解析。考生可通过适当的训练，学练结合，稳步提升能力。

本教材所用真题，均来源于网络和考生回忆。殷切期待广大考生给我们提出宝贵意见，促进我们更快成长，让山香图书帮助更多的人。

**山香教师资格考试命题研究中心**

# 图解教材

## 1 考向分析

明晰备考重点，提高效率，洞察考试趋势，成竹在胸。

**考向分析**

本节主要介绍教育观、素质教育的内涵与外延、素质教育的任务与要求、素质教育的根本目的、实施素质教育的途径与方法以及素质教育的运用。相关知识点考频分析如下表：

| 考点 | 考查频率 | 题型 | 重要程度 |
| --- | --- | --- | --- |
| 素质教育的内涵 | 7 | 单项选择、材料分析 | ★★★ |
| 素质教育的外延 | 1 | 单项选择 | ★ |
| 素质教育的根本目的 | 1 | 单项选择 | ★ |

## 2 思维导图

梳理考点脉络，勾勒认知地图，了解知识框架。

**思维导图**

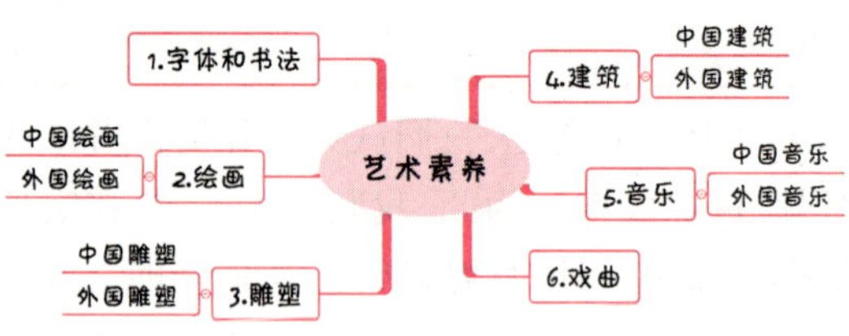


## 3 考点精讲

总结本章核心内容，巩固基础知识，查漏补缺。

**考点精讲**

一、传统思想 考点1

（一）先秦诸子百家

春秋战国时期，社会经济发展，政治主张和哲学看法的不同，形成了“百家争鸣”的学术繁荣局面。主要有儒、墨、道、法等诸家。

| 主要流派 | 代表人物 | 作品 | 主张 |
| --- | --- | --- | --- |
|  | 孔子 | 《论语》 | 核心思想：“礼”和“仁”，希望恢复西周的礼乐制度，主张“克己复礼”；重视伦理道德教育和人的自身修养，提倡“以德治国”；在教育上，首创私学，主张“有教无类” |

## 4 山香指导

名师指导，重难点、易错点点拨，规避误区。

山香指导 《中小学教师职业道德规范》的主要内容可以概括为“三爱两人一终身”，“三爱”即爱国守法、爱岗敬业、关爱学生；“两人”即教书育人、为人师表；“一终身”就是终身学习。

## 5 知识视野

开阔考生视野，完善知识体系，增补关联知识，内容趋近完美。

**知识视野**

《新时代中小学教师职业行为十项准则》

教师是人类灵魂的工程师，是人类文明的传承者。长期以来，广大教师贯彻党的教育方针，教书育人，呕心沥血，默默奉献，为国家发展和民族振兴作出了重大贡献。新时代对广大教师落实立德树人根本任务提出新的更高要求，为进一步增强教师的责任感、使命感、荣誉感，规范职业行为，明确师德底线，引导广大教师努力成为有理想信念、有道德情操、有扎实学

# 目录



## 第一章 职业理念

### 第一节 教育观



### 第二节 学生观



### 第三节 教师观



核心考点索引

## 第二章 教育法律法规

# 第三章 教师职业道德

## 第一节 教师职业道德规范



## 第二节 教师的职业行为



# 第四章 文化素养

## 第一节 历史素养

## 第二节 科学素养



## 第三节 传统文化素养



## 第四节 文学素养

# 应 试 指 导

## 综合素质(中学)

### 一、考情分析

综合素质作为教师资格考试统考的科目一,主要考查申请教师资格人员的知识、能力和素养:具有先进的教育理念;具有良好的法律意识和职业道德;具有一定的文化素养;具有阅读理解、语言表达、逻辑推理和信息处理等基本能力。题目的综合和实践性较强,对考生综合能力要求高。综合素质考试内容包括职业理念、教育法律法规、教师职业道德、文化素养和基本能力。近几年来,综合素质考试分级分类命题呈现出**稳中有变、力求创新**的特点,彰显了考试命题的科学性和针对性,具体表现如下。

一方面,考试题型基本稳定,分为单项选择题、材料分析题、写作题三个题型,考试时间为 120 分钟,总分值为 150 分,题型、题量、分值具体分布如下:

| 题型 | 题量 | 每题分值 | 总分 | 合计 |
|---|---|---|---|---|
| 单项选择题 | 29 | 2 | 58 | 150 |
| 材料分析题 | 3 | 14 | 42 | |
| 写作题 | 1 | 50 | 50 | |

另一方面,每年在题量不变的情况下,各模块内知识点分值及考查方向略有不同,且难度在增加。例如,教育法律法规部分,近年加大了对宪法的考查,内容更加复杂,且随着教育改革的深入,必然会加大对课程理念、学生素养的考查。

### 二、题型解读

#### (一)单项选择题

单项选择题在综合素质学科中主要考查职业理念、教育法律法规、教师职业道德、文化素养和基本能力中的信息处理及推理判断,考查覆盖面广。在历年真题中,各模块题量基本稳定,其中,职业理念 4 道,教育法律法规 8 道,教师职业道德 4 道,文化素养 9 道,信息处理 2 道,逻辑思维 2 道。单项选择题总题量稳定在 29 道,分值 58 分,约占试卷总分值的 39%。

**1. 职业理念**

职业理念主要包括教育观、学生观和教师观,主要考查的知识点包括素质教育的内涵、“以人为本”的学生观、新课程倡导的教师观等。下表为单项选择题在职业理念各节中的题量分布:

| 节名 | 2019(上) | 2018(下) | 2018(上) | 2017(下) | 2017(上) | 2016(下) | 题量 |
|---|---|---|---|---|---|---|---|
| 教育观 | 2 | 1 | 2 | 1 | 1 | 2 | 4~5 道 |
| 学生观 | 1 | 1 | 1 | 2 | 2 | 1 | |
| 教师观 | 2 | 2 | 1 | 1 | 1 | 1 | |

历年真题中对这部分知识,一般以理论知识与案例相结合的方式考查。题目形式为:题干给出一段教育教学情境或一幅漫画或一句名言,根据教师职业理念相关知识,分析判断材料中的教师(学校)行为或者

蕴含的道理。

【2019 年上半年真题】某中学校长对素质教育检查组说:“我们学校对素质教育十分重视,课外活动开展得丰富多彩,有科技小组、美术小组、音乐小组……但现在学生正在上课,下午课外活动时,请你们指导。”该校长对素质教育的理解( )

A. 不正确,素质教育不等于课外活动

B. 不正确,素质教育不包括兴趣小组

C. 正确,素质教育要开展课外活动

D. 正确,素质教育要组建兴趣小组

【答案】A。解析:题目中校长把素质教育简单地当成是各式各样的课外活动,对素质教育的理解太片面。素质教育是促进学生全面发展的教育,实施素质教育必须坚持“五育”并举,促进学生生动活泼地发展。因此,素质教育不等于课外活动。

【2019 年上半年真题】张老师在教学中经常考虑的问题是:“对班上不同层次的学生,我用哪些方法教学更有效呢?”“这些材料适不适合所有学生?”张老师所处的教师专业发展阶段是( )

A. 关注发展阶段　B. 关注生存阶段　C. 关注情境阶段　D. 关注学生阶段

【答案】D。解析:处于“关注学生阶段”的教师将考虑学生的个别差异,认识到不同发展水平的学生有不同的需要,某些教学材料和方式不一定适合所有学生。题干中张老师所处的教师专业发展阶段是关注学生阶段。

**2. 教育法律法规**

教育法律法规主要包括教育法律法规概述、教师的权利与义务、学生的权利及其保护,主要考查的知识点包括《中华人民共和国教育法》、《中华人民共和国义务教育法》、《中华人民共和国未成年人保护法》、《学生伤害事故处理办法》、《国家中长期教育改革和发展规划纲要(2010—2020 年)》、教师的权利、学生的权利及其保护等。下表为单项选择题在教育法律法规各节中的题量分布:

| 节名 | 2019(上) | 2018(下) | 2018(上) | 2017(下) | 2017(上) | 2016(下) | 题量 |
|---|---|---|---|---|---|---|---|
| 教育法律法规概述 | 5 | 5 | 5 | 4 | 4 | 4 | 8 道 |
| 教师的权利与义务 | 2 | 1 | 1 | 1 | 1 | 1 | |
| 学生的权利及其保护 | 1 | 2 | 2 | 3 | 3 | 3 | |

历年真题中对这部分知识,一般以法律法规知识与案例相结合的方式考查。题目形式为:题干给出一段与教育教学实践相关的情境,分析教师或其他行为主体的具体做法的正误;给出一段与教育教学实践相关的情境,分析相应事故的责任主体;直接对相关教育法律法规条文进行考查。

【2019 年上半年真题】某中学教师黄某认为自己学历和能力都已达标,拒绝参加教育行政部门利用假期组织的教师培训活动。黄某的做法( )

A. 正确,教师可以放弃个人权利

B. 不正确,教师不能放弃培训的权利

C. 正确,教师享有专业自主权利

D. 不正确,提升业务水平是教师义务

【答案】D。解析:根据《中华人民共和国教师法》第八条规定,教师应当履行不断提高思想政治觉悟和教育教学业务水平的义务。

【2019 年上半年真题】17 岁的高中生江某涉嫌犯罪被采取刑事强制措施,案件尚在审理阶段,所在学校以此为由取消了其学籍。该校做法( )

A. 合法,学校可以取消江某学籍

B. 合法,学校有处罚学生的权力

C. 不合法,判决生效学校也不得取消江某学籍

D. 不合法,判决生效前学校不得取消江某学籍

【答案】D。解析:根据《中华人民共和国预防未成年人犯罪法》第四十四条规定,对于被采取刑事强制

措施的未成年学生,在人民法院的判决生效以前,不得取消其学籍。

**3. 教师职业道德**

教师职业道德主要包括教师职业道德规范和教师的职业行为,主要考查的知识点包括《中小学教师职业道德规范》(2008年)、正确处理与教师有关的几大关系。下表为单项选择题在教师职业道德各节中的题量分布:

| 节名 | 2019(上) | 2018(下) | 2018(上) | 2017(下) | 2017(上) | 2016(下) | 题量 |
|---|---|---|---|---|---|---|---|
| 教师职业道德规范 | 2 | 3 | 3 | 2 | 2 | 2 | 4~5道 |
| 教师的职业行为 | 2 | 2 | 1 | 2 | 2 | 2 | |

历年真题中对这部分知识,一般以教师职业道德理论知识与实践案例相结合的形式考查。题目形式为:题干给出一段与教育教学行为相关的情境,评价教师的行为体现或者违背的教师职业道德规范的具体要求。

【2019年上半年真题】方老师和家长联系紧密,要求家长每天检查孩子的学习情况,还从专业的角度要求家长完全按老师说的方法教育孩子。每当学生犯错,就把家长请到学校,共谋对策。方老师的做法(　　)

A. 不可取,不应把家长当作教师的"助教"　　B. 不可取,不应把教育的责任推卸给家长

C. 值得提倡,共同教育学生可以增强教育的效果　　D. 值得肯定,发挥了"闻道在先,学有专攻"的优势

**【答案】**A。**解析:**"为人师表"的教师职业道德规范,要求老师在处理与家长关系时应遵循的道德要求有:(1)主动与学生家长联系;(2)认真听取家长的意见和建议;(3)尊重学生家长的人格;(4)教育学生尊重家长。题干中的方老师看似认真负责,实则是把自己应该做的都全盘托付给了家长,把家长当作自己的"助教",这种做法是不可取的。

【2019年上半年真题】新学期开学,王老师在点名时,被"肖德枨"这个名字难住了。前两个字已经读出口了,第三个字到底读什么呢?"枨"字虽然能看清但恰好打印不如前两字清晰,他想凭感觉读一下,又怕读错了,一时间觉得非常尴尬。王老师的做法恰当的是(　　)

A. 承诺课后查字典　　B. 当场用手机查询

C. 立即向学生请教　　D. 借打印不清掩饰

**【答案】**C。**解析:**教师也有知识的盲点和缺陷,应该和学生一样做新知识的学习者与追求者。教师要真诚面对学生,不能也不必虚伪,这样才能赢得学生的信任和爱戴。题干中王老师遇到不会的字应该及时向同学请教,这样既能达到教学相长,也能赢得学生的尊重与爱戴。

**4. 文化素养**

文化素养主要包括历史素养、科学素养、传统文化素养、文学素养、艺术素养,主要考查的知识点包括中国历史常识、中国科技成就、中国传统文化、中国文学常识、中国艺术成就等。下表为单项选择题在文化素养各节中的题量分布:

| 节名 | 2019(上) | 2018(下) | 2018(上) | 2017(下) | 2017(上) | 2016(下) | 题量 |
|---|---|---|---|---|---|---|---|
| 历史素养 | 2 | 2 | 1 | 1 | 1 | 2 | 7~9道 |
| 科学素养 | 2 | 1 | 2 | 3 | 2 | 1 | |
| 传统文化素养 | 0 | 2 | 2 | 1 | 3 | 2 | |
| 文学素养 | 1 | 1 | 2 | 2 | 2 | 2 | |
| 艺术素养 | 2 | 2 | 1 | 1 | 1 | 2 | |

历年真题中对这部分知识的考查，主要有两个命题特点：一是基础知识点多，涉及面较广，如考查历史、科技、文化、文学、音乐、美术，甚至山川地理，考试内容驳杂；二是考点分布变动频繁，但是总题量稳定在9道左右，考查形式多种多样。

【2019年上半年真题】大航海时代，长期在海上航行的水手经常得坏血病，有些水手上岸后吃一些柑橘、蔬菜，坏血病就痊愈了。科学家研究发现，果蔬中存在着一种可治愈坏血病的物质。该物质是(　　)

A. 叶酸　　B. 维生素C

C. 谷氨酸　　D. 维生素B

【答案】B。解析：维生素C能抗坏血病，是广泛存在于新鲜水果蔬菜及许多生物中的一种重要的维生素。

【2019年上半年真题】中国是丝绸的故乡。下列传说人物中，首创种桑养蚕之法、抽丝织绢之术，被后世奉为“先蚕圣母”的是(　　)

A. 黄帝　　B. 神农　　C. 女娲　　D. 嫘祖

【答案】D。解析：嫘祖是我们先祖女性中的杰出代表，在嫘祖的倡导下，人们开始了栽桑养蚕的历史，后人为了纪念嫘祖这一功绩，就将她尊称为“先蚕娘娘”“先蚕圣母”。

**5. 基本能力**

基本能力主要包括信息处理能力和逻辑思维能力，主要考查的知识点包括计算机基础知识和办公软件Office的简单操作、概念推理、复合命题推理等，近两年还出现了类比推理、图形推理、数字推理，考生须悉数掌握。下表为单项选择题在基本能力各节中的题量分布：

| 节名 | 2019(上) | 2018(下) | 2018(上) | 2017(下) | 2017(上) | 2016(下) | 题量 |
|---|---|---|---|---|---|---|---|
| 信息处理能力 | 2 | 2 | 2 | 2 | 2 | 2 | 4道 |
| 逻辑思维能力 | 2 | 2 | 2 | 2 | 2 | 2 | |

历年真题中对这部分知识的考查，主要涉及计算机的基本操作和判断推理的基本知识，题量较少，信息处理能力和逻辑思维能力各两道。

【2019年上半年真题】在Word中，要实现在文档中添加特殊符号“※”。在默认设置下，首先选择的功能菜单是(　　)

A.“文件”　　B.“编辑”　　C.“格式”　　D.“插入”

【答案】D。解析：在“插入”选项卡下找到“符号”功能按钮，“符号”下拉菜单中点击“其他符号”，就可以找到题干中想要添加的特殊符号。

【2019年上半年真题】下列表述，与“并非‘只有本地人当经理，才能把企业搞好’”的判断一致的是(　　)

A. 要想把企业搞好，必须由本地人当经理　　B. 只要把企业搞好了，谁来当经理都可以

C. 不由本地人当经理，也可以把企业搞好　　D. 不由本地人当经理，就不能把企业搞好

【答案】C。解析：该题要求得出“只有本地人当经理，才能把企业搞好”的否命题，即否定“本地人当经理”，也可以得出“把企业搞好”。否定“本地人当经理”，也就是不由本地人当经理。故选C。

## 单项选择题解题方法

单项选择题的解题方法最常用的就是：“排除法”“优选法”“比较分析法”等。其中，“排除法”包括排谬、排对、排异、排重等。

“排谬法”把明显错误的选项排除(如题干要求选错的就把正确的排除)。

“排对法”把选项中一致、互相重复或能互相推出，选其一必能多选的成对选项排除。

“排异法”把与题意无关的选项排除。

“排重法”把与题干重复的排除。剩下的选项再用“优选法”把明显符合题意的选出，一般不会有多大问题。所谓“最符合题意”，主要是针对“正确”选项中的“最佳”选择而言的。

## （二）材料分析题

材料分析题在综合素质学科中主要考查职业理念、教师职业道德规范和阅读理解能力。考查形式相对固定，但是考查难度相对较深。在历年真题中，材料分析题题量稳定在 3 道，其中，职业理念（教育观、学生观、教师观）1 道；教师职业道德规范 1 道；阅读理解能力 1 道，分值 42 分，约占试卷总分值的 28%。

**1. 职业理念**

材料分析题在职业理念中的考查比较综合，主要考查教育观、学生观、教师观或三者综合考查，考查的知识点主要有素质教育的内涵、“以人为本”的学生观、新课程倡导的教师观、教师专业发展等。下表为职业理念类材料分析题在历年考试中的分布：

| 年份 | 2019（上） | 2018（下） | 2018（上） | 2017（下） | 2017（上） | 2016（下） |
|---|---|---|---|---|---|---|
| 主题 | 引导教学 | 陈老师的教学 | 提问的方式 | 欣赏“丝竹图” | 创新的美术课 | “异想天开”的汤老师 |
| 知识点 | 教师观 | 学生观 | 学生观 | 学生观 | 教育观 | 学生观 |

材料分析题第一题考查职业理念，此类题目比较固定，即题干给出一段 500 字左右，具体描述教育教学情境的文段，要求考生从职业理念（教育观、学生观、教师观亦或职业理念）角度，分析评价材料中教师的教育教学行为。

【2019 年上半年真题】**材料：**下面是李老师的教学札记中的一篇。

上学期，在我任教的初三（2）班上，有一位男生特别聪明，但对我所教的物理不感兴趣，成绩较差。他特别喜欢操作计算机，有时装载一些新软件，有时诊断一下计算机运行中的问题，还时不时编写一些小程序……如果我能对这位学生加以引导，应该能调动其学习的积极性。恰好我也正在学习现代教育技术，于是我利用课间特意跑到班级，向他请教计算机方面的问题。一次又一次，时间长了，他被我这样努力学习的精神所感动，我借机开导他：“计算机方面你是老师，我是学生，在问你之前我对计算机方面的这些问题一窍不通，觉得很难，无从入手，但我觉得只要我多问多学，就一定能掌握计算机知识。同样的，如果你能把学习计算机的那股劲放在学习物理上，你的成绩也一定会像我的计算机水平一样突飞猛进。”经过多次谈心，他终于有所触动，不仅学习上积极主动，而且经常与我探讨物理知识。期末时他的物理竟考了 95 分。

**问题：**请结合材料，从教师观的角度，评析李老师的教育行为。

**【答题指导】**首先，对教师行为做一个定性的概括，阐明教师的行为是否正确，阐明教师的行为是否符合教师的教育理念。在分析教师行为时，要辩证地看待。

其次，逐条分析教师的具体行为践行了或违背了哪一条具体理念，并结合材料详细阐述。

最后，对教师的行为进行总结。

在答题时，注意应在答题区域作答，超出答题区域作答的答案无效。同时，考生书写还须字迹工整、认真清晰，容易辨识。

**【参考答案】**材料中李老师的做法是合理的，符合新课改下的教师观要求，值得其他老师借鉴。

（1）教师要扮演好学生“学习的指导者”角色。教师要特别关注学习成绩不佳的学生，要善于激发学生的学习热情,培养学生自主学习的能力和习惯,调整学生的不良情绪和心态。材料中的李老师针对男生对物理不感兴趣,而喜欢并擅长计算机的现状,鼓励男生将学习计算机的热情与兴趣也放在物理上,最终提高了男生学习物理的兴趣。这说明李老师很好地扮演了学生"学习的指导者"这一角色。

(2)从教师与学生的关系看,教师是学生学习的促进者。教师作为学生学习能力的培养者,应努力成为学生学习的激发者,各种能力和积极个性的培养者。材料中的李老师在对男生进行教育时,一方面肯定了男生在学习计算机方面的成绩,同时借机将其学习计算机的兴趣迁移到学习物理上来,激发了男生学习物理的热情,男生物理成绩最终取得了进步。这表明,李老师很好地扮演了学生学习的促进者这一角色。

(3)在对待师生关系上,新课程强调尊重、赞赏。为了实现"为了每一位学生的发展"这一新课程的核心理念,教师要在尊重每一位学生的同时,还要学会发现学生的闪光点,学会赞赏每一位学生,包括赞赏学生的独特性、兴趣、爱好、专长等。从材料中李老师与男生的多次谈心中可以看出,李老师做到了对男生的尊重与赞赏。

(4)教师职业专业化要求教师要具有较高的职业道德素质,要做到热爱学生。材料中,李老师对男生的教育过程蕴含着对男生的关心与热爱。

(5)此外,李老师学习现代教育技术知识,是其提升自身专业能力的体现,同时也符合终身学习的要求。

综上所述,作为新时代的教育者,我们应该像李老师一样,不断地进行教师角色的转化,不断地引导学生、帮助学生,让学生在肯定和鼓励中不断体会到成功学习带来的快乐。

**2. 教师职业道德**

材料分析题在教师职业道德中的考查较单一,基本只考查《中小学教师职业道德规范》(2008年),考查的知识点包括爱岗敬业、关爱学生、教书育人、为人师表、终身学习。下表为教师职业道德规范类材料分析题在历年考试中的分布:

| 年份 | 2019(上) | 2018(下) | 2018(上) | 2017(下) | 2017(上) | 2016(下) |
|---|---|---|---|---|---|---|
| 主题 | 建立班集体 | 葛华和李强吵架 | 赵强的变化 | 孙老师开办补习班 | 安静的力量 | 夏老师与英语"学霸" |
| 知识点 | 爱岗敬业<br>关爱学生<br>教书育人<br>为人师表 | 爱岗敬业<br>关爱学生<br>教书育人 | 爱岗敬业<br>关爱学生<br>教书育人 | 爱岗敬业<br>为人师表<br>终身学习 | 关爱学生<br>教书育人<br>为人师表 | 爱岗敬业<br>关爱学生<br>教书育人<br>终身学习 |

材料分析题第二题考查教师职业道德,此类题目比较固定。命题方式:题干给出一段教育教学情境,要求考生从教师职业道德的角度,分析评价材料中教师的教育行为。

**【2019年上半年真题】材料:**初一新生刚刚离开小学,进入陌生的新环境,往往摸不着头绪。为了让他们尽快适应,我在接新班时,反复琢磨,采取了下列措施:

(1)建立家长微信群。一拿到学生信息,我马上建立了班级家长微信群,让家长第一时间了解孩子所在班级和班主任的情况,我也提前了解了学生和家长的情况。

(2)招募学生"志愿者"提前布置教室。为了让孩子和家长第一次进教室就能有一种温馨的感觉,我在班级里招募"志愿者"。请住得较近的孩子提前一天来校打扫布置教室,还特别招募几名有特长的学生为班级出第一期黑板报,呈现我的带班理念及经家长和学生讨论通过的班训和班名。劳动过程中,我一一拍照,并将照片发到微信群里。

(3)引导学生树立集体观念。对一个新班而言,让孩子们树立集体观念是首要任务。开学前,我在微信群里发起讨论和交流,耐心听取家长的意见。开学第一天,我不急于向孩子们宣布班规,而是先讲解我们的班训和班名。

同时,我还设立了各种为班级服务的“志愿者”岗位,如领取教材“志愿者”、领取校服“志愿者”……孩子们积极报名认领岗位,每个学生都成了班级“志愿者”,班级每一项工作都有“志愿者”在服务。

这样,我班学生的几十颗心很快就凝聚在一起,成为了一个有灵魂的集体。

**问题**:请结合材料,从教师职业道德的角度,评析“我”的教育行为。

**【答题指导】**建议考生采用总—分—总的形式作答,尽量做到逻辑清楚,条理清晰。

首先,考生需要对教师的行为做定性的概括,阐明教师行为的对错,明确教师的行为是否适合教师职业道德规范的要求。

其次,考生要逐条分析教师符合或违背教师职业道德的哪一条要求,并结合材料分析原因。

最后,考生要对教师的行为进行总结。

**【参考答案】**材料中“我”的教育行为符合《中小学教师职业道德规范》的相关要求,是值得肯定的。

(1)“爱岗敬业”的师德规范要求教师要“忠诚于人民教育事业,志存高远,勤恳敬业,甘为人梯,乐于奉献。对工作高度负责,认真备课上课,认真批改作业,认真辅导学生,不得敷衍塞责。”材料中教师对工作高度负责,在新生入学之初就注意引导他们适应新环境,说明他做到了爱岗敬业的师德要求。

(2)“关爱学生”的师德规范要求教师要“关心爱护全体学生,尊重学生人格,平等公正对待学生。对学生严慈相济,做学生的良师益友。”材料中教师为了让进入陌生的新环境的初一新生尽快适应,采取了一系列措施,同时该教师还确立了班规,引导学生树立集体观念。这些都是关爱学生的体现。

(3)“教书育人”的师德规范要求教师要“遵循教育规律,实施素质教育。循循善诱,诲人不倦,因材施教。培养学生良好品行,激发学生创新精神,促进学生全面发展。”材料中教师注意引导学生树立集体观念,并设立了各种为班级服务的“志愿者”岗位,使每一位学生都成为了班级“志愿者”,班级每一项工作都有“志愿者”在服务。这样有助于培养学生的良好品行,促进学生全面发展。这符合教书育人的师德要求。

(4)“为人师表”的师德规范要求教师要“关心集体,团结协作,尊重同事,尊重家长。”材料中教师在微信群里发起讨论和交流,耐心听取家长的意见等,做到了尊重家长,体现了为人师表的师德规范。

从以上描述中我们能够看到,一名合格优秀的班主任是经过老师本人的多重心血来练就成的,我们应该在以后的工作中时时铭记教师职业角色的使命,成为一名优秀的人民教师。

**3. 阅读理解能力**

阅读理解能力属于教师基本能力的一个方面,材料分析题在阅读理解能力中考查考生对材料中信息的提取、提炼、概括,主要考查的知识点包括关键词的含义、概括观点或中心意思、筛选整合信息、对文章中主旨句的理解等。下表为阅读理解能力类材料分析题在历年考试中的分布:

| 年份 | 2019(上) | 2018(下) | 2018(上) | 2017(下) | 2017(上) | 2016(下) |
|---|---|---|---|---|---|---|
| 主题 | 海边兔子有所思 | 古典文学意象的示范 | 论《易水歌》 | 创新是孩子的游戏 | 文学在读者中寻求认同 | 镜头够不着的地方 |
| 知识点 | 概括观点<br>筛选整合信息 | 概括观点<br>筛选整合信息 | 概括中心思想<br>主旨句的理解 | 概括观点<br>筛选整合信息 | 关键词的含义<br>主旨句的理解 | 关键词的含义<br>筛选整合信息 |

材料分析题第三题为阅读材料分析题,阅读材料一般是从一些教育杂志或者名人名家的作品中选取的

一篇或节选600～700字左右的小散文或议论文片段形成题干的材料部分。问题一般设置两个小题，第一小题4分，考查考生对文中重要词语或句子的含义的理解，或归纳、概括文中的要点，难度较小；第二小题10分，考查考生对文中观点的概括或分析，难度较大。作答时要做到层次分明，有理有据，语言流畅，书写无误，规范整洁，字体恰当。

【2019年上半年真题】**材料：**人的认识能力在很大程度上是受制于思想环境。不同的人会被不同的见识簇拥和包围，我们会发现，有些人一辈子也没有接触过重要的思想，那些在看历史上具有划时代意义的重要的思想家的著作，几乎没有稍稍深入地阅读。他们长期以来依赖和接受的所谓“思想”，不过是来自平时生活中人与人之间的交流，或者从各种小报、娱乐媒体上得到的各种“见解”。就是这些构成了一个人最基本的“思想”资源。虽然这其中也可能包含和掺杂了一些重要观念，如古老传统中的先哲思想之类，但大致都是多次转手之物，是凌乱的或被他人改造过的、与种种世俗见解搅拌和嫁接在一起的。所有这一切都可以影响所谓的“思想”的形成，左右日常生活观念。长此以往，一个人看待事物的角度和高度，遵循的标准，不过是取自庸常的似是而非，对社会的判断，对文学艺术的判断，对人的判断，对时事的判断，对诸多问题的判断，不可能具备更高、更清晰的思维坐标。

人的力量来自于思想。一般来说，我们需要最起码的阅读，否则就不知道世界之大、历史之长、思想之多，难免将自己封闭在平庸的见识中。求知者的痛苦来自交流的障碍，比如不能阅读其他民族的思想原著，或不能顺畅无碍地接受中国古典。有些译品的确难懂，只好勉强吞咽。许多思想家的原作是平易流畅的，经过译者翻译就变得疙疙瘩瘩了。获取古今中外的思想是我们的权利，获得这样的权利需要一些条件，比如语言的条件，好在我们生活在一个译事发达的时代，孔子、孟子、荀子、韩非子、墨子、程颢、朱熹、王阳明，这些古代哲人的著作虽然难懂，好在都有译文。这些重要的思想家说过什么，主要的观点是什么，当然应该知道。在生活中，有时我们会自认为有了深刻的发展，却不知早在几千年前他人就已经说过了。国外的思想家，康德、海德格尔、弗洛伊德、达尔文，世界上的几大宗教等，其阅读意义与中国先哲相同。总之争取机会跟人类历史上最高的思想对话，哪怕是浅浅的理解，都是极其有益的事情。我们不会容忍自己的茫然无知，形同懵懂，不知道我们人类历史上有过这么多杰出的思想家、这么多了不起的见解和发现。

思想和知识与艺术理解紧密相连，比如谈到西方文学，有人读得很熟，开口即可历数其中的情节人物，但听起来总有点“隔”，总让人觉得不对劲。为什么？因为读者对基督教、天主教知识并没有入门，而西方文学大都滋生于基督教、天主教的文化土壤上，哪怕是反对这些宗教的人也同样如此。有人曾发出感慨：过去读托尔斯泰、陀思妥耶夫斯基，觉得一切都懂了，后来深入接触过基督教，回头再看他们的著作就有了更大的自由和方便，简直就是豁然开朗，这是因为真正的理解还要从文化开始。

生活中最重要的是反省，问自己是否闭塞和懒惰，是否错过了一些了不起的思想与智慧。检点下来，我们会发现整体听来的一些见解、主意和方法，都是在世俗风尘中转来递去之物，它们几乎无不带有实用主义的目的、个人的欲望和自私褊狭的认识。即便是转引于思想家的，也往往没能真正地全面地传达出思想家的本意。就精神层面而讲，我们极容易生存在庸俗社会学、市井意识和浅薄机灵交织而成的所谓“见识”之中，并以此构造其个人的思想基础，成为我们的思想来源。思想环境一旦破坏了，也就意味着长期处于低微的精神水准之下。

（摘编自张炜《海边兔子有所思》）

**问题：**

(1)文章第一段所言“见解”指什么？依据这些“见解”形成的“思想”来为人处世，有什么“后果”？请根据文意，分别做出简要概括。

(2)文章认为理想的"思想环境"是怎样的,有何意义?请简要分析。

**【答题指导】**考生在作答阅读理解题时,建议按照以下步骤进行:

首先,快速读完文章和要求。

其次,研读题目,在文中找到题目涉及的字词或词语。

再次,仔细阅读相关段落,组织语言整理答案。

最后,组织语言,形成答案。

**【参考答案】**(1)"见解"指平时生活中人与人之间的交流,或者从各种小报、娱乐媒体上得到的"思想"。

后果:影响所谓的"思想"的形成;左右日常生活观念;看待事物的角度和高度,遵循的标准,不过是取自庸常的似是而非,对社会的判断,对文学艺术的判断,对人的判断,对时事的判断,对诸多问题的判断,不可能具备更高、更清晰的思维坐标。

(2)①需要最起码的阅读,这样可以知道世界之大、历史之长、思想之多。

②了解不同的文化,掌握知识与艺术理解,能真正提高认识能力,帮助深入理解文学作品。

③要学会反省,反省自己是否闭塞和懒惰,是否错过了一些了不起的思想与智慧。这样能够发现一些见解、主意、方法的真正内容,提高自己的精神水准。

## 材料分析题解题方法

破解材料分析题的方法可归纳为"三知与四步"。

(1)"三知"就是:知情、知点、知规则。知情,即考生明白材料反映的问题;知点,就是考生明白考查的知识点;知规则,即考生明白如何利用知识点所反映出来的规则分析解决该问题。

(2)"四步"就是破解材料分析题的四个具体步骤:看点、审题、找规则、答题。看点,就是看题干最后提出的问题,弄清考什么。审题,可以逐字逐句地阅读,也可同时划出关键词。找规则,根据题干所提出的问题和给定的材料,思考所要考查的知识点,回忆有关教育理论的概念或原理。答题,可以分为组织解答提纲、确定解答方式、落笔成文三步。

### (三)写作题

写作题在综合素质学科中主要是通过写作考查考生的语言能力和写作能力,同时考查考生对教师能力和素养的掌握程度,考查比较全面。本题在综合素质学科考试中单题分值最大为50分,约占试卷总分值的33%。下表为写作题在历年考试中的分布:

| 时间 | 主题 | 考查形式 | 文体 | 字数要求 |
|---|---|---|---|---|
| 2019(上) | 踢飞的足球 | 角度自选,立意自定,题目自拟 | 论说文 | 不少于1000字 |
| 2018(下) | 木桶原理 | 角度自选,立意自定,题目自拟 | 论说文 | 不少于1000字 |
| 2018(上) | 女排精神 | 角度自选,立意自定,题目自拟 | 论说文 | 不少于1000字 |
| 2017(下) | 共享单车的利与弊 | 角度自选,立意自定,题目自拟 | 论说文 | 不少于1000字 |
| 2017(上) | 演员的素养 | 角度自选,立意自定,题目自拟 | 论说文 | 不少于1000字 |
| 2016(下) | 邮政的新业务 | 角度自选,立意自定,题目自拟 | 论说文 | 不少于1000字 |

教师资格考试中的写作题其实就是教育写作题。命题方式为阅读所给材料,根据要求按照选定文体,写一篇不少于1000字的文章,虽然题目要求自定立意,自定文体,但是所给材料往往与教育理念相关,内容涉及教师职业素养、挫折教育、言传身教、实践等方面。因此,考生在备考过程中,应积极进行写作训练,并

运用教育学、心理学、教师职业道德的知识，理解阅读材料，以达到教师职业所要求的写作能力水平。

【2019年上半年真题】阅读下面的材料，按要求作文。

丹麦队与伊朗队的一场足球赛进行到第45分钟时，场上响起了清晰和响亮的结束哨声。伊朗队后卫队员在球门区内捧起足球，准备交给裁判，裁判却立刻判他手球犯规，并示意丹麦队罚点球。原来，此前的哨音是球迷造假的“杰作”。

伊朗队队员追着裁判理论，企图说服裁判改变初衷。丹麦队主教练奥尔森悄悄把队长韦格斯特招到场边，告诉他这个点球的来龙去脉和怎样处理这个球。韦格斯特重新回到罚球点，飞起一脚，将球故意踢飞，全场顿时一片哑然，继而爆发出雷鸣般的掌声。在掌声中，裁判吹响了上半场结束的哨音。

综合上述材料所引发的联想和感悟，写一篇论说文。

**要求**：用规范的现代汉语写作；角度自选，立意自定，标题自拟；不少于1000字。

**【写作思路】**从题干可知这是一篇材料作文，考生要能从材料中提炼出自己的观点。本题的最佳立意观点要从丹麦队员的身上找，可以从公平竞争、体育精神、输与赢、尊重等方面立意。此外，从伊朗队员身上也可以找到正确的立意观点，即做事要一心一意等。

### 写作题解题方法

考生要想得到较高分数，必须要注意一些答题技巧：

(1)审清题目，准确立意。

(2)反复点题，紧扣主旨。

(3)结构简明，条分缕析。

(4)文采飞扬，显示才情。

(5)卷面整洁，规范有序。

## 三、备考攻略

在考试备考期间，时间是最宝贵的，通过合理安排学习时间和学习内容，不仅能使复习事半功倍，更能收到很好的学习效果。所以建议考生在备考时注意以下策略：

### (一)立足真题，掌握考情

真题是掌握考情的关键。通过对历年真题进行分析整理，我们可以知道考试重点、命题特点和考查频次，能为全面备考及复习作铺垫。为此，我们特组织编写了“应试指导”模块，通过题型解读，总结各部分的命题特点、具体考情，帮助考生把握命题趋势，明确备考目标。

### (二)夯实考点，熟练技法

凡事都要从基础做起，基础抓得牢，才能追求更高层次的进步。所以，考生在复习中，一定要完善自己的知识体系，尽可能做到全面备考，不要图多和快，要把硬性知识点掌握牢固。同时，本书中总结了一些备考技巧和解题技法，有助于考生快速掌握考点，提升成绩。

### (三)综合训练，巩固提升

综合训练要注意技巧和方法。考生在做完题后，要深入研究题目的内在规律，明白错误的选项为什么错，学会分析命题人的思路和考查方向。同时，考生切忌一味的题海战术，要有针对性地训练，对易错薄弱内容，进行专门强化练习，注意分析和总结。

通过以上内容，大家应该对本科目的备考有了自己的认识和理解，接下来就是要整理心情，充实信心，踏实走好每一步，相信大家都会收到自己满意的结果。

# 01 职业理念

## 题型分析与考情预测

本章内容主要以单项选择题和材料分析题的形式考查。其中单项选择题4～5道，材料分析题1道。

单项选择题的命题方式主要有两种：一是以材料型选择题的方式评析教师（学校）的做法或者具有的素质，二是直接考查一句话或者名言所体现或具有的教育理念。

材料分析题是从教师职业理念的角度出发，评析教师的教育行为或从材料中得到的启示。考生要将本章知识与实际相联系，在理解的基础上进行记忆。

# 第一节　教育观

(本节共8个考点)

## 考向分析

本节主要介绍教育观、素质教育的内涵与外延、素质教育的任务与要求、素质教育的根本目的、实施素质教育的途径与方法以及素质教育的运用。相关知识点考频分析如下表:

| 考点 | 考查频率 | 题型 | 重要程度 |
| --- | --- | --- | --- |
| 素质教育的内涵 | 8 | 单项选择、材料分析 | ★★★ |
| 素质教育的外延 | 1 | 单项选择 | ★ |
| 素质教育的根本目的 | 1 | 单项选择 | ★ |
| 素质教育的运用 | 2 | 单项选择、材料分析 | ★★ |

本节知识主要以单项选择题和材料分析题的形式考查,单项选择题常与具体的教学案例结合起来考查;材料分析题一般给定一个材料,要求考生评析教师的教育教学行为。

## 思维导图

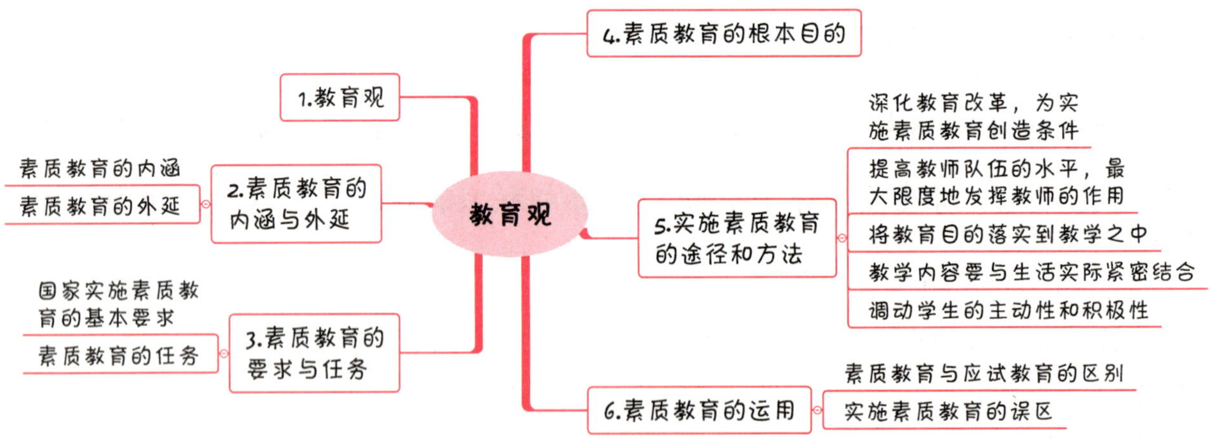

## 考点精讲

### 一、教育观

考点1

教育观是人们对教育所持有的看法,它既受社会政治、经济制度的制约,又受人们对教育要素不同观点的影响。具体地说,**教育观**就是人们对教育者、教育对象、教育内容、教育方法等教育要素及其属性和相互关系的认识,还有人们对教育与其他事物相互关系的看法,以及由此派生出的对教育的作用、功能、目的等各方面的看法。

教育观的**核心**是"教育为了什么",即教育目的。确立正确的教育观,需要正确认识教育的发展规律,正确认识教育活动的各种内部关系。

### 二、素质教育的内涵与外延

**素质教育**是依据人的发展和社会发展的实际需要,以全面提高全体学生的基本素质为根本目的,以尊重学生主体性和主动精神,注重开发人的智慧潜能,形成人的健全个性为根本特征的教育。

党的十八大以来,习近平多次强调,素质教育是教育的核心。要深化教育改革,推进素质教育,创新教育方法,提高人才培养质量,努力形成有利于创新人才成长的育人环境。

#### (一)素质教育的内涵

考点2

**1. 素质教育是面向全体学生的教育**

素质教育倡导人人有受教育的权利,强调在教育中每个人都得到发展,而不是只注重一部分人,更不是只注重少数人的发展。每一位学生都能得到发展,是每一位学生的基本权利。我们应该尊重这种权利,保护这种权利,创造条件实现这种权利。因此,素质教育不同于应试教育,因为应试教育搞选拔性、淘汰性,只能照顾到一部分人,甚至是很少一部分人的发展。

**2. 素质教育是促进学生全面发展的教育**

素质教育倡导的是在教育中使每个学生都得到充分的、全面的发展。素质教育的理论依据是全面发展教育。实施素质教育必须坚持德育、智育、体育、美育和劳动技术教育并举,促进学生生动活泼地发展。学校教育不仅要抓好智育,更要重视德育,还要加强体育、美育、劳动技术教育和社会实践,使诸方面的教育相互渗透、协调发展,促进学生的全面发展和健康成长。

**3. 素质教育是促进学生个性发展的教育**

素质教育是全面发展的教育,是从教育对所有学生的共同要求的角度来看的。但每一位学生都有其个别性,因此教育还要尊重并充分发展学生的个性。

**4. 素质教育是以培养创新精神和实践能力为重点的教育**

培养具有创新精神和实践能力的新一代人才,是素质教育的时代特征。创新教育是素质教育的核心,它是教育对知识经济向人才培养提出的挑战的回应,是旨在激发学生创新意识、培养学生创新能力的教育。

(1)创新能力不仅是一种智力特征,更是一种人格特征、一种精神状态。

(2)创新能力的培养是素质教育的核心。能不能培养学生的创新精神和实践能力是应试教育和素质教育的本质区别。

**山香指导** 素质教育的内涵可以用“两全一个一重点”来概括,“两全”即面向全体学生和促进学生全面发展;“一个”即促进学生个性发展;“一重点”即以创新精神和实践能力为重点。

## 真题对接

**【2018 年下半年真题】**关于下图反映的情形,正确的说法是(　　)

A. 忽视了学生的智力发展　　B. 忽视了学生的全面发展

C. 忽视了学生的主动发展　　D. 忽视了学生的个性发展

**【答案】**B。**解析:**图中所示现象忽视了学生的全面发展。

**【2018 年上半年真题】**刚开学,班主任周老师就言辞恳切地对学生讲:“迎接中考是这一年的重中之重,关系到你们的人生发展,大家不要把时间浪费在课外活动上。”周老师的说法(　　)

A. 合理,有利于学生复习应考　　B. 合理,体现了强烈的责任心

C. 不合理,不利于学生全面发展　　D. 不合理,不利于学生主动发展

**【答案】**C。**解析:**素质教育的理论依据是全面发展教育。素质教育是对全面发展教育的具体落实和深化。实施素质教育必须坚持“五育”并举,促进学生生动活泼地发展。题干中周老师让学生把中考作为重要任务而忽略课外活动的做法不利于学生的全面发展。

**【2017 年上半年真题】**为了改变学生从课本中找“标准答案”的习惯,刘老师经常在课堂上设计一些开放性问题,引导学生自由讨论,探索答案。同事马老师对刘老师说:“你这样做会使学生思维太发散,也浪费时间,将来考试肯定会吃亏的。我从不这样做!”下列选项中正确的是(　　)

A. 马老师的说法合理,有利于提高学生学习成绩

B. 刘老师的做法得当,有利于培养学生创新意识

C. 马老师的说法欠妥,不利于维持课堂教学秩序

D. 刘老师的做法欠妥,不利于保证正常教学进度

**【答案】**B。**解析:**刘老师的做法得当,能够激发学生的创新精神,有利于培养学生创新意识。

**【2017 年上半年真题】**进入初三年级后,班主任石老师把每周的综合实践活动课用于补数学。中考时,该班的数学成绩名列前茅。石老师的做法(　　)

A. 正确,是提高学习成绩的有效途径　　B. 正确,是提高班级声誉的有力措施

C. 错误,不利于学生公平竞争　　D. 错误,不利于学生全面发展

**【答案】**D。**解析:**素质教育是面向全体学生,促进学生全面发展的教育。石老师的做法是错误的,

不利于学生全面发展。

**【2016 年下半年真题】**某校的校训是“卓越立于全面，广博产生精专”。这体现的教育理念是(　　)

A. 开拓创新　　B. 全面发展

C. 自主发展　　D. 因材施教

**【答案】**B。**解析：**题干所述内容体现了全面发展的教育理念。

**【2016 年下半年真题】**下图中某些学校的做法(　　)

A. 抑制了学生的创造能力　　B. 阻碍了学生的应试能力

C. 提高了学生的竞争能力　　D. 提升了学生的综合素质

**【答案】**A。**解析：**图中某些学校强调应试教育的做法，抑制了学生想象力的发挥，抑制了学生的创造能力，不可能提高学生的竞争能力，也不可能提升学生的综合素质。

### (二)素质教育的外延　考点 3

素质教育不是对特定阶段、特定学校提出的要求，而是对各级各类学校提出的要求。素质教育是连续的全方位、全过程的教育活动。

一方面，实施素质教育应当贯穿于幼儿教育、中小学教育、职业教育、成人教育、高等教育等各级各类教育，应当贯穿于学校教育、家庭教育和社会教育等各个方面。

另一方面，实施素质教育，必须把德育、智育、体育、美育等有机地统一在教育活动的各个环节中。在学校教育范围内，素质教育的外延从纵向上看应当存在于教育活动的各个环节上；从横向上看，素质教育渗透在德育、智育、体育、美育等各个方面。

## 三、素质教育的要求与任务

### (一)国家实施素质教育的基本要求　考点 4

**1. 面向全体学生**

实施素质教育，必须面向全体学生，认清每个学生的优势，开发其潜能，培养其特长，使每位学生都具备一技之长，使全体学生各自走上不同的成才之路，成长为不同层次、不同规格的有用人才。

**2. 促进学生全面发展**

素质教育是在教育方针指导下，从学生身心发展不同特点出发，因地因校制宜，着眼于教育教学全过程与各个环节，运用多种方式着力培养学生学习的主动性和创造精神，德、智、体、美、劳五育并举，促进学生生动活泼地全面成长。

**3. 促进学生创新精神和实践能力的培养**

知识是重要的,但是知识不能限制人们的思维空间,而应该成为人们进一步认识世界、改造世界、发展能力的基础,应该把知识融入到人的认知结构中。因此,创新能力、实践能力对素质教育来说尤为重要。创新是素质教育的灵魂。

**4. 促进学生生动、活泼、主动的发展**

要想有所创新,必须以主动性的发挥为前提,真正尊重学生的主动精神,弘扬主动精神,这就要求教师要进行启发式教学,鼓励学生主动探索、主动思考,鼓励学生存疑、求疑,在教学中促进学生生动、活泼、主动的发展。



**5. 着眼于学生的终身可持续发展**

教是为了不教,不仅要让学生学会,更要让学生会学,不仅给学生传授知识,更要给学生打开知识大门的钥匙。在这样一个时代,我们的基础教育一定要培养学生的终身可持续发展的能力。

### (二)素质教育的任务 考点5

**1. 培养学生的身体素质**

身体素质主要包括身体结构与身体机能两个方面。身体素质是素质整体结构的基础,身体素质不好,其他各科素质也不会好,即使别的方面素质好,也很难发挥出其应有的作用。

**2. 培养学生的心理素质**

心理素质是素质整体结构的核心层。每一个学生都是通过自己的心理活动接受各种素质教育的,心理活动积极,就会主动地去接受教育,从而收到好的教育效果,否则反之。心理学研究表明,创新精神、创造能力是人的素质中最重要、最富有活力、最富有社会价值的一部分。

**3. 培养学生的社会素质**

社会素质居于素质整体结构的最高层,主要由政治、思想、道德、业务、审美、劳技等素质构成。

## 四、素质教育的根本目的 考点6

习近平指出,立德树人是实施素质教育的根本目的。坚持立德树人,发展素质教育,必须系统推进以下四个方面的改革:

**1. 必须建立协调各方面的共同育人观**

立德树人是整个教育的根本任务,包含在德育、智育、体育、美育和劳动技术教育之中,包含在各门课程之中,包含在课内课外活动之中。

**2. 必须树立育人为本的教师职业观**

习近平多次强调教师的职业道德建设,教师做的是传播知识、传播思想、传播真理的工作,是塑造灵魂、塑造生命、塑造人的工作。教师不能只做传授书本知识的教书匠,而要成为塑造学生品格、品行、品位的"**大先生**"。

**3. 必须统筹推进学生的全面发展**

(1)加强德育。习近平强调,要用好课堂教学这个主渠道,思想政治理论课要坚持在改进中加强,提升思想政治教育亲和力和针对性,满足学生成长发展需求和期待,其他各门课都要守好一段渠、种好责任田,使各类课程与思想政治理论课同向同行，形成协同效应。

(2)改进智育。要注重学思结合。要勤学，下得苦功夫，求得真学问；要从知行合一上下功夫；要注重因材施教；要注重运用现代信息技术，构建网络化、数字化、个性化、终身化的教育体系，建设“人人皆学、处处能学、时时可学”的学习型社会。

(3)强化体育。身体是人生一切奋斗成功的本钱，少年儿童要注意加强体育锻炼，家庭、学校、社会都要为少年儿童增强体魄创造条件，让他们像小树那样健康成长，长大后成为建设祖国的栋梁之才。

(4)更加重视美育。美育是审美教育，也是情操教育和心灵教育。党的十八届三中全会强调：“改进美育教学，提高学生审美和人文素养。”

(5)加强劳动教育和文化育人。习近平强调，劳动是人类的本质活动，劳动光荣、创造伟大是对人类文明进步规律的重要诠释。要教育孩子们从小热爱劳动、热爱创造，通过劳动和创造播种希望、收获果实。与此同时，习近平特别强调要更加注重以文化人、以文育人，加强中华优秀传统文化和革命文化、社会主义先进文化教育。



**4. 必须树立育人为本的教育政绩观和教育评价观**

落实立德树人根本任务，就要深化教育改革，扭转不科学的教育评价导向。贯彻落实习近平这一重要论述，就要做到如下方面：

(1)建立育人为本的教育政绩观。用单纯的考试升学“指挥棒”指挥学校教育，结果导致学校教育违背“育人为本”的教育本质，背离党的全面发展教育方针，脱离了科学发展的基本轨道。《国家中长期教育改革和发展规划纲要(2010—2020 年)》强调：“要把推进教育事业科学发展作为各级党委和政府政绩考核的重要内容，完善考核机制和问责制度。”

(2)建立育人为本的教育评价观。在北京大学师生座谈会上的讲话中，习近平要求，“要把立德树人的成效作为检验学校一切工作的根本标准”。各级教育行政部门要建立符合全面依法治教、贯彻党的教育方针、实施课程方案、坚持立德树人的教育质量评价体系。要建立健全学生素质档案评价制度，完善考试招生制度。习近平主持召开十八届中央全面深化改革领导小组第四次会议强调，深化考试招生制度改革，形成分类考试、综合评价、多元录取的考试招生模式，构建衔接沟通各级各类教育、认可多种学习成果的终身学习立交桥。

## 五、实施素质教育的途径和方法 考点7

### (一)深化教育改革，为实施素质教育创造条件

基本普及九年义务教育和基本扫除青壮年文盲(简称“两基”)，是全面推进素质教育的基础。树立素质教育理念，加大教育改革是开展素质教育的条件。实施素质教育，必须实施素质教育的课程。

课程改革是教育改革的核心，新课程改革提出了六项基本目标：

(1)实现课程功能的转变。改变课程过于注重知识传授的倾向，强调形成积极主动的学习态度，使获得基础知识与基本技能的过程同时成为学生学会学习和形成正确价值观的过程。

(2)体现课程结构的均衡性、综合性和选择性。改变课程结构过于强调学科本位、科目过多和缺乏整合的现状，整体设置九年一贯的课程门类和课时比例，并设置综合课程，以适应不同地区和学生发展的需求，

体现了课程结构的均衡性、综合性和选择性。

(3)密切课程内容与生活和时代的联系。改变课程内容“繁、难、偏、旧”和过于注重书本知识的现状,加强课程内容与学生生活以及现代社会和科技发展的联系,关注学生的学习兴趣和经验,精选终身学习必备的基础知识和技能。

(4)改善学生的学习方式。改变课程实施过于强调接受学习、死记硬背、机械训练的现状,倡导学生主动参与、乐于探究、勤于动手,培养学生搜集和处理信息的能力、获取新知识的能力、分析与解决问题的能力以及交流与合作的能力。

(5)建立与素质教育理念相一致的评价与考试制度。改变课程评价过分强调甄别与选拔的功能,发挥评价促进学生发展、教师提高和改进教学实践的功能。

(6)实行三级课程管理制度。改变课程管理过于集中的状况,实行国家、地方、学校三级课程管理,增强课程对地方、学校及学生的适应性。



### (二)提高教师队伍的水平,最大限度地发挥教师的作用

建立高质量的教师队伍,是全面推进素质教育的根本保证。当前,我国教师的整体教学水平与素质教育的要求相距甚远。教师素质低下,对教育教学所造成的消极影响十分突出。适应时代发展要求,充分挖掘教师的潜力,最大限度地发挥教师的作用,仍是课堂教学的一个重要方面。

**1. 更新教师的教育观念**

教师的教育观念作为对教育活动的一种价值取向,对教师的教育行为具有指导作用。教师的教育观念是实施素质教育的前提条件,是深入进行教学改革的必要条件,是提高教师自身素质的必备条件。

**2. 要提高教师师德素养**

师德对全体学生全面素质教育起着关键性作用。教师要有高尚的思想道德、崇高的精神境界,要用自身良好的理想、信念、道德品质、言行举止去影响学生,做学生的楷模。

**3. 要强化教师在职进修制度,进一步提高教师的待遇,优化学校管理**

建立优化教师队伍的有效机制,提高教师队伍的整体素质。合理配置教师资源,努力造就能够带领广大教师和教育工作者积极实施素质教育的学校领导以及管理干部队伍。只有这样,才能最大限度地发挥教师的作用。

### (三)将教育目的落实到教学之中

素质教育对课堂教学的最基本要求是把教育目的实现落实到每一堂课,乃至教学的每一个环节。积极开展多种形式的实践活动,是实施素质教育的重要方法。现行的课堂教学不能仅仅注重对知识的理解和应用、对思维品质的培养、对一般的学习能力和特殊的学习能力的培养,还要重视对学生学习兴趣的激发、学习动机的培养、学习需要的满足、学习方法的指导、学习态度的端正,这些都要渗透到教学的目标要求中,要贯穿于课堂教学的每一堂课,乃至每一个环节。

### (四)教学内容要与生活实际紧密结合

在对教学内容的选择上要根据基础教育的任务、教育基本规律和学生身心发展规律,考虑学生终身学习和发展所需的基本素质,结合各门类课程特点,渗透促进学生全面发展、个性发展与创新精神、实践能力

的要求。

### (五)调动学生的主动性和积极性

没有最大限度地发挥学生的潜力,没有从根本上调动全体学生学习的积极性,不能真正让所有学生参与教学,不教学生如何学习,是影响教学质量深层次的问题。因此,判断教育者有没有掌握素质教育的方法,就要看教育者是否能够引导学习者主动学习,在教育者的帮助下学习者是否学会了学习。

全方位调动学生的主动性和积极性,保证学生学习的有效性,提高学生学习的质量,促进学生学习的良性循环,这是素质教育对课堂教学提出的首要任务和核心课题。

## 六、素质教育的运用

考点8

### (一)素质教育与应试教育的区别

受升学考试的影响,当前某些中学还存在应试教育,阻碍了素质教育的推进。素质教育观与应试教育观存在着巨大差别。

| | 素质教育 | 应试教育 |
|---|---|---|
| 教育目的 | 旨在提高国民素质,追求教育的长远利益与目标 | 偏重知识的传授,着眼于分数和选拔,属急功近利的短视行为 |
| 教育对象 | 面向全体学生,面向每一个有差异的学生,即素质教育要求平等,要求尊重每一个学生 | 重视高分学生,忽视大多数学生和差生 |
| 教育内容 | 立足于学生全面素质的提高,教以适合学生发展和社会发展需要的教育内容 | 紧紧围绕考试和升学需要,考什么就教什么,所实施的是片面的知识教学 |
| 教育方法 | 要求开发学生的潜能与优势,重视启发诱导,因材施教,使学生生动、活泼、主动地学习,减轻学生学业负担 | 搞题海战术,“填鸭式”教学等,以死记硬背和机械训练为主,造成学生学业负担过重 |
| 评价标准 | 注重发展性评价,立足于学生素质的全面提高,以多种形式全面衡量学生的素质和教师的水平 | 要求学校的一切工作都围绕着备考这个中心来展开,以分数作为衡量学生和教师水平的唯一尺度 |
| 教育结果 | 全体学生的潜能得到充分的发挥,个性得到充分而自由的发展,为今后继续发展打下扎实基础 | 多数学生受到忽视,产生厌学情绪,片面发展,个性受到压抑,缺乏继续发展的能力 |

### (二)实施素质教育的误区

**误区一:**素质教育就是不要“尖子生”。

这是对**素质教育面向全体学生**的误解。素质教育坚持面向全体学生,意味着素质教育要使每个学生都得到与其潜能相一致的发展。

**误区二:**素质教育就是要学生什么都学、什么都学好。

这是对**素质教育使学生全面发展**的误解。素质教育强调为学生的发展奠定基础,同时又要发展学生的个性,因此素质教育对学生的要求是合格加特长。

**误区三:**素质教育就是不要学生刻苦学习,“减负”就是不给或少给学生留课后作业。

这是对**素质教育使学生生动、主动和愉快发展**的误解。学生真正的愉快来自于通过刻苦的努力而获得成功之后的快乐,学生真正的负担是不情愿的学习任务。素质教育要学生刻苦学习,因为只有刻苦学习,才能真正体会到努力与成功的关系,才能形成日后所需要的克服困难的勇气、信心和毅力。

**误区四:**素质教育就是要使教师成为学生的合作者、帮助者和服务者。

这是对**素质教育所倡导的“学生的主动发展”和“民主平等的师生关系”**的误解。这种观点忽略了教师的地位和作用,忽略了学生的特点。教师是教育实践的主体,在教育实践中起主导作用;学生是发展中的人,是教育实践活动的客体,是学习与发展的主体。这决定了教师首先是知识的传播者、智慧的启迪者、个性的塑造者、人生的引路人、潜能的开发者,其次才是学生的合作者、帮助者和服务者。

**误区五:**素质教育就是多开展课外活动,多上文体课。

这是对**素质教育形式化**的误解。教育培养人的基本途径是教学,学生的基本任务是在接受人类文化精华的过程中获得发展。这就决定了素质教育的主渠道是教学,主阵地是课堂。

**误区六:**素质教育就是不要考试,特别是不要百分制考试。

这是对**考试**的误解。考试包括百分制考试本身没有错,要说错的话,就是应试教育中使用者将其看作学习的目的。考试作为评价的手段,是衡量学生发展的尺度之一,也是激励学生发展的手段之一。

**误区七:**素质教育就会影响升学率。

这种观点的形成在于对**素质教育内涵**的误解。首先,素质教育的目的是促进学生的全面发展,素质教育旨在提高国民素质,升学率只是衡量教育质量的标准之一。其次,真正的素质教育不会影响升学率,因为素质教育强调科学地学习、刻苦地学习、有针对性地学习,这样有助于升学率的提高。

## 真题对接

**【2018 年上半年真题】**在全县校长经验交流会上,某校校长介绍完教学改革的情况后,强调素质教育就是减负和增加课外活动。该校长的认识(　　)

A. 是对素质教育的片面理解　　B. 体现素质教育与学科教学的结合

C. 符合提升学校实力的需要　　D. 符合凝练学校办学特色的需要

**【答案】**A。**解析:**素质教育是依据人的发展和社会发展的实际需要,以全面提高全体学生的基本素质为根本目的,以尊重学生主体性和主动精神,注重开发人的智慧潜能,形成人的健全个性为根本特征的教育。题干中减负和增加课外活动等只是素质教育的一部分,该校长对素质教育的理解比较片面。

**【2017 年上半年真题】材料:**李老师是一名中学美术老师,他常常说:“美术课堂不仅要教会学生画画,还应该培养学生更多的能力。”有一次,在和学生聊天时,李老师听说学生家里都有不少闲置的废旧衣物,弃之可惜,留之占地。于是,李老师组织了“变旧为新”创意大赛,号召大家收集家里无用的旧衣物,将其进行改造。这一活动吸引了很多学生和家长参与,有的学生将旧衣服改成符合时尚潮流又具有独特魅力的新衣服;有的学生将旧衣物裁剪成布条、布块,制作成灯笼、小布娃等布艺饰品……学生们给旧衣物赋予了新的功能和价值,制作出缤纷多彩的作品。

在教学中，李老师经常运用绘图技术进行视觉教学，听音乐作画、古诗词意境配画等，他还带学生去郊外写生。每年市里举办美术展览，他都带学生去参观，引导学生仔细观察，用心体会。李老师的美术课成了学生追捧的热门课，他个人也被称为学校最受学生喜爱的“十大明星老师”之一。

**问题**：请结合材料，从教育观的角度，评析李老师的教育行为。

**【参考答案】**素质教育是依据人的发展和社会发展的实际需要，以全面提高全体学生的基本素质为根本目的，以尊重学生主体性和主动精神，注重开发人的智慧潜能，形成人的健全个性为根本特征的教育。材料中李老师的做法很好地践行了素质教育理念。

(1)素质教育是促进学生全面发展的教育。素质教育倡导的是在教育中使每个学生都得到充分地、全面地发展。材料中，李老师常常说：“美术课堂不仅要教会学生画画，还应该培养学生更多的能力。”表明李老师认识到素质教育不仅仅是教会学生某方面的知识和能力，而应该是要培养学生更多的能力，应促进学生全面发展的教育。

(2)素质教育是促进学生个性发展的教育。每一个学生都有其个别性，有不同的欲望需求、不同的兴趣爱好、不同的创造潜能，这些不同点铸造了一个个千差万别的、个性独特的学生。材料中有的学生将旧衣服改成符合时尚潮流又具有独特魅力的新衣服；有的学生将旧衣物裁剪成布条、布块，制作成灯笼、小布娃等布艺饰品……体现了学生不同的个性和潜能，李老师的教育方式促进了学生的个性发展。

(3)素质教育是以培养创新精神和实践能力为重点的教育。材料里，在李老师组织的创意大赛中，学生们动脑动手，给旧衣物赋予了新的功能和价值，制作出缤纷多彩的作品。李老师在教育中培养了学生的创新精神和实践能力。

(4)课程与教学，学校教育活动中的管理活动，课外、校外教育活动等都是素质教育实施的重要途径。在教学中，李老师经常运用绘图技术进行视觉教学，听音乐作画、古诗词意境配画等。这表明李老师能够利用课程教学对学生进行素质教育。他还带学生去郊外写生。每年市里举办美术展览，他都带学生去参观，引导学生仔细观察，用心体会。体现了李老师能够在课外、校外教育活动中践行素质教育。

## 第二节　学生观

（本节共5个考点）

### 考向分析

本节主要介绍“以人为本”的学生观、中学生的全面发展与教育公平等相关知识点。相关知识点考频分析如下表：

| 考点 | 考查频率 | 题型 | 重要程度 |
|---|---|---|---|
| “以人为本”的学生观 | 11 | 单项选择、材料分析 | ★★★ |
| 中学生的全面发展与教育公平 | 3 | 单项选择 | ★ |

本节知识主要以单项选择题和材料分析题的形式考查,单项选择题常与具体的教学案例相结合来考查;材料分析题一般给定一个材料,要求考生评析教师的教育教学行为。



## 思维导图

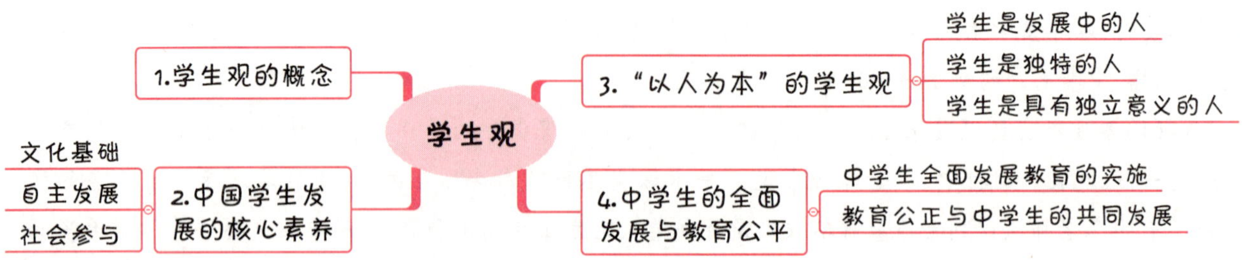


## 考点精讲

### 一、学生观的概念 考点1

**学生观**就是教师对学生的基本看法,它影响教师对学生的认识及其态度与行为,进而影响学生的发展。我国传统的学生观将学生看作是被动的受体、教师塑造与控制的对象,学生在教育中处于边缘位置,对学生的教育是规范、预设的。

确立正确学生观的基础是"**人的全面发展**"。人的全面发展包括人的德、智、体、美等各方面的发展。其作为一种教育思想,核心是对学生有完整的认识。习近平指出,要把培养德智体美劳全面发展的社会主义建设者和接班人作为根本任务。

### 二、中国学生发展的核心素养 考点2

中国学生发展核心素养,以科学性、时代性和民族性为基本原则,以培养"全面发展的人"为核心,分为文化基础、自主发展、社会参与三个方面。

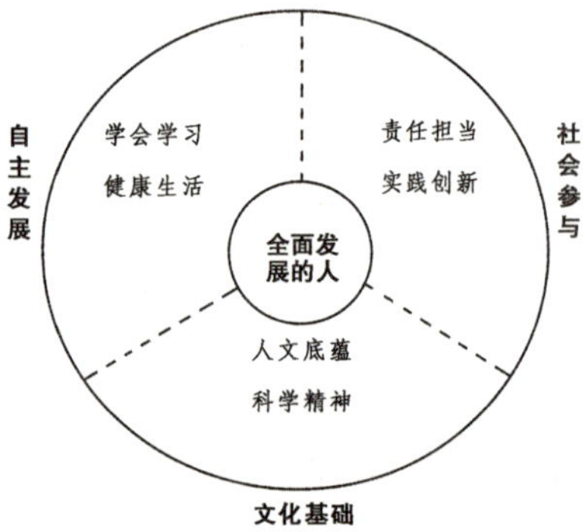


**1. 文化基础**

文化是人存在的根和魂。文化基础,重在强调能习得人文、科学等各领域的知识和技能,掌握和运用人类优秀智慧成果,涵养内在精神,追求真善美的统一,发展成为有宽厚文化基础、有更高精神追求的人。

(1)**人文底蕴**。人文底蕴主要是学生在学习、理解、运用人文领域知识和技能等方面所形成的基本能力、情感态度和价值取向。具体包括人文积淀、人文情怀和审美情趣等基本要点。

(2)**科学精神**。科学精神主要是学生在学习、理解、运用科学知识和技能等方面所形成的价值标准、思维方式和行为表现。具体包括理性思维、批判质疑、勇于探究等基本要点。

**2. 自主发展**

自主性是人作为主体的根本属性。自主发展,重在强调能有效管理自己的学习和生活,认识和发现自我价值，发掘自身潜力，有效应对复杂多变的环境，成就出彩人生，发展成为有明确人生方向、有生活品质的人。

（1）**学会学习**。学会学习主要是学生在学习意识形成、学习方式方法选择、学习进程评估调控等方面的综合表现。具体包括乐学善学、勤于反思、信息意识等基本要点。

（2）**健康生活**。健康生活主要是学生在认识自我、发展身心、规划人生等方面的综合表现。具体包括珍爱生命、健全人格、自我管理等基本要点。

**3. 社会参与**

社会性是人的本质属性。社会参与，重在强调能处理好自我与社会的关系，养成现代公民所必须遵守和履行的道德准则和行为规范，增强社会责任感，提升创新精神和实践能力，促进个人价值实现，推动社会发展进步，发展成为有理想信念、敢于担当的人。

（1）**责任担当**。责任担当主要是学生在处理与社会、国家、国际等关系方面所形成的情感态度、价值取向和行为方式。具体包括社会责任、国家认同、国际理解等基本要点。

（2）**实践创新**。实践创新主要是学生在日常活动、问题解决、适应挑战等方面所形成的实践能力、创新意识和行为表现。具体包括劳动意识、问题解决、技术应用等基本要点。

## 三、“以人为本”的学生观

考点3

坚持以人为本，必须以学生作为教育活动的出发点。“以人为本”的学生观的核心是“一切为了每一位学生的发展”。

### （一）学生是发展中的人

人们经常用僵化的眼光来看待学生。现代科学研究的成果与教育的价值追求，要求人们用发展的眼光来认识和看待学生。

**1. 学生的身心发展是有规律的**

个体身心发展的一般规律有顺序性、阶段性、不平衡性、互补性和个别差异性。

（1）个体身心发展的顺序性的具体表现：身体的发展遵循着从上到下、从中间到四肢、从骨骼到肌肉的发展顺序。心理的发展总是由机械记忆到意义记忆，由形象思维到抽象思维，由情绪到情感的发展顺序。

**教学启示**：教育工作者应按照发展的序列进行施教，做到循序渐进，“拔苗助长”“陵节而施”都是有违身心发展顺序性规律的。

（2）个体身心发展的阶段性的具体表现：个体的发展是一个分阶段的连续过程，前后相邻的阶段是有规律地更替的，前一阶段为后一阶段的过渡做准备。个体在不同的年龄阶段表现出身心发展不同的总体特征及主要矛盾，面临着不同的发展任务。

**教学启示**：人的身心发展的阶段性规律决定了教育工作者必须根据不同年龄阶段的特点分阶段进行，在教育教学的要求、内容和方法的选择上，不能搞“一刀切”，还要注意各阶段间的衔接和过渡。

（3）个体身心发展的不平衡性的具体表现：一是同一方面的发展在不同的年龄阶段是不均衡的。二是不同方面在不同发展时期具有不平衡性。即有的方面在较早的年龄阶段已经达到较高的发展水平，有的则要到较晚的年龄阶段才能达到较为成熟的水平。

**教学启示**:教育要遵循学生身心发展的不均衡性,要适时而教,即要在学生发展的关键期或最佳期及时进行教育。

(4)个体身心发展的互补性的具体表现:互补性反映出个体身心发展各组成部分的相互关系。一方面是指机体某一方面的机能受损甚至缺失后,可通过其他方面的超常发展得到部分补偿。另一方面,互补性也存在于心理机能和生理机能之间。如身患重病或有残缺的人,如果他有顽强的意志和战胜疾病的信心,身心依然能得到发展。

**教学启示**:要求教育应结合学生实际,扬长避短,注重发现学生的自身优势,促进学生的个性化发展。

(5)个体身心发展的个别差异性的具体表现:个别差异性在不同层次上存在。从群体的角度看,首先表现为男女性别的差异。不仅是自然性别上的差异,还包括由性别带来的生理机能和社会地位、角色、交往群体的差别。其次,个别差异表现在身心的所有构成方面,其中有些是发展水平的差异,有些是心理特征表现方式上的差异。

**教学启示**:教育必须因材施教,充分发挥每个学生的潜能和积极因素,有的放矢地进行教学,使每个学生都得到最大的发展。



**2. 学生具有巨大的发展潜能**

坚信每个学生都是可以积极成长的,是有培养前途的,是追求进步和完善的,是可以获得成功的,因而对教育好每一个学生应充满信心。我们不能因为学生的小错误,将学生完全否定,要看到学生未来的发展潜力,要帮助学生更好地进行发展。

**3. 学生是处于发展过程中的人**

作为发展的人,也就意味着学生还是一个不成熟的人,是一个在教师指导下正在成长的人。学生的生活和命运是掌握在学校和教师的手里。学生是不是能生活得很有趣味,是不是能学得很好,是不是能健康成长,是不是幸福欢乐,都和他们所在的学校和所遇到的教师有极大的关系。

**真题对接**

**【2018 年下半年真题】**李老师坚持写“作业札记”,其中记录了学生做作业过程中的一些有趣的、特殊的现象,并据此分析学生在完成作业过程中的心理变化,然后再将自己的判断结果作为设计、布置、批改和反馈作业的重要依据。从学生观的角度分析,该教师的做法(　　)

A. 注重了学生发展的差异性　　B. 发挥了教学的专业自主性

C. 注重了学生发展的主体性　　D. 提升了布置作业的有效性

**【答案】**A。**解析**:李老师通过研究学生做作业过程中的一些现象并据此分析学生的心理变化,以此作为依据来给学生设计、布置、批改和反馈作业,做到了关注学生发展的差异性。

**【2016 年下半年真题】**初一学生小武想做一名科学家,班主任说:“你现在学数学那么吃力,以后学物理、化学肯定也学不好,一定不能把当科学家作为人生目标”。班主任的说法(　　)

A. 忽视了学生的主体性　　B. 忽视了学生的发展性

C. 忽视了学生的创造性　　D. 忽视了学生的差异性

**【答案】**B。**解析：**学生是发展中的人，教师绝不能依据学生的一时表现来断言学生没有发展的可能，而应该坚信每一个学生都具有巨大的可供挖掘和开发的资源和潜能，应该看到学生的未完成性，并给学生创造发展的良好环境和机会。题中班主任的说法忽视了学生的发展性。

**【2014 年上半年真题】**高中一年级入学开始，班主任王老师通过各种渠道，深入了解班级每个学生的情况，并据此制订个人三年发展规划。这种做法表明王老师关注(　　)

A. 学生发展的差异性　　B. 学生发展的互补性

C. 学生发展的平衡性　　D. 学生发展的顺序性

**【答案】**A。**解析：**深入了解每个学生的特点，并根据学生的特点制订不同的发展计划，这充分体现了王老师对学生发展的个别差异性的关注。



### (二)学生是独特的人

**1. 学生是完整的人**

学生并不是单纯的抽象的学习者，而是有着丰富个性的完整的人。在教育活动中，作为完整的人而存在的学生，不仅具备全部的智慧力量和人格力量，而且体验着全部的教育生活。要把学生作为完整的人来对待，就必须反对那种割裂人的完整性的做法，还学生完整的生活世界，丰富学生的精神生活，给予学生全面展现个性力量的时间和空间。

**2. 每个学生都有自身的独特性**

教育的生机和活力，就在于促进学生的个性健康发展。它也是学生自身发展的落脚点和最终体现。素质教育要求教师要正视学生的个别差异，克服按照统一标准和尺度去衡量学生，追求完全趋同，整齐划一的弊病，根据学生各个方面的情况进行因材施教。

这就要求在教育过程中贯彻因材施教的教学原则，讲求一把钥匙开一把锁，调动每一个学生的积极性、主动性，使他们成为不同领域内各有所长、有所成就的人。

**3. 学生与成人之间存在着巨大的差异**

学生和成人之间是存在很大差别的，学生的观察、思考、选择和体验，都和成人有明显不同。所以，“应当把成人看作成人，把孩子看作孩子”。教师在教学中，往往用自己的视角和观念思考和评价学生的想法和行为，不但不能达到预期的教学效果，反而会扼杀学生的想象力，伤害学生的心灵。

### (三)学生是具有独立意义的人

**1. 每个学生都是独立于教师的头脑之外，不以教师的意志为转移的客观存在**

教师必须尊重学生的个体独立性，不能把自己的个人意志强加于学生的思想之上，要客观地看待学生的成长与成才，把学生当作不以自己的意志为转移的客观存在，当作具有个体独立性的人来看待，因势利导地去施加教育，推动学生个体的健康成长。

**2. 学生是学习的主体**

素质教育强调学生在学习活动中是认识的主体、实践的主体和发展的主体，是学习的主人。教育的根本目的在于促进学生主体性的发展。

**3. 学生是责权的主体**

学生是认识世界和改造世界独立的主体,在教育教学活动中,具有学习的自主需求和动力,拥有享受相关需求的权利。教师要尊重学生的主体性需求,同时也要引导学生学会对学习、对生活、对自己、对他人负责,学会承担责任,使学生认识到权利与责权是并存的,更是统一的,在享有一定权利的同时也必须承担着一定的责任,这是学生主体性的客观要求。

总之,学生是发展中的人,具有巨大的发展潜能;学生是具有独立意义的主体,不以教师的意志为转移;学生是具有个性与差异的人,要尊重个性,承认差异,因材施教。

**山香指导** 记忆"以人为本"的学生观可以概括为"两独一发","两独"即学生是独特的人和具有独立意义的人;"一发"即发展中的人。



**真题对接**

【2018 年上半年真题】张老师在班上鼓励学生进行课外阅读,开展"分享知识"的活动,引导学生在班上分享收获,并及时加以点评。张老师的做法(　　)

A. 减轻了教师教学负担　　B. 拓展了学生学习资源

C. 加重了学生学习负担　　D. 促进了教师专业发展

【答案】B。解析:题干中老师鼓励学生进行课外阅读、开展"分享知识"的活动的做法不仅充分尊重学生的主体地位,让学生积极参与到学习活动中来,还拓展了学生的学习资源,符合现代学生观的理念。

【2013 年下半年真题】依据以人为本的理念,教师的下列做法中,不正确的是(　　)

A. 培养学生特长　　B. 发展学生潜能

C. 尊重学生个性　　D. 私拆学生信件

【答案】D。解析:"以人为本"的学生观认为学生是具有独立意义的人,是责权主体,学校和教师要保护学生的合法权利。D 项侵犯了学生的权利,违背了以人为本的理念。

## 四、中学生的全面发展与教育公平

### (一)中学生全面发展教育的实施

考点 4

坚持以人为本,必须以促进学生全面发展为目标。新课程改革的核心理念是"一切为了每一个学生的发展"。

教育为学生的成长需要而存在。学生的成长需要是多方面的,因为学生作为人是"身"与"心","个人"与"社会"的统一体。学生的成长需要是多方面的,教育应当全面满足学生的成长需要。因而以人为本,必须以促进学生的全面发展为目标。

全面发展的教育由德育、智育、体育、美育和劳动技术教育构成。它们相互依存、相互促进、相互制约,构成一个有机整体,共同促进人的全面发展。

(1)德育在全面发展教育中起着灵魂与统帅作用。

(2)智育在全面发展教育中起着前提和支持作用。

(3)体育是全面发展教育的重要物质基础。学校体育的根本任务是增强学生体质。

(4)美育在全面发展教育中协调其他各育的发展。

(5)劳动技术教育可以综合德育、智育、体育和美育的作用。

### (二)教育公正与中学生的共同发展 考点5

坚持以人为本,必须面向全体学生。以人为本思想中的"人",是全体的人,而不是其中一部分人。教育的需要是所有人的需要,所有学生的需要,而不是一部分人、一部分学生的需要。所以,在教育活动中,以人为本,以学生为本,不是以一部分学生为本,而是以全体学生为本。

在学校教育活动中,"以人为本",即以所有学生的发展为本,或者说以每一个学生的发展为本,必须遵循"教育公正"原则,处理好学生发展的共同性和差异性的问题。

教育公正在教育活动中的体现,就是所有的学生都能够获得同样的教育机会,或者说教育机会对所有的学生来说是均等的。所谓教育机会均等,应当包括两个方面:一个是入学机会均等,一个是教育过程中机会均等。入学机会均等就是无论学生的性别、民族、地域、经济状况、家庭背景和身心发展状况如何,都享有同样的入学机会。在确保入学机会均等的情况下,教育过程中的教育机会均等更加重要。



**真题对接**

**【2018年下半年真题】材料:**陈老师在语文教学中,总是先让学生明确学习目标,然后提出问题,让学生围绕问题各自探索,并在小组内进行交流。大家都解决不了的问题,就由陈老师讲解,一学期下来,很多学生觉得不但收获了知识,解决问题的能力也增强了。

当然,陈老师也会遇到一些"意外"情况,有的同学老是找不到学习的方法,也不愿意发言,习惯当听众,王春就是这样的孩子。陈老师有一次点名让王春发言,王春站起来紧张得面红耳赤,陈老师示意王春坐下。课后,陈老师把王春叫到办公室说:"你既然不愿意在班上公开讲,那我们就私下聊吧,现在只有我们两个人,你就补上你的课堂发言吧。"在陈老师的多次鼓励下,王春慢慢克服了胆怯,也敢上台发言了。

作为班主任,陈老师号召学生扩大阅读面,他给学生推荐了很多书目,包括古今中外的文学名著,也包括科技史、通俗哲学读物、成功者的励志故事……他还经常组织学生交流阅读体会,一学期下来,学生的视野明显开阔了,知识面也明显扩宽了。

**问题:**请结合材料,从学生观的角度,评析陈老师的教育行为。

**【参考答案】**材料中陈老师的做法遵循了以人为本的学生观,是值得赞扬的。

(1)遵循了学生是发展中的人,要用发展的观点认识学生。材料中的陈老师在王春回答不出来问题时,没有批评他,反而鼓励他,最后王春克服胆怯能上台发言了,体现了学生是发展中的人。

(2)遵循了学生是独特的人。每个学生都是不一样的个体,具有自身的独特性。材料中的陈老师针对王春胆怯的特点,鼓励他发言,体现了因材施教,从而体现了学生是独特的人。

(3)遵循了学生是具有独立意义的人。每个学生都是独立于教师的头脑之外,不以教师的意志为转移的客观存在,学生是学习的主体。材料中的陈老师在提出问题后,先让学生组内讨论,并且还给学生推荐很多书目等等,提高了学生学习的积极性和主动性,体现了学生是具有独立意义的人。

综上所述,陈老师践行了以人为本的学生观,促进了学生的发展。

# 第三节　教师观

（本节共10个考点）



## 考向分析

本节主要介绍新课程倡导的教师观、教师专业发展等相关知识。相关知识点考频分析如下表：

| 考点 | 考查频率 | 题型 | 重要程度 |
|---|---|---|---|
| 教师职业的劳动特点 | 1 | 单项选择 | ★ |
| 新课程倡导的教师观 | 12 | 单项选择、材料分析 | ★★★ |
| 教师专业发展 | 6 | 单项选择 | ★★ |

本节知识主要以单项选择题和材料分析题的形式考查，单项选择题常与具体的教学案例相结合来考查；材料分析题一般给定一个材料，要求考生评析教师的教育教学行为。

## 思维导图

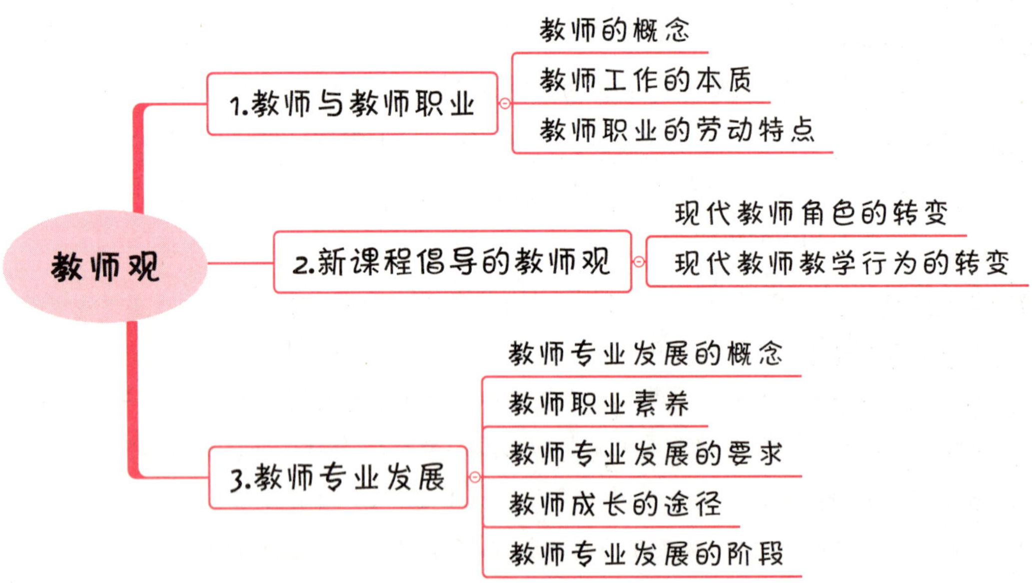

## 考点精讲

### 一、教师与教师职业

#### (一)教师的概念 考点1

从广义上讲,教师是把知识、技能和技巧传授给别人的人。从狭义上讲,教师指经过专门训练、在学校从事教育教学工作的专门人员。

教师是学校教育工作的主要实施者,根本任务是教书育人。

教师是履行教育教学职责的专业人员,承担教书育人,培养社会主义事业建设者和接班人、提高民族素质的使命。

#### (二)教师工作的本质 考点2

教师工作的本质是塑造灵魂、塑造生命、塑造人。教师在我国教育体系中发挥着不可替代的作用。习近平在与北京师范大学师生代表座谈时对教师的工作性质做了重要定位:“教师重要,就在于教师的工作是塑造灵魂、塑造生命、塑造人的工作。”他在全国高校思想政治工作会议上强调,教师是人类灵魂的工程师,承担着神圣使命。

#### (三)教师职业的劳动特点 考点3

**1. 复杂性**

教师劳动的复杂性主要表现在五个方面:

(1)教师劳动性质的复杂性。教师的劳动属于专业行为,是一种高度复杂的心智劳动。

(2)教师劳动对象的复杂性。教师的劳动对象是千差万别的人。教师不仅要经常在同一个时空条件下,面对全体学生,实施统一的课程计划、课程标准,还要根据每个学生的实际情况因材施教。

(3)教师劳动任务的复杂性。教师不仅要传授科学文化知识和训练学生的技能,发展学生的智力、培养学生的能力,还要培养学生一定的思想品德,促进学生的身心健康发展。教育目的就是使每个学生得到全面、和谐而独特的发展。

(4)教师劳动过程的复杂性。要使学生形成一种良好的思想品德,需要经过知识的传授、情感的体验、意志的锻炼、信念的建立以及行为习惯的培养这样一个长期的过程。

(5)教师劳动手段的复杂性。教育要有效地促进学生的全面发展,必须保持教育影响的一致性,优化组合各种影响,使之发挥最佳的合力。然而,把这些复杂的影响有效地组织到教育过程中,使来自各方面的影响协调一致,这是一种复杂的工作。

**2. 创造性**

教师劳动的创造性主要是由劳动对象的特点决定的。教师劳动的创造性主要表现在以下三个方面:

(1)因材施教。教师的教育对象是千差万别的,教师必须灵活地针对每个学生的特点,对他们提出不同的要求,采用不同的教育教学方法,做到“一把钥匙开一把锁”,使每个学生都能够得到发展。

(2)教学方法上的不断更新。“教学有法,教无定法”是对教师劳动创造性的最好注脚。

(3)教师需要“**教育机智**”。教育机智是教师在教育教学过程中的一种特殊定向能力，是指教师能根据学生新的特别是意外的情况，迅速而正确地做出判断，随机应变地采取及时、恰当而有效的教育措施解决问题的能力。面对复杂的教育情境教师应从三个方面去努力：其一，理解教学艺术的创造性内涵；其二，重视教师的实践缄默知识；其三，提高教师的教学研究能力。具体来说有三点：首先，教师要加强教育理论修养，不仅是知识，更重要的是教育理论思维能力和批判反思能力。其次，注重实践锻炼，获得对教育实践的感性认识和教育经验，积累在不同教育情境下的恰当行为模式。再次，教师必须在理论的指导下，在有意营造的教育情境中，自觉地整理从事实中产生的并且由于事实而得到升华的思想。



**真题对接**

**【2018年上半年真题】**晚自习时，刘老师在辅导学生学习，不知哪位同学将一张“老虎贴纸”粘在了刘老师的身上，引起同学们一阵窃笑。经调查，这个恶作剧是李钰搞的。此后，刘老师对李钰不闻不问。刘老师的行为(　　)

A. 正确，可以促进李钰的自我反思　　B. 正确，可以警示班上其他的同学

C. 不正确，这样压制了李钰的个性　　D. 不正确，这是对李钰的不当惩罚

**【答案】**D。**解析：**教师需要“教育机智”，能根据学生新的特别是意外的情况，迅速而正确地做出判断，随机应变地采取及时、恰当而有效的教育措施解决问题。题干中刘老师处理学生恶作剧的突发状况时缺乏“教育机智”，没有积极引导学生，而是对学生不闻不问，这样会对学生造成伤害，因此这种惩罚不恰当。

**3. 主体性和示范性**

主体性指教师自身可以成为活生生的教育因素和具有影响力的榜样。示范性指教师的言行举止等都会成为学生学习的对象。教师劳动的示范性特点是由学生的可塑性、向师性心理特征决定的。同时，教师劳动的主体性也要求教师的劳动具有示范性特点。

**4. 延续性和广延性**

劳动时间的延续性是由于教师没有固定的工作时间长度，除了正常的工作时间，教师常常还要利用晚上或休息时间来思考、备课、批改作业、写作。劳动空间的广延性是指教师不能只在课内、校内发挥他的影响力，还要走出校门，进行家访、街访，协调学校、社会、家庭的教育影响，以达到更好的教育目的。

**5. 长期性和间接性**

长期性是指人才培养的周期比较长，教育影响具有滞后性。间接性指教师的劳动不直接创造物质财富，而是以学生为中介实现教师劳动的价值。

## 二、新课程倡导的教师观

**教师观**就是关于教师职业的基本观念，是人们对教师职业的认识、看法和期望的反映。它既包括对教师职业性质、职责和价值的认识，也包括对教师这种专门职业的基本素养及其专业发展的理解。

### (一)现代教师角色的转变

考点4

**1. 从教师与学生的关系看，教师是学生学习的促进者**

这是教师最明显、最直接、最富时代性的角色特征，是教师角色中的核心特征。其内涵主要包括以下两

个方面：

(1)教师是学生学习能力的培养者。教师不仅传授知识，而且重在检查学生对知识的掌握程度。教师应成为学生学习的激发者，各种能力和积极个性的培养者。

(2)教师是学生人生的引路人。这要求教师不仅要向学生传播知识，更要引导学生沿着正确的道路前进，并不断在他们成长的道路上设置不同的路标，成为学生健康心理和健康品德形成的促进者、催化剂，引导学生学会自我调适、自我选择，引导学生向更高的目标前进。

**2. 从教学与研究的关系看，教师是教育教学的研究者**

在中学教师的职业生涯中，传统的教学活动和研究活动是彼此分离的。教师的任务只是教学，研究被认为是专家们的“专利”。这种教学与研究的脱节，对教师和教学的发展是极其不利的。

教师即研究者，意味着教师在教学过程中要以研究者的心态置身于教学情境之中，以研究者的眼光审视和分析教学理论与教学实践中的各种问题，对自身的行为进行反思，对出现的问题进行探究，对积累的经验进行总结，最终形成规律性的认识。

**3. 从教学与课程的关系看，教师是课程的开发者和建设者**

在传统的教学中，教学与课程是彼此分离的。教师被排斥于课程之外，教师的任务只是教学，课程游离于教学以外。教学内容和教学进度由国家的教学大纲和教学计划规定，教学参考资料和考试试卷由专家或教研部门编写、提供，教师成了教育行政部门各项规定的机械执行者，成为各种教学参考资料的简单照搬者。

新课程倡导民主、开放、科学的课程理念，同时确立了国家、地方、学校三级课程管理政策，这就要求课程与教学相互整合，教师必须在课程改革中发挥主体作用。教师不仅是课程实施的执行者，更应成为课程的开发者和建设者。

**4. 从学校与社区的关系看，教师是社区型开放的教师**

随着社会发展，学校越来越广泛地同社区发生各种各样的内在联系。学校教育与社区生活正在走向终身教育要求的“一体化”，即学校教育社区化，社区生活教育化。新课程特别强调学校与社区的互动，重视挖掘社区的教育资源。在这种情况下，教师的角色也要求变革。教师不仅仅是学校的一员，还是社区的一员，是整个社区教育、科学、文化事业的共建者。因此，教师角色是开放的，是“社区型”教师。

### (二)现代教师教学行为的转变　考点5

**1. 在对待师生关系上，强调尊重、赞赏**

“为了每一位学生的发展”是新课程的核心理念。为了实现这一理念，教师必须尊重每一位学生做人的尊严和价值，尤其要尊重以下六种学生：智力发育迟缓的学生、学业成绩不良的学生、被孤立和拒绝的学生、有过错的学生、有严重缺点的学生以及和自己意见不一致的学生。

尊重学生同时意味着不伤害学生的自尊心。教师应努力做到：不体罚学生，不辱骂学生，不大声训斥学生，不冷落学生，不羞辱、嘲笑学生，不随意当众批评学生。

教师不仅要尊重每一位学生，还要学会发现学生的闪光点，学会赞赏每一位学生：(1)赞赏学生的独特性、兴趣、爱好、专长；(2)赞赏学生所取得的哪怕是极其微小的成绩；(3)赞赏学生所付出的努力和所表现出来的善意；(4)赞赏学生对教科书的质疑和对自身的超越。

**2. 在对待教学关系上,强调帮助、引导**

教师"教"的职责在于:帮助学生检视和反思自我,明了自己想要学习什么和获得什么,确立能够达成的目标;帮助学生寻找、搜集和利用学习资源;帮助学生设计恰当的学习活动并形成有效的学习方式;帮助学生发现所学东西的个人意义和社会价值;帮助学生营造和维持学习过程中积极的心理氛围;帮助学生对学习过程和结果进行评价,并促进评价的内化。

教的本质在于引导。引导的特点是含而不露、开而不达、引而不发;引导的内容不仅包括方法和思维,同时也包括价值和做人。在这里,引导表现为教师对学生的启迪与激励。

**3. 在对待自我上,强调反思**

教学反思被认为是"教师专业发展和自我成长的核心因素"。新课程非常强调教师的教学反思,依据教学进程,教学反思分为教学前、教学中、教学后三个阶段。教学反思有助于教师形成和培养自我反思的意识和自我监控的能力。

**4. 在对待与其他教育者的关系上,强调合作**

在教育教学过程中,教师除了面对学生外,还要与周围其他教师发生联系,要与学生家长进行沟通与配合。课程的综合化趋势特别需要教师之间的合作,不同年级、不同学科的教师要相互配合,齐心协力地培养学生。教师必须处理好与家长的关系,加强与家长的联系与合作,共同促进学生的健康成长。

**真题对接**

**【2018 年下半年真题】**青年教师王老师为提高教学水平,从课堂教学设计、教学方法,乃至教学语言都严格认真模仿特级教师李老师的做法,但教学效果仍然不佳,导致王老师教学效果不佳的原因不包括(　　)

A. 王老师缺乏反思意识　　B. 王老师忽视了学生的差异性

C. 王老师缺乏教学创新　　D. 王老师缺乏诚恳学习态度

**【答案】**D。**解析:**王老师为了提高教学水平,有向其他老师学习的意识,说明他具备诚恳学习的态度,但是他提高自己的方式是完全模仿李老师,说明他缺乏反思意识、忽视了学生的差异性、缺乏教学创新,故选择 D 项。

**【2018 年上半年真题】**夏老师工作很努力,教学能力强,业余时间经常自学教育教学理论和专业知识,他对教学能力差的同事不屑一顾,致使一些老师不愿意搭理他。夏老师应该(　　)

A. 置之不理,继续提高自己的教学水平　　B. 反思自己,想办法改善与同事的关系

C. 团结同事,降低自身专业发展的要求　　D. 减少往来,避免与同事发生正面冲突

**【答案】**B。**解析:**在与其他教育者的关系上,新课程强调合作。课程的综合化趋势特别需要教师之间的合作,不同年级、不同学科的教师要相互配合,齐心协力地培养学生。题干中夏老师工作很努力、教学能力强,这些优点是值得赞扬的,同时他也需要反思"一些老师不愿意搭理他"的原因,改善与同事的关系。

**【2017 年下半年真题】**在生物实验课上,韩老师自始至终引导学生完成事先准备好的填空题:"实验步骤一:从 号烧瓶倒入 号烧瓶……""显微镜的取镜和放置:右手紧握 ,左手托住 ……"这说明韩老师(　　)

A. 教学理念偏失　　B. 教学态度不端

C. 教学评价不当　　　　D. 教育行为失范

【答案】A。解析：题干中韩老师自始至终引导学生完成事先准备好的填空题，完全以教育者自身作为主体，忽视了学生的课堂参与和积极性，教学理念有所偏失。

【2017 年下半年真题】下列教学用语中，不利于促进学生学习的是(　　)

A.“你读得很响亮，若再有感情一点就好了，你再试试。”

B.“刚才这位同学概括得不准确，还是我来吧。”

C.“这位同学的发言并没有重复前面同学说过的话，有自己的观点，非常好！”

D.“请大家想一想，刚才这两位同学报告的结论，有何不同？”

【答案】B。解析：选项 B 中教师说话太直接，容易伤害学生的自尊心，打消了学生学习的积极性，不利于促进学生的学习。

【2016 年下半年真题】邱老师在工作日志中写道：“在今天的教研会上，我说做教研跟写论文的方法是一样的，居然没有得到认可。是我错了？还是大家不理解我？我得把这个问题搞清楚。”这表明邱老师(　　)

A. 善于自我反思　　　　B. 缺乏探索精神

C. 缺乏问题意识　　　　D. 善于自我暗示

【答案】A。解析：题干所述内容说明邱老师善于自我反思。

## 三、教师专业发展

### (一) 教师专业发展的概念

考点 6

教师专业发展，即教师专业成长，是指教师在整个专业生涯中，依托专业组织、专门的培养制度和管理制度，通过持续的专业教育，习得教育教学专业技能，形成专业理想、专业道德和专业能力，从而实现专业自主的过程。

教师专业发展包括教师群体的专业发展和教师个体的专业发展。教师群体的专业发展是指教师职业不断成熟、逐渐达到专业标准，并获得相应的专业地位的过程。教师个体的专业发展是教师作为专业人员，从专业思想到专业知识、专业能力、专业心理品质等方面由不成熟到比较成熟的发展过程，即由一个专业新手发展成为专家型教师或教育家型教师的过程。

### (二) 教师职业素养

考点 7

**1. 职业道德素养**

教师的职业道德素养是从对待事业、对待学生、对待集体、对待自己的态度上体现的。具体来说，对待事业，要忠诚于人民的教育事业；对待学生，要热爱学生；对待集体，要具有团结协作的精神；对待自己，要以身作则，为人师表。

**2. 知识素养**

教师的知识素养包括政治理论修养、精深的学科专业知识、广博的科学文化知识、必备的教育科学知识、丰富的实践知识。

**3. 能力素养**

教师的能力素养包括语言表达能力、组织教育和教学的能力、组织管理能力、自我调控和自我反思能力(较高的教育机智)。此外,教师还应该具备教育科研能力、学习能力、观察学生的能力、创新能力以及运用现代教育技术手段的能力。

**4. 心理素养**

一个优秀的教师需要具备良好的心理素质,主要包括四个方面:高尚的师德、愉悦的情感、良好的人际关系、健康的人格。

### (三)教师专业发展的要求

考点8



**1. 善于学习,加强终身学习的意识和能力**

教育改革和社会发展已经使得教师自身的社会化不再是一次性能够完成的,不是职前系统定向的培养就能够终身胜任的;教师的继续社会化应当延伸和覆盖教师职业生涯,教师应当成为一个学习者、成为学习共同体的一员。教师通过不断的自主学习、自我监控、实践反思、探究和研修,实现自我的更新与发展。

**2. 恒于研究,成为教育教学的研究者**

教师应该成为教育教学的研究者。这既是时代对教师的要求,也是教师作为学生学习引导者和促进者的前提条件。教师对于自己所任教学科的教育教学是天然的研究者,应该不断向研究型教师的目标迈进,积极发现自己在教育教学中存在的问题,深入研究思考解决这些问题的方法,促进自身的专业发展。

**3. 勤于反思,培养和发展自己的反思能力**

教学反思是教师以自己的教学活动过程为思考对象,对自己所做出的行为、决策以及由此所产生的结果进行审视和分析的过程,是一种通过提高参与者的自我觉察水平来促进能力发展的途径。反思是教师成长和发展的核心能力之一。教学反思的内容包括教学目标、教学观念、教学得失,还包括反思自己的教育教学行为是否对学生有伤害及教育教学是否让不同的学生在学习上得到了不同的发展等。教师常用的教学反思方法包括教学后记、教学日记和教学案例。教师要结合学校和班级的实际情况及自身优势,改进自己的教育教学。

**4. 勇于实践,培养创新精神和创新能力**

教师首先要有实践的意识和勇气,及时捕捉机会,将自己新颖的想法转化为实践的行动;其次要对新想法进行可行性论证,确定行动方案,然后进行实践。教师必须通过创造性教育来培养学生的创新精神和创新能力,将学生培养成创新型人才。这要求教师自身具有一定的创新能力。教师应该经常主动更新观念,学习新知识,在教育教学和日常生活的一点一滴中,有意识地培养和强化自己的创新精神,创造性地进行教育教学,不断提高自己的创新能力。

**5. 重视教师交往和合作能力的培养**

教师之间有竞争也有合作。日常教学之余,教师之间可以相互交换意见,彼此分享经验。相同学科的教师可以在一起讨论教学方法,相互合作设计课程。不同学科的教师也可以相互学习和借鉴,或在相关学科知识方面提供专业帮助等。

**6. 教师要成为课程的开发者**

在以往的教学中,教师往往只是课程和教材的忠实执行者,教师的独立思想和创造性发挥受到很大限制。新课改要求教师根据具体情况创造性地进行教学工作，充分发挥自己的才能和奇思妙想，创造出富有个性的课程，由课程的“守成者”变成“开发者”。

**真题对接**

【2016 年上半年真题】邱老师经常梳理教学工作中遇到的问题，并运用教育学、心理学的知识分析问题的成因，寻找解决策略。邱老师在这一过程中扮演的主要角色是(　　)

A. 教育教学的研究者　　B. 行为规范的示范者

C. 心理健康的维护者　　D. 学生学习的组织者

【答案】A。解析：教师即研究者，意味着教师在教学过程中要以研究者的心态置身于教学情境之中，以研究者的眼光审视和分析教学理论与教学实践中的各种问题，对自身的行为进行反思，对出现的问题进行探究，对积累的经验进行总结，最终形成规律性的认识。题干中的邱老师经常梳理工作中遇到的问题，并进行研究，从而找到问题的成因及解决策略，体现了教师的研究者角色。

【2015 年上半年真题】物理教师李强结合课程教学内容，查阅资料，利用现有资源自制实验器材，开设了不少探究性物理实验。这表明李老师具有(　　)

A. 全面发展理念　　B. 和谐发展理念

C. 长善救失意识　　D. 课程开发意识

【答案】D。解析：新课程改革强调，教师是课程的开发者和建设者。题干中，物理老师根据课程内容，自己查阅资料制作器材，开设相关课程，这体现了该老师的课程开发意识。

### (四)教师成长的途径　考点 9

**1. 观摩和分析优秀教师的教学活动**

课堂教学观摩可分为组织化观摩和非组织化观摩。组织化观摩是有计划、有目的的观摩，非组织化观摩则没有这些特征。为培养、提高新教师和教学经验缺欠的年轻教师宜进行组织化观摩；非组织化观摩要求观摩者有相当完备的理论知识和洞察力。

**2. 开展微格教学**

微格教学指以少数的学生为对象，在较短的时间内(5～20 分钟)，尝试做小型的课堂教学，并把这种教学过程摄制成录像，课后再进行分析。这是训练新教师、提高教学水平的一条重要途径。

**3. 进行专门训练**

要想促进新教师的成长，我们可以对其进行专门化的训练。其中的关键程序有：(1)每天进行回顾；(2)有意义地呈现新材料；(3)有效地指导课堂作业；(4)布置家庭作业；(5)每周、每月都进行回顾。

**4. 进行教学反思**

**教学反思**是指教师以自己的教学活动过程为思考对象，对自己所做出的某种教学行为、决策以及由此所产生的结果进行审视和分析的活动。

布鲁巴奇等人提出了四种反思的方法：

(1)**反思日记**。在每一天教学工作结束后，要求教师写下自己的经验，并与指导教师共同分析；

(2)**详细描述**。教师相互观摩彼此的教学，详细描述看到的情境，并对此进行讨论分析；

(3)**交流讨论**。来自不同学校的教师聚集在一起,首先提出课堂上发生的问题,然后共同讨论解决办法,最后得到的方案为所有教师共享;

(4)**行动研究**。为弄清课堂上遇到的问题的实质,探索用以改进教学的行动方案,教师以及研究者可以进行调查和实验研究。

美国教育心理学家波斯纳提出了教师成长的公式:**经验+反思=成长**。

## (五)教师专业发展的阶段

考点10

福勒和布朗根据教师的需要和不同时期所关注的焦点问题,把教师的成长划分为关注生存、关注情境和关注学生三个阶段。



**1. 关注生存阶段**

处于关注生存阶段的一般是新教师,他们非常关注自己的生存适应性,最担心的问题是“学生喜欢我吗”“同事们如何看我”“领导是否觉得我干得不错”等。因而,可能会把大量的时间花在如何与学生搞好个人关系上,想方设法控制学生,而不是更多地考虑如何让学生获得学习上的进步。

**2. 关注情境阶段**

处于关注情境阶段的教师关心的是如何教好每一堂课,以及班级大小、时间压力和备课材料是否充分等与教学情境有关的问题,如“内容是否充分得当”“如何呈现教学信息”“如何掌握教学时间”等。传统教学评价集中关注这一阶段,一般来说,老教师比新教师更关注此阶段。

**3. 关注学生阶段**

当教师顺利地适应了前两个阶段后,成长的下一个目标便是关注学生。教师将考虑学生的个别差异,认识到不同发展水平的学生有不同的需要,根据学生的差异采取适当的教学,促进学生发展。能否自觉关注学生是衡量一个教师是否成熟的重要标志之一。

### 真题对接

**【2016年上半年真题】材料:**大学毕业后,曲老师到一所农村中学当历史老师,至今已有八年了。在此期间,有的同事调到条件更好的学校去了,有的则步入了职业倦怠期,有几所条件更好的城区学校想引进他,但他总是拒绝说:“我从小在农村长大,明白农村孩子也需要良好的教育,这里的孩子离不开我。”

为了成为一名优秀的历史老师,曲老师经常翻阅各种期刊杂志,以及时了解历史学科的新信息;他还经常向经验丰富的教师学习,为了提升自己分析和解决问题的能力,曲老师不断学习科学研究方法,并运用这些方法解决了一些教学问题。

曲老师说:“台上一分钟,台下十年功,当教师仅靠大学时代所学的知识远远不够。”他坚持每天至少进行一个小时的阅读,多年来从未间断过,他的阅读范围很广,除了研读历史领域的经典著作之外,他还广泛学习法学、地理学、社会学、美学等各个领域的知识。

**问题:**请结合材料,从教师观的角度,评析曲老师的行为。

**【参考答案】**材料中曲老师的教育行为体现了良好的教师专业素养,也符合新课程改革对教师提出的新要求,是值得每一位教师尊敬和学习的。

(1)曲老师拒绝了条件更好的城区学校的邀请，坚持留在农村中学教书，体现了其具有良好的教师职业道德素质，忠于人民的教育事业，为中国农村的教育事业做出自己的贡献。

(2)曲老师为了成为一名优秀的历史老师，经常翻阅各种期刊杂志，以及时了解历史学科的新信息，说明了曲老师为了拥有良好的学科专业素养、更好地教育学生，不断拓展自己的专业知识。并且他虚心向同事请教，体现了新课程强调的合作精神。

(3)新课改背景下的教师观强调教师应该是教育教学的研究者。新课程要求教师应该是一个研究者，在教学过程中要以研究者的心态置身于教学情境之中，以研究者的眼光审视和分析教学理论与教学实践中的各种问题，对自身的行为进行反思，对出现的问题进行探究，对积累的经验进行总结，最终形成规律性的认识。材料中的曲老师为了提升自己分析和解决问题的能力，不断学习科学研究方法，并运用这些方法解决了一些教学问题，即体现了这一点。

(4)新课改背景下的教师观强调，教师要不断反思，不断反思自己存在的不足，从而取得更大的进步。材料中的曲老师坚持每天至少进行一个小时的阅读，多年来从未间断过，他的阅读范围很广，除了研读历史领域的经典著作之外，他还广泛学习法学、地理学、社会学、美学等各个领域的知识。这也体现了曲老师具有终身学习的意识，不断促进自己专业的成长与进步。

因此，教师在教育教学过程中应该树立正确的教师观，才能更好地教书育人。



## 强化练习

| 建议用时 | 实际用时 | 设定分值 | 实际得分 |
| --- | --- | --- | --- |
| 65 分钟 | | 80 分 | |

### 一、单项选择题(每小题 2 分，共 24 分)

1. 学生最喜欢上肖老师的课，因为他上课的时候学生可以自由看小说、玩手机或者睡觉。肖老师认为自己只要认真把知识讲清楚就行了，学生听不听课是他们自己的事，纪律管理应该是班主任负责的。他的这种做法(　　)

A. 正确，是以学生为主体的表现

B. 错误，没有关注学生的心理健康

C. 正确，是教师权利、义务的表现

D. 错误，没有树立正确的教师职业理念

2. 某些学校认为“明亮的教室要干净，神圣的教室要安静”，不少教师强调课堂要鸦雀无声，追求课堂秩序井然。这种做法(　　)

A. 正确，体现了教书育人的理念

B. 不正确，没有以学习者为中心

C. 正确，体现了学校对教学环境的重视

D. 不正确，没有培养学生的创新精神

3. 某老师为了贯彻素质教育的理念，在班级中组织了绘画兴趣小组，规定每个学生都必须参加。这位老师的做法(　　)

A. 正确，体现了面向全体学生的理念

B. 错误，忽视了学生的个体差异

C. 错误，忽视了培养学生的创新精神和实践能力

D. 正确，体现了促进学生全面发展的理念

4. 某教师在教学过程中让学生死记硬背,而没有让学生掌握记忆的方法,进行有意义的记忆,说明该教师(　　)

A. 忽略了学生的创造性

B. 过分重视知识的讲授,而没有让学生进行实践

C. 没有关注学生的情感特征

D. 关注知识传授而非教会学生学习

5. 某初中教师和学生在课堂上发生矛盾。起因是教师在认真上课时,一个高个子男生在下面起哄、打闹,教师前去制止。结果,教师在受到言语和人身攻击之后,用凳子打伤该男生。对这一问题的认识,不正确的是(　　)

A. 学生应该尊敬老师,不应该扰乱课堂

B. 教师应该爱护学生,不应该对学生动手

C. 学生应该遵守课堂纪律

D. 老师对学生的教训是对的,起到了杀鸡儆猴的作用

6. 一位教师兴致勃勃地走进教室,突然发现黑板上画了一幅自己的画像,引起课堂上一阵骚动。下列处理方式中最恰当的一项是(　　)

A. 平静而真诚地说"画得多好啊,确实像我,希望这位同学以后为班上做画报"

B. 不予理睬,擦掉画,开始上课

C. 立即查找作画人

D. 批评教育学生

7. 夏天午后的课堂上,有学生昏昏欲睡。下列处理方式中最恰当的一项是(　　)

A. 马上提醒,让学生站起来

B. 不予理睬,继续课堂教学

C. 稍作停顿,批评训斥学生

D. 随机说了句诗:"春风吹得书生醉,莫把课堂当睡堂。"

8. 每次邻近期末考试时,初二(5)班的班主任赵老师就会占用学生的音乐课或美术课时间来讲授学生在物理、化学等科目中的疑难问题,赵老师的做法(　　)

A. 正确,有利于提高学生的期末成绩

B. 正确,有利于老师组织学生有效复习

C. 错误,不利于学生全面发展

D. 错误,不利于体育特长生的发展

9. 一个成绩较差的学生某次考试得了 97 分,却被老师和家长说成是"瞎猫碰到了死耗子"。老师的做法忽视了(　　)

A. 学生是完整的人

B. 学生是处于发展过程中的人

C. 每个学生都有自身的独特性

D. 学生是独立于教师头脑之外的人

10. 特级教师宁老师在教学中遵循"三个允许"的原则:允许犯错,允许改错,允许提出不同意见。这样做的理由是因为(　　)

A. 学生是发展中的人

B. 学生是独特的人

C. 学生是具有独立意义的人

D. 学生是具有主观能动性的人

11. 殷老师特别喜欢学习,不仅上班的时候积极听老教师的课,而且在业余时间自修研究生课程,还潜心研究教学法。她虽然很年轻,但是已经连续三年当选教学能手了。这体现了殷老师(　　)

A. 有专业成长理念　　B. 有课程研发意识

C. 有团结协作意识　　D. 有关爱学生意识

12. 某山区的教师林老师根据本地区植物种类繁多的特点,带领其他教师编写了《某某山区的植物》的教材,并在全区进行推广授课,这突出体现了林老师是(　　)

A. 学生学习的指导者和促进者

B. 课程的建设者和开发者

C. 课堂教学的管理者

D. 课堂教学的组织者

## 二、材料分析题(每小题 14 分,共 56 分)

1. **材料:**一个青年教师在进行公开课《伊犁草原漫

记》教学时,课文第二段第三层写秋天猎人猎熊的果敢,但一名学生没有按要求归纳猎人果敢的特点,而是说猎人残忍,同时指出猎人的行为是违法行为。原本课文中这一段是歌颂猎人的,学生却痛斥猎人的猎熊行为,这是教师所始料不及的。可喜的是,这位教师并不因为学生当着听课教师的面提出不同的观点而气恼或逃避,而是因势利导,让学生充分讨论,发表自己意见。最后全班学生从保护野生动物的角度出发,推翻了课文的观点。

**问题:**请从教育观的角度,对这位教师的行为进行分析。

2. **材料:**有一位叫王峰的学生,经常迟到、旷课、上游戏厅,甚至打架、敲竹杠,学习成绩更不用说了,门门功课挂红灯。不过,这个同学并不是一无是处,他百米赛跑速度惊人,在校运动会上,他连续两年获得百米赛跑冠军,为班级争得了荣誉。除此之外,他还特别喜欢画画,象棋也走得很棒。

针对他的问题,班主任张老师曾多次教育过他,但仍不见好转,他还是经常旷课、打游戏,向同学借钱,同学不借就打同学,以至于班里同学见到他都躲得远远的。虽然偶尔也有进步,但没过两天又恢复原样,张老师对他失去了信心。

**问题:**请从学生观的角度,评析该教师的教育行为。

3. **材料:**开学不久,陈老师发现小浩同学有许多毛病,陈老师心想,像小浩这样的同学缺少的不是批评而是肯定和鼓励。一次,陈老师找他谈话说:“你有缺点,但是你也有不少优点,可能你自己还没发现。这样吧,我限你在两天内找到自己的一些优点,不然我可要批评你了。”第三天,小浩很不好意思地找到陈老师,满脸通红地说:“我心肠好,力气大,毕业后想当兵。”陈老师听了说:“这就是了不起的优点。心肠好,乐于助人,到哪里都需要这种人。你力气大,想当兵,保卫家园,是很光荣的事,你的理想很实在。不过当兵同样需要科学文化知识,需要有真才实学。”听了老师的话,小浩高兴极了,脸上露出了微笑。

**问题:**结合上述材料,请从教师观的角度评析一下陈老师的行为。

4. **材料:**赵老师是某中学的一名青年教师,现在正担负着班主任工作,他有感于伟大的人民教育家陶行知先生“爱满天下”的教育格言,发誓要做一名热爱学生的优秀教师。

大学毕业走上工作岗位后,他一心扑在对学生的教育上。为了解和接近学生,以便取得学生的信赖,他与学生一起参加课外甚至校外活动,如打球、下棋、逛电子游戏厅等,几乎对学生的各种愿望都是有求必应。但是,一学年下来,赵老师却感到非常沮丧:不仅学校领导批评他过于放纵学生,而且班上的学生也对他的管理方式颇有微词,抱怨老师有偏向。为此,赵老师非常苦恼,几乎动了辞掉班主任职务的念头。

**问题:**请从职业理念的角度,评析赵老师的教育行为。

## 参考答案

### 一、单项选择题

1. D【解析】教师应树立正确的职业理念,履行教书育人的职责,与班主任共同合作促进学生的全面发展。

2. B【解析】一味地追求安静的课堂,会压抑学生的个性和天性,影响学生参与课堂的积极性,所以是不正确的。学校的规章制度应该以学生为中心,一切应为了学生更好的发展。

3. B【解析】教师组织绘画兴趣小组并规定每个学生必须参加,忽视了学生的个体差异,不能充分发挥每个学生的潜能,没有做到有的放矢地教学。

4. D【解析】新课程改革背景下的教育观要求教师从教会学生知识转向教会学生学习,题干中教师只是让学生记住知识但没有教给学生好的学习方法,故选 D 项。

5. D【解析】教师应该尊重学生,保护学生的合法权益,而不能动手殴打学生。

6. A【解析】面对突发的事件,A 项的做法既快速地处理了突发事件,又鼓励了作画的学生,最能体现教师的教育智慧,故当选。

7. D【解析】处理课堂突发事件要注意使用教育机智,不要一味地批评教育,这样既浪费时间也没有很好的效果,所以选项 C 错;选项 A 是罚站的行为,不建议老师采用;选项 D 的处理办法比较好,比较灵活,能随机应变,并且可以很好地教育学生。

8. C【解析】赵老师占用美术、音乐课的时间讲授物理、化学等科目,违背了全面发展的理念,所以赵老师的做法是错误的。

9. B【解析】老师的做法侵犯了学生的尊严,面对学生的进步不仅不表扬,反而打击学生的信心,不相信成绩暂时落后的学生有进步的可能。这说明老师没有用发展的眼光看待学生。

10. A【解析】这位老师的做法体现了容错教育的思想,学生犯错是暂时的,从错误中吸取教训才会更好地成长,这位老师从长远的目标考虑,把学生看成是发展中的人。

11. A【解析】殷老师的做法体现了终身学习的理念,这是实现教师专业发展的重要方法。

12. B【解析】新课改背景下的教师观要求教师从课程的执行者转变为课程的建设者和开发者,林老师带领其他教师编写教材的做法是课程建设者和开发者的体现。

### 二、材料分析题

1.【参考答案】材料中教师的做法是合理的,践行了素质教育的理念。

首先,素质教育以培养学生的创新精神和实践能力为重点。材料中教师没有批评学生与众不同的观点,而是引导学生一起得出新的观点,体现了教师对于学生创新精神的保护和培养。

其次,素质教育要求让学生生动活泼地学习,调动学生学习的积极性。材料中教师没有以既定的观点束缚学生的思维,而是关注学生的观点和想法,充分调动了学生学习的积极性。

2.【参考答案】班主任张老师的教育行为不符合素质教育所提倡的以人为本的学生观的要求,具体体现在以下几个方面:

首先,以人为本的学生观要求教师把学生看作是发展的人,对学生树立信心,相信每一位学生都是可以成才的。王峰还处于发展中,难免会出现这样那样的问题,张老师应该针对这些问题寻找解决的办法,帮助王峰成长为更好的人,而不是对学生失去信心。

其次,以人为本的学生观要求教师把学生看作是独特的人,教师要关心热爱与严格要求学生,全面了解学生,因材施教。王峰同学虽然有明显的缺点,但“并不是一无是处”，张老师应该发挥王峰的优势，从发掘他的闪光点入手，帮助他克服缺点。

最后，以人为本的学生观要求教师把学生看作是具有独立意义的人，是责权主体。张老师可以一方面对王峰进行品德和法制教育；另一方面了解王峰的内在需求，发挥他的积极因素，有针对性地因材施教。

因此，教师在教育问题学生时要树立正确的学生观，对学生抱有巨大的信心，因材施教，只有如此才能促进学生的发展。

3.【参考答案】陈老师的做法是合理的，符合新课程理念下的教师观的要求，值得学习。

首先，新课程理念下的教师观要求教师由知识的传授者转变为学生学习的引导者和学生发展的促进者。材料中，陈老师面对有很多毛病的小浩没有谩骂，而是引导小浩发现自身的优点，帮助其树立自信，对小浩的发展起到了引导和帮助的作用。

其次，新课程理念下的教师观要求教师要从“教书匠”转变为教育教学的研究者和反思的实践者。材料中，陈老师发现小浩有很多毛病时，没有急于对其批评教育，而是想到了更好的方法，使小浩树立了远大的理想，并为之努力。

4.【参考答案】赵老师主动了解学生，取得学生信赖的初衷是好的，但是采取的方法却是错误的，违背了素质教育的理念。

首先，素质教育是面向全体学生的教育。赵老师为了满足个别学生的愿望而忽略其他学生的感受，造成有学生抱怨老师有偏向的结果。

其次，以人为本的学生观要求教师把学生看作是发展的人，学生是不成熟的，是需要教师发挥主导作用进行正确引导的。赵老师放纵学生，跟着学生走的做法忽略了自身的主导地位。

再次，新课程改革背景下，教师应从知识的传授者转变为学生学习的引导者和发展的促进者，教师要根据学生的特点和身心发展规律、教育教学规律正确引导学生。赵老师在教育学生过程中不顾学生身心发展特点和规律，没有遵循教学规律，导致了不良的结果。

最后，新课程改革背景下，教师从教书匠转变为教育教学的研究者和反思的实践者。赵老师缺乏反思的意识，在面对工作挫折带来的压力时，没能及时反思，反而打起了退堂鼓，是完全错误的做法。

# 职业理念材料分析题解题方法

## 一、核心知识

### （一）教育观

教育观的材料分析题常见的设计方式：提供一个教师的教育教学符合素质教育理念或者违背素质教育理念的材料，要求考生运用素质教育的相关理论来评析材料中教师的教育教学行为。

要准确分析有关素质教育的材料，还必须把握以下几点：

**1. 理解素质教育的内涵**

一般来说，要求考生运用素质教育的相关理论来评析材料中的教育教学行为，最关键的是要找到材料中体现或违背了素质教育理念的信息。那么，素质教育的理念有哪些呢？目前，我国大多数教材都把素质教育的内涵界定为四点：

（1）素质教育是面向全体学生的教育。判断材料中有违这一理念的关键信息主要有：教育教学中只关注优秀学生;分重点班和普通班;劝退差生;推行应试教育(这种教育搞选拔性、淘汰性,只能照顾到一部分人,多数学生成了陪衬者)。

(2)素质教育是全面发展的教育。判断材料中有违这一理念的关键信息主要有:教育教学只强调智育,忽视了德育、体育、美育和劳动技术教育;教育只关注智力因素的发展,忽视了非智力因素的发展。所谓智力因素主要包括注意力、观察力、记忆力、思维力和想象力;非智力因素主要有情感、意志、兴趣、好奇心、求知欲等。

(3)素质教育是促进学生个性发展的教育判断。材料中有违这一理念的关键信息主要有:教育教学方式忽视差异性,用一个统一的模式来教育学生;用一个模子来培养人才,造成人才的千篇一律。材料中经常出现的关键信息有:扼杀特长生,评价方式体现单一化,忽视多元性。



(4)素质教育是培养创新精神和实践能力为重点的教育。判断材料中有违这一理念的关键信息主要有:教育教学中搞题海战术;教学方式搞灌输;学生课业负担过重;取消选修课程(拓展型课程、发展型课程等);只强调记忆性知识,忽视思维能力发展;等等。

**2. 准确判别应试教育**

材料中出现了"考试分数""学习负担重""升学率""题海战术""猜题押题""死记硬背""成绩排名""填鸭式"等关键词语,这种材料往往是批判应试教育的。通过批判应试教育的行为来评析教师的教育教学行为。

## (二)学生观

涉及学生观的材料分析题,一般只考查"以人为本"学生观。要准确把握有关学生观的材料,考生必须把握以下知识点:

(1)学生是发展的主体。包含了以下三点:学生在教育活动中处于主体地位;学生具有个体独立性;学生在教育活动中具有主体的需求。

(2)学生是发展中的人。包含了以下两点:学生的身心发展具有规律性;学生具有巨大的发展潜能。

(3)学生是独特的人。要关注每一个学生的发展,承认学生的个体差异性,满足学生的个性发展要求。学生的个体差异性要求切实贯彻因材施教的教育理念。

涉及学生观的材料的一般设问形式是:请从学生观的角度评析材料中教师的教学行为。材料中的教学行为既有可能符合新课程倡导的学生观,也有可能是违背学生观的。有的材料中会引用两位老师的做法,要求考生从学生观的角度来加以比较。

## (三)教师观

教师观的内容不常考查。对教师观的考查主要涉及新课改背景下的教师观,包括现代教师角色和教师教学行为的转变。

(1)现代教师角色的转变。从教师与学生的关系看,教师是学生学习的促进者;从教学与研究的关系看,教师是教育教学的研究者;从教学与课程的关系看,教师是课程的开发者和建设者;从学校与社区的关系看,教师是社区型开放的教师。

(2)教师教学行为的转变。在对待师生关系上,新课程强调尊重、赞赏;在对待教学关系上,新课程强调帮助、引导;在对待自我上,新课程强调反思;在对待与其他教育者的关系上,新课程强调合作。

在考试中，以上两个方面可能都考，也可能只考查一个方面，或两个方面各考查一部分。考生应注意随机应变。

### （四）职业理念

考查职业理念的材料分析题，其实是要求考生从素质教育观、"以人为本"学生观和新课改背景下的教师观三方面，分别评析教师的教育行为，所以它考查的内容比较综合。

素质教育观，主要考查素质教育的内涵；"以人为本"的学生观，即学生是发展中的人、独特的人、具有独立意义的人。新课程倡导的教师观主要包括现代教师角色的转变和教师行为的转变。这些上述都已经讲过。

一般来说，这三方面的内容材料都有可能涉及，当然有些可能只是涉及其中的两方面的内容。具体涉及了哪些方面的内容，要根据材料中的关键信息来确认。



## 二、解题技巧

这里我们以真题为例，说明如何在考试中，拿到理想的分数。

**材料**：有一天，我请学生读课文，只有四名学生举手，我说："杨萌你读"。她大大方方地读起来。等她坐下后，我说："还有谁愿意读？"一个举手的都没有了，是什么原因呢？

课后，我专门就这一现象与学生聊起来。一位学生说："老师，您每堂课提问，总是先叫杨萌，我们这些无名小卒没有她答得好，就不想回答了。"我恍然大悟，是啊，让杨萌先回答问题已成习惯。她的语文功底好，回答问题准确严密、简洁利落。

下午，我组织了一次"为老师出主意"的班会。大家畅所欲言，我详细记录了大家的想法，收获了好多方法。我还请大家通过打电话、发信息、发邮件等形式继续给我提建议。

在以后的课堂互动中，我鼓励学生积极回答问题。有的学生说话不流畅，我会引导他组织语言；有的学生不敢站起来回答，我就让他先坐着说；有的学生内向、声音小，我就到他身边听清楚之后再复述给大家……

后来，我又尝试让学生参与组织教学，共同探索出了"辩论教学""说书教学""戏剧教学"等以前没有尝试过的形式。

慢慢地，我的课堂再也不是死水一潭了。

**问题**：请结合材料，从学生观的角度，评析"我"的教育行为。

### （一）审题

职业理念的材料分析题，材料部分多以实际的教育教学案例来呈现，问题则是从教育观、学生观、教师观或整体的职业理念出发，评析材料中教师的教育教学行为。

在审题过程中，我们应该先读问题，明确是从哪一方面来评析教师的教育教学行为，再带着问题去阅读材料。

在材料审读中，我们应该标注出其出现的一些关键信息点，即在什么时间，哪位老师实施了什么样的教育教学行为，以及这种教育教学行为带来了什么样的教育教学效果或给学生带来了什么影响。

### （二）解题

在审清题目之后，我们就可以结合已经掌握的相关知识点进行解题了。在作答职业理念的材料分析时，我们要注意以下几点：

(1)整体评析材料中教师的教育教学行为。解答这类材料分析题的第一步,我们要对材料中教师的教育教学行为进行整体评价。

**【例如】**材料中“我”的教育行为符合现代“以人为本”的学生观,是值得学习和借鉴的。

(2)关键点放在开头。关键点即得分点,得分点要安排在醒目的地方,所以我们在组织答案时,每一个得分点应该放在每段的第一句话中,且要注意语言组织的凝练、简洁。

**【例如】**学生是发展中的人,要用发展的观点认识学生。教师绝不能依据学生的一时表现来断言学生没有发展的可能,而应该坚信每一个学生都具有巨大的可供挖掘和开发的资源和潜能,应该看到学生的未完成性,并给学生创造发展的良好环境和机会。

(3)结合材料。材料分析题的出题目的就是考查同学们实际解决问题的能力,因此,只有理论是不行的,一定要结合材料来验证理论。

**【例如】**材料中“我”对说话不流畅,不敢站起来回答,内向、声音小的学生没有直接放弃,而是以发展的眼光看待他们,采取相应的教育措施,相信他们能够变好,体现了“以人为本”的学生观。

(4)答题的最后,最好加一句简短的总结,材料分析题一方面考查同学们在实际教育教学活动中能否利用自身的教育教学机智较好地解决教育突发状况;另一方面在笔试中也考查同学们是否能够利用自己已学的知识合理地进行谋篇布局。因此,合理地安排答题结构也是考试中取得高分的关键要素。

**【例如】**材料中的“我”在教育教学中充分践行了“以人为本”的学生观,把学生看成具有独立意义的人,用发展的观点认识学生,尊重学生自身的独特性,促进学生的全面发展。

## 三、参考答案

材料中“我”的教育行为符合现代“以人为本”的学生观,是值得学习和借鉴的。

(1)学生是发展中的人,要用发展的观点认识学生。教师绝不能依据学生的一时表现来断言学生没有发展的可能,而应该坚信每一个学生都具有巨大的可供挖掘和开发的资源和潜能,应该看到学生的未完成性,并给学生创造发展的良好环境和机会。材料中“我”对说话不流畅,不敢站起来回答,内向、声音小的学生没有直接放弃,而是以发展的眼光看待他们,采取相应的教育措施,相信他们能够变好,体现了“以人为本”的学生观。

(2)学生是独特的人。每个学生都有自身的独特性。教师在教育过程中应重视学生的独特性,培养具有独立个性的人。材料中,针对“有的学生说话不流畅”,“我”“引导他组织语言”;针对“有的学生不敢站起来回答”,“我”“让他先坐着说”;针对“有的学生内向、声音小”,“我”“到他身边听清楚之后再复述给大家”……“我”能够针对不同学生采取不同的引导方式,尊重了学生的独特性,符合“以人为本”的学生观。

(3)学生是具有独立意义的人。学生是学习的主体。教师主导对学生主体的教育与改造,只是学生发展的外部条件和外因,学生的主体活动才是学生获得发展的内在机制和内因。材料中“我”通过“为老师出主意”的班会活动,详细记录大家的想法;还请大家通过打电话、发信息、发邮件等形式继续给我提建议;尝试让学生参与组织教学,共同探索出了“辩论教学”“说书教学”“戏剧教学”等以前没有尝试过的形式。这些都发挥了学生的主观能动性,体现了“我”对学生主体性、主动性的尊重,符合“以人为本”的学生观。

材料中的“我”在教育教学中充分践行了“以人为本”的学生观,把学生看成具有独立意义的人,用发展的观点认识学生,尊重学生自身的独特性,促进学生的全面发展。

# 02 教育法律法规

## 题型分析与考情预测

从历年考试真题来看，本章的常考题型为单项选择题，题量大约为8道。一般给出一段与教育教学实践相关的情境，分析教师或其他行为主体的具体做法是否正确以及原因，或者给出一段与教育教学实践相关的情境，分析事故的相应责任主体。

在备考时，考生应重点注意《中华人民共和国教育法》《中华人民共和国义务教育法》《中华人民共和国教师法》《中华人民共和国未成年人保护法》《中华人民共和国预防未成年人犯罪法》《学生伤害事故处理办法》。

# 第一节　教育法律法规概述

（本节共 11 个考点）

## 考向分析

本节主要讲述与教育相关的知识，包括教育法概述、宪法相关知识、《中华人民共和国教育法》、《中华人民共和国教师法》、《中华人民共和国义务教育法》、《中华人民共和国未成年人保护法》、《中华人民共和国预防未成年人犯罪法》、《学生伤害事故处理办法》、《国家中长期教育改革和发展规划纲要（2010—2020 年）》。相关知识点考频分析如下表：

| 考点 | 考查频率 | 考查题型 | 重要程度 |
| --- | --- | --- | --- |
| 宪法相关知识 | 2 | 单项选择 | ★ |
| 《中华人民共和国教育法》 | 9 | 单项选择 | ★★★ |
| 《中华人民共和国教师法》 | 12 | 单项选择 | ★★★ |
| 《中华人民共和国义务教育法》 | 15 | 单项选择 | ★★★ |
| 《中华人民共和国未成年人保护法》 | 5 | 单项选择 | ★★ |
| 《中华人民共和国预防未成年人犯罪法》 | 11 | 单项选择 | ★★★ |
| 《学生伤害事故处理办法》 | 10 | 单项选择 | ★★★ |
| 《国家中长期教育改革和发展规划纲要（2010—2020 年）》 | 9 | 单项选择 | ★★ |

本节知识考查形式上主要是以单项选择题的形式考查，内容上主要以法条形式讲述，内容比较琐碎，考生需悉心掌握。

## 思维导图

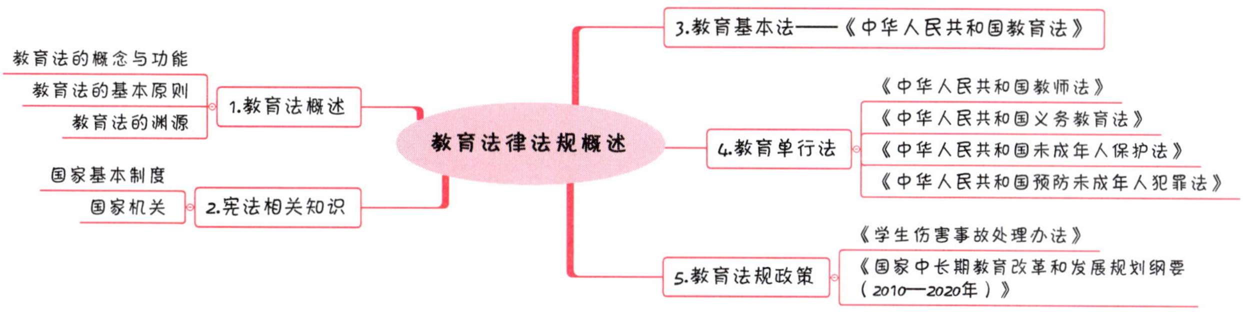


## 考点精讲

### 一、教育法概述

#### (一)教育法的概念与功能　考点1

广义的教育法是指国家制定或认可的,并由国家强制力保证实施的强调教育活动中各种社会关系的法律规范的总和。狭义的教育法仅指国家权力部门(或立法机关)制定的教育法律。即指由全国人民代表大会及其常务委员会所制定的教育法律。

教育法的功能指的是教育法的属性、内容及其结构所决定的教育法的潜在效用。它是教育法具有生命力的内在依据。教育法的具体功能有:(1)规范功能;(2)标准功能;(3)预示功能;(4)强制功能。

#### (二)教育法的基本原则　考点2

教育法的基本原则是指教育法所固有的,指导教育法制活动全过程的全局性、根本性的准则,是有关教育立法、执法的依据,是宪法在教育建设中的具体体现,党的方针的集中体现,反映了我国社会主义教育的基本性质和教育基本制度的特点。

**1. 教育必须坚持社会主义方向原则**

教育的指导思想和基本原则依据:以马列主义、毛泽东思想和中国特色社会主义理论为指导,遵循宪法确定的基本原则;教育的社会主义培养方向;培养全面发展的社会主义的建设者和接班人;要进行爱国主义、集体主义、社会主义教育;继承、弘扬优秀历史文化传统,吸收人类发展的一切优秀成果。

**2. 教育的公共性原则**

《中华人民共和国教育法》规定"教育活动必须符合国家社会公共利益"这一规定确立了我国教育的公共性原则。教育要对国家、人民和社会公共利益负责,宗教不得干涉教育活动。"任何组织和个人不得以营利为目的举办学校及其他教育机构",应以促进学生的身心发展和教育事业的发展为主要目的,坚持教育符合公共性原则。"汉语言文学为学校及其他教育机构的基本教学语言文字,少数民族学生为主的学校及教育机构,可使用本民族语言,学校及其他教育机构应推广使用普通话和通用字。"语言文字上法律规定也体现公共性原则。

**3. 教育的保障性原则**

教育不直接创造物质财富,属于公益性事业。教育的保障性原则是指国家、社会都应关心和支持教育事业,尊重教师,全方位保障教育事业的发展。国家实施九年制义务教育,保护教师的合法权益。教育法以专章形式规定了教育投入和条件保障,明确教育物质条件保障问题,是保障原则的具体落实。

**4. 教育平等性原则**

教育平等性原则不仅是教育法的基本原则,也是宪法的贯彻和落实。所有公民依法享有平等的受教育的机会,国家帮助少数民族地区发展教育事业,扶持边远贫困地区、帮助残疾人发展教育事业。

**5. 终身教育原则**

《中华人民共和国教育法》以法律的形式肯定了终身教育原则。建立健全终身教育体系,鼓励发展多种形式的继续教育,鼓励学校以及其他教育机构、社会组织为公民接受终身学习创造条件。

**真题对接**

**【2013 年下半年真题】**“教育活动必须符合国家和社会公共利益。”这句话体现的原则是(  )

A. 国家性原则 B. 公共性原则

C. 方向性原则 D. 强制性原则

**【答案】**B。**解析:**根据《中华人民共和国教育法》第八条规定,教育活动必须符合国家和社会公共利益。这体现的是教育的公共性原则。



## (三)教育法的渊源

考点 3

**1. 宪法**

宪法是我国的根本大法,是国家法律的总章程,是我国一切立法的依据,是我国教育法的基本法源。宪法由全国人民代表大会(即最高国家权力机关)通过,具有最高的法律地位和法律效力,是最高层次的法律渊源。

宪法作为教育法的渊源,可以从两个方面去理解:一是其规定了教育法的基本指导思想和立法依据;二是其直接规定了教育教学活动的基本法律规范。

**2. 教育法律**

依据制定机关和调整对象不同,教育法律可分为基本法律和基本法律以外的法律两种。

(1)**基本法律:**全国人民代表大会制定和发布的,通常规定和调整某一方面的根本性、普遍性的法律。1995 年 3 月 18 日通过的《中华人民共和国教育法》是我国的教育基本法。

(2)**基本法律以外的法律:**全国人民代表大会常务委员会制定和修改的,规定和调整国家教育事业某一方面具体法律关系的法律。规定对象较窄、内容较具体,包括《中华人民共和国学位条例》《中华人民共和国义务教育法》《中华人民共和国教师法》《中华人民共和国职业教育法》《中华人民共和国高等教育法》《中华人民共和国民办教育促进法》。

**3. 教育行政法规**

教育行政法规由最高行政机关即国务院根据宪法,并且为实施宪法和法律而制定的关于国家教育行政管理活动方面的规范性文件,是我国重要的且数量很大的一种教育法的渊源。它的法律效力仅次于宪法和教育法律。一般有三种形式,即条例、办法、规定。如《中华人民共和国教师资格条例》等。

**4. 地方性教育法规**

地方性教育法规是地方国家权力机关及其常设机关(如地方人民代表大会)为保证宪法、法律和行政法规的遵守和执行,结合本行政区的具体情况和实际需要,依照法定权限,通过和发布的规范性教育法律文件。其前提是不得同宪法、法律和行政法规相抵触。地方性法规的名称,通常有条件、办法、规定、规则、实施细则等。地方性教育法规只在本行政区域内有效。

**5. 教育行政规章**

教育行政规章包括部门教育规章和地方性教育规章。部门教育规章是指国务院所属各部门制定的规范性教育法律文件;地方性教育规章是指地方国家行政机关制定的规范性教育法律文件。

## 二、宪法相关知识

考点4

在近几年的教师资格考试中,宪法的相关知识时常会考查到,现在我们将教师资格考试中容易涉及的相关知识点总结如下:

### (一)国家基本制度

| 国家基本制度 | 概述 |
| --- | --- |
| 社会主义制度 | 我国是工人阶级领导的、以工农联盟为基础的人民民主专政的社会主义国家 |
| 人民民主专政制度 | 我国的国体是人民民主专政。工人阶级领导的,以工农联盟为基础的,对人民实行民主和对敌人实行专政的国家制度 |
| 人民代表大会制度 | 我国的政体是人民代表大会制度,原则是民主集中制,形式上是一种民主的代表制 |
| 共产党领导下的多党合作和政治协商制度 | 中国共产党是执政党,各民主党派是参政党,中国共产党和各民主党派是亲密战友。合作的基本方针是:长期共存,互相监督,肝胆相照,荣辱与共 |
| 民族区域自治制度 | 在国家统一领导下,各少数民族聚居的地方实行区域自治,设立自治机关,行使自治权的制度 |
| 基本经济制度 | 社会主义公有制为主体、多种所有制经济共同发展的经济制度 |

**真题对接**

【**2019年上半年真题**】《中华人民共和国宪法》规定,我国的根本制度是(　　)

A. 人民民主协商制度　　B. 民主专政制度

C. 人民代表大会制度　　D. 社会主义制度

【**答案**】D。**解析**:根据《中华人民共和国宪法》第一条规定,中华人民共和国是工人阶级领导的、以工农联盟为基础的人民民主专政的社会主义国家。社会主义制度是中华人民共和国的根本制度。中国共产党领导是中国特色社会主义最本质的特征。禁止任何组织或者个人破坏社会主义制度。

## (二)国家机关

| 国家机构 | 地位 | 任期 | 主要职权 |
|---|---|---|---|
| 全国人大 | 最高国家权力机关 | 5年 | 修改宪法、监督宪法实施;制定和修改基本法律;选举、决定和罢免国家机关的重要领导人;决定国家重大问题;最高监督权;其他应当由它行使的职权 |
| 全国人大常委会 | 全国人大的常设机关 | 5年 | 解释宪法,监督宪法的实施;根据宪法规定的范围行使立法权;解释法律;审查和监督行政法规、地方性法规的合宪性和合法性;对国民经济和社会发展计划、国家预算部分调整方案和国家决算的审批权,审议审计工作报告;监督国家机关的工作;决定、任免国家机关领导人员;国家生活中其他重要事项的决定权;全国人大授予的其他权利 |
| 国家主席 | 国家元首 | 5年 | 公布法律,发布命令;任免国务院的组成人员和驻外全权代表;外交权;荣典权。在我国,副主席的职责主要是协助国家主席工作 |
| 国务院 | 最高国家行政机关 | 5年 | 规定行政措施,制定行政法规,发布决定和命令;提案权;领导权和监督权;管理权;批准省、自治区、直辖市的区域划分和自治州、县、自治县、市的建置和区域划分;改变或撤销各部委不适当的命令、指示、规章和地方各级行政机关的不适当的决定和命令;有权决定省、自治区、直辖市的范围内部分地区进入紧急状态;其他职权 |
| 监察委员会 | 国家监察机关 | 5年 | 中华人民共和国国家监察委员会是最高监察机关。国家监察委员会对全国人民代表大会和全国人民代表大会常务委员会负责。监察委员会依照法律规定独立行使监察权,不受行政机关、社会团体和个人的干涉 |
| 人民法院 | 国家审判机关 | 5年 | 监督地方各级人民法院和专门人民法院的审判工作。上级人民法院监督下级人民法院的审判工作 |
| 人民检察院 | 国家法律监督机关 | 5年 | 最高人民检察院对全国人大和全国人大常委会负责,地方各级人民检察院对产生它的国家权力机关和上级人民检察院负责 |

**真题对接**

**【2018年下半年真题】**《中华人民共和国宪法》规定,国家的法律监督机关是( )

A. 中华人民共和国人民检察院
B. 中华人民共和国监察委员会
C. 全国人民代表大会常务委员会
D. 中华人民共和国人民法院

**【答案】**A。**解析:**根据《中华人民共和国宪法》第一百三十四条规定,中华人民共和国人民检察院是国家的法律监督机关。

## 三、教育基本法——《中华人民共和国教育法》

考点5

《中华人民共和国教育法》是我国教育法律法规体系中的基本法,是依据我国宪法对于教育的相关规定制定的调整我国教育内部和外部相关关系的基本法律准则。《中华人民共和国教育法》是我国的"教育宪法"，是我国教育法律法规体系中的"母法"。在教育法律法规纵向层次中处于顶层，它具有最高效力。

## 《中华人民共和国教育法》

（1995年3月18日第八届全国人民代表大会第三次会议通过；根据2009年8月27日第十一届全国人民代表大会常务委员会第十次会议《关于修改部分法律的决定》第一次修正；根据2015年12月27日第十二届全国人民代表大会常务委员会第十八次会议《关于修改〈中华人民共和国教育法〉的决定》第二次修正）

### 第一章　总　则

**【立法目的】第一条**　为了发展教育事业，提高全民族的素质，促进社会主义物质文明和精神文明建设，根据宪法，制定本法。

**【适用范围】第二条**　在中华人民共和国境内的各级各类教育，适用本法。

**【指导思想】第三条**　国家坚持以马克思列宁主义、毛泽东思想和建设有中国特色社会主义理论为指导，遵循宪法确定的基本原则，发展社会主义的教育事业。

**【教育地位】第四条**　教育是社会主义现代化建设的基础，国家保障教育事业优先发展。

全社会应当关心和支持教育事业的发展。

全社会应当尊重教师。

**【教育方针】第五条**　教育必须为社会主义现代化建设服务、为人民服务，必须与生产劳动和社会实践相结合，培养德、智、体、美等方面全面发展的社会主义建设者和接班人。

**【教育基本内容】第六条**　教育应当坚持立德树人，对受教育者加强社会主义核心价值观教育，增强受教育者的社会责任感、创新精神和实践能力。

国家在受教育者中进行爱国主义、集体主义、中国特色社会主义的教育，进行理想、道德、纪律、法治、国防和民族团结的教育。

**【教育文化内涵】第七条**　教育应当继承和弘扬中华民族优秀的历史文化传统，吸收人类文明发展的一切优秀成果。

**【教育与国家利益】第八条**　教育活动必须符合国家和社会公共利益。

国家实行教育与宗教相分离。任何组织和个人不得利用宗教进行妨碍国家教育制度的活动。

**【公民的受教育权利和义务】第九条**　中华人民共和国公民有受教育的权利和义务。

公民不分民族、种族、性别、职业、财产状况、宗教信仰等，依法享有平等的受教育机会。

**【少边贫地区及残疾人的教育】第十条**　国家根据各少数民族的特点和需要，帮助各少数民族地区发展教育事业。

国家扶持边远贫困地区发展教育事业。

国家扶持和发展残疾人教育事业。

**【终身教育体系】第十一条**　国家适应社会主义市场经济发展和社会进步的需要，推进教育改革，推动各级各类教育协调发展、衔接融通，完善现代国民教育体系，健全终身教育体系，提高教育现代化水平。

国家采取措施促进教育公平，推动教育均衡发展。

国家支持、鼓励和组织教育科学研究，推广教育科学研究成果，促进教育质量提高。

**【语言文字】第十二条**　国家通用语言文字为学校及其他教育机构的基本教育教学语言文字，学校及其他教育机构应当使用国家通用语言文字进行教育教学。民族自治地方以少数民族学生为主的学校及其他教育机构,从实际出发,使用国家通用语言文字和本民族或者当地民族通用的语言文字实施双语教育。

国家采取措施,为以少数民族学生为主的学校及其他教育机构实施双语教育提供条件和支持。

**真题对接**

【2014年上半年真题】教师王某在课堂上使用方言而不是普通话教学,王某的教学行为(　　)

A. 合法,只要课堂教学效果好,用哪种语言教学无所谓

B. 合法,都是当地学生,用方言更易与学生交流

C. 不合法,教师在教学过程中应使用全国通用的普通话

D. 不合法,违反了教育应弘扬优秀文化传统的规则

【答案】C

**【奖励制度】第十三条**　国家对发展教育事业做出突出贡献的组织和个人,给予奖励。

**【管理体制】第十四条**　国务院和地方各级人民政府根据分级管理、分工负责的原则,领导和管理教育工作。

中等及中等以下教育在国务院领导下,由地方人民政府管理。

高等教育由国务院和省、自治区、直辖市人民政府管理。

**【教育行政部门】第十五条**　国务院教育行政部门主管全国教育工作,统筹规划、协调管理全国的教育事业。

县级以上地方各级人民政府教育行政部门主管本行政区域内的教育工作。

县级以上各级人民政府其他有关部门在各自的职责范围内,负责有关的教育工作。

**【教育监督】第十六条**　国务院和县级以上地方各级人民政府应当向本级人民代表大会或者其常务委员会报告教育工作和教育经费预算、决算情况,接受监督。

## 第二章　教育基本制度

**【学校教育制度】第十七条**　国家实行学前教育、初等教育、中等教育、高等教育的学校教育制度。

国家建立科学的学制系统。学制系统内的学校和其他教育机构的设置、教育形式、修业年限、招生对象、培养目标等,由国务院或者由国务院授权教育行政部门规定。

**【学前教育】第十八条**　国家制定学前教育标准,加快普及学前教育,构建覆盖城乡,特别是农村的学前教育公共服务体系。

各级人民政府应当采取措施,为适龄儿童接受学前教育提供条件和支持。

**【义务教育】第十九条**　国家实行九年制义务教育制度。

各级人民政府采取各种措施保障适龄儿童、少年就学。

适龄儿童、少年的父母或者其他监护人以及有关社会组织和个人有义务使适龄儿童、少年接受并完成规定年限的义务教育。

**【职业教育和成人教育】第二十条**　国家实行职业教育制度和继续教育制度。

各级人民政府、有关行政部门和行业组织以及企业事业组织应当采取措施,发展并保障公民接受职业学校教育或者各种形式的职业培训。

国家鼓励发展多种形式的继续教育，使公民接受适当形式的政治、经济、文化、科学、技术、业务等方面的教育，促进不同类型学习成果的互认和衔接，推动全民终身学习。

**【考试制度】第二十一条**　国家实行国家教育考试制度。

国家教育考试由国务院教育行政部门确定种类，并由国家批准的实施教育考试的机构承办。

**【学业证书制度】第二十二条**　国家实行学业证书制度。

经国家批准设立或者认可的学校及其他教育机构按照国家有关规定，颁发学历证书或者其他学业证书。

**【学位制度】第二十三条**　国家实行学位制度。

学位授予单位依法对达到一定学术水平或者专业技术水平的人员授予相应的学位，颁发学位证书。

**【扫除文盲教育工作】第二十四条**　各级人民政府、基层群众性自治组织和企业事业组织应当采取各种措施，开展扫除文盲的教育工作。

按照国家规定具有接受扫除文盲教育能力的公民，应当接受扫除文盲的教育。

**【教育督导制度和评估制度】第二十五条**　国家实行教育督导制度和学校及其他教育机构教育评估制度。

## 第三章　学校及其他教育机构

**【鼓励举办教育机构】第二十六条**　国家制定教育发展规划，并举办学校及其他教育机构。

国家鼓励企业事业组织、社会团体、其他社会组织及公民个人依法举办学校及其他教育机构。

国家举办学校及其他教育机构，应当坚持勤俭节约的原则。

以财政性经费、捐赠资产举办或者参与举办的学校及其他教育机构不得设立为营利性组织。

**【办学条件】第二十七条**　设立学校及其他教育机构，必须具备下列基本条件：

（一）有组织机构和章程；

（二）有合格的教师；

（三）有符合规定标准的教学场所及设施、设备等；

（四）有必备的办学资金和稳定的经费来源。

**真题对接**

**【2016年上半年真题】**根据《中华人民共和国教育法》的相关规定，某地拟设立一所新学校，下列不属于该学校设立的必备条件的是（　　）

A. 有组织机构和章程　　B. 有充足的生源

C. 有合格的教师　　D. 有稳定的经费来源

**【答案】**B

**【办学程序】第二十八条**　学校及其他教育机构的设立、变更和终止，应当按照国家有关规定办理审核、批准、注册或者备案手续。

**【教育机构的权利】第二十九条**　学校及其他教育机构行使下列权利：

（一）按照章程自主管理；

（二）组织实施教育教学活动；

（三）招收学生或者其他受教育者；

(四)对受教育者进行学籍管理,实施奖励或者处分;

(五)对受教育者颁发相应的学业证书;

(六)聘任教师及其他职工,实施奖励或者处分;

(七)管理、使用本单位的设施和经费;

(八)拒绝任何组织和个人对教育教学活动的非法干涉;

(九)法律、法规规定的其他权利。

国家保护学校及其他教育机构的合法权益不受侵犯。

**【教育机构的义务】第三十条** 学校及其他教育机构应当履行下列义务:

(一)遵守法律、法规;

(二)贯彻国家的教育方针,执行国家教育教学标准,保证教育教学质量;

(三)维护受教育者、教师及其他职工的合法权益;

(四)以适当方式为受教育者及其监护人了解受教育者的学业成绩及其他有关情况提供便利;

(五)遵照国家有关规定收取费用并公开收费项目;

(六)依法接受监督。



**真题对接**

**【2019年上半年真题】**某初中向学生收取练习本费用,未向社会公开收费项目。该校做法( )

A. 不合法,义务教育学校不能收费

B. 不合法,学校必须公开收费项目

C. 合法,学校有自主管理权

D. 合法,学校是按规定收费

**【答案】**B

**【教育机构管理体制】第三十一条** 学校及其他教育机构的举办者按照国家有关规定,确定其所举办的学校或者其他教育机构的管理体制。

学校及其他教育机构的校长或者主要行政负责人必须由具有中华人民共和国国籍、在中国境内定居、并具备国家规定任职条件的公民担任,其任免按照国家有关规定办理。学校的教学及其他行政管理,由校长负责。

学校及其他教育机构应当按照国家有关规定,通过以教师为主体的教职工代表大会等组织形式,保障教职工参与民主管理和监督。

**真题对接**

**【2019年上半年真题】**某私人企业在某省投资兴建了一所中学,学校拟聘请一位外籍人士担任学校校长。这所学校的做法( )

A. 正确,我国学校的校长可以由外籍人士担任

B. 正确,外籍人士经过许可可以担任民办学校的校长

C. 错误,中国学校的校长只能由具有中国国籍的公民担任

D. 错误,外籍人士必须在中国居住一段时间才可担任校长

**【答案】**C

**【教育机构的法人条件】第三十二条**　学校及其他教育机构具备法人条件的，自批准设立或者登记注册之日起取得法人资格。

学校及其他教育机构在民事活动中依法享有民事权利，承担民事责任。

学校及其他教育机构中的国有资产属于国家所有。

学校及其他教育机构兴办的校办产业独立承担民事责任。

### 第四章　教师和其他教育工作者

**【教师权利和义务】第三十三条**　教师享有法律规定的权利，履行法律规定的义务，忠诚于人民的教育事业。

**【教师待遇】第三十四条**　国家保护教师的合法权益，改善教师的工作条件和生活条件，提高教师的社会地位。

教师的工资报酬、福利待遇，依照法律、法规的规定办理。

**【教师队伍建设】第三十五条**　国家实行教师资格、职务、聘任制度，通过考核、奖励、培养和培训，提高教师素质，加强教师队伍建设。

**【员工制度】第三十六条**　学校及其他教育机构中的管理人员，实行教育职员制度。

学校及其他教育机构中的教学辅助人员和其他专业技术人员，实行专业技术职务聘任制度。

**真题对接**

**【2018年下半年真题】**依据《中华人民共和国教育法》，学校及其他教育机构中的管理人员应当实行(　　)

A. 教学辅助人员职务制度　　B. 管理职员制度

C. 专业技术职务聘任制度　　D. 教育职员制度

**【答案】**D

### 第五章　受教育者

**【受教育者的平等权】第三十七条**　受教育者在入学、升学、就业等方面依法享有平等权利。

学校和有关行政部门应当按照国家有关规定，保障女子在入学、升学、就业、授予学位、派出留学等方面享有同男子平等的权利。

**【教育经济资助】第三十八条**　国家、社会对符合入学条件、家庭经济困难的儿童、少年、青年，提供各种形式的资助。

**【学前教育保障】第三十九条**　国家、社会、学校及其他教育机构应当根据残疾人身心特性和需要实施教育，并为其提供帮助和便利。

**【违法犯罪的未成年人】第四十条**　国家、社会、家庭、学校及其他教育机构应当为有违法犯罪行为的未成年人接受教育创造条件。

**【继续教育】第四十一条**　从业人员有依法接受职业培训和继续教育的权利和义务。

国家机关、企业事业组织和其他社会组织，应当为本单位职工的学习和培训提供条件和便利。

**【终身教育】第四十二条**　国家鼓励学校及其他教育机构、社会组织采取措施，为公民接受终身教育创造条件。

【受教育者的权利】第四十三条　受教育者享有下列权利：

(一)参加教育教学计划安排的各种活动，使用教育教学设施、设备、图书资料；

(二)按照国家有关规定获得奖学金、贷学金、助学金；

(三)在学业成绩和品行上获得公正评价，完成规定的学业后获得相应的学业证书、学位证书；

(四)对学校给予的处分不服向有关部门提出申诉，对学校、教师侵犯其人身权、财产权等合法权益，提出申诉或者依法提起诉讼；

(五)法律、法规规定的其他权利。

【受教育者的义务】第四十四条　受教育者应当履行下列义务：

(一)遵守法律、法规；

(二)遵守学生行为规范，尊敬师长，养成良好的思想品德和行为习惯；

(三)努力学习，完成规定的学习任务；

(四)遵守所在学校或者其他教育机构的管理制度。

【身心健康保护】第四十五条　教育、体育、卫生行政部门和学校及其他教育机构应当完善体育、卫生保健设施，保护学生的身心健康。



## 第六章　教育与社会

【创设良好社会环境】第四十六条　国家机关、军队、企业事业组织、社会团体及其他社会组织和个人，应当依法为儿童、少年、青年学生的身心健康成长创造良好的社会环境。

【社会参与】第四十七条　国家鼓励企业事业组织、社会团体及其他社会组织同高等学校、中等职业学校在教学、科研、技术开发和推广等方面进行多种形式的合作。

企业事业组织、社会团体及其他社会组织和个人，可以通过适当形式，支持学校的建设，参与学校管理。

【社会实践活动】第四十八条　国家机关、军队、企业事业组织及其他社会组织应当为学校组织的学生实习、社会实践活动提供帮助和便利。

【社会公益活动】第四十九条　学校及其他教育机构在不影响正常教育教学活动的前提下，应当积极参加当地的社会公益活动。

【家庭教育】第五十条　未成年人的父母或者其他监护人应当为其未成年子女或者其他被监护人受教育提供必要条件。

未成年人的父母或者其他监护人应当配合学校及其他教育机构，对其未成年子女或者其他被监护人进行教育。

学校、教师可以对学生家长提供家庭教育指导。

【文化机构的教育】第五十一条　图书馆、博物馆、科技馆、文化馆、美术馆、体育馆(场)等社会公共文化体育设施，以及历史文化古迹和革命纪念馆(地)，应当对教师、学生实行优待，为受教育者接受教育提供便利。

广播、电视台(站)应当开设教育节目，促进受教育者思想品德、文化和科学技术素质的提高。

【校外教育】第五十二条　国家、社会建立和发展对未成年人进行校外教育的设施。

学校及其他教育机构应当同基层群众性自治组织、企业事业组织、社会团体相互配合，加强对未成年人的校外教育工作。

【社会文化教育活动】第五十三条　国家鼓励社会团体、社会文化机构及其他社会组织和个人开展有益于受教育者身心健康的社会文化教育活动。

## 第七章　教育投入与条件保障

【教育经费制度】第五十四条　国家建立以财政拨款为主、其他多种渠道筹措教育经费为辅的体制，逐步增加对教育的投入，保证国家举办的学校教育经费的稳定来源。

企业事业组织、社会团体及其他社会组织和个人依法举办的学校及其他教育机构，办学经费由举办者负责筹措，各级人民政府可以给予适当支持。

【教育经费所占比例】第五十五条　国家财政性教育经费支出占国民生产总值的比例应当随着国民经济的发展和财政收入的增长逐步提高。具体比例和实施步骤由国务院规定。

全国各级财政支出总额中教育经费所占比例应当随着国民经济的发展逐步提高。

【经费使用】第五十六条　各级人民政府的教育经费支出，按照事权和财权相统一的原则，在财政预算中单独列项。

各级人民政府教育财政拨款的增长应当高于财政经常性收入的增长，并使按在校学生人数平均的教育费用逐步增长，保证教师工资和学生人均公用经费逐步增长。

【专项资金】第五十七条　国务院及县级以上地方各级人民政府应当设立教育专项资金，重点扶持边远贫困地区、少数民族地区实施义务教育。

【税收】第五十八条　税务机关依法足额征收教育费附加，由教育行政部门统筹管理，主要用于实施义务教育。

省、自治区、直辖市人民政府根据国务院的有关规定，可以决定开征用于教育的地方附加费，专款专用。

【优惠措施】第五十九条　国家采取优惠措施，鼓励和扶持学校在不影响正常教育教学的前提下开展勤工俭学和社会服务，兴办校办产业。

【捐资助学】第六十条　国家鼓励境内、境外社会组织和个人捐资助学。

【经费使用】第六十一条　国家财政性教育经费、社会组织和个人对教育的捐赠，必须用于教育，不得挪用、克扣。

【金融信贷】第六十二条　国家鼓励运用金融、信贷手段，支持教育事业的发展。

【教育建设管理】第六十三条　各级人民政府及其教育行政部门应当加强对学校及其他教育机构教育经费的监督管理，提高教育投资效益。

【教育建设保障】第六十四条　地方各级人民政府及其有关行政部门必须把学校的基本建设纳入城乡建设规划，统筹安排学校的基本建设用地及所需物资，按照国家有关规定实行优先、优惠政策。

【教育用品保障】第六十五条　各级人民政府对教科书及教学用图书资料的出版发行，对教学仪器、设备的生产和供应，对用于学校教育教学和科学研究的图书资料、教学仪器、设备的进口，按照国家有关规定实行优先、优惠政策。

【教育信息化保障】第六十六条　国家推进教育信息化，加快教育信息基础设施建设，利用信息技术促进优质教育资源普及共享，提高教育教学水平和教育管理水平。

县级以上人民政府及其有关部门应当发展教育信息技术和其他现代化教学方式，有关行政部门应当优先安排，给予扶持。

国家鼓励学校及其他教育机构推广运用现代化教学方式。

### 第八章　教育对外交流与合作

**【教育合作】第六十七条**　国家鼓励开展教育对外交流与合作,支持学校及其他教育机构引进优质教育资源,依法开展中外合作办学,发展国际教育服务,培养国际化人才。

教育对外交流与合作坚持独立自主、平等互利、相互尊重的原则,不得违反中国法律,不得损害国家主权、安全和社会公共利益。

**【出国教育】第六十八条**　中国境内公民出国留学、研究、进行学术交流或者任教,依照国家有关规定办理。

**【入境教育】第六十九条**　中国境外个人符合国家规定的条件并办理有关手续后,可以进入中国境内学校及其他教育机构学习、研究、进行学术交流或者任教,其合法权益受国家保护。

**【学历认证】第七十条**　中国对境外教育机构颁发的学位证书、学历证书及其他学业证书的承认,依照中华人民共和国缔结或者加入的国际条约办理,或者按照国家有关规定办理。

### 第九章　法律责任



**【教育经费】第七十一条**　违反国家有关规定,不按照预算核拨教育经费的,由同级人民政府限期核拨;情节严重的,对直接负责的主管人员和其他直接责任人员,依法给予处分。

违反国家财政制度、财务制度,挪用、克扣教育经费的,由上级机关责令限期归还被挪用、克扣的经费,并对直接负责的主管人员和其他直接责任人员,依法给予处分;构成犯罪的,依法追究刑事责任。

**【教学秩序与教育财产】第七十二条**　结伙斗殴、寻衅滋事,扰乱学校及其他教育机构教育教学秩序或者破坏校舍、场地及其他财产的,由公安机关给予治安管理处罚;构成犯罪的,依法追究刑事责任。

侵占学校及其他教育机构的校舍、场地及其他财产的,依法承担民事责任。

**【教学设施】第七十三条**　明知校舍或者教育教学设施有危险,而不采取措施,造成人员伤亡或者重大财产损失的,对直接负责的主管人员和其他直接责任人员,依法追究刑事责任。

**【收取教育机构费用】第七十四条**　违反国家有关规定,向学校或者其他教育机构收取费用的,由政府责令退还所收费用;对直接负责的主管人员和其他直接责任人员,依法给予处分。

**【违法办学】第七十五条**　违反国家有关规定,举办学校或者其他教育机构的,由教育行政部门或者其他有关行政部门予以撤销;有违法所得的,没收违法所得;对直接负责的主管人员和其他直接责任人员,依法给予处分。

**【违法招生】第七十六条**　学校或者其他教育机构违反国家有关规定招收学生的,由教育行政部门或者其他有关行政部门责令退回招收的学生,退还所收费用;对学校、其他教育机构给予警告,可以处违法所得五倍以下罚款;情节严重的,责令停止相关招生资格一年以上三年以下,直至撤销招生资格、吊销办学许可证;对直接负责的主管人员和其他直接责任人员,依法给予处分;构成犯罪的,依法追究刑事责任。

**真题对接**

**【2018 年下半年真题】**某中学非法招生获利 80 多万元。依据《中华人民共和国教育法》,教育行政部门或其他有关行政部门可以对该校采取的措施是(　　)

A. 对直接负责的主管人员追究民事责任　　B. 责令其退回所招学生并退还所收费用

C. 对其他直接责任人员处以罚款　　D. 没收其非法所得的财物

**【答案】**B

**【徇私舞弊】第七十七条** 在招收学生工作中徇私舞弊的，由教育行政部门或者其他有关行政部门责令退回招收的人员；对直接负责的主管人员和其他直接责任人员，依法给予处分；构成犯罪的，依法追究刑事责任。

**【收受受教育者费用】第七十八条** 学校及其他教育机构违反国家有关规定向受教育者收取费用的，由教育行政部门或者其他有关行政部门责令退还所收费用；对直接负责的主管人员和其他直接责任人员，依法给予处分。

**真题对接**

**【2018 年上半年真题】**某中学违规向学生收取补课费。依据《中华人民共和国教育法》的规定，责令该校退还所收费用的机关是(　　)

A. 教育行政部门　　B. 工商管理部门

C. 纪检部门　　D. 公安部门

**【答案】**A

**【2017 年上半年真题】**某初级中学违反国家有关规定向学生收取补课费，依据《中华人民共和国教育法》的规定，有权责令该校退还所收费用的是(　　)

A. 教育行政机关　　B. 纪检部门

C. 公安机关　　D. 物价部门

**【答案】**A

**【考生行为】第七十九条** 考生在国家教育考试中有下列行为之一的，由组织考试的教育考试机构工作人员在考试现场采取必要措施予以制止并终止其继续参加考试；组织考试的教育考试机构可以取消其相关考试资格或者考试成绩；情节严重的，由教育行政部门责令停止参加相关国家教育考试一年以上三年以下；构成违反治安管理行为的，由公安机关依法给予治安管理处罚；构成犯罪的，依法追究刑事责任：

(一)非法获取考试试题或者答案的；

(二)携带或者使用考试作弊器材、资料的；

(三)抄袭他人答案的；

(四)让他人代替自己参加考试的；

(五)其他以不正当手段获得考试成绩的作弊行为。

**【考试行为】第八十条** 任何组织或者个人在国家教育考试中有下列行为之一，有违法所得的，由公安机关没收违法所得，并处违法所得一倍以上五倍以下罚款；情节严重的，处五日以上十五日以下拘留；构成犯罪的，依法追究刑事责任；属于国家机关工作人员的，还应当依法给予处分：

(一)组织作弊的；

(二)通过提供考试作弊器材等方式为作弊提供帮助或者便利的；

(三)代替他人参加考试的;

(四)在考试结束前泄露、传播考试试题或者答案的;

(五)其他扰乱考试秩序的行为。

**【教育考试管理】第八十一条** 举办国家教育考试,教育行政部门、教育考试机构疏于管理,造成考场秩序混乱、作弊情况严重的,对直接负责的主管人员和其他直接责任人员,依法给予处分;构成犯罪的,依法追究刑事责任。

**【责任追究】第八十二条** 学校或者其他教育机构违反本法规定,颁发学位证书、学历证书或者其他学业证书的,由教育行政部门或者其他有关行政部门宣布证书无效,责令收回或者予以没收;有违法所得的,没收违法所得;情节严重的,责令停止相关招生资格一年以上三年以下,直至撤销招生资格、颁发证书资格;对直接负责的主管人员和其他直接责任人员,依法给予处分。

前款规定以外的任何组织或者个人制造、销售、颁发假冒学位证书、学历证书或者其他学业证书,构成违反治安管理行为的,由公安机关依法给予治安管理处罚;构成犯罪的,依法追究刑事责任。

以作弊、剽窃、抄袭等欺诈行为或者其他不正当手段获得学位证书、学历证书或者其他学业证书的,由颁发机构撤销相关证书。购买、使用假冒学位证书、学历证书或者其他学业证书,构成违反治安管理行为的,由公安机关依法给予治安管理处罚。



**【民事责任】第八十三条** 违反本法规定,侵犯教师、受教育者、学校或者其他教育机构的合法权益,造成损失、损害的,应当依法承担民事责任。

#### 第十章 附 则

**【军事学校及宗教学校】第八十四条** 军事学校教育由中央军事委员会根据本法的原则规定。

宗教学校教育由国务院另行规定。

**【国际办学】第八十五条** 境外的组织和个人在中国境内办学和合作办学的办法,由国务院规定。

**【施行时间】第八十六条** 本法自 1995 年 9 月 1 日起施行。

## 四、教育单行法

教育单行法,是指根据宪法和教育基本法原则制定的调整某类教育或教育的某一具体部分关系的教育法律。教育单行法遵循宪法和教育基本法。

### (一)《中华人民共和国教师法》

考点 6

《中华人民共和国教师法》属于教育单行法,是我国教育史上第一部关于教师的单行法律。它的制定和颁布体现了党和国家对人民教师的重视,有利于从根本上提高教师的社会地位,保障教师的合法权益,使教师成为受人尊重的职业;有利于加强教师队伍的建设,造就一批高素质的教师队伍,促进社会主义教育事业的发展。

### 《中华人民共和国教师法》

(1993 年 10 月 31 日第八届全国人民代表大会常务委员会第四次会议通过,1993 年 10 月 31 日中华人民共和国主席令第 15 号公布,自 1994 年 1 月 1 日起施行)

#### 第一章 总 则

**【立法宗旨】第一条** 为了保障教师的合法权益,建设具有良好思想品德修养和业务素质的教师队伍,促进社会主义教育事业的发展，制定本法。

**【适用对象】第二条**　本法适用于在各级各类学校和其他教育机构中专门从事教育教学工作的教师。

**【教师职责】第三条**　教师是履行教育教学职责的专业人员，承担教书育人，培养社会主义事业建设者和接班人、提高民族素质的使命。教师应当忠诚于人民的教育事业。

**【政府职责】第四条**　各级人民政府应当采取措施，加强教师的思想政治教育和业务培训，改善教师的工作条件和生活条件，保障教师的合法权益，提高教师的社会地位。

全社会都应当尊重教师。

**【管理体制】第五条**　国务院教育行政部门主管全国的教师工作。

国务院有关部门在各自职权范围内负责有关的教师工作。

学校和其他教育机构根据国家规定，自主进行教师管理工作。

**【教师节】第六条**　每年九月十日为教师节。

## 第二章　权利和义务

**【教师权利】第七条**　教师享有下列权利：

（一）进行教育教学活动，开展教育教学改革和实验；

（二）从事科学研究、学术交流，参加专业的学术团体，在学术活动中充分发表意见；

（三）指导学生的学习和发展，评定学生的品行和学业成绩；

（四）按时获取工资报酬，享受国家规定的福利待遇以及寒暑假期的带薪休假；

（五）对学校教育教学、管理工作和教育行政部门的工作提出意见和建议，通过教职工代表大会或者其他形式，参与学校的民主管理；

（六）参加进修或者其他方式的培训。

**【教师义务】第八条**　教师应当履行下列义务：

（一）遵守宪法、法律和职业道德，为人师表；

（二）贯彻国家的教育方针，遵守规章制度，执行学校的教学计划，履行教师聘约，完成教育教学工作任务；

（三）对学生进行宪法所确定的基本原则的教育和爱国主义、民族团结的教育，法制教育以及思想品德、文化、科学技术教育，组织、带领学生开展有益的社会活动；

（四）关心、爱护全体学生，尊重学生人格，促进学生在品德、智力、体质等方面全面发展；

（五）制止有害于学生的行为或者其他侵犯学生合法权益的行为，批评和抵制有害于学生健康成长的现象；

（六）不断提高思想政治觉悟和教育教学业务水平。

**【保障机制】第九条**　为保障教师完成教育教学任务，各级人民政府、教育行政部门、有关部门、学校和其他教育机构应当履行下列职责：

（一）提供符合国家安全标准的教育教学设施和设备；

（二）提供必需的图书、资料及其他教育教学用品；

（三）对教师在教育教学、科学研究中的创造性工作给以鼓励和帮助；

（四）支持教师制止有害于学生的行为或者其他侵犯学生合法权益的行为。

## 第三章 资格和任用

**【教师资格制度】第十条** 国家实行教师资格制度。

中国公民凡遵守宪法和法律,热爱教育事业,具有良好的思想品德,具备本法规定的学历或者经国家教师资格考试合格,有教育教学能力,经认定合格的,可以取得教师资格。

**【学历要求】第十一条** 取得教师资格应当具备的相应学历是:

(一)取得幼儿园教师资格,应当具备幼儿师范学校毕业及其以上学历;

(二)取得小学教师资格,应当具备中等师范学校毕业及其以上学历;

(三)取得初级中学教师、初级职业学校文化、专业课教师资格,应当具备高等师范专科学校或者其他大学专科毕业及其以上学历;

(四)取得高级中学教师资格和中等专业学校、技工学校、职业高中文化课、专业课教师资格,应当具备高等师范院校本科或者其他大学本科毕业及其以上学历;取得中等专业学校、技工学校和职业高中学生实习指导教师资格应当具备的学历,由国务院教育行政部门规定;

(五)取得高等学校教师资格,应当具备研究生或者大学本科毕业学历;

(六)取得成人教育教师资格,应当按照成人教育的层次、类别,分别具备高等、中等学校毕业及其以上学历。

不具备本法规定的教师资格学历的公民,申请获取教师资格,必须通过国家教师资格考试。国家教师资格考试制度由国务院规定。

**【过渡办法】第十二条** 本法实施前已经在学校或者其他教育机构中任教的教师,未具备本法规定学历的,由国务院教育行政部门规定教师资格过渡办法。

**【资格认定】第十三条** 中小学教师资格由县级以上地方人民政府教育行政部门认定。中等专业学校、技工学校的教师资格由县级以上地方人民政府教育行政部门组织有关主管部门认定。普通高等学校的教师资格由国务院或者省、自治区、直辖市教育行政部门或者由其委托的学校认定。

具备本法规定的学历或者经国家教师资格考试合格的公民,要求有关部门认定其教师资格的,有关部门应当依照本法规定的条件予以认定。

取得教师资格的人员首次任教时,应当有试用期。

**【资格限制】第十四条** 受到剥夺政治权利或者故意犯罪受到有期徒刑以上刑事处罚的,不能取得教师资格;已经取得教师资格的,丧失教师资格。

**真题对接**

**【2014年下半年真题】**曾受到有期徒刑两年刑事处罚的孙某申请获取教师资格证,下列选项中说法正确的是( )

A. 刑满之后孙某可以取得教师资格　　B. 经培训后孙某可以取得教师资格

C. 五年之后孙某方能取得教师资格　　D. 依照法律孙某不能获得教师资格

**【答案】**D

**【鼓励任教】第十五条** 各级师范学校毕业生,应当按照国家有关规定从事教育教学工作。

国家鼓励非师范高等学校毕业生到中小学或者职业学校任教。

【职务制度】第十六条　国家实行教师职务制度，具体办法由国务院规定。

【教师聘任】第十七条　学校和其他教育机构应当逐步实行教师聘任制。教师的聘任应当遵循双方地位平等的原则，由学校和教师签订聘任合同，明确规定双方的权利、义务和责任。

实施教师聘任制的步骤、办法由国务院教育行政部门规定。

### 第四章　培养和培训

【教师培养】第十八条　各级人民政府和有关部门应当办好师范教育，并采取措施，鼓励优秀青年进入各级师范学校学习。各级教师进修学校承担培训中小学教师的任务。

非师范学校应当承担培养和培训中小学教师的任务。

各级师范学校学生享受专业奖学金。

【教师培训】第十九条　各级人民政府教育行政部门、学校主管部门和学校应当制定教师培训规划，对教师进行多种形式的思想政治、业务培训。

【社会措施】第二十条　国家机关、企业事业单位和其他社会组织应当为教师的社会调查和社会实践提供方便，给予协助。

【政府措施】第二十一条　各级人民政府应当采取措施，为少数民族地区和边远贫困地区培养、培训教师。

### 第五章　考　核

【考核内容】第二十二条　学校或者其他教育机构应当对教师的政治思想、业务水平、工作态度和工作成绩进行考核。

教育行政部门对教师的考核工作进行指导、监督。

【考核原则】第二十三条　考核应当客观、公正、准确，充分听取教师本人、其他教师以及学生的意见。

**真题对接**

【2017 年下半年真题】某中学规定，凡主动参加所在地区教研室组织的教研活动的教师，在职称晋升、评优评先中予以优先考虑。该学校的做法（　　）

A. 合法，有利于教师科学研究权的落实和保障

B. 合法，有利于教师教学自由权的落实和保障

C. 不合法，侵犯了其他教师享受平等待遇的权利

D. 不合法，违反了教师考核评价的客观公正原则

【答案】D

【考核结果】第二十四条　教师考核结果是受聘任教、晋升工资、实施奖惩的依据。

### 第六章　待　遇

【教师工资】第二十五条　教师的平均工资水平应当不低于或者高于国家公务员的平均工资水平，并逐步提高。建立正常晋级增薪制度，具体办法由国务院规定。

【教师津贴】第二十六条　中小学教师和职业学校教师享受教龄津贴和其他津贴，具体办法由国务院教育行政部门会同有关部门制定。

【教育补贴】第二十七条　地方各级人民政府对教师以及具有中专以上学历的毕业生到少数民族地区

和边远贫困地区从事教育教学工作的,应当予以补贴。

**【教师住房】第二十八条** 地方各级人民政府和国务院有关部门,对城市教师住房的建设、租赁、出售实行优先、优惠。

县、乡两级人民政府应当为农村中小学教师解决住房提供方便。

**【医疗保险】第二十九条** 教师的医疗同当地国家公务员享受同等的待遇;定期对教师进行身体健康检查,并因地制宜安排教师进行休养。

医疗机构应当对当地教师的医疗提供方便。

**【养老保险】第三十条** 教师退休或者退职后,享受国家规定的退休或者退职待遇。

县级以上地方人民政府可以适当提高长期从事教育教学工作的中小学退休教师的退休金比例。

**【非国家教师待遇工资】第三十一条** 各级人民政府应当采取措施,改善国家补助、集体支付工资的中小学教师的待遇,逐步做到在工资收入上与国家支付工资的教师同工同酬,具体办法由地方各级人民政府根据本地区的实际情况规定。

**【社会力量保障】第三十二条** 社会力量所办学校的教师的待遇,由举办者自行确定并予以保障。



## 第七章　奖　励

**【奖励机制】第三十三条** 教师在教育教学、培养人才、科学研究、教学改革、学校建设、社会服务、勤工俭学等方面成绩优异的,由所在学校予以表彰、奖励。

国务院和地方各级人民政府及其有关部门对有突出贡献的教师,应当予以表彰、奖励。

对有重大贡献的教师,依照国家有关规定授予荣誉称号。

**【其他奖励方式】第三十四条** 国家支持和鼓励社会组织或者个人向依法成立的奖励教师的基金组织捐助资金,对教师进行奖励。

## 第八章　法律责任

**【侮辱殴打教师行为】第三十五条** 侮辱、殴打教师的,根据不同情况,分别给予行政处分或者行政处罚;造成损害的,责令赔偿损失;情节严重,构成犯罪的,依法追究刑事责任。

**【打击报复教师】第三十六条** 对依法提出申诉、控告、检举的教师进行打击报复的,由其所在单位或者上级机关责令改正;情节严重的,可以根据具体情况给予行政处分。

国家工作人员对教师打击报复构成犯罪的,依照刑法有关规定追究刑事责任。

**【教师不当行为】第三十七条** 教师有下列情形之一的,由所在学校、其他教育机构或者教育行政部门给予行政处分或者解聘:

(一)故意不完成教育教学任务给教育教学工作造成损失的;

(二)体罚学生,经教育不改的;

(三)品行不良、侮辱学生,影响恶劣的。

教师有前款第(二)项、第(三)项所列情形之一,情节严重,构成犯罪的,依法追究刑事责任。

**真题对接**

**【2017年上半年真题】**某高中教师孙某旷工给学校教学工作造成一定损失,依照《中华人民共和国教师法》的规定,学校可依法(　　)

A. 给予孙某行政处分　　　　B. 给予孙某行政处罚

C. 取消孙某教师资格　　D. 给予孙某罚款处理

【答案】A

【2016 年下半年真题】根据《中华人民共和国教师法》的规定，下列情形中，学校不能给予教师行政处分或者解聘的是(　　)

A. 故意旷课，损害教学的　　B. 体罚学生，屡犯不改的

C. 穿戴不整，影响仪表的　　D. 侮辱学生，影响恶劣的

【答案】C

【2015 年上半年真题】下列选项中，不属于可以解聘教师的法定事由的是(　　)

A. 体罚学生，屡教不改的　　B. 侮辱学生，影响恶劣的

C. 连续两年教学业绩排在末位的　　D. 故意不完成教育教学任务造成损失的

【答案】C

**【拖欠工资】第三十八条**　地方人民政府对违反本法规定，拖欠教师工资或者侵犯教师其他合法权益的，应当责令其限期改正。

违反国家财政制度、财务制度，挪用国家财政用于教育的经费，严重妨碍教育教学工作，拖欠教师工资，损害教师合法权益的，由上级机关责令限期归还被挪用的经费，并对直接责任人员给予行政处分；情节严重，构成犯罪的，依法追究刑事责任。

**【教师申诉】第三十九条**　教师对学校或者其他教育机构侵犯其合法权益的，或者对学校或者其他教育机构作出的处理不服的，可以向教育行政部门提出申诉，教育行政部门应当在接到申诉的三十日内，作出处理。

教师认为当地人民政府有关行政部门侵犯其根据本法规定享有的权利的，可以向同级人民政府或者上一级人民政府有关部门提出申诉，同级人民政府或者上一级人民政府有关部门应当做出处理。

**第九章　附　则**

**【本法用语含义】第四十条**　本法下列用语的含义是：

(一)各级各类学校，是指实施学前教育、普通初等教育、普通中等教育、职业教育、普通高等教育以及特殊教育、成人教育的学校。

(二) 其他教育机构，是指少年宫以及地方教研室、电化教育机构等。

(三) 中小学教师，是指幼儿园、特殊教育机构、普通中小学、成人初等中等教育机构、职业中学以及其他教育机构的教师。

**【辅助人员】第四十一条**　学校和其他教育机构中的教育教学辅助人员，其他类型的学校的教师和教育教学辅助人员，可以根据实际情况参照有关规定执行。

军队所属院校的教师和教育教学辅助人员，由中央军事委员会依照本法制定有关规定。

**【外籍教师聘用】第四十二条**　外籍教师的聘任办法由国务院教育行政部门规定。

**【实施时间】第四十三条**　本法自 1994 年 1 月 1 日起施行。

### (二)《中华人民共和国义务教育法》　考点 7

《中华人民共和国义务教育法》是新中国成立以来颁布的第一部基础教育方面的法律，是促进和保障我国基础教育健康发展的基本法。它的颁布与实施有力地推动了我国基础教育的普及和全民素质的提高，标

志着我国义务教育制度的正式确立。

### 《中华人民共和国义务教育法》

(1986年4月12日第六届全国人民代表大会第四次会议通过,自1986年7月1日起施行;2006年6月29日第十届全国人民代表大会常务委员会第二十二次会议修订,自2006年9月1日起施行;2015年4月24日第十二届全国人民代表大会常务委员会第十四次会议第一次修正;2018年12月29日第十三届全国人民代表大会常务委员会第七次会议第二次修正)

#### 第一章 总 则

**【立法宗旨】第一条** 为了保障适龄儿童、少年接受义务教育的权利,保证义务教育的实施,提高全民族素质,根据宪法和教育法,制定本法。

**【制度概说】第二条** 国家实行九年义务教育制度。

义务教育是国家统一实施的所有适龄儿童、少年必须接受的教育,是国家必须予以保障的公益性事业。

实施义务教育,不收学费、杂费。

国家建立义务教育经费保障机制,保证义务教育制度实施。

**【实施目标】第三条** 义务教育必须贯彻国家的教育方针,实施素质教育,提高教育质量,使适龄儿童、少年在品德、智力、体质等方面全面发展,为培养有理想、有道德、有文化、有纪律的社会主义建设者和接班人奠定基础。

**【适用对象】第四条** 凡具有中华人民共和国国籍的适龄儿童、少年,不分性别、民族、种族、家庭财产状况、宗教信仰等,依法享有平等接受义务教育的权利,并履行接受义务教育的义务。

**【各方义务】第五条** 各级人民政府及其有关部门应当履行本法规定的各项职责,保障适龄儿童、少年接受义务教育的权利。

适龄儿童、少年的父母或者其他法定监护人应当依法保证其按时入学接受并完成义务教育。

依法实施义务教育的学校应当按照规定标准完成教育教学任务,保证教育教学质量。

社会组织和个人应当为适龄儿童、少年接受义务教育创造良好的环境。

**【保障措施】第六条** 国务院和县级以上地方人民政府应当合理配置教育资源,促进义务教育均衡发展,改善薄弱学校的办学条件,并采取措施,保障农村地区、民族地区实施义务教育,保障家庭经济困难的和残疾的适龄儿童、少年接受义务教育。

国家组织和鼓励经济发达地区支援经济欠发达地区实施义务教育。

**【管理体制】第七条** 义务教育实行国务院领导,省、自治区、直辖市人民政府统筹规划实施,县级人民政府为主管理的体制。

县级以上人民政府教育行政部门具体负责义务教育实施工作;县级以上人民政府其他有关部门在各自的职责范围内负责义务教育实施工作。

**【督导制度】第八条** 人民政府教育督导机构对义务教育工作执行法律法规情况、教育教学质量以及义务教育均衡发展状况等进行督导,督导报告向社会公布。

**【问责制度】第九条** 任何社会组织或者个人有权对违反本法的行为向有关国家机关提出检举或者控告。

发生违反本法的重大事件,妨碍义务教育实施,造成重大社会影响的,负有领导责任的人民政府或者人民政府教育行政部门负责人应当引咎辞职。

**真题对接**

**【2015年下半年真题】**根据《中华人民共和国义务教育法》的规定，妨碍义务教育实施，造成重大社会影响的，负有领导责任的人民政府或者人民政府教育行政部门负责人(　　)

A. 应当引咎辞职　　B. 应被就地免职

C. 应承担刑事责任　　D. 应受行政训诫

**【答案】**A

**【奖励制度】第十条**　对在义务教育实施工作中做出突出贡献的社会组织和个人，各级人民政府及其有关部门按照有关规定给予表彰、奖励。

## 第二章　学　生

**【入学年龄】第十一条**　凡年满六周岁的儿童，其父母或者其他法定监护人应当送其入学接受并完成义务教育；条件不具备的地区的儿童，可以推迟到七周岁。

适龄儿童、少年因身体状况需要延缓入学或者休学的，其父母或者其他法定监护人应当提出申请，由当地乡镇人民政府或者县级人民政府教育行政部门批准。

**【免试入学】第十二条**　适龄儿童、少年免试入学。地方各级人民政府应当保障适龄儿童、少年在户籍所在地学校就近入学。

父母或者其他法定监护人在非户籍所在地工作或者居住的适龄儿童、少年，在其父母或者其他法定监护人工作或者居住地接受义务教育的，当地人民政府应当为其提供平等接受义务教育的条件。具体办法由省、自治区、直辖市规定。

县级人民政府教育行政部门对本行政区域内的军人子女接受义务教育予以保障。

**【保障入学】第十三条**　县级人民政府教育行政部门和乡镇人民政府组织和督促适龄儿童、少年入学，帮助解决适龄儿童、少年接受义务教育的困难，采取措施防止适龄儿童、少年辍学。

居民委员会和村民委员会协助政府做好工作，督促适龄儿童、少年入学。

**【社会义务】第十四条**　禁止用人单位招用应当接受义务教育的适龄儿童、少年。

根据国家有关规定经批准招收适龄儿童、少年进行文艺、体育等专业训练的社会组织，应当保证所招收的适龄儿童、少年接受义务教育；自行实施义务教育的，应当经县级人民政府教育行政部门批准。

**真题对接**

**【2018年下半年真题】**某足球学校是专门招收适龄儿童、少年进行足球专门训练的学校，依据《中华人民共和国义务教育法》，对该学校自行对适龄儿童、少年实施义务教育具有审批权的主体是(　　)

A. 市级人民政府　　B. 市级人民政府教育行政部门

C. 县级人民政府　　D. 县级人民政府教育行政部门

**【答案】**D

## 第三章　学　校

**【学校规划】第十五条**　县级以上地方人民政府根据本行政区域内居住的适龄儿童、少年的数量和分布状况等因素,按照国家有关规定,制定、调整学校设置规划。新建居民区需要设置学校的,应当与居民区的建设同步进行。

**【学校建设】第十六条** 学校建设,应当符合国家规定的办学标准,适应教育教学需要;应当符合国家规定的选址要求和建设标准,确保学生和教职工安全。

**【寄宿学校】第十七条** 县级人民政府根据需要设置寄宿制学校,保障居住分散的适龄儿童、少年入学接受义务教育。

**【民族学校】第十八条** 国务院教育行政部门和省、自治区、直辖市人民政府根据需要,在经济发达地区设置接收少数民族适龄儿童、少年的学校(班)。

**【特殊教育】第十九条** 县级以上地方人民政府根据需要设置相应的实施特殊教育的学校(班),对视力残疾、听力语言残疾和智力残疾的适龄儿童、少年实施义务教育。特殊教育学校(班)应当具备适应残疾儿童、少年学习、康复、生活特点的场所和设施。

普通学校应当接收具有接受普通教育能力的残疾适龄儿童、少年随班就读,并为其学习、康复提供帮助。



**真题对接**

**【2014 年下半年真题】**小强的腿有残疾,具有接受普通教育的能力,该上初中了,当地普通学校以小强腿有残疾为由,拒绝其入校学习。该做法( )

A. 合法,学校有招生自主权　　B. 合法,学校有办学自主权

C. 违反了《中华人民共和国义务教育法》　　D. 违反了《中华人民共和国未成年人保护法》

**【答案】**C

**【未成年犯的义务教育】第二十条** 县级以上地方人民政府根据需要,为具有预防未成年人犯罪法规定的严重不良行为的适龄少年设置专门的学校实施义务教育。

**【经费保障】第二十一条** 对未完成义务教育的未成年犯和被采取强制性教育措施的未成年人应当进行义务教育,所需经费由人民政府予以保障。

**【均衡发展】第二十二条** 县级以上人民政府及其教育行政部门应当促进学校均衡发展,缩小学校之间办学条件的差距,不得将学校分为重点学校和非重点学校。学校不得分设重点班和非重点班。

县级以上人民政府及其教育行政部门不得以任何名义改变或者变相改变公办学校的性质。

**真题对接**

**【2018 年上半年真题】**某初中根据学生分数开设了两个重点班,实行末位淘汰制,非重点班学生根据成绩可以补缺。该校的做法( )

A. 合法,利于因材施教

B. 合法,利于激励学生

C. 不合法,义务教育学校不得分设重点班

D. 不合法,义务教育学校不得实行动态管理

**【答案】**C

**【2017 年下半年真题】**某地区教育行政部门未经公开招标,直接将当地两所较为薄弱的公办学校移

交给一家民办教育集团承办，并规定对该校所有学生按市场价格收费。该地区教育行政部门的做法（　　）

A. 合法，有利于促进薄弱学校本身的内涵发展

B. 合法，有利于实现优质教育资源的均衡共享

C. 不合法，不得以任何名义改变或变相改变公办学校的性质

D. 不合法，不得以任何方式或理由规避公开招标的原则要求

**【答案】**C

**【2016 年上半年真题】**某县级政府为了提高本县的中考成绩，将辖区内两所初中列为重点学校，并给予政府倾斜。该县级政府的做法（　　）

A. 合法，县级政府有权自主管理　　B. 合法，有助于校际教育质量竞争

C. 不合法，不能设置重点学校和非重点学校　　D. 不合法，应该平均分配各类教育资料

**【答案】**C

**【2015 年上半年真题】**某县教育局根据中考成绩，将全县初级中学分为普通初中和实验初中，并对后者从师资、经费等方面予以倾斜。该县义务教育没有做到（　　）

A. 重点发展　　B. 均衡发展

C. 协调发展　　D. 优先发展

**【答案】**B

**【周边安全】第二十三条**　各级人民政府及其有关部门依法维护学校周边秩序，保护学生、教师、学校的合法权益，为学校提供安全保障。

**【安全措施】第二十四条**　学校应当建立、健全安全制度和应急机制，对学生进行安全教育，加强管理，及时消除隐患，预防发生事故。

县级以上地方人民政府定期对学校校舍安全进行检查；对需要维修、改造的，及时予以维修、改造。

学校不得聘用曾经因故意犯罪被依法剥夺政治权利或者其他不适合从事义务教育工作的人担任工作人员。

**【违法获利】第二十五条**　学校不得违反国家规定收取费用，不得以向学生推销或者变相推销商品、服务等方式谋取利益。

**真题对接**

**【2015 年上半年真题】**为了添置教育教学设备，某初级中学通过向学生推销学习和生活用品获取经费。学校这种做法（　　）

A. 能促进自身发展，合情合理　　B. 能解决自己困难，情有可原

C. 违反法律法规，应当追究责任　　D. 违反法律规定，但可免予处理

**【答案】**C

**【校长负责制】第二十六条**　学校实行校长负责制。校长应当符合国家规定的任职条件。校长由县级

第二章

人民政府教育行政部门依法聘任。

**【批评教育】第二十七条** 对违反学校管理制度的学生,学校应当予以批评教育,不得开除。

**真 题 对 接**

**【2015 年上半年真题】**初二学生小华染上不良行为习惯,学校可以对他依法采取的措施是( )

A. 勒令退学　　B. 开除学籍

C. 批评教育　　D. 单独禁闭

**【答案】**C

**【2013 年下半年真题】**学生小涛经常旷课,不遵守学校的管理制度。学校对小涛进行教育的恰当方式是( )

A. 将他交给家长批评教育　　B. 了解情况后耐心教育他

C. 等待他自我醒悟并改正　　D. 批评教育无效果开除他

**【答案】**B



## 第四章　教　师

**【教师的权利与义务】第二十八条** 教师享有法律规定的权利,履行法律规定的义务,应当为人师表,忠诚于人民的教育事业。

全社会应当尊重教师。

**【教师行为】第二十九条** 教师在教育教学中应当平等对待学生,关注学生的个体差异,因材施教,促进学生的充分发展。

教师应当尊重学生的人格,不得歧视学生,不得对学生实施体罚、变相体罚或者其他侮辱人格尊严的行为,不得侵犯学生合法权益。

**【教师资格与职称】第三十条** 教师应当取得国家规定的教师资格。

国家建立统一的义务教育教师职务制度。教师职务分为初级职务、中级职务和高级职务。

**【教师待遇】第三十一条** 各级人民政府保障教师工资福利和社会保险待遇,改善教师工作和生活条件;完善农村教师工资经费保障机制。

教师的平均工资水平应当不低于当地公务员的平均工资水平。

特殊教育教师享有特殊岗位补助津贴。在民族地区和边远贫困地区工作的教师享有艰苦贫困地区补助津贴。

**【教师培养】第三十二条** 县级以上人民政府应当加强教师培养工作,采取措施发展教师教育。

县级人民政府教育行政部门应当均衡配置本行政区域内学校师资力量,组织校长、教师的培训和流动,加强对薄弱学校的建设。

**【支教】第三十三条** 国务院和地方各级人民政府鼓励和支持城市学校教师和高等学校毕业生到农村地区、民族地区从事义务教育工作。

国家鼓励高等学校毕业生以志愿者的方式到农村地区、民族地区缺乏教师的学校任教。县级人民政府教育行政部门依法认定其教师资格,其任教时间计入工龄。

## 第五章　教育教学

**【教育目标】第三十四条**　教育教学工作应当符合教育规律和学生身心发展特点,面向全体学生,教书育人,将德育、智育、体育、美育等有机统一在教育教学活动中,注重培养学生独立思考能力、创新能力和实践能力,促进学生全面发展。

**【素质教育】第三十五条**　国务院教育行政部门根据适龄儿童、少年身心发展的状况和实际情况,确定教学制度、教育教学内容和课程设置,改革考试制度,并改进高级中等学校招生办法,推进实施素质教育。

学校和教师按照确定的教育教学内容和课程设置开展教育教学活动,保证达到国家规定的基本质量要求。

国家鼓励学校和教师采用启发式教育等教育教学方法,提高教育教学质量。

**【德育优先】第三十六条**　学校应当把德育放在首位,寓德育于教育教学之中,开展与学生年龄相适应的社会实践活动,形成学校、家庭、社会相互配合的思想道德教育体系,促进学生养成良好的思想品德和行为习惯。

**【课外活动】第三十七条**　学校应当保证学生的课外活动时间,组织开展文化娱乐等课外活动。社会公共文化体育设施应当为学校开展课外活动提供便利。

**【教科书编写】第三十八条**　教科书根据国家教育方针和课程标准编写,内容力求精简,精选必备的基础知识、基本技能,经济实用,保证质量。

国家机关工作人员和教科书审查人员,不得参与或者变相参与教科书的编写工作。

**【教科书审定】第三十九条**　国家实行教科书审定制度。教科书的审定办法由国务院教育行政部门规定。

未经审定的教科书,不得出版、选用。

**【教科书定价】第四十条**　教科书价格由省、自治区、直辖市人民政府价格行政部门会同同级出版主管部门按照微利原则确定。

**【教科书使用原则】第四十一条**　国家鼓励教科书循环使用。

## 第六章　经费保障

**【经费的行政保障】第四十二条**　国家将义务教育全面纳入财政保障范围,义务教育经费由国务院和地方各级人民政府依照本法规定予以保障。

国务院和地方各级人民政府将义务教育经费纳入财政预算,按照教职工编制标准、工资标准和学校建设标准、学生人均公用经费标准等,及时足额拨付义务教育经费,确保学校的正常运转和校舍安全,确保教职工工资按照规定发放。

国务院和地方各级人民政府用于实施义务教育财政拨款的增长比例应当高于财政经常性收入的增长比例,保证按照在校学生人数平均的义务教育费用逐步增长,保证教职工工资和学生人均公用经费逐步增长。

**【学生人均经费标准】第四十三条**　学校的学生人均公用经费基本标准由国务院财政部门会同教育行政部门制定,并根据经济和社会发展状况适时调整。制定、调整学生人均公用经费基本标准,应当满足教育教学基本需要。

省、自治区、直辖市人民政府可以根据本行政区域的实际情况,制定不低于国家标准的学校学生人均公用经费标准。

特殊教育学校(班)学生人均公用经费标准应当高于普通学校学生人均公用经费标准。

**【经费的责任主体】第四十四条** 义务教育经费投入实行国务院和地方各级人民政府根据职责共同负担,省、自治区、直辖市人民政府负责统筹落实的体制。农村义务教育所需经费,由各级人民政府根据国务院的规定分项目、按比例分担。

各级人民政府对家庭经济困难的适龄儿童、少年免费提供教科书并补助寄宿生生活费。

义务教育经费保障的具体办法由国务院规定。

**【经费预算】第四十五条** 地方各级人民政府在财政预算中将义务教育经费单列。

县级人民政府编制预算,除向农村地区学校和薄弱学校倾斜外,应当均衡安排义务教育经费。

**【财政转移支付】第四十六条** 国务院和省、自治区、直辖市人民政府规范财政转移支付制度,加大一般性转移支付规模和规范义务教育专项转移支付,支持和引导地方各级人民政府增加对义务教育的投入。地方各级人民政府确保将上级人民政府的义务教育转移支付资金按照规定用于义务教育。

**【专项资金】第四十七条** 国务院和县级以上地方人民政府根据实际需要,设立专项资金,扶持农村地区、民族地区实施义务教育。

**【社会经费来源】第四十八条** 国家鼓励社会组织和个人向义务教育捐赠,鼓励按照国家有关基金会管理的规定设立义务教育基金。

**【经费使用】第四十九条** 义务教育经费严格按照预算规定用于义务教育;任何组织和个人不得侵占、挪用义务教育经费,不得向学校非法收取或者摊派费用。

**【经费审计】第五十条** 县级以上人民政府建立健全义务教育经费的审计监督和统计公告制度。

### 第七章　法律责任

**【未履行经费保障职责的责任】第五十一条** 国务院有关部门和地方各级人民政府违反本法第六章的规定,未履行对义务教育经费保障职责的,由国务院或者上级地方人民政府责令限期改正;情节严重的,对直接负责的主管人员和其他直接责任人员依法给予行政处分。

**【地方政府的责任】第五十二条** 县级以上地方人民政府有下列情形之一的,由上级人民政府责令限期改正;情节严重的,对直接负责的主管人员和其他直接责任人员依法给予行政处分:

(一)未按照国家有关规定制定、调整学校的设置规划的;

(二)学校建设不符合国家规定的办学标准、选址要求和建设标准的;

(三)未定期对学校校舍安全进行检查,并及时维修、改造的;

(四)未依照本法规定均衡安排义务教育经费的。

**【教育行政部门的责任】第五十三条** 县级以上人民政府或者其教育行政部门有下列情形之一的,由上级人民政府或者其教育行政部门责令限期改正、通报批评;情节严重的,对直接负责的主管人员和其他直接责任人员依法给予行政处分:

(一)将学校分为重点学校和非重点学校的;

(二)改变或者变相改变公办学校性质的。

县级人民政府教育行政部门或者乡镇人民政府未采取措施组织适龄儿童、少年入学或者防止辍学的,依照前款规定追究法律责任。

【侵占、挪用义务教育经费等行为的责任】第五十四条　有下列情形之一的，由上级人民政府或者上级人民政府教育行政部门、财政部门、价格行政部门和审计机关根据职责分工责令限期改正；情节严重的，对直接负责的主管人员和其他直接责任人员依法给予处分：

（一）侵占、挪用义务教育经费的；

（二）向学校非法收取或者摊派费用的。

【学校教师的责任】第五十五条　学校或者教师在义务教育工作中违反教育法、教师法规定的，依照教育法、教师法的有关规定处罚。

【非法获利的法律责任】第五十六条　学校违反国家规定收取费用的，由县级人民政府教育行政部门责令退还所收费用；对直接负责的主管人员和其他直接责任人员依法给予处分。

学校以向学生推销或者变相推销商品、服务等方式谋取利益的，由县级人民政府教育行政部门给予通报批评；有违法所得的，没收违法所得；对直接负责的主管人员和其他直接责任人员依法给予处分。

国家机关工作人员和教科书审查人员参与或者变相参与教科书编写的，由县级以上人民政府或者其教育行政部门根据职责权限责令限期改正，依法给予行政处分；有违法所得的，没收违法所得。

**真题对接**

【2018年上半年真题】某初级中学向学生推销学习用品，谋取利益。依据《中华人民共和国义务教育法》的规定，下列处理此事的方式不正确的是（　　）

A. 给予通报批评　　B. 没收违法所得

C. 对直接负责的主管人员依法给予处分　　D. 对其他直接责任人员给予行政处罚

【答案】D

【学校法律责任】第五十七条　学校有下列情形之一的，由县级人民政府教育行政部门责令限期改正；情节严重的，对直接负责的主管人员和其他直接责任人员依法给予处分：

（一）拒绝接收具有接受普通教育能力的残疾适龄儿童、少年随班就读的；

（二）分设重点班和非重点班的；

（三）违反本法规定开除学生的；

（四）选用未经审定的教科书的。

【家长的法律责任】第五十八条　适龄儿童、少年的父母或者其他法定监护人无正当理由未依照本法规定送适龄儿童、少年入学接受义务教育的，由当地乡镇人民政府或者县级人民政府教育行政部门给予批评教育，责令限期改正。

【行政法律责任】第五十九条　有下列情形之一的，依照有关法律、行政法规的规定予以处罚：

（一）胁迫或者诱骗应当接受义务教育的适龄儿童、少年失学、辍学的；

（二）非法招用应当接受义务教育的适龄儿童、少年的；

（三）出版未经依法审定的教科书的。

【刑事责任】第六十条　违反本法规定，构成犯罪的，依法追究刑事责任。

## 第八章　附　则

【不收杂费】第六十一条　对接受义务教育的适龄儿童、少年不收杂费的实施步骤，由国务院规定。

【民办教育的补充说明】第六十二条　社会组织或者个人依法举办的民办学校实施义务教育的，依照民办教育促进法有关规定执行；民办教育促进法未作规定的，适用本法。

【实施时间】第六十三条　本法自2006年9月1日起施行。

### (三)《中华人民共和国未成年人保护法》

考点8

《中华人民共和国未成年人保护法》是我国基础教育事业的第一个法律，是促进和保障我国基础教育健康发展的基本法。它的颁布与实施有力地推动了我国基础教育的普及和全民素质的提高，标志着我国义务教育制度的正式确立，这对提高全民族的素质具有十分重要的现实意义和深远的历史意义。

## 《中华人民共和国未成年人保护法》

(1991年9月4日第七届全国人民代表大会常务委员会第二十一次会议通过，自1992年1月1日起施行；2006年12月29日第十届全国人民代表大会常务委员会第二十五次会议修订，2012年10月26日第十一届全国人民代表大会常务委员会第二十九次会议第二次修正，自2013年1月1日起施行)

### 第一章　总　则

【立法目的和依据】第一条　为了保护未成年人的身心健康，保障未成年人的合法权益，促进未成年人在品德、智力、体质等方面全面发展，培养有理想、有道德、有文化、有纪律的社会主义建设者和接班人，根据宪法，制定本法。

【适用范围】第二条　本法所称未成年人是指未满十八周岁的公民。

【未成年人权利】第三条　未成年人享有生存权、发展权、受保护权、参与权等权利，国家根据未成年人身心发展特点给予特殊、优先保护，保障未成年人的合法权益不受侵犯。

未成年人享有受教育权，国家、社会、学校和家庭尊重和保障未成年人的受教育权。

未成年人不分性别、民族、种族、家庭财产状况、宗教信仰等，依法平等地享有权利。

【国家、社会、学校和家庭的责任】第四条　国家、社会、学校和家庭对未成年人进行理想教育、道德教育、文化教育、纪律和法制教育，进行爱国主义、集体主义和社会主义的教育，提倡爱祖国、爱人民、爱劳动、爱科学、爱社会主义的公德，反对资本主义的、封建主义的和其他的腐朽思想的侵蚀。

【基本原则】第五条　保护未成年人的工作，应当遵循下列原则：

(一)尊重未成年人的人格尊严；

(二)适应未成年人身心发展的规律和特点；

(三)教育与保护相结合。

【法律要求】第六条　保护未成年人，是国家机关、武装力量、政党、社会团体、企业事业组织、城乡基层群众性自治组织、未成年人的监护人和其他成年公民的共同责任。

对侵犯未成年人合法权益的行为，任何组织和个人都有权予以劝阻、制止或者向有关部门提出检举或者控告。

国家、社会、学校和家庭应当教育和帮助未成年人维护自己的合法权益，增强自我保护的意识和能力，增强社会责任感。

【政府职责】第七条　中央和地方各级国家机关应当在各自的职责范围内做好未成年人保护工作。

国务院和地方各级人民政府领导有关部门做好未成年人保护工作；将未成年人保护工作纳入国民经济

和社会发展规划以及年度计划，相关经费纳入本级政府预算。

国务院和省、自治区、直辖市人民政府采取组织措施，协调有关部门做好未成年人保护工作。具体机构由国务院和省、自治区、直辖市人民政府规定。

**【社会团体的职责】第八条**　共产主义青年团、妇女联合会、工会、青年联合会、学生联合会、少年先锋队以及其他有关社会团体，协助各级人民政府做好未成年人保护工作，维护未成年人的合法权益。

**【奖励】第九条**　各级人民政府和有关部门对保护未成年人有显著成绩的组织和个人，给予表彰和奖励。

## 第二章　家庭保护

**【监护和抚养义务】第十条**　父母或者其他监护人应当创造良好、和睦的家庭环境，依法履行对未成年人的监护职责和抚养义务。

禁止对未成年人实施家庭暴力，禁止虐待、遗弃未成年人，禁止溺婴和其他残害婴儿的行为，不得歧视女性未成年人或者有残疾的未成年人。

**【保障身心健康的责任】第十一条**　父母或者其他监护人应当关注未成年人的生理、心理状况和行为习惯，以健康的思想、良好的品行和适当的方法教育和影响未成年人，引导未成年人进行有益身心健康的活动，预防和制止未成年人吸烟、酗酒、流浪、沉迷网络以及赌博、吸毒、卖淫等行为。

**【家庭指导责任】第十二条**　父母或者其他监护人应当学习家庭教育知识，正确履行监护职责，抚养教育未成年人。

有关国家机关和社会组织应当为未成年人的父母或者其他监护人提供家庭教育指导。

**【保障未成年人接受义务教育责任】第十三条**　父母或者其他监护人应当尊重未成年人受教育的权利，必须使适龄未成年人依法入学接受并完成义务教育，不得使接受义务教育的未成年人辍学。

**【保护未成年人权益责任】第十四条**　父母或者其他监护人应当根据未成年人的年龄和智力发展状况，在作出与未成年人权益有关的决定时告知其本人，并听取他们的意见。

**【未成年人不得结婚】第十五条**　父母或者其他监护人不得允许或者迫使未成年人结婚，不得为未成年人订立婚约。

**【委托监护责任】第十六条**　父母因外出务工或者其他原因不能履行对未成年人监护职责的，应当委托有监护能力的其他成年人代为监护。

## 第三章　学校保护

**【贯彻教育方针】第十七条**　学校应当全面贯彻国家的教育方针，实施素质教育，提高教育质量，注重培养未成年学生独立思考能力、创新能力和实践能力，促进未成年学生全面发展。

**【学校责任】第十八条**　学校应当尊重未成年学生受教育的权利，关心、爱护学生，对品行有缺点、学习有困难的学生，应当耐心教育、帮助，不得歧视，不得违反法律和国家规定开除未成年学生。

**【学校教育】第十九条**　学校应当根据未成年学生身心发展的特点，对他们进行社会生活指导、心理健康辅导和青春期教育。

**【家校配合】第二十条**　学校应当与未成年学生的父母或者其他监护人互相配合，保证未成年学生的睡眠、娱乐和体育锻炼时间，不得加重其学习负担。

**【尊重未成年人人格尊严】第二十一条**　学校、幼儿园、托儿所的教职员工应当尊重未成年人的人格尊严,不得对未成年人实施体罚、变相体罚或者其他侮辱人格尊严的行为。

**【人身安全】第二十二条** 学校、幼儿园、托儿所应当建立安全制度,加强对未成年人的安全教育,采取措施保障未成年人的人身安全。

学校、幼儿园、托儿所不得在危及未成年人人身安全、健康的校舍和其他设施、场所中进行教育教学活动。

学校、幼儿园安排未成年人参加集会、文化娱乐、社会实践等集体活动,应当有利于未成年人的健康成长,防止发生人身安全事故。

**【应急预案】第二十三条** 教育行政等部门和学校、幼儿园、托儿所应当根据需要,制定应对各种灾害、传染性疾病、食物中毒、意外伤害等突发事件的预案,配备相应设施并进行必要的演练,增强未成年人的自我保护意识和能力。

**【伤害事故处理】第二十四条** 学校对未成年学生在校内或者本校组织的校外活动中发生人身伤害事故的,应当及时救护,妥善处理,并及时向有关主管部门报告。

**【专门教育】第二十五条** 对于在学校接受教育的有严重不良行为的未成年学生,学校和父母或者其他监护人应当互相配合加以管教;无力管教或者管教无效的,可以按照有关规定将其送专门学校继续接受教育。

依法设置专门学校的地方人民政府应当保障专门学校的办学条件,教育行政部门应当加强对专门学校的管理和指导,有关部门应当给予协助和配合。

专门学校应当对在校就读的未成年学生进行思想教育、文化教育、纪律和法制教育、劳动技术教育和职业教育。

专门学校的教职员工应当关心、爱护、尊重学生,不得歧视、厌弃。

**【保教结合】第二十六条** 幼儿园应当做好保育、教育工作,促进幼儿在体质、智力、品德等方面和谐发展。



### 第四章 社会保护

**【社会良好风尚】第二十七条** 全社会应当树立尊重、保护、教育未成年人的良好风尚,关心、爱护未成年人。

国家鼓励社会团体、企业事业组织以及其他组织和个人,开展多种形式的有利于未成年人健康成长的社会活动。

**【政府保障】第二十八条** 各级人民政府应当保障未成年人受教育的权利,并采取措施保障家庭经济困难的、残疾的和流动人口中的未成年人等接受义务教育。

**【活动场所支持】第二十九条** 各级人民政府应当建立和改善适合未成年人文化生活需要的活动场所和设施,鼓励社会力量兴办适合未成年人的活动场所,并加强管理。

**【公共场馆】第三十条** 爱国主义教育基地、图书馆、青少年宫、儿童活动中心应当对未成年人免费开放;博物馆、纪念馆、科技馆、展览馆、美术馆、文化馆以及影剧院、体育场馆、动物园、公园等场所,应当按照有关规定对未成年人免费或者优惠开放。

**【文化体育及上网服务免费开放】第三十一条** 县级以上人民政府及其教育行政部门应当采取措施,鼓励和支持中小学校在节假日期间将文化体育设施对未成年人免费或者优惠开放。

社区中的公益性互联网上网服务设施，应当对未成年人免费或者优惠开放，为未成年人提供安全、健康的上网服务。

**【文化传播支持】第三十二条**　国家鼓励新闻、出版、信息产业、广播、电影、电视、文艺等单位和作家、艺术家、科学家以及其他公民，创作或者提供有利于未成年人健康成长的作品。出版、制作和传播专门以未成年人为对象的内容健康的图书、报刊、音像制品、电子出版物以及网络信息等，国家给予扶持。

国家鼓励科研机构和科技团体对未成年人开展科学知识普及活动。

**【预防未成年人沉迷网络】第三十三条**　国家采取措施，预防未成年人沉迷网络。

国家鼓励研究开发有利于未成年人健康成长的网络产品，推广用于阻止未成年人沉迷网络的新技术。

**【信息传播】第三十四条**　禁止任何组织、个人制作或者向未成年人出售、出租或者以其他方式传播淫秽、暴力、凶杀、恐怖、赌博等毒害未成年人的图书、报刊、音像制品、电子出版物以及网络信息等。

**【未成年人用品的要求】第三十五条**　生产、销售用于未成年人的食品、药品、玩具、用具和游乐设施等，应当符合国家标准或者行业标准，不得有害于未成年人的安全和健康；需要标明注意事项的，应当在显著位置标明。

**【活动场所】第三十六条**　中小学校园周边不得设置营业性歌舞娱乐场所、互联网上网服务营业场所等不适宜未成年人活动的场所。

营业性歌舞娱乐场所、互联网上网服务营业场所等不适宜未成年人活动的场所，不得允许未成年人进入，经营者应当在显著位置设置未成年人禁入标志；对难以判明是否已成年的，应当要求其出示身份证件。

第二章

**真题对接**

**【2014 年下半年真题】**王某在距某初级中学不足百米处开了一家营业性电子游戏厅，允许该校学生出入。王某的做法(　　)

A. 合法，王某具有自主经营的权利　　B. 合法，王某并未强迫学生玩游戏

C. 违反了《中华人民共和国义务教育法》　　D. 违反了《中华人民共和国未成年人保护法》

**【答案】**D

**【禁止烟酒】第三十七条**　禁止向未成年人出售烟酒，经营者应当在显著位置设置不向未成年人出售烟酒的标志；对难以判明是否已成年的，应当要求其出示身份证件。

任何人不得在中小学校、幼儿园、托儿所的教室、寝室、活动室和其他未成年人集中活动的场所吸烟、饮酒。

**【招用标准】第三十八条**　任何组织或者个人不得招用未满十六周岁的未成年人，国家另有规定的除外。

任何组织或者个人按照国家有关规定招用已满十六周岁未满十八周岁的未成年人的，应当执行国家在工种、劳动时间、劳动强度和保护措施等方面的规定，不得安排其从事过重、有毒、有害等危害未成年人身心健康的劳动或者危险作业。

**【隐私保护】第三十九条**　任何组织或者个人不得披露未成年人的个人隐私。

对未成年人的信件、日记、电子邮件，任何组织或者个人不得隐匿、毁弃；除因追查犯罪的需要，由公安机关或者人民检察院依法进行检查，或者对无行为能力的未成年人的信件、日记、电子邮件由其父母或者其

他监护人代为开拆、查阅外,任何组织或者个人不得开拆、查阅。

**【优先救护】第四十条** 学校、幼儿园、托儿所和公共场所发生突发事件时,应当优先救护未成年人。

**【禁止侵害未成年人】第四十一条** 禁止拐卖、绑架、虐待未成年人,禁止对未成年人实施性侵害。

禁止胁迫、诱骗、利用未成年人乞讨或者组织未成年人进行有害其身心健康的表演等活动。

**【校园保护】第四十二条** 公安机关应当采取有力措施,依法维护校园周边的治安和交通秩序,预防和制止侵害未成年人合法权益的违法犯罪行为。

任何组织或者个人不得扰乱教学秩序,不得侵占、破坏学校、幼儿园、托儿所的场地、房屋和设施。

**【政府救助】第四十三条** 县级以上人民政府及其民政部门应当根据需要设立救助场所,对流浪乞讨等生活无着未成年人实施救助,承担临时监护责任;公安部门或者其他有关部门应当护送流浪乞讨或者离家出走的未成年人到救助场所,由救助场所予以救助和妥善照顾,并及时通知其父母或者其他监护人领回。

对孤儿、无法查明其父母或者其他监护人的以及其他生活无着的未成年人,由民政部门设立的儿童福利机构收留抚养。

未成年人救助机构、儿童福利机构及其工作人员应当依法履行职责,不得虐待、歧视未成年人;不得在办理收留抚养工作中牟取利益。

**【未成年人的卫生保障】第四十四条** 卫生部门和学校应当对未成年人进行卫生保健和营养指导,提供必要的卫生保健条件,做好疾病预防工作。

卫生部门应当做好对儿童的预防接种工作,国家免疫规划项目的预防接种实行免费;积极防治儿童常见病、多发病,加强对传染病防治工作的监督管理,加强对幼儿园、托儿所卫生保健的业务指导和监督检查。

**【政府幼教支持】第四十五条** 地方各级人民政府应当积极发展托幼事业,办好托儿所、幼儿园,支持社会组织和个人依法兴办哺乳室、托儿所、幼儿园。

各级人民政府和有关部门应当采取多种形式,培养和训练幼儿园、托儿所的保教人员,提高其职业道德素质和业务能力。

**【智力成果和荣誉权】第四十六条** 国家依法保护未成年人的智力成果和荣誉权不受侵犯。

**【职业教育】第四十七条** 未成年人已经完成规定年限的义务教育不再升学的,政府有关部门和社会团体、企业事业组织应当根据实际情况,对他们进行职业教育,为他们创造劳动就业条件。

**【村委会及居委会的职责】第四十八条** 居民委员会、村民委员会应当协助有关部门教育和挽救违法犯罪的未成年人,预防和制止侵害未成年人合法权益的违法犯罪行为。

**【投诉】第四十九条** 未成年人的合法权益受到侵害的,被侵害人及其监护人或者其他组织和个人有权向有关部门投诉,有关部门应当依法及时处理。

**真 题 对 接**

**【2016 年上半年真题】**根据《中华人民共和国未成年人保护法》的规定,对未成年人的社会保护不包括(    )

A. 预防未成年人沉迷网络

B. 禁止拐卖、虐待未成年人

C. 履行监护职责,抚养未成年人

D. 任何人不得在中小学教室吸烟

**【答案】**C。**解析:**C 项属于对未成年人的家庭保护。

## 第五章　司法保护

**【司法保护】第五十条**　公安机关、人民检察院、人民法院以及司法行政部门，应当依法履行职责，在司法活动中保护未成年人的合法权益。

**【司法救助】第五十一条**　未成年人的合法权益受到侵害，依法向人民法院提起诉讼的，人民法院应当依法及时审理，并适应未成年人生理、心理特点和健康成长的需要，保障未成年人的合法权益。

在司法活动中对需要法律援助或者司法救助的未成年人，法律援助机构或者人民法院应当给予帮助，依法为其提供法律援助或者司法救助。

**【继承、离婚对未成年人的保护】第五十二条**　人民法院审理继承案件，应当依法保护未成年人的继承权和受遗赠权。

人民法院审理离婚案件，涉及未成年子女抚养问题的，应当听取有表达意愿能力的未成年子女的意见，根据保障子女权益的原则和双方具体情况依法处理。

**【监护权】第五十三条**　父母或者其他监护人不履行监护职责或者侵害被监护的未成年人的合法权益，经教育不改的，人民法院可以根据有关人员或者有关单位的申请，撤销其监护人的资格，依法另行指定监护人。被撤销监护资格的父母应当依法继续负担抚养费用。

**真题对接**

**【2017 年下半年真题】**林某长期辱骂、虐待亲生儿子晓光，经有关单位教育后仍拒不悔改。依据《中华人民共和国未成年人保护法》的规定，当地人民法院可以采取的措施是(　　)

A. 撤销林某的监护人资格　　B. 给予林某行政处分

C. 责令林某赔礼道歉　　D. 要求林某赔偿损失

**【答案】**A

**【教惩结合的原则】第五十四条**　对违法犯罪的未成年人，实行教育、感化、挽救的方针，坚持教育为主、惩罚为辅的原则。

对违法犯罪的未成年人，应当依法从轻、减轻或者免除处罚。

**【未成年人案件办理】第五十五条**　公安机关、人民检察院、人民法院办理未成年人犯罪案件和涉及未成年人权益保护案件，应当照顾未成年人身心发展特点，尊重他们的人格尊严，保障他们的合法权益，并根据需要设立专门机构或者指定专人办理。

**【未成年人案件办理】第五十六条**　讯问、审判未成年犯罪嫌疑人、被告人，询问未成年证人、被害人，应当依照刑事诉讼法的规定通知其法定代理人或者其他人员到场。

公安机关、人民检察院、人民法院办理未成年人遭受性侵害的刑事案件，应当保护被害人的名誉。

**【羁押、服刑管理】第五十七条**　对羁押、服刑的未成年人，应当与成年人分别关押。

羁押、服刑的未成年人没有完成义务教育的，应当对其进行义务教育。

解除羁押、服刑期满的未成年人的复学、升学、就业不受歧视。

真题对接

【2018年上半年真题】15岁的初二学生梁某，因抢劫被判处有期徒刑3年。依据《中华人民共和国未成年人保护法》的规定，应当(　　)

A. 在梁某服刑期间对其进行义务教育　　B. 在梁某服刑完毕对其进行义务教育

C. 剥夺梁某接受义务教育的权利　　D. 免除梁某接受义务教育的义务

【答案】A

**【涉案未成年人的保护】第五十八条**　对未成年人犯罪案件，新闻报道、影视节目、公开出版物、网络等不得披露该未成年人的姓名、住所、照片、图像以及可能推断出该未成年人的资料。

**【矫正和预防】第五十九条**　对未成年人严重不良行为的矫治与犯罪行为的预防，依照预防未成年人犯罪法的规定执行。

## 第六章　法律责任

**【责任概述】第六十条**　违反本法规定，侵害未成年人的合法权益，其他法律、法规已规定行政处罚的，从其规定；造成人身财产损失或者其他损害的，依法承担民事责任；构成犯罪的，依法追究刑事责任。

**【国家机关及其工作人员责任】第六十一条**　国家机关及其工作人员不依法履行保护未成年人合法权益的责任，或者侵害未成年人合法权益，或者对提出申诉、控告、检举的人进行打击报复的，由其所在单位或者上级机关责令改正，对直接负责的主管人员和其他直接责任人员依法给予行政处分。

**【监护人责任】第六十二条**　父母或者其他监护人不依法履行监护职责，或者侵害未成年人合法权益的，由其所在单位或者居民委员会、村民委员会予以劝诫、制止；构成违反治安管理行为的，由公安机关依法给予行政处罚。

**【教育部门责任】第六十三条**　学校、幼儿园、托儿所侵害未成年人合法权益的，由教育行政部门或者其他有关部门责令改正；情节严重的，对直接负责的主管人员和其他直接责任人员依法给予处分。

学校、幼儿园、托儿所教职员工对未成年人实施体罚、变相体罚或者其他侮辱人格行为的，由其所在单位或者上级机关责令改正；情节严重的，依法给予处分。

**【信息传播者责任】第六十四条**　制作或者向未成年人出售、出租或者以其他方式传播淫秽、暴力、凶杀、恐怖、赌博等图书、报刊、音像制品、电子出版物以及网络信息等的，由主管部门责令改正，依法给予行政处罚。

**【产品生产销售者责任】第六十五条**　生产、销售用于未成年人的食品、药品、玩具、用具和游乐设施不符合国家标准或者行业标准，或者没有在显著位置标明注意事项的，由主管部门责令改正，依法给予行政处罚。

**【活动场所责任】第六十六条**　在中小学校园周边设置营业性歌舞娱乐场所、互联网上网服务营业场所等不适宜未成年人活动的场所的，由主管部门予以关闭，依法给予行政处罚。

营业性歌舞娱乐场所、互联网上网服务营业场所等不适宜未成年人活动的场所允许未成年人进入，或者没有在显著位置设置未成年人禁入标志的，由主管部门责令改正，依法给予行政处罚。

**【烟酒销售者责任】第六十七条**　向未成年人出售烟酒，或者没有在显著位置设置不向未成年人出售烟酒标志的，由主管部门责令改正，依法给予行政处罚。

**【用人单位责任】第六十八条**　非法招用未满十六周岁的未成年人，或者招用已满十六周岁的未成年人从事过重、有毒、有害等危害未成年人身心健康的劳动或者危险作业的，由劳动保障部门责令改正，处以罚款；情节严重的，由工商行政管理部门吊销营业执照。

**【隐私保护】第六十九条**　侵犯未成年人隐私，构成违反治安管理行为的，由公安机关依法给予行政处罚。

**【民政部门责任】第七十条**　未成年人救助机构、儿童福利机构及其工作人员不依法履行对未成年人的救助保护职责，或者虐待、歧视未成年人，或者在办理收留抚养工作中牟取利益的，由主管部门责令改正，依法给予行政处分。

**【伤害未成年人身心健康】第七十一条**　胁迫、诱骗、利用未成年人乞讨或者组织未成年人进行有害其身心健康的表演等活动的，由公安机关依法给予行政处罚。

#### 第七章　附　则

**【实施时间】第七十二条**　本法自2007年6月1日起施行。

### （四）《中华人民共和国预防未成年人犯罪法》　考点9

《中华人民共和国预防未成年人犯罪法》同《中华人民共和国未成年人保护法》关系密切，两者实质上都着眼于未成年人的保护，两者是相互联系、相互补充的关系。《中华人民共和国预防未成年人犯罪法》旨在预防未成年人犯罪保护，责任主体涉及学校、家庭、社会和司法部门。

#### 《中华人民共和国预防未成年人犯罪法》

（1999年6月28日第九届全国人民代表大会常务委员会第十次会议通过，自1999年11月1日起施行；2012年10月26日第十一届全国人民代表大会常务委员会第二十九次会议通过《全国人民代表大会常务委员会关于修改〈中华人民共和国预防未成年人犯罪法〉的决定》的修订，自2013年1月1日起施行）

#### 第一章　总　则

**【立法目的】第一条**　为了保障未成年人身心健康，培养未成年人良好品行，有效地预防未成年人犯罪，制定本法。

**【教育保护原则】第二条**　预防未成年人犯罪，立足于教育和保护，从小抓起，对未成年人的不良行为及时进行预防和矫治。

**【综合治理】第三条**　预防未成年人犯罪，在各级人民政府组织领导下，实行综合治理。

政府有关部门、司法机关、人民团体、有关社会团体、学校、家庭、城市居民委员会、农村村民委员会等各方面共同参与，各负其责，做好预防未成年人犯罪工作，为未成年人身心健康发展创造良好的社会环境。

**【政府职责】第四条**　各级人民政府在预防未成年人犯罪方面的职责是：

（一）制定预防未成年人犯罪工作的规划；

（二）组织、协调公安、教育、文化、新闻出版、广播电影电视、工商、民政、司法行政等政府有关部门和其他社会组织进行预防未成年人犯罪工作；

（三）对本法实施的情况和工作规划的执行情况进行检查；

（四）总结、推广预防未成年人犯罪工作的经验，树立、表彰先进典型。

**【教育保护原则】第五条**　预防未成年人犯罪，应当结合未成年人不同年龄的生理、心理特点，加强青春期教育、心理矫治和预防犯罪对策的研究。

## 第二章 预防未成年人犯罪的教育

**【预防犯罪教育】第六条** 对未成年人应当加强理想、道德、法制和爱国主义、集体主义、社会主义教育。对于达到义务教育年龄的未成年人,在进行上述教育的同时,应当进行预防犯罪的教育。

预防未成年人犯罪的教育目的是增强未成年人的法制观念,使未成年人懂得违法和犯罪行为对个人、家庭、社会造成的危害,违法和犯罪行为应当承担的法律责任,树立遵纪守法和防范违法犯罪的意识。

**【预防犯罪教育】第七条** 教育行政部门、学校应当将预防犯罪的教育作为法制教育的内容纳入学校教育教学计划,结合常见多发的未成年人犯罪,对不同年龄的未成年人进行有针对性的预防犯罪教育。

**【预防未成年人犯罪教育】第八条** 司法行政部门、教育行政部门、共产主义青年团、少年先锋队应当结合实际,组织、举办展览会、报告会、演讲会等多种形式的预防未成年人犯罪的法制宣传活动。

**【法制教育】第九条** 学校应当聘任从事法制教育的专职或者兼职教师。学校根据条件可以聘请校外法律辅导员。

**【监护人责任】第十条** 未成年人的父母或者其他监护人,对未成年人的法制教育负有直接责任。学校在对在校学生进行预防犯罪教育时,应当将教育计划告知未成年人的父母或者其他监护人,未成年人的父母或者其他监护人应当结合学校的计划,针对具体情况进行教育。



**真题对接**

**【2014年上半年真题】**某初级中学开展“法制教育日”活动,要求学生的父母配合,有些父母说:“孩子送到学校,学校就应负责他的所有教育,我们平时工作忙,哪有时间管呢?”父母的做法(　　)

A. 正确,学校不能推卸自己的教育责任

B. 正确,父母没有承担法制教育的责任

C. 不正确,父母对未成年人的法制教育有直接责任

D. 不正确,学校对未成年人的法制教育负全责

**【答案】**C

**【宣传教育】第十一条** 少年宫、青少年活动中心等校外活动场所应当把预防未成年人犯罪的教育作为一项重要的工作内容,开展多种形式的宣传教育活动。

**【职业培训】第十二条** 对于已满十六周岁不满十八周岁准备就业的未成年人,职业教育培训机构、用人单位应当将法律知识和预防犯罪教育纳入职业培训的内容。

**【法制宣传】第十三条** 城市居民委员会、农村村民委员会应当积极开展有针对性的预防未成年人犯罪的法制宣传活动。

## 第三章 对未成年人不良行为的预防

**【禁止不良行为】第十四条** 未成年人的父母或者其他监护人和学校应当教育未成年人不得有下列不良行为:

(一)旷课、夜不归宿;

(二)携带管制刀具;

(三)打架斗殴、辱骂他人;

（四）强行向他人索要财物；

（五）偷窃、故意毁坏财物；

（六）参与赌博或者变相赌博；

（七）观看、收听色情、淫秽的音像制品、读物等；

（八）进入法律、法规规定未成年人不适宜进入的营业性歌舞厅等场所；

（九）其他严重违背社会公德的不良行为。

**【禁止烟酒】第十五条**　未成年人的父母或者其他监护人和学校应当教育未成年人不得吸烟、酗酒。任何经营场所不得向未成年人出售烟酒。

**【旷课及夜不归宿的处理】第十六条**　中小学生旷课的，学校应当及时与其父母或者其他监护人取得联系。

未成年人擅自外出夜不归宿的，其父母或者其他监护人、其所在的寄宿制学校应当及时查找，或者向公安机关请求帮助。收留夜不归宿的未成年人的，应当征得其父母或者其他监护人的同意，或者在二十四小时内及时通知其父母或者其他监护人、所在学校或者及时向公安机关报告。

**【禁止不良行为团伙】第十七条**　未成年人的父母或者其他监护人和学校发现未成年人组织或者参加实施不良行为的团伙的，应当及时予以制止。发现该团伙有违法犯罪行为的，应当向公安机关报告。

**【教唆、胁迫、引诱犯罪】第十八条**　未成年人的父母或者其他监护人和学校发现有人教唆、胁迫、引诱未成年人违法犯罪的，应当向公安机关报告。公安机关接到报告后，应当及时依法查处，对未成年人人身安全受到威胁的，应当及时采取有效措施，保护其人身安全。

**【不得脱离监护】第十九条**　未成年人的父母或者其他监护人，不得让不满十六周岁的未成年人脱离监护单独居住。

**真题对接**

**【2017 年上半年真题】**母亲杨某外出打工，将 15 岁的儿子小强留下长期单独居住。杨某的做法（　　）

A. 合法，可以改善小强的物质生活条件

B. 合法，可以提高小强的独立生活能力

C. 不合法，不得让不满 16 周岁者脱离监护单独居住

D. 不合法，不得让不满 18 周岁者脱离监护单独居住

**【答案】**C

**【禁止放弃监护职责】第二十条**　未成年人的父母或者其他监护人对未成年人不得放任不管，不得迫使其离家出走，放弃监护职责。

未成年人离家出走的，其父母或者其他监护人应当及时查找，或者向公安机关请求帮助。

**【离异家庭教育子女义务】第二十一条**　未成年人的父母离异的，离异双方对子女都有教育的义务，任何一方都不得因离异而不履行教育子女的义务。

**【继父母、养父母的职责】第二十二条**　继父母、养父母对受其抚养教育的未成年继子女、养子女，应当履行本法规定的父母对未成年子女在预防犯罪方面的职责。

【学校的教管义务】第二十三条　学校对有不良行为的未成年人应当加强教育、管理,不得歧视。

【共同矫正】第二十四条　教育行政部门、学校应当举办各种形式的讲座、座谈、培训等活动,针对未成年人不同时期的生理、心理特点,介绍良好有效的教育方法,指导教师、未成年人的父母和其他监护人有效地防止、矫治未成年人的不良行为。

【违规教职员工处理】第二十五条　对于教唆、胁迫、引诱未成年人实施不良行为或者品行不良,影响恶劣,不适宜在学校工作的教职员工,教育行政部门、学校应当予以解聘或者辞退;构成犯罪的,依法追究刑事责任。

【学校附近禁设不宜场所】第二十六条　禁止在中小学校附近开办营业性歌舞厅、营业性电子游戏场所以及其他未成年人不适宜进入的场所。禁止开办上述场所的具体范围由省、自治区、直辖市人民政府规定。

对本法施行前已在中小学校附近开办上述场所的,应当限期迁移或者停业。

【治安管理及其协助】第二十七条　公安机关应当加强中小学校周围环境的治安管理,及时制止、处理中小学校周围发生的违法犯罪行为。城市居民委员会、农村村民委员会应当协助公安机关做好维护中小学校周围治安的工作。

【暂住未成年人规定】第二十八条　公安派出所、城市居民委员会、农村村民委员会应当掌握本辖区内暂住人口中未成年人的就学、就业情况。对于暂住人口中未成年人实施不良行为的,应当督促其父母或者其他监护人进行有效的教育、制止。

【不得教唆、胁迫、引诱】第二十九条　任何人不得教唆、胁迫、引诱未成年人实施本法规定的不良行为,或者为未成年人实施不良行为提供条件。

【对出版物的规定】第三十条　以未成年人为对象的出版物,不得含有诱发未成年人违法犯罪的内容,不得含有渲染暴力、色情、赌博、恐怖活动等危害未成年人身心健康的内容。

【对出租出售出版物的管理】第三十一条　任何单位和个人不得向未成年人出售、出租含有诱发未成年人违法犯罪以及渲染暴力、色情、赌博、恐怖活动等危害未成年人身心健康内容的读物、音像制品或者电子出版物。

任何单位和个人不得利用通讯、计算机网络等方式提供前款规定的危害未成年人身心健康的内容及其信息。

【对媒体节目的规定】第三十二条　广播、电影、电视、戏剧节目,不得有渲染暴力、色情、赌博、恐怖活动等危害未成年人身心健康的内容。

广播电影电视行政部门、文化行政部门必须加强对广播、电影、电视、戏剧节目以及各类演播场所的管理。

【对营业性歌舞厅的规定】第三十三条　营业性歌舞厅以及其他未成年人不适宜进入的场所,应当设置明显的未成年人禁止进入标志,不得允许未成年人进入。

营业性电子游戏场所在国家法定节假日外,不得允许未成年人进入,并应当设置明显的未成年人禁止进入标志。

对于难以判明是否已成年的,上述场所的工作人员可以要求其出示身份证件。

### 第四章　对未成年人严重不良行为的矫治

**【严重不良行为】第三十四条**　本法所称“严重不良行为”，是指下列严重危害社会，尚不够刑事处罚的违法行为：

（一）纠集他人结伙滋事，扰乱治安；

（二）携带管制刀具，屡教不改；

（三）多次拦截殴打他人或者强行索要他人财物；

（四）传播淫秽的读物或者音像制品等；

（五）进行淫乱或者色情、卖淫活动；

（六）多次偷窃；

（七）参与赌博，屡教不改；

（八）吸食、注射毒品；

（九）其他严重危害社会的行为。

**【严重不良行为的处理】第三十五条**　对未成年人实施本法规定的严重不良行为的，应当及时予以制止。

对有本法规定严重不良行为的未成年人，其父母或者其他监护人和学校应当相互配合，采取措施严加管教，也可以送工读学校进行矫治和接受教育。

对未成年人送工读学校进行矫治和接受教育，应当由其父母或者其他监护人或者原所在学校提出申请，经教育行政部门批准。

**真题对接**

**【2019 年上半年真题】**15 岁的李明经常纠集他人结伙滋事，扰乱治安。其监护人提出申请，将李明送往工读学校进行矫治和接受教育。对于这一申请具有审批权的是（　　）

A. 当地公安部门　　B. 教育行政部门

C. 李明所在学校　　D. 当地人民政府

**【答案】**B

**【工读教育】第三十六条**　工读学校对就读的未成年人应当严格管理和教育。工读学校除按照义务教育法的要求，在课程设置上与普通学校相同外，应当加强法制教育的内容，针对未成年人严重不良行为产生的原因以及有严重不良行为的未成年人的心理特点，开展矫治工作。

家庭、学校应当关心、爱护在工读学校就读的未成年人，尊重他们的人格尊严，不得体罚、虐待和歧视。工读学校毕业的未成年人在升学、就业等方面，同普通学校毕业的学生享有同等的权利，任何单位和个人不得歧视。

**【治安处罚】第三十七条**　未成年人有本法规定严重不良行为，构成违反治安管理行为的，由公安机关依法予以治安处罚。因不满十四周岁或者情节特别轻微免予处罚的，可以予以训诫。

**【刑事处罚】第三十八条**　未成年人因不满十六周岁不予刑事处罚的，责令其父母或者其他监护人严加管教；在必要的时候，也可以由政府依法收容教养。

真题对接

【2015 年下半年真题】初中生王某因犯罪，被法院判处有期徒刑 1 年缓刑 2 年。下列说法正确的是(　　)

A. 王某不可能继续回学校读书　　B. 学校可以取消王某的学籍

C. 王某只能够到工读学校就读　　D. 王某可由政府依法收容教养

【答案】D

**【收容教养】第三十九条**　未成年人在被收容教养期间，执行机关应当保证其继续接受文化知识、法律知识或者职业技术教育；对没有完成义务教育的未成年人，执行机关应当保证其继续接受义务教育。

解除收容教养、劳动教养的未成年人，在复学、升学、就业等方面与其他未成年人享有同等权利，任何单位和个人不得歧视。

真题对接

【2013 年下半年真题】教师对解除收容教育、劳动教养后回校复学的未成年学生，应当(　　)

A. 限制其与其他同学接触　　B. 限制其使用学校的设施

C. 按其以往表现评价品行　　D. 允许其参加学校各项活动

【答案】D



### 第五章　未成年人对犯罪的自我防范

**【遵纪守法】第四十条**　未成年人应当遵守法律、法规及社会公共道德规范，树立自尊、自律、自强意识，增强辨别是非和自我保护的能力，自觉抵制各种不良行为及违法犯罪行为的引诱和侵害。

**【请求保护】第四十一条**　被父母或者其他监护人遗弃、虐待的未成年人，有权向公安机关、民政部门、共产主义青年团、妇女联合会、未成年人保护组织或者学校、城市居民委员会、农村村民委员会请求保护。被请求的上述部门和组织都应当接受，根据情况需要采取救助措施的，应当先采取救助措施。

**【行为报告】第四十二条**　未成年人发现任何人对自己或者其他未成年人实施本法第三章规定不得实施的行为或者犯罪行为，可以通过所在学校、其父母或者其他监护人向公安机关或者政府有关主管部门报告，也可以自己向上述机关报告。受理报告的机关应当及时依法查处。

**【对未成年人的保护】第四十三条**　对同犯罪行为作斗争以及举报犯罪行为的未成年人，司法机关、学校、社会应当加强保护，保障其不受打击报复。

### 第六章　对未成年人重新犯罪的预防

**【办理未成年人案件原则】第四十四条**　对犯罪的未成年人追究刑事责任，实行教育、感化、挽救方针，坚持教育为主、惩罚为辅的原则。

司法机关办理未成年人犯罪案件，应当保障未成年人行使其诉讼权利，保障未成年人得到法律帮助，并根据未成年人的生理、心理特点和犯罪的情况，有针对性地进行法制教育。

对于被采取刑事强制措施的未成年学生，在人民法院的判决生效以前，不得取消其学籍。

**【审理规定】第四十五条**　人民法院审判未成年人犯罪的刑事案件，应当由熟悉未成年人身心特点的审判员或者审判员和人民陪审员依法组成少年法庭进行。

对于审判的时候被告人不满十八周岁的刑事案件，不公开审理。

对未成年人犯罪案件，新闻报道、影视节目、公开出版物不得披露该未成年人的姓名、住所、照片及可能推断出该未成年人的资料。

**【犯罪未成年人员教育】第四十六条**　对被拘留、逮捕和执行刑罚的未成年人与成年人应当分别关押、分别管理、分别教育。未成年犯在被执行刑罚期间，执行机关应当加强对未成年犯的法制教育，对未成年犯进行职业技术教育。对没有完成义务教育的未成年犯，执行机关应当保证其继续接受义务教育。

**【居委会和村委会的职责】第四十七条**　未成年人的父母或者其他监护人和学校、城市居民委员会、农村村民委员会，对因不满十六周岁而不予刑事处罚、免予刑事处罚的未成年人，或者被判处非监禁刑罚、被判处刑罚宣告缓刑、被假释的未成年人，应当采取有效的帮教措施，协助司法机关做好对未成年人的教育、挽救工作。

城市居民委员会、农村村民委员会可以聘请思想品德优秀，作风正派，热心未成年人教育工作的离退休人员或者其他人员协助做好对前款规定的未成年人的教育、挽救工作。

**【学习、就业不得歧视】第四十八条**　依法免予刑事处罚、判处非监禁刑罚、判处刑罚宣告缓刑、假释或者刑罚执行完毕的未成年人，在复学、升学、就业等方面与其他未成年人享有同等权利，任何单位和个人不得歧视。

### 第七章　法律责任

**【监护人法律责任】第四十九条**　未成年人的父母或者其他监护人不履行监护职责，放任未成年人有本法规定的不良行为或者严重不良行为的，由公安机关对未成年人的父母或者其他监护人予以训诫，责令其严加管教。

**真题对接**

**【2018 年上半年真题】**初中生冯某经常夜不归宿，其父母放任不管。依据《中华人民共和国预防未成年人犯罪法》的规定，应由公安机关对冯某父母（　　）

A. 予以拘留　　B. 予以罚款

C. 予以训诫　　D. 予以劝诫

**【答案】**C

**【2017 年上半年真题】**高一学生小峰的父母不履行监护职责，放任小峰强行索要他人财物，依据《中华人民共和国预防未成年人犯罪法》，有权对小峰父母给予训诫的是（　　）

A. 教育行政部门　　B. 公安机关

C. 学校　　D. 人民法院

**【答案】**B

**【对脱离监护的处理】第五十条**　未成年人的父母或者其他监护人违反本法第十九条的规定，让不满十六周岁的未成年人脱离监护单独居住的，由公安机关对未成年人的父母或者其他监护人予以训诫，责令其立即改正。

**【对工作不力工作人员的处理】第五十一条**　公安机关的工作人员违反本法第十八条的规定，接到报告后,不及时查处或者采取有效措施,严重不负责任的,予以行政处分;造成严重后果,构成犯罪的,依法追究刑事责任。

**【相关出版人员法律责任】第五十二条** 违反本法第三十条的规定,出版含有诱发未成年人违法犯罪以及渲染暴力、色情、赌博、恐怖活动等危害未成年人身心健康内容的出版物的,由出版行政部门没收出版物和违法所得,并处违法所得三倍以上十倍以下罚款;情节严重的,没收出版物和违法所得,并责令停业整顿或者吊销许可证。对直接负责的主管人员和其他直接责任人员处以罚款。

制作、复制宣扬淫秽内容的未成年人出版物,或者向未成年人出售、出租、传播宣扬淫秽内容的出版物的,依法予以治安处罚;构成犯罪的,依法追究刑事责任。

**【租售出版物及通讯、网络传播者法律责任】第五十三条** 违反本法第三十一条的规定,向未成年人出售、出租含有诱发未成年人违法犯罪以及渲染暴力、色情、赌博、恐怖活动等危害未成年人身心健康内容的读物、音像制品、电子出版物的,或者利用通讯、计算机网络等方式提供上述危害未成年人身心健康内容及其信息的,没收读物、音像制品、电子出版物和违法所得,由政府有关主管部门处以罚款。

单位有前款行为的,没收读物、音像制品、电子出版物和违法所得,处以罚款,并对直接负责的主管人员和其他直接责任人员处以罚款。

**【演播场所法律责任】第五十四条** 影剧院、录像厅等各类演播场所,放映或者演出渲染暴力、色情、赌博、恐怖活动等危害未成年人身心健康的节目的,由政府有关主管部门没收违法播放的音像制品和违法所得,处以罚款,并对直接负责的主管人员和其他直接责任人员处以罚款;情节严重的,责令停业整顿或者由工商行政部门吊销营业执照。

**【营业性娱乐场所法律责任】第五十五条** 营业性歌舞厅以及其他未成年人不适宜进入的场所、营业性电子游戏场所,违反本法第三十三条的规定,不设置明显的未成年人禁止进入标志,或者允许未成年人进入的,由文化行政部门责令改正、给予警告、责令停业整顿、没收违法所得,处以罚款,并对直接负责的主管人员和其他直接责任人员处以罚款;情节严重的,由工商行政部门吊销营业执照。

**【教唆、胁迫、引诱未成年人不良行为法律责任】第五十六条** 教唆、胁迫、引诱未成年人实施本法规定的不良行为、严重不良行为,或者为未成年人实施不良行为、严重不良行为提供条件,构成违反治安管理行为的,由公安机关依法予以治安处罚;构成犯罪的,依法追究刑事责任。

### 第八章 附 则

**【实施时间】第五十七条** 本法自1999年11月1日起施行。

**知识视野**

**《刑法》和《民法总则》中关于未成年人的保护**

1.《中华人民共和国刑法》

**【刑事责任年龄的界定】第十七条** 已满十六周岁的人犯罪,应当负刑事责任。

已满十四周岁不满十六周岁的人,犯故意杀人、故意伤害致人重伤或者死亡、强奸、抢劫、贩卖毒品、放火、爆炸、投放危险物质罪的,应当负刑事责任。

已满十四周岁不满十八周岁的人犯罪,应当从轻或者减轻处罚。

因不满十六周岁不予刑事处罚的,责令他的家长或者监护人加以管教;在必要的时候,也可以由政府收容教养。

2.《中华人民共和国民法总则》

**【自然人民事权利能力】第十三条** 自然人从出生时起到死亡时止,具有民事权利能力,依法享有民事权利,承担民事义务。

**【自然人民事权利能力平等】第十四条** 自然人的民事权利能力一律平等。

**【成年人与未成年人年龄标准】第十七条** 十八周岁以上的自然人为成年人。不满十八周岁的自然人为未成年人。

**【完全民事行为能力人】第十八条** 成年人为完全民事行为能力人,可以独立实施民事法律行为。

十六周岁以上的未成年人,以自己的劳动收入为主要生活来源的,视为完全民事行为能力人。

**【限制民事行为能力的未成年人】第十九条** 八周岁以上的未成年人为限制民事行为能力人,实施民事法律行为由其法定代理人代理或者经其法定代理人同意、追认,但是可以独立实施纯获利益的民事法律行为或者与其年龄、智力相适应的民事法律行为。

**【无民事行为能力的未成年人】第二十条** 不满八周岁的未成年人为无民事行为能力人,由其法定代理人代理实施民事法律行为。

**【未成年人的监护人】第二十七条** 父母是未成年子女的监护人。

未成年人的父母已经死亡或者没有监护能力的,由下列有监护能力的人按顺序担任监护人:

(一)祖父母、外祖父母;

(二)兄、姐;

(三)其他愿意担任监护人的个人或者组织,但是须经未成年人住所地的居民委员会、村民委员会或者民政部门同意。



## 五、教育法规政策

在教育法律法规的纵向结构体系中,政府及相关行政部门制定的教育活动规范纳入教育法规体系,党和政府制定的有关教育方向性的文件也纳入教育法规体系。

### (一)《学生伤害事故处理办法》 考点10

《学生伤害事故处理办法》是教育部制定颁发的。教育部作为国务院所属教育行政机构,在教育法律法规纵向层级体系中,其所制定的规范性文件当属于"教育规章"。教育规章是在教育法律及政府法规的规范下,对教育活动的一个特定关系领域进行规范。

#### 《学生伤害事故处理办法》

(2002年6月25日教育部令第12号发布,自2002年9月1日起施行。2010年12月13日,教育部令第30号《教育部关于修改和废止部分规章的决定》(修订)公布施行)

**第一章 总 则**

**【立法宗旨】第一条** 为积极预防、妥善处理在校学生伤害事故,保护学生、学校的合法权益,根据《中华人民共和国教育法》《中华人民共和国未成年人保护法》和其他相关法律、行政法规及有关规定,制定本办法。

**【适用范围】第二条** 在学校实施的教育教学活动或者学校组织的校外活动中,以及在学校负有管理责任的校舍、场地、其他教育教学设施、生活设施内发生的,造成在校学生人身损害后果的事故的处理,适用本办法。

**【实施原则】第三条** 学生伤害事故应当遵循依法、客观公正、合理适当的原则,及时、妥善地处理。

【安全设施】第四条　学校的举办者应当提供符合安全标准的校舍、场地、其他教育教学设施和生活设施。

教育行政部门应当加强学校安全工作,指导学校落实预防学生伤害事故的措施,指导、协助学校妥善处理学生伤害事故,维护学校正常的教育教学秩序。

【学校安全措施】第五条　学校应当对在校学生进行必要的安全教育和自护自救教育;应当按照规定,建立健全安全制度,采取相应的管理措施,预防和消除教育教学环境中存在的安全隐患;当发生伤害事故时,应当及时采取措施救助受伤害学生。

学校对学生进行安全教育、管理和保护,应当针对学生年龄、认知能力和法律行为能力的不同,采用相应的内容和预防措施。

【学生注意事项】第六条　学生应当遵守学校的规章制度和纪律;在不同的受教育阶段,应当根据自身的年龄、认知能力和法律行为能力,避免和消除相应的危险。

【监护人责任】第七条　未成年学生的父母或者其他监护人(以下称为监护人)应当依法履行监护职责,配合学校对学生进行安全教育、管理和保护工作。

学校对未成年学生不承担监护职责,但法律有规定的或者学校依法接受委托承担相应监护职责的情形除外。



## 知识视野

**《中华人民共和国侵权责任法》中关于侵权责任的认定**

《中华人民共和国侵权责任法》中的规定:

**第六条**　行为人因过错侵害他人民事权益,应当承担侵权责任。

根据法律规定推定行为人有过错,行为人不能证明自己没有过错的,应当承担侵权责任。

**第七条**　行为人损害他人民事权益,不论行为人有无过错,法律规定应当承担侵权责任的,依照其规定。

**第八条**　二人以上共同实施侵权行为,造成他人损害的,应当承担连带责任。

**第九条**　教唆、帮助他人实施侵权行为的,应当与行为人承担连带责任。

教唆、帮助无民事行为能力人、限制民事行为能力人实施侵权行为的,应当承担侵权责任;该无民事行为能力人、限制民事行为能力人的监护人未尽到监护责任的,应当承担相应的责任。

**第三十二条**　无民事行为能力人、限制民事行为能力人造成他人损害的,由监护人承担侵权责任。监护人尽到监护责任的,可以减轻其侵权责任。

有财产的无民事行为能力人、限制民事行为能力人造成他人损害的,从本人财产中支付赔偿费用。不足部分,由监护人赔偿。

**第三十四条**　用人单位的工作人员因执行工作任务造成他人损害的,由用人单位承担侵权责任。

劳务派遣期间,被派遣的工作人员因执行工作任务造成他人损害的,由接受劳务派遣的用工单位承担侵权责任;劳务派遣单位有过错的,承担相应的补充责任。

**第三十八条**　无民事行为能力人在幼儿园、学校或者其他教育机构学习、生活期间受到人身损害的,幼儿园、学校或者其他教育机构应当承担责任,但能够证明尽到教育、管理职责的,不承担责任。

**第三十九条**　限制民事行为能力人在学校或者其他教育机构学习、生活期间受到人身损害,学校或者其他教育机构未尽到教育、管理职责的,应当承担责任。

**第四十条**　无民事行为能力人或者限制民事行为能力人在幼儿园、学校或者其他教育机构学习、生活期间，受到幼儿园、学校或者其他教育机构以外的人员人身损害的，由侵权人承担侵权责任；幼儿园、学校或者其他教育机构未尽到管理职责的，承担相应的补充责任。

**第七十八条**　饲养的动物造成他人损害的，动物饲养人或者管理人应当承担侵权责任，但能够证明损害是因被侵权人故意或者重大过失造成的，可以不承担或者减轻责任。

## 第二章　事故与责任

**【归责原则】第八条**　发生学生伤害事故，造成学生人身损害的，学校应当按照《中华人民共和国侵权责任法》及相关法律、法规的规定，承担相应的事故责任。

**【学校承担事故责任的具体情形】第九条**　因下列情形之一造成的学生伤害事故，学校应当依法承担相应的责任：

（一）学校的校舍、场地、其他公共设施，以及学校提供给学生使用的学具、教育教学和生活设施、设备不符合国家规定的标准，或者有明显不安全因素的；

（二）学校的安全保卫、消防、设施设备管理等安全管理制度有明显疏漏，或者管理混乱，存在重大安全隐患，而未及时采取措施的；

（三）学校向学生提供的药品、食品、饮用水等不符合国家或者行业的有关标准、要求的；

（四）学校组织学生参加教育教学活动或者校外活动，未对学生进行相应的安全教育，并未在可预见的范围内采取必要的安全措施的；

（五）学校知道教师或者其他工作人员患有不适宜担任教育教学工作的疾病，但未采取必要措施的；

（六）学校违反有关规定，组织或者安排未成年学生从事不宜未成年人参加的劳动、体育运动或者其他活动的；

（七）学生有特异体质或者特定疾病，不宜参加某种教育教学活动，学校知道或者应当知道，但未予以必要的注意的；

（八）学生在校期间突发疾病或者受到伤害，学校发现，但未根据实际情况及时采取相应措施，导致不良后果加重的；

（九）学校教师或者其他工作人员体罚或者变相体罚学生，或者在履行职责过程中违反工作要求、操作规程、职业道德或者其他有关规定的；

（十）学校教师或者其他工作人员在负有组织、管理未成年学生的职责期间，发现学生行为具有危险性，但未进行必要的管理、告诫或者制止的；

（十一）对未成年学生擅自离校等与学生人身安全直接相关的信息，学校发现或者知道，但未及时告知未成年学生的监护人，导致未成年学生因脱离监护人的保护而发生伤害的；

（十二）学校有未依法履行职责的其他情形的。

**真题对接**

**【2017年下半年真题】**在一次雷雨天气中，某中学教学楼遭到雷击，多名学生不同程度地被击伤。后

经调查得知,由于教学楼没有采取防雷措施,这才导致学生被雷击伤。对于这起事故的法律责任,下列说法中正确的是(　　)

A. 学校无法律责任　　B. 学校应承担过错责任

C. 学校应承担无过错责任　　D. 学校应承担补充责任

【答案】B

【2016 年下半年真题】某中学上课时,高年级学生李某到教室外喊赵某,说有事让其出去一趟,班主任张某默许了。赵某走出教室后被李某殴打,导致右眼失明。对赵某所受伤害应当承担赔偿责任的主体是(　　)

A. 李某　　B. 张某　　C. 学校　　D. 李某和学校

【答案】D

**【学生或未成年学生监护人的法律责任】第十条**　学生或者未成年学生监护人由于过错,有下列情形之一,造成学生伤害事故,应当依法承担相应的责任:

(一)学生违反法律法规的规定,违反社会公共行为准则、学校的规章制度或者纪律,实施按其年龄和认知能力应当知道具有危险或者可能危及他人的行为的;

(二)学生行为具有危险性,学校、教师已经告诫、纠正,但学生不听劝阻、拒不改正的;

(三)学生或者其监护人知道学生有特异体质,或者患有特定疾病,但未告知学校的;

(四)未成年学生的身体状况、行为、情绪等有异常情况,监护人知道或者已被学校告知,但未履行相应监护职责的;

(五)学生或者未成年学生监护人有其他过错的。

**真题对接**

【2017 年上半年真题】16 岁的学生王某放学途中不慎将同学孙某眼部戳伤,依据《学生伤害事故处理办法》的规定,对于该事故承担损害赔偿责任的主体是(　　)

A. 学校　　B. 班主任

C. 王某本人　　D. 王某的监护人

【答案】D

**【学生因参加活动致害时的责任处理】第十一条**　学校安排学生参加活动,因提供场地、设备、交通工具、食品及其他消费与服务的经营者,或者学校以外的活动组织者的过错造成的学生伤害事故,有过错的当事人应当依法承担相应的责任。

**【学校可援引的免责抗辩事由】第十二条**　因下列情形之一造成的学生伤害事故,学校已履行了相应职责,行为并无不当的,无法律责任:

(一)地震、雷击、台风、洪水等不可抗的自然因素造成的;

(二)来自学校外部的突发性、偶发性侵害造成的;

(三)学生有特异体质、特定疾病或者异常心理状态,学校不知道或者难于知道的;

（四）学生自杀、自伤的；

（五）在对抗性或者具有风险性的体育竞赛活动中发生意外伤害的；

（六）其他意外因素造成的。

**【校外事故处理原则】第十三条**　下列情形下发生的造成学生人身损害后果的事故，学校行为并无不当的，不承担事故责任；事故责任应当按有关法律法规或者其他有关规定认定：

（一）在学生自行上学、放学、返校、离校途中发生的；

（二）在学生自行外出或者擅自离校期间发生的；

（三）在放学后、节假日或者假期等学校工作时间以外，学生自行滞留学校或者自行到校发生的；

（四）其他在学校管理职责范围外发生的。

**【致害人承担法律责任的情形】第十四条**　因学校教师或者其他工作人员与其职务无关的个人行为，或者因学生、教师及其他个人故意实施的违法犯罪行为，造成学生人身损害的，由致害人依法承担相应的责任。

**真题对接**

**【2015 年上半年真题】**放学后，12 名学生到教师王某私自开设的学校附近的商店里，购买了过期食品，导致食物中毒。对这起事故应承担主要责任的是（　　）

A. 王某　　B. 学校　　C. 政府　　D. 家长

**【答案】**A

### 第三章　事故处理程序

**【学校的及时救助义务】第十五条**　发生学生伤害事故，学校应当及时救助受伤害学生，并应当及时告知未成年学生的监护人；有条件的，应当采取紧急救援等方式救助。

**【学校的报告义务】第十六条**　发生学生伤害事故，情形严重的，学校应当及时向主管教育行政部门及有关部门报告；属于重大伤亡事故的，教育行政部门应当按照有关规定及时向同级人民政府和上一级教育行政部门报告。

**【行政部门的职责】第十七条**　学校的主管教育行政部门应学校要求或者认为必要，可以指导、协助学校进行事故的处理工作，尽快恢复学校正常的教育教学秩序。

**【事故的调解和诉讼】第十八条**　发生学生伤害事故，学校与受伤害学生或者学生家长可以通过协商方式解决；双方自愿，可以书面请求主管教育行政部门进行调解。成年学生或者未成年学生的监护人也可以依法直接提起诉讼。

**【调解时限】第十九条**　教育行政部门收到调解申请，认为必要的，可以指定专门人员进行调解，并应当在受理申请之日起 60 日内完成调解。

**【调解程序】第二十条**　经教育行政部门调解，双方就事故处理达成一致意见的，应当在调解人员的见证下签订调解协议，结束调解；在调解期限内，双方不能达成一致意见，或者调解过程中一方提起诉讼，人民法院已经受理的，应当终止调解。调解结束或者终止，教育行政部门应当书面通知当事人。

**【诉讼】第二十一条**　对经调解达成的协议，一方当事人不履行或者反悔的，双方可以依法提起诉讼。

**【事故处理结果】第二十二条**　事故处理结束，学校应当将事故处理结果书面报告主管的教育行政部门；重大伤亡事故的处理结果，学校主管的教育行政部门应当向同级人民政府和上一级教育行政部门报告。

## 第四章 事故损害的赔偿

**【损害赔偿主体】第二十三条** 对发生学生伤害事故负有责任的组织或者个人,应当按照法律法规的有关规定,承担相应的损害赔偿责任。

**真题对接**

**【2019年上半年真题】**初中生林某在参加学校组织的春游时不慎摔伤。经认定,学校有一定过错。对于该起事故,学校应当( )

A. 对林某补偿经济损失　　B. 对林某补偿精神损失

C. 对林某依法赔偿损失　　D. 与林某平均分担损失

**【答案】**C

**【赔偿范围与标准的确定】第二十四条** 学生伤害事故赔偿的范围与标准,按照有关行政法规、地方性法规或者最高人民法院司法解释中的有关规定确定。

教育行政部门进行调解时,认为学校有责任的,可以依照有关法律法规及国家有关规定,提出相应的调解方案。

**【伤残鉴定】第二十五条** 对受伤害学生的伤残程度存在争议的,可以委托当地具有相应鉴定资格的医院或者有关机构,依据国家规定的人体伤残标准进行鉴定。

**【学校的赔偿责任】第二十六条** 学校对学生伤害事故负有责任的,根据责任大小,适当予以经济赔偿,但不承担解决户口、住房、就业等与救助受伤害学生、赔偿相应经济损失无直接关系的其他事项。

学校无责任的,如果有条件,可以根据实际情况,本着自愿和可能的原则,对受伤害学生给予适当的帮助。

**【追偿权】第二十七条** 因学校教师或者其他工作人员在履行职务中的故意或者重大过失造成的学生伤害事故,学校予以赔偿后,可以向有关责任人员追偿。

**【监护人责任】第二十八条** 未成年学生对学生伤害事故负有责任的,由其监护人依法承担相应的赔偿责任。

学生的行为侵害学校教师及其他工作人员以及其他组织、个人的合法权益,造成损失的,成年学生或者未成年学生的监护人应当依法予以赔偿。

**真题对接**

**【2017年下半年真题】**某中学化学老师宋某正组织学生上实验课,学生李某因借用坐在实验桌对面的学生的钢笔,碰倒了酒精灯,酒精溅在本组同学韩某的手上并燃烧,致使韩某手部皮肤被灼伤。在这起事故中,应当承担赔偿责任的是( )

A. 学校和宋某　　B. 宋某和李某的监护人

C. 学校和李某的监护人　　D. 李某的监护人和韩某的监护人

**【答案】**C

**【赔偿金的筹措】第二十九条** 根据双方达成的协议、经调解形成的协议或者人民法院的生效判决,应当由学校负担的赔偿金，学校应当负责筹措；学校无力完全筹措的，由学校的主管部门或者举办者协助筹措。

**【伤害赔偿准备金】第三十条**　县级以上人民政府教育行政部门或者学校举办者有条件的，可以通过设立学生伤害赔偿准备金等多种形式，依法筹措伤害赔偿金。

**【保险机制】第三十一条**　学校有条件的，应当依据保险法的有关规定，参加学校责任保险。

教育行政部门可以根据实际情况，鼓励中小学参加责任保险。

提倡学生自愿参加意外伤害保险。在尊重学生意愿的前提下，学校可以为学生参加意外伤害保险创造便利条件，但不得从中收取任何费用。

### 第五章　事故责任者的处理

**【学校责任人的法律制裁】第三十二条**　发生学生伤害事故，学校负有责任且情节严重的，教育行政部门应当根据有关规定，对学校的直接负责的主管人员和其他直接责任人员，分别给予相应的行政处分；有关责任人的行为触犯刑律的，应当移送司法机关依法追究刑事责任。

**【安全隐患的整顿】第三十三条**　学校管理混乱，存在重大安全隐患的，主管的教育行政部门或者其他有关部门应当责令其限期整顿；对情节严重或者拒不改正的，应当依据法律法规的有关规定，给予相应的行政处罚。

**【教育部门责任人的法律制裁】第三十四条**　教育行政部门未履行相应职责，对学生伤害事故的发生负有责任的，由有关部门对直接负责的主管人员和其他直接责任人员分别给予相应的行政处分；有关责任人的行为触犯刑律的，应当移送司法机关依法追究刑事责任。

**【责任学生的法律制裁】第三十五条**　违反学校纪律，对造成学生伤害事故负有责任的学生，学校可以给予相应的处分；触犯刑律的，由司法机关依法追究刑事责任。

**【对扰乱正常事故处理的行为人的制裁】第三十六条**　受伤害学生的监护人、亲属或者其他有关人员，在事故处理过程中无理取闹，扰乱学校正常教育教学秩序，或者侵犯学校、学校教师或者其他工作人员的合法权益的，学校应当报告公安机关依法处理；造成损失的，可以依法要求赔偿。

**真题对接**

**【2018年上半年真题】**初中生孙某在课间活动时跌倒摔伤，其亲属在事故处理过程中无理取闹，扰乱学校教育教学秩序。依据《学生伤害事故处理办法》的规定，此种情形下，学校应当（　　）

A. 报告教育行政部门处理　　B. 报告公安机关处理

C. 报告纪检监察部门处理　　D. 报告人民法院处理

**【答案】**B

### 第六章　附　则

**【本办法用语解释】第三十七条**　本办法所称学校，是指国家或者社会力量举办的全日制的中小学（含特殊教育学校）、各类中等职业学校、高等学校。本办法所称学生是指在上述学校中全日制就读的受教育者。

**【本办法适用范围】第三十八条**　幼儿园发生的幼儿伤害事故，应当根据幼儿为完全无行为能力人的特点，参照本办法处理。

**【本办法适用范围】第三十九条**　其他教育机构发生的学生伤害事故，参照本办法处理。

在学校注册的其他受教育者在学校管理范围内发生的伤害事故,参照本办法处理。

**【实施时间】第四十条** 本办法自2002年9月1日起实施,原国家教委、教育部颁布的与学生人身安全事故处理有关的规定,与本办法不符的,以本办法为准。

在本办法实施之前已处理完毕的学生伤害事故不再重新处理。

**山香指导** 本部分知识每年都会考查一道选择题,要求考生能够厘清伤害事故的责任主体。对此类题首先应该确定事故发生的时间、地点和性质。其次,明确损害结果发生的致害人、直接致害人的相关责任。最后明确学校在管理过程中有没有尽到教育、管理职责,并依据《中华人民共和国侵权责任法》确定学校是否需要承担相应的补充责任。

## (二)《国家中长期教育改革和发展规划纲要(2010—2020年)》 考点11

《国家中长期教育改革和发展规划纲要(2010—2020年)》是国家层面的教育政策文件。它是对我国21世纪第二个十年教育发展的规划蓝图,是指导我国这一时期教育改革与发展的纲领性文件。《中长期规划纲要》作为我国教育特定发展时期的教育政策,规定了我国这一时期教育发展的总体方向、战略任务和各个教育领域改革发展的主要任务。



### 《国家中长期教育改革和发展规划纲要(2010—2020年)》(节选)

(2008年8月,《国家中长期教育改革和发展规划纲要(2010—2020年)》正式启动研究制定工作。2010年7月29日,中共中央、国务院印发的《国家中长期教育改革和发展规划纲要(2010—2020年)》正式发布)

### 第一部分 总体战略

### 第一章 指导思想和工作方针

(一)指导思想。高举中国特色社会主义伟大旗帜,以邓小平理论和"三个代表"重要思想为指导,深入贯彻落实科学发展观,实施科教兴国战略和人才强国战略,优先发展教育,完善中国特色社会主义现代教育体系,办好人民满意的教育,建设人力资源强国。

全面贯彻党的教育方针,坚持教育为社会主义现代化建设服务,为人民服务,与生产劳动和社会实践相结合,培养德智体美全面发展的社会主义建设者和接班人。

全面推进教育事业科学发展,立足社会主义初级阶段基本国情,把握教育发展阶段性特征,坚持以人为本,遵循教育规律,面向社会需求,优化结构布局,提高教育现代化水平。

(二)工作方针。优先发展、育人为本、改革创新、促进公平、提高质量。

把教育摆在优先发展的战略地位。教育优先发展是党和国家提出并长期坚持的一项重大方针。

把育人为本作为教育工作的根本要求。人力资源是我国经济社会发展的第一资源,教育是开发人力资源的主要途径。

把改革创新作为教育发展的强大动力。教育要发展,根本靠改革。要以体制机制改革为重点,鼓励地方和学校大胆探索和试验,加快重要领域和关键环节改革步伐。

把促进公平作为国家基本教育政策。教育公平是社会公平的重要基础。教育公平的关键是机会公平,基本要求是保障公民依法享有受教育的权利,重点是促进义务教育均衡发展和扶持困难群体,根本措施是合理配置教育资源,向农村地区、边远贫困地区和民族地区倾斜,加快缩小教育差距。教育公平的主要责任在政府，全社会要共同促进教育公平。

把提高质量作为教育改革发展的核心任务。树立科学的质量观，把促进人的全面发展、适应社会需要作为衡量教育质量的根本标准。建立以提高教育质量为导向的管理制度和工作机制，把教育资源配置和学校工作重点集中到强化教学环节、提高教育质量上来。

**真题对接**

**【2017 年下半年真题】**《国家中长期教育改革和发展规划纲要（2010—2020 年）》提出，要把教育摆在优先发展的战略地位。对于教育优先发展战略的理解，下列选项中不恰当的是（　　）

A. 财政资金优先保障教育投入

B. 社会资源优先向教育领域倾斜

C. 经济社会发展规划优先安排教育发展

D. 公共资源优先满足教育和人力资源开发需要

**【答案】**B

**【2016 年下半年真题】**《国家中长期教育改革和发展规划纲要（2010—2020 年）》提出，教育公平是社会公平的重要基础。教育公平的关键是（　　）

A. 机会公平　　B. 过程公平

C. 结果公平　　D. 起点公平

**【答案】**A。**解析：**教育公平是社会公平的重要基础，教育公平的关键是机会公平。

**第二章　战略目标和战略主题**

（三）战略目标。到 2020 年，基本实现教育现代化，基本形成学习型社会，进入人力资源强国行列。实现更高水平的普及教育，形成惠及全民的公平教育，提供更加丰富的优质教育。教育质量整体提升，教育现代化水平明显提高。优质教育资源总量不断扩大，更好满足人民群众接受高质量教育的需求。构建体系完备的终身教育，健全充满活力的教育体制。

（四）战略主题。坚持以人为本、全面实施素质教育是教育改革发展的战略主题。要坚持德育为先、能力为重和全面发展的原则。

坚持德育为先。立德树人，把社会主义核心价值体系融入国民教育全过程。

坚持能力为重。优化知识结构，丰富社会实践，强化能力培养。

坚持全面发展。全面加强和改进德育、智育、体育、美育。促进德育、智育、体育、美育有机融合，提高学生综合素质，使学生成为德智体美全面发展的社会主义建设者和接班人。

**真题对接**

**【2018 年上半年真题】**《国家中长期教育改革和发展规划纲要（2010—2020 年）》提出了教育战略目标，下列关于教育战略目标的选项中，不正确的是（　　）

A. 到 2020 年，进入人力资源强国行列　　B. 到 2020 年，基本形成学习型社会

C. 到 2020 年，终身教育体系全面形成　　D. 到 2020 年，基本实现教育现代化

**【答案】**C

【2014 年上半年真题】根据《国家中长期教育改革和发展规划纲要(2010—2020 年)》的规定,下列关于我国教育发展战略目标不合理的是(　　)

A. 全面实现我国教育现代化　　B. 形成惠及全民的公平教育

C. 健全充满活力的教育体制　　D. 构建体系完备的终身教育

【答案】A

## 第二部分　发展任务

### 第四章　义务教育

(八)巩固提高九年义务教育水平。到 2020 年,全面提高普及水平,全面提高教育质量,基本实现区域内均衡发展,确保适龄儿童少年接受良好义务教育。

巩固义务教育普及成果。适应城乡发展需要,合理规划学校布局,办好必要的教学点,方便学生就近入学。坚持以输入地政府管理为主、以全日制公办中小学为主,确保进城务工人员随迁子女平等接受义务教育,研究制定进城务工人员随迁子女接受义务教育后在当地参加升学考试的办法。建立健全政府主导、社会参与的农村留守儿童关爱服务体系和动态监测机制。加快农村寄宿制学校建设,优先满足留守儿童住宿需求。采取必要措施,确保适龄儿童少年不因家庭经济困难、就学困难、学习困难等原因而失学,努力消除辍学现象。

提高义务教育质量。建立国家义务教育质量基本标准和监测制度。严格执行义务教育国家课程标准、教师资格标准。深化课程与教学方法改革,推行小班教学。配齐音乐、体育、美术等学科教师,开足开好规定课程。大力推广普通话教学,使用规范汉字。

增强学生体质。科学安排学习、生活、锻炼,保证学生睡眠时间。大力开展"阳光体育"运动,保证学生每天锻炼一小时,不断提高学生体质健康水平。提倡合理膳食,改善学生营养状况,提高贫困地区农村学生营养水平。保护学生视力。

(九)推进义务教育均衡发展。均衡发展是义务教育的战略性任务。建立健全义务教育均衡发展保障机制。推进义务教育学校标准化建设,均衡配置教师、设备、图书、校舍等资源。

切实缩小校际差距,着力解决择校问题。加快薄弱学校改造,着力提高师资水平。实行县(区)域内教师、校长交流制度。实行优质普通高中和优质中等职业学校招生名额合理分配到区域内初中的办法。义务教育阶段不得设置重点学校和重点班。在保障适龄儿童少年就近进入公办学校的前提下,发展民办教育,提供选择机会。

加快缩小城乡差距。建立城乡一体化义务教育发展机制,在财政拨款、学校建设、教师配置等方面向农村倾斜。率先在县(区)域内实现城乡均衡发展,逐步在更大范围内推进。

努力缩小区域差距。加大对革命老区、民族地区、边疆地区、贫困地区义务教育的转移支付力度。鼓励发达地区支援欠发达地区。

**真题对接**

【2017 年上半年真题】《国家中长期教育改革和发展规划纲要(2010—2020 年)》提出,建立城乡一

体化义务教育发展机制，在有些方面向农村倾斜。下列选项中不符合要求的是（　　）

A. 财政拨款向农村倾斜　　　B. 课程标准向农村倾斜

C. 教师配置向农村倾斜　　　D. 学校建设向农村倾斜

【答案】B

（十）减轻中小学生课业负担。各级政府要把减负作为教育工作的重要任务，统筹规划，整体推进。调整教材内容，科学设计课程难度。改革考试评价制度和学校考核办法。规范办学行为，建立学生课业负担监测和公告制度。不得以升学率对地区和学校进行排名，不得下达升学指标。规范各种社会补习机构和教辅市场。加强校外活动场所建设和管理，丰富学生课外及校外活动。

学校要把减负落实到教育教学各个环节，给学生留下了解社会、深入思考、动手实践、健身娱乐的时间。提高教师业务素质，改进教学方法，增强课堂教学效果，减少作业量和考试次数。培养学生学习兴趣和爱好。严格执行课程方案，不得增加课时和提高难度。各种等级考试和竞赛成绩不得作为义务教育阶段入学与升学的依据。

充分发挥家庭教育在儿童少年成长过程中的重要作用。家长要树立正确的教育观念，掌握科学的教育方法，尊重子女的健康情趣，培养子女的良好习惯，加强与学校的沟通配合，共同减轻学生课业负担。

### 第五章　高中阶段教育

（十一）加快普及高中阶段教育。高中阶段教育是学生个性形成、自主发展的关键时期，对提高国民素质和培养创新人才具有特殊意义。注重培养学生自主学习、自强自立和适应社会的能力，克服应试教育倾向。到 2020 年，普及高中阶段教育，满足初中毕业生接受高中阶段教育需求。

（十二）全面提高普通高中学生综合素质。深入推进课程改革，全面落实课程方案，保证学生全面完成国家规定的文理等各门课程的学习。创造条件开设丰富多彩的选修课，为学生提供更多选择，促进学生全面而有个性的发展。逐步消除大班额现象。积极开展研究性学习、社区服务和社会实践。建立科学的教育质量评价体系，全面实施高中学业水平考试和综合素质评价。建立学生发展指导制度，加强对学生的理想、心理、学业等多方面指导。

（十三）推动普通高中多样化发展。促进办学体制多样化，扩大优质资源。推进培养模式多样化，满足不同潜质学生的发展需要。

### 第六章　职业教育

（十四）大力发展职业教育。发展职业教育是推动经济发展、促进就业、改善民生、解决“三农”问题的重要途径，是缓解劳动力供求结构矛盾的关键环节，必须摆在更加突出的位置。

（十五）调动行业企业的积极性。建立健全政府主导、行业指导、企业参与的办学机制，制定促进校企合作办学法规，推进校企合作制度化。

（十六）加快发展面向农村的职业教育。把加强职业教育作为服务社会主义新农村建设的重要内容。加强基础教育、职业教育和成人教育统筹，促进农科教结合。

（十七）增强职业教育吸引力。完善职业教育支持政策。逐步实行中等职业教育免费制度，完善家庭经济困难学生资助政策。

### 第七章　高等教育

(十八)全面提高高等教育质量。提高质量是高等教育发展的核心任务,是建设高等教育强国的基本要求。

(十九)提高人才培养质量。

(二十)提升科学研究水平。

(二十一)增强社会服务能力。

(二十二)优化结构办出特色。适应国家和区域经济社会发展需要,建立动态调整机制,不断优化高等教育结构。

### 第八章　继续教育

(二十三)加快发展继续教育。继续教育是面向学校教育之后所有社会成员的教育活动,特别是成人教育活动,是终身学习体系的重要组成部分。

(二十四)建立健全继续教育体制机制。

(二十五)构建灵活开放的终身教育体系。搭建终身学习"立交桥"。

### 第九章　民族教育

(二十六)重视和支持民族教育事业。

(二十七)全面提高少数民族和民族地区教育发展水平。大力推进双语教学。加强教育对口支援。

### 第十章　特殊教育

(二十八)关心和支持特殊教育。

(二十九)完善特殊教育体系。到2020年,基本实现市(地)和30万人口以上、残疾儿童少年较多的县(市)都有一所特殊教育学校。

(三十)健全特殊教育保障机制。

## 第三部分　体制改革

### 第十一章　人才培养体制改革

(三十一)更新人才培养观念。深化教育体制改革,关键是更新教育观念,核心是改革人才培养体制,目的是提高人才培养水平。

(三十二)创新人才培养模式。适应国家和社会发展需要,遵循教育规律和人才成长规律,深化教育教学改革,创新教育教学方法,探索多种培养方式,形成各类人才辈出、拔尖创新人才不断涌现的局面。

注重学思结合。倡导启发式、探究式、讨论式、参与式教学,帮助学生学会学习。

注重知行统一。坚持教育教学与生产劳动、社会实践相结合。

注重因材施教。关注学生不同特点和个性差异,发展每一个学生的优势潜能。推进分层教学、走班制、学分制、导师制等教学管理制度改革。

(三十三)改革教育质量评价和人才评价制度。改进教育教学评价。根据培养目标和人才理念,建立科学、多样的评价标准。开展由政府、学校、家长及社会各方面参与的教育质量评价活动。做好学生成长记录,完善综合素质评价。探索促进学生发展的多种评价方式,激励学生乐观向上、自主自立、努力成才。

第二章

**真题对接**

【2016 年上半年真题】根据《国家中长期教育改革和发展规划纲要(2010—2020 年)》的规定,下列选项中不属于改革教育质量评价和人才评价制度的做法是(　　)

A. 探索多种评价方式　　B. 网上综合素质评价

C. 建立多样的评价标准　　D. 树立终结性评价理念

【答案】D

### 第十二章 考试招生制度改革

(三十四)推进考试招生制度改革。

(三十五)完善中等学校考试招生制度。完善初中就近免试入学的具体办法。完善学业水平考试和综合素质评价,为高中阶段学校招生录取提供更加科学的依据。

(三十六)完善高等学校考试招生制度。逐步实施高等学校分类入学考试。

(三十七)加强信息公开和社会监督。完善考试招生信息发布制度,实现信息公开透明,保障考生权益,加强政府和社会监督。

### 第十三章 建设现代学校制度

(三十八)推进政校分开、管办分离。

(三十九)落实和扩大学校办学自主权。

(四十)完善中国特色现代大学制度。完善治理结构,加强章程建设,扩大社会合作,推进专业评价。

(四十一)完善中小学学校管理制度。完善普通中小学和中等职业学校校长负责制。完善校长任职条件和任用办法。

### 第十四章 办学体制改革

(四十二)深化办学体制改革。坚持教育公益性原则,健全政府主导、社会参与、办学主体多元、办学形式多样、充满生机活力的办学体制,形成以政府办学为主体、全社会积极参与、公办教育和民办教育共同发展的格局。

(四十三)大力支持民办教育。

(四十四)依法管理民办教育。

### 第十五章 管理体制改革

(四十五)健全统筹有力、权责明确的教育管理体制。以转变政府职能和简政放权为重点,深化教育管理体制改革,提高公共教育服务水平。明确各级政府责任,规范学校办学行为,促进管办评分离,形成政事分开、权责明确、统筹协调、规范有序的教育管理体制。中央政府统一领导和管理国家教育事业,制定发展规划、方针政策和基本标准,优化学科专业、类型、层次结构和区域布局。整体部署教育改革试验,统筹区域协调发展。地方政府负责落实国家方针政策,开展教育改革试验,根据职责分工负责区域内教育改革、发展和稳定。

(四十六)加强省级政府教育统筹。

(四十七)转变政府教育管理职能。

### 第十六章　扩大教育开放

(四十八)加强国际交流与合作。适应国家经济社会对外开放的要求,培养大批具有国际视野、通晓国际规则、能够参与国际事务和国际竞争的国际化人才。

(四十九)引进优质教育资源。吸引更多世界一流的专家学者来华从事教学、科研和管理工作,有计划地引进海外高端人才和学术团队。引进境外优秀教材,提高高等学校聘任外籍教师的比例。吸引海外优秀留学人员回国服务。

(五十)提高交流合作水平。

## 第四部分 保障措施

### 第十七章　加强教师队伍建设

(五十一)建设高素质教师队伍。

(五十二)加强师德建设。

(五十三)提高教师业务水平。

以农村教师为重点,提高中小学教师队伍整体素质。创新农村教师补充机制,完善制度政策,吸引更多优秀人才从教。积极推进师范生免费教育,实施农村义务教育学校教师特设岗位计划,完善代偿机制,鼓励高校毕业生到艰苦边远地区当教师。完善教师培训制度,将教师培训经费列入政府预算,对教师实行每五年一周期的全员培训。加大民族地区双语教师培养培训力度。加强校长培训,重视辅导员和班主任培训。加强教师教育,构建以师范院校为主体、综合大学参与、开放灵活的教师教育体系。深化教师教育改革,创新培养模式,增强实习实践环节,强化师德修养和教学能力训练,提高教师培养质量。

以"双师型"教师为重点,加强职业院校教师队伍建设。加大职业院校教师培养培训力度。

以中青年教师和创新团队为重点,建设高素质的高校教师队伍。

(五十四)提高教师地位待遇。不断改善教师的工作、学习和生活条件,吸引优秀人才长期从教、终身从教。依法保证教师平均工资水平不低于或者高于国家公务员的平均工资水平,并逐步提高。

(五十五)健全教师管理制度。完善并严格实施教师准入制度,严把教师入口关。国家制定教师资格标准,提高教师任职学历标准和品行要求。建立教师资格证书定期登记制度。省级教育行政部门统一组织中小学教师资格考试和资格认定,县级教育行政部门按规定履行中小学教师的招聘录用、职务(职称)评聘、培养培训和考核等管理职能。

逐步实行城乡统一的中小学编制标准,对农村边远地区实行倾斜政策。制定幼儿园教师配备标准。建立统一的中小学教师职务(职称)系列,在中小学设置正高级教师职务(职称)。探索在职业学校设置正高级教师职务(职称)。制定高等学校编制标准。加强学校岗位管理,创新聘用方式,规范用人行为,完善激励机制,激发教师积极性和创造性。建立健全义务教育学校教师和校长流动机制。城镇中小学教师在评聘高级职务(职称)时,原则上要有一年以上在农村学校或薄弱学校任教经历。加强教师管理,完善教师退出机制。制定校长任职资格标准,促进校长专业化,提高校长管理水平。推行校长职级制。

创造有利条件,鼓励教师和校长在实践中大胆探索,创新教育思想、教育模式和教育方法,形成教学特色和办学风格,造就一批教育家,倡导教育家办学。大力表彰和宣传模范教师的先进事迹。国家对作出突出贡献的教师和教育工作者设立荣誉称号。

**真题对接**

**【2015 年下半年真题】**《国家中长期教育改革和发展规划纲要(2010—2020 年)》关于加强教师队伍建设,提出了一系列政策措施,其中不包括(　　)

A. 提高教师地位待遇　　B. 提高教师业务水平

C. 健全教师管理制度　　D. 大力推进依法治校

**【答案】**D

**【2014 年下半年真题】**根据《国家中长期教育改革和发展规划纲要(2010—2020 年)》的规定,提高中小学教师队伍整体素质(　　)

A. 以农村教师为重点　　B. 以城市教师为重点

C. 以边区教师为重点　　D. 以西部教师为重点

**【答案】**A

**【2013 年下半年真题】**《国家中长期教育改革和发展规划纲要(2010—2020 年)》提出,对中小学教师实行(　　)

A. 每两年一周期的全员培训　　B. 每三年一周期的全员培训

C. 每七年一周期的全员培训　　D. 每五年一周期的全员培训

**【答案】**D

**第十八章　保障经费投入**

(五十六)加大教育投入。教育投入是支撑国家长远发展的基础性、战略性投资,是教育事业的物质基础,是公共财政的重要职能。要健全以政府投入为主、多渠道筹集教育经费的体制,大幅度增加教育投入。

(五十七)完善投入机制。义务教育全面纳入财政保障范围,实行国务院和地方各级人民政府根据职责共同负担,省、自治区、直辖市人民政府负责统筹落实的投入体制。

非义务教育实行以政府投入为主、受教育者合理分担、其他多种渠道筹措经费的投入机制。

(五十八)加强经费管理。

**第十九章　加快教育信息化进程**

(五十九)加快教育信息基础设施建设。

(六十)加强优质教育资源开发与应用。

(六十一)构建国家教育管理信息系统。

**第二十章　推进依法治教**

(六十二)完善教育法律法规。

(六十三)全面推进依法行政。

(六十四)大力推进依法治校。

(六十五)完善督导制度和监督问责机制。

**第二十一章　重大项目和改革试点**

(六十六)组织实施重大项目。

(六十七)组织开展改革试点。推进素质教育改革试点。义务教育均衡发展改革试点。职业教育办学模式改革试点。终身教育体制机制建设试点。拔尖创新人才培养改革试点。考试招生制度改革试点。现代大学制度改革试点。深化办学体制改革试点。地方教育投入保障机制改革试点。省级政府教育统筹综合改革试点。

**第二十二章　加强组织领导**

(六十八)加强和改善对教育工作的领导。

(六十九)加强和改进教育系统党的建设。

(七十)切实维护教育系统和谐稳定。

## 第二节　教师的权利与义务

(本节共5个考点)



### 考向分析

本节是对《教师法》中教师的权利与义务进行阐述解读,主要讲述教师的权利及其保护、教师的义务。相关知识点考频分析如下表:

| 考点 | 考查频率 | 考查题型 | 重要程度 |
|---|---|---|---|
| 教师的权利 | 9 | 单项选择 | ★ |
| 教师的义务 | 2 | 单项选择 | ★ |

教师的职业权利和职业义务是本节考查的重点,同时,考生要对教师权利的保护有正确的认识。

本节知识在教师资格考试中主要以单项选择题的形式考查。

### 思维导图

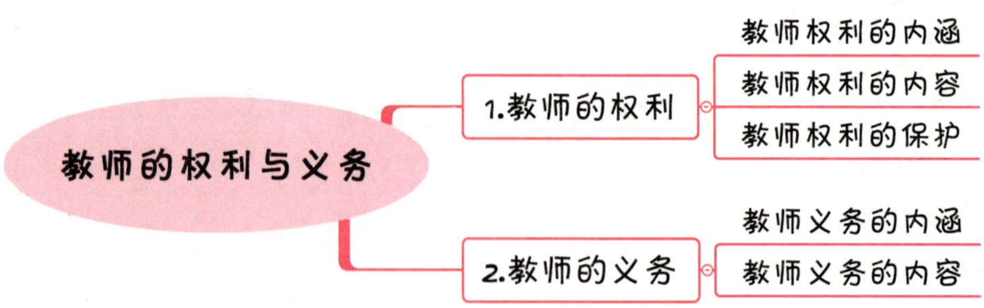

## 考点精讲

### 一、教师的权利

#### （一）教师权利的内涵

考点1

教师的权利是指教师在教育教学活动中依法享有的权益，是国家对教师能够做出或不做出一定行为，以及要求他人相应做出或不做出一定行为的许可与保障。法律上的教师权利包括教师实施某种行为的权利以及要求义务人履行义务的权利。

#### （二）教师权利的内容

考点2

教师在法律上的权利分为两部分，一是教师作为一般公民所享有的权利，二是教师作为教育者的权利。作为普通公民，教师享有《宪法》所规定的公民的基本权利，如公民的政治权利，宗教信仰和自由，社会经济权利，文化教育权利等。作为专业人员，教师在从事教育教学活动中有其特殊的权利。这是一种职业特定的法律权利。

**1. 教师的公民权利**

教师的公民权利是指教师作为公民依法享有相关法律赋予公民的基本权利。依照我国《宪法》的规定，教师的基本公民权利主要包括：政治权利、宗教信仰权、平等权、人身权、文化教育权、经济权以及监督权等。在这些基本权利中，人身权利和人格权利是公民基本权利的两个重要方面，也是教师基本公民权利的主要表现。

教师的人身权利是指包括教师的生命权、健康权和人身自由权在内的一项重要权利。首先，宪法保证教师的生命安全，任何非法行为不得侵犯教师的生命安全。其次，教师的身体健康权保障教师身体机能和外部器官的完整性不得受非法剥夺。再次，教师的人身权，保证教师身体不受非法限制以及安宁居住不受他人侵扰。

所谓教师的人格权利主要是指教师的人格尊严不受侵害，它包括名誉权、荣誉权、隐私权、肖像权和姓名权等一系列与人格尊严有关的权利。

**真题对接**

**【2014年上半年真题】**某地教育行政部门在暑假组织教师参加业务培训，该教育行政部门的做法（　　）

A. 正确，教师应终身学习　　B. 正确，教师应无私奉献

C. 错误，占用教师的休息时间　　D. 错误，教师已储备足够知识

**【答案】**C

**2. 教师的职业权利**

（1）教育教学权

**教育教学权**即进行教育教学活动，开展教育教学改革和实验的权利。这是教师的**最基本权利**。

**这一权利的基本含义包括：**

①作为教师，有权依据其所在学校的教学计划、教育工作量等具体要求，结合自身教学特点自主地组织

课堂教学;

②作为教师,有权依照教学大纲的要求确定其教学内容、进度,不断完善教学内容;

③作为教师,有权针对不同的教育教学对象,在教育教学的形式、方法、具体内容等方面进行改革和实验。

(2)科学研究权

**科学研究权**即从事科学研究、学术交流,参加专业的学术团体,在学术活动中发表意见的权利。这是教师作为专业技术人员所享有的一项基本权利。

**这一权利的基本含义包括:**

①作为教师,在完成规定的教育教学任务的前提下,有权进行科学研究、技术开发、撰写学术论文、著书立说;

②作为教师,有权参加有关的学术交流活动,参加依法成立的学术团体并在其中兼任工作;

③作为教师,有权在学术研究中发表自己的学术观点,开展学术争鸣。

教师在行使此项权利时,要注意处理好教学与科研的关系,使之相辅相成,更好地提高教育教学质量。

(3)管理学生权

**管理学生权**即指导学生的学习和发展,评定学生的品行和学业成绩的权利。这是与教师在教育教学过程中的主导地位相适应的一项基本权利。

**这一权利的基本含义包括:**

①作为教师,有权根据教育规律和学生的身心发展特点,因材施教,有针对性地指导学生的学习,并在学生的升学、就业等方面给予指导;

②有权对学生的思想品德、学习、文体活动、劳动等方面给予客观公正的评价;

③有权运用正确的指导思想和科学的方式方法,使学生的个性和能力得到充分发展。

教师在行使管理学生权时,要注意加强对学生的各方面管理,将关心爱护学生与严格要求学生相结合,促进学生德、智、体等方面全面发展。

(4)获取报酬待遇权

**获取报酬待遇权**即按时获取工资报酬,享受国家规定的福利待遇以及寒暑假期的带薪休假的权利。这是教师的基本物质保障权利。教师的**工资报酬**,一般包括基础工资、职务工资、课时报酬、奖金、教龄津贴、班主任津贴及其他各种津贴在内的工资性收入。

**这一权利的基本含义包括:**

①教师的报酬必须按时发放,不得拖欠教师的报酬,不得克扣或变相克扣教师的工资;

②作为教师,有权要求所在学校及其主管部门根据国家教育法律、教师聘任合同的规定按时足额地支付工资报酬;

③有权享受国家规定的福利待遇,包括教师的医疗、住房、退休等方面的各项待遇和优惠,以及寒暑假期的带薪休假。

另外,《义务教育法》中也对教师权利的获取报酬待遇权进行了具体补充,例如,各级人民政府保障义务教育教师工资福利和社会保险待遇,义务教育教师的平均工资水平不得低于当地公务员,义务教育阶段的特殊教育教师享有补助津贴。

(5)民主管理权

**民主管理权**即对学校教育教学、管理工作和教育行政部门的工作提出意见和建议,通过教职工代表大会或者其他形式，参与学校的民主管理的权利。

这是教师参与教育管理的民主权利，是宪法中所规定的“公民对任何国家机关和国家工作人员，有提出批评和建议的权利”的具体体现，有利于调动教师参政议政的自觉性和积极性，发挥教师的主人翁作用，加强对学校和教育行政部门工作的监督。

作为教师，有权通过教职工代表大会、工会等组织形式以及其他适当方式，参与学校民主管理，讨论学校改革、发展等方面的重大事项，保障自身的民主权利和切身利益，推进学校的民主建设。

教师在行使民主管理权时，应注意遵循民主集中制的原则，并充分发挥自己对学校、教育行政部门工作的监督作用。

**真题对接**

【2013年下半年真题】李老师就校务公开问题向学校提建议，李老师的做法是（ ）

A. 行使教师权利 B. 履行教师义务

C. 影响学校秩序 D. 给学校出难题

【答案】A

（6）进修培训权

教师享有参加进修或者其他方式的培训的权利，简称**进修培训权**。这是教师享有的接受继续教育的权利。

**这一权利的基本含义包括：**

①教师有权参加进修或接受其他形式的培训，不断更新知识，调整知识结构，逐渐完善终身学习体制，从而保障教育教学质量；

②教育行政部门和学校其他教育机构应当采取多种形式，开辟多种渠道，保证教师进修培训权的行使，如运用现代远程教育网络，为教师提供继续教育、终身学习的机会。

教师行使这一权利，必须保证完成本职工作，有组织、有安排地进行，不得影响学校正常的教育教学工作。

**真题对接**

【2016年上半年真题】某教师积极参加学校工会活动，并对学校的改革发展建言献策。该教师行使的权利是（ ）

A. 教育教学权 B. 控告检举权

C. 民主管理权 D. 培训进修权

【答案】C。**解析：**民主管理权是指教师对学校教育教学、管理工作和教育行政部门的工作提出意见和建议，通过教职工代表大会或者其他形式，参与学校的民主管理。

【2015年上半年真题】某教师对学校管理提出改进意见，被校长打击报复。校长所侵犯的教师权利是（ ）

A. 学术研究权 B. 教育教学权

C. 指导评价权 D. 民主管理权

【答案】D。**解析：**教师的民主管理权包括对学校教育教学、管理工作和教育行政部门的工作提出意见和建议,通过教职工代表大会或者其他形式,参与学校的民主管理。

【2014 年上半年真题】根据《中华人民共和国教师法》的规定,教师最基本的权利是(　　)

A. 管理学生权　　B. 教育教学权

C. 学术自由权　　D. 民主管理权

【答案】B。解析:教育教学权是教师为履行教育教学职责而必须具备的最基本的权利。

## (三)教师权利的保护

考点 3

教师在自身权利受到不法侵害时,有权通过合法途径,保护自身的合法权益。教师可以通过行政申诉、行政复议、行政诉讼等方式,也可以通过民事诉讼,保护自身的合法权益。

**1. 行政申诉**

教师行政申诉,是指教师在其合法权益受到侵犯时,依照法律法规的规定,向主管的行政机关申诉理由,请求处理。在这里教师的被诉对象只能是隶属于当地人民政府的教育行政机关,而不能是其他。教师申诉的范围包括:

(1)教师认为学校或其他教育机构侵犯其《教师法》规定的合法权益的,可以提起申诉。这里的合法权益,包括《教师法》规定的教师在职务聘任、教学科研、工作条件、民主管理、培训进修、考核奖惩、工资福利待遇、退休等方面的各项权益。只要教师认为自己的上述权益受到侵犯,都可以提起申诉。

(2)教师对学校或其他教育机构做出的处理决定不服的,可以提出申诉。

(3)教师认为当地人民政府的有关行政部门侵犯其根据《教师法》规定享有的合法权益的,可以提出申诉。

**2. 行政复议**

教育行政复议,是指教育行政相对人(如学校、教师)认为教育行政机关做出的具体行政行为侵犯其合法权益,向做出该行为的机关的上一级教育行政机关或该机关所属的本级人民政府提出申请,受理申请的行政机关对发生争议的具体行政行为进行复查并做出决定的活动。教育行政复议的范围主要包括:

(1)对教育行政处罚不服的;

(2)对教育行政强制措施不服的;

(3)对教育行政机关做出的有关许可证、执照、资质证、资格证等证书变更、中止、撤销的决定不服的;

(4)对教育行政机关因不作为违法的;

(5)行政相对人认为教育行政机关违法集资、征收财务、摊派费用或者违法要求履行其他义务的;

(6)认为教育行政机关侵犯其合法的经营自主权的;

(7)认为教育行政机关的其他具体行政行为侵犯其合法权益的。

**3. 行政诉讼**

教育行政诉讼,是指教育行政管理相对人认为教育行政机关的具体行政行为侵犯其合法权益,依法向人民法院起诉,请求给予法律救济,并由人民法院对行政行为进行审查和裁判的诉讼救济活动。教育行政案件的涉案范围主要集中在:

(1)对教育行政处罚不服的;

(2)认为符合法定条件申请教育行政机关颁发许可证或执照,而教育行政机关拒绝颁发或不予答复的;

(3)申请教育行政机关履行保护人身权、财产权的法定职责,而教育行政机关拒绝履行或者不予答复的；

（4）认为教育行政机关违法要求其履行义务的；

（5）认为教育行政机关侵犯其人身权、财产权的。

真题对接

【2018年上半年真题】中学教师黄某认为当地教育行政部门侵犯其权利而提出申诉。依据《中华人民共和国教师法》的规定，受理其申诉的机关是（　　）

A. 同级教育行政部门　　B. 同级人民政府

C. 上级人民政府　　D. 同级纪律检查部门

【答案】B

【2015年上半年真题】被学校行政处分后，张老师认为学校对自己很不公平，根据《中华人民共和国教师法》的规定，张老师可以（　　）

A. 向当地党委提出申诉　　B. 向当地纪检部门提出申诉

C. 向当地法院提出诉讼　　D. 向当地教育行政部门提出申诉

【答案】D

【2013年下半年真题】某县中学教师李某对学校给予他的处分不服，李某可以提出申诉的机构是（　　）

A. 学校教工代表大会　　B. 当地县级人民政府

C. 当地县教育行政部门　　D. 所在省教育行政主管部门

【答案】C

## 二、教师的义务

### （一）教师义务的内涵　考点4

教师的义务，是指教师按照《教育法》《教师法》及其他有关法律、法规，从事教育教学工作而必须履行的责任，表现为教师在教育教学活动中必须做出一定行为或不得做出一定行为。

从表现形式上看，教师的义务表现为这三种形式：教师贯彻教育方针，完成教育教学工作的义务就是一种积极性义务；教师不得体罚学生的义务是教育法律规定的一项禁止性义务；当教师不顾教育法律的规定，对学生实施体罚且经教育不改的，有关机关将对其进行相应的处罚并强制其履行相应的义务。

### （二）教师义务的内容　考点5

如同教师的权利一样，教师的义务也分为两部分：一是教师作为公民应承担的义务，二是教师作为教育者应承担的义务。这两部分义务既有联系又有区别。一方面，教师作为公民应承担的一部分义务体现在教师的特定义务之中；另一方面，教师特定义务中的一部分又是公民义务的具体化和职业化，还有一部分内容是相互独立的。

**1. 教师的公民义务**

依照我国《宪法》的规定，教师作为普通公民，应当履行如下义务。

（1）教师具有维护国家统一和全国各民族团结的义务。我国《宪法》第五十二条规定："中华人民共和国公民有维护国家统一和全国各民族团结的义务。"

(2)教师具有遵守宪法和法律以及保守国家机密的义务。我国《宪法》第五十三条规定:“中华人民共和国公民必须遵守宪法和法律,保守国家机密,爱护公共财产,遵守劳动纪律,遵守公共秩序,尊重社会公德。”

(3)教师具有维护国家安全、荣誉和利益的义务。我国《宪法》第五十四条规定:“中华人民共和国公民有维护祖国的安全、荣誉和利益的义务,不得有危害祖国的安全、荣誉和利益的行为。”

(4)教师具有保卫祖国和依法服兵役的义务。我国《宪法》第五十五条规定:“保卫祖国、抵抗侵略是每一个中华人民共和国公民的神圣职责。依照法律服兵役和参加民兵组织是中华人民共和国公民的光荣义务。”

(5)教师具有依法纳税的义务。《宪法》第五十六条规定:“中华人民共和国公民有依照法律纳税的义务。”

**2. 教师的职业义务**

结合教师的职业特点,根据《教育法》和《教师法》的有关规定,我国教师应承担的义务主要有以下六项。

(1)遵纪守法义务

《教师法》第八条第一款规定,教师应当“遵守宪法、法律和职业道德,为人师表”,简称遵纪守法义务。

①宪法和法律是国家、社会组织和公民活动的基本行为准则。任何组织和公民都必须遵守。教师要教书育人,就应模范地遵守宪法和法律。

②教师职业是一种专门化的职业,有着自身的职业道德准则,教师应当自觉遵守职业道德,做到爱岗敬业,热爱学生,诲人不倦,博学多才,关心集体,团结奋进。我国 2008 年修订的《中小学教师职业道德规范》,明确规定了中小学教师应当遵守的职业道德准则,中小学教师应严格遵守。

③教师是人类灵魂的工程师,担负着培养下一代的任务,他们在传授科学文化知识的同时,对学生的思想品德、个性形成有着重要影响,所以教师要注意言传身教,做到为人师表。

(2)教育教学义务

教育教学工作是教师的本职工作,也是教师的基本义务。《教师法》第八条第二款规定,教师应当“贯彻国家的教育方针,遵守规章制度,执行学校的教学计划,履行教师聘约,完成教育教学工作任务”。

①教师在教育教学工作中,必须坚持教育教学为社会主义现代化建设服务,必须与生产劳动相结合,培养德、智、体等方面全面发展的社会主义事业的建设者和接班人。必须坚持教育教学的社会主义方向,对学生进行社会主义教育,不能有违背社会主义方向和党的政策的任何言论和教育内容。

②教师除遵守法律、法规外,还必须遵守学校的规章制度,按照教学计划和教学大纲的要求进行教育教学活动,不得任意改变教学计划,不得无故缺勤、旷工,保证学校教育教学工作的有序进行。

③教师应按照聘任合同的约定,履行本人的教育教学职责,完成聘任合同约定的工作任务。

(3)全面教育义务

《教师法》第八条第三款规定,教师有“对学生进行宪法所确定的基本原则的教育和爱国主义、民族团结的教育,法制教育以及思想品德、文化、科学技术教育,组织、带领学生开展有益的社会活动”的义务。

①教师应当对学生进行四项基本原则的教育和爱国主义、民族团结的教育,坚定学生的共产主义信念,培养学生爱祖国、爱人民的思想。

②教师应当对学生进行法制教育及思想品德、文化、科学技术的教育,增强学生的法制观念,引导学生树立科学的世界观、人生观、价值观,并使学生掌握现代文化科学技术知识,把学生培养成为有理想、有道

德、有文化、有纪律的合格公民。

③教师应当根据学生能力培养和健康成长的需要，组织学生开展有益的社会活动，使学生在活动中长知识、长才干，培养学生的社会责任感。

(4)爱护尊重学生义务

《教师法》第八条第四款规定，教师有“关心、爱护全体学生，尊重学生人格，促进学生在品德、智力、体质等方面全面发展”的义务。

①教师应当关心、爱护学生。关心、爱护学生是教师的天职，也是教师做好教育工作的前提条件。教师关心、爱护学生，不能只是关心、爱护一部分学生，而是应当关心、爱护全体学生，对缺点较多的后进生，教师应当给予更多的关心、爱护。教师关心、爱护学生，有利于学生的健康成长。

②教师应当尊重学生人格。人格尊严是宪法赋予公民的一项基本权利。尽管在教育教学活动中教师处于主导地位，学生处于受教育者的地位，但二者在人格上是平等的。

(5)保护学生义务

《教师法》第八条第五款规定，教师有“制止有害于学生的行为或者其他侵犯学生合法权益的行为，批评和抵制有害于学生健康成长的现象”的义务。

①教师在教育教学活动中有义务制止有害于学生的行为或其他侵犯学生合法权益的行为。保护学生的合法权益和身心健康发展是全社会的共同责任，教师更是责无旁贷。对于来自各方面的不利于学生健康成长的行为或者侵犯学生合法权益的行为，如社会上的无业青年恐吓学生、索要学生财物等，教师有义务加以劝说、制止，必要时向有关机关举报。

②教师有义务对社会上出现的有害于学生健康成长的不良现象进行批评和抵制。在社会生活中存在种种有害于学生健康成长的现象，如腐败现象、唯利是图现象、文娱场所对色情和暴力的渲染以及文化传媒对学生的不当引导等，对此，教师有义务通过各种方式加以批评和抵制，以维护学生的健康成长。

(6)提高思想业务水平义务

《教师法》第八条第六款规定，教师有“不断提高思想觉悟和教育教学业务水平”的义务。这项义务可简称“提高业务水平”。

教育教学工作是一项培养人才且专业性很强的工作，这就要求教师应具有较高的思想道德和业务水平。特别是在当今社会，科学技术发展迅速，知识更新速度不断加快，而且社会生活日趋复杂化，各种道德、价值观念鱼龙混杂。为了适应新形势下教育教学工作的需要，教师应不断学习，更新知识，加强思想道德修养。只有这样，才能真正担负起提高民族素质的历史使命。

**真题对接**

**【2013 年下半年真题】**课间，小莉正在同学面前大声朗读小娟的日记，被走进教室的小娟发现，小娟找到班主任诉说此事。班主任最恰当的做法是(　　)

A. 制止小莉这种行为　　B. 批评小娟总是告状

C. 劝说小莉不要声张　　D. 劝说小娟宽容小莉

**【答案】**A。**解析：**班主任最恰当的做法是制止小莉这种行为。制止有害于学生的行为或者其他侵犯学生合法权益的行为，批评和抵制有害于学生健康成长的现象是教师的义务。

# 第三节　学生的权利及其保护

(本节共5个考点)

## 考向分析

本节主要讲述学生的权利和学生权利的保护。本节内容主要是学生权利相关法条的总结与延伸。相关知识点考频分析如下表：

| 考点 | 考查频率 | 考查题型 | 重要程度 |
| --- | --- | --- | --- |
| 侵犯学生权利的主要表现 | 12 | 单项选择 | ★★★ |

在历年考试中,本节内容考查较少,学生作为受教育者的权利和侵犯学生权利的表现是考查重点,学生应知悉其应享有的权利及如何运用法律手段保护自己的权利。

本节知识在教师资格考试中主要以单项选择题的形式考查。



## 思维导图

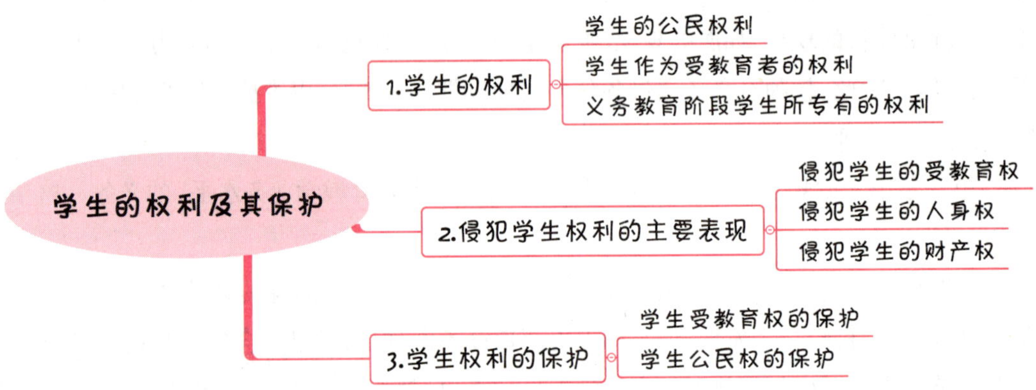


## 考点精讲

### 一、学生的权利

学生的权利是法定的,可以分为两部分:一是国家宪法和法律授予所有公民的权利;二是教育法律、法规授予尚处于学生阶段的受教育者的权利。

#### (一)学生的公民权利

考点1

**1. 人身权**

人身权是公民权利中最基本、最重要、内涵最为丰富的一项权利。人身权包括生命健康权、隐私权、人身自由权和人格尊严权。

(1)**生命健康权**。生命健康权是人身权的最基本权利,主要包括学生的生命健康、人身安全、人身自由等方面的内容。生命健康权包括生命权和健康权。学生的生命健康权受到法律的保护。

(2)**人格尊严权**。人格尊严权指公民享有作为人的最起码的社会地位和受到他人与社会最起码尊重的权利。学生作为公民,人格尊严同样不容侵犯。学校、教师应当尊重学生尊严,不得对学生实施体罚、变相体罚或其他侮辱人格尊严的行为。

(3)**肖像权**。肖像权是学生所享有的同意或不同意利用自己肖像的权利。

(4)**荣誉权**。荣誉权指学生对自己在社会生活中所获得的社会评价依法享有的不可侵犯的权利。

(5)**隐私权**。隐私权一般是指自然人享有的对自己的个人秘密和个人私生活进行支配并排除他人干涉的权利。隐私权与生俱来,是一种典型的私权,学生同样依法享有维护自身合法隐私的权利,不能因为缺乏某种权利意识,成人就有剥夺他此项权利的理由。

(6)**安全权**。安全权是人权引申的权利,即公民享有人身、财产、精神不受侵犯、威胁的权利。安全权具体包括学生生命安全权、健康安全权、财产安全权等。

**2. 财产权**

财产权是指具有物质财富内容,直接和经济利益相联系的民事权利。一般而言,学生财产权包括财产所有权、继承权、受赠权以及知识产权中的财产权利等。

财产所有权,是指所有人依法对其财产享有占有、使用、收益、处分的权利。学生年龄虽小,但任何人不得随意剥夺、侵犯其权利。

继承权,是指依法享有的、能够无偿取得死亡公民遗留的个人合法财产的权利。

受赠权,是指接受别人赠予的财物的权利。

知识产权中的财产权是指智力成果被法律承认以后,权利人可利用这些智力成果取得报酬或者得到奖励的权利,这种权利也称之为经济权利。

### (二)学生作为受教育者的权利　考点2

**1. 参加教育教学权**

学生享有"参加教育教学计划安排的各种活动,使用教学设施、设备、图书资料"的权利,简称"**参加教育教学权**",这是学生的基本权利。这项权利主要包括以下两方面:

(1)参加教育教学活动权。在教学过程中,学生有权参加教育教学计划安排的各种课堂教学、讲座、课堂讨论、观摩、实验、见习、实习、测验和考试等活动。任何组织和个人都不得以任何借口非法剥夺学生参加教育教学活动的权利。这体现了教学民主精神,是广大学生接受教育和获取知识的保障。

(2)使用教育教学设施权。学生有平等使用教育教学设施、设备和图书资料的权利。为保障学生完成学习任务,学校及其他教育机构应当依法按规定提供符合卫生安全标准的教育教学设施、设备、图书资料及其他教育教学用品。

**2. 获得经济资助权**

学生享有"按照国家有关规定获得奖学金、贷学金、助学金"的权利,简称"**获得经济资助权**"。

对于义务教育阶段的学生,国家已经明确不收学费、杂费,并且由国家财政保障义务教育经费。新《义务教育法》第四十四条还规定:"各级人民政府对家庭经济困难的适龄儿童、少年免费提供教科书并补助寄宿生生活费。"义务教育阶段的适龄儿童、少年有获得国家经济帮助的权利。

## 知识视野

**奖学金、贷学金与助学金**

**奖学金**,是指为奖励品学兼优的学生和报考国家重点保证的、特殊的、条件艰苦专业的学生而设立的经济资助制度。

**贷学金**,是指为向家庭经济困难的学生提供帮助而设立的经济资助制度。

**助学金**,即勤工助学金,是指为使学生特别是家庭经济困难的学生通过参加劳动获得报酬,资助其完成学业的经济制度。

针对贫困家庭的孩子上不起学的情况,教育部、财政部、人民银行、银监会联合下发了《关于进一步完善国家助学贷款工作的若干意见》,对助学贷款政策做出重大调整,以保障贫困家庭学生的法定受教育权利的有效实现,从而维护教育公平。凡符合规定条件的学生都可以通过学校申请贷学金,这是受教育者享受法律保护的平等权利。对贷学金的款额、对象,国家都有明文规定。

**3. 获得学业证书权**

学生享有"在学业成绩和品行上获得公正评价,完成规定的学业后获得相应的学业证书、学位证书"的权利,简称"**获得学业证书权**"。主要体现在两个方面:

(1)获得公正评价。按照学生学籍管理的规定,学生的学籍档案里有学习成绩登记表,学校要如实地记录学生各科学习成绩和品行状况。学业成绩的评价是教育机构对学生在受教育的某一时期内学习情况和知识结构、知识水平的概括,具体包括课程考试成绩记录、平时学习情况和总评等。品行评价包括对学生的政治觉悟、道德品质、劳动态度等方面的评价。在学业成绩和品行上获得公正评价是指学生有权在德、智、体、美等方面获得按照国家统一标准的一视同仁的客观评价。教师对学生的评价不应受到学生家长的权势、地位、金钱等影响,也不能受到其他与教育教学无关因素的影响。

(2)获得学业证书。一个学生完成规定的学业后就应该获得相应的学业证书或学位证书,这是学生的一项重大权利。根据国家相关教育法律法规的授权,学校可以制定校规、校纪对在校学生进行教学管理和违纪处分,但是这一切都必须符合国家宪法和法律的规定,必须保护学生的合法权益。从本质上来看,学业证书和学位证书是对学生受教育时期内的学业成绩、学术水平和品行的最终评定,学生除思想品德等方面合格外,完成或提前完成教育教学计划规定的全部课程,考试、考核及格或修满学分,在该教育阶段结束时均有权获得相应学业证书、学位证书。

**4. 申诉起诉权**

学生享有"对学校给予的处分不服,向有关部门提出申诉,对学校、教师侵犯其人身权、财产权等合法权益,提出申诉或者依法提起诉讼"的权利,简称"**申诉起诉权**"。

当学生的合法权益受到学校、教师的侵犯时,或者对学校给予的处分不服,学生有权提出申诉,任何人不得无理阻挠。有关部门应积极受理,并按规定及时予以答复。依据"无救济就无管理"的现代法治思想,各级学校及教育行政部门要建立健全学生申诉制度,确保学生享有申诉权和起诉权。

**5. 法定其他权**

学生除了享有以上四项权利外,还享有法律、法规规定的其他权利,简称"**法定其他权**"。法律、法规规定的其他权利主要包括三种情况:

(1)教育法之外的法定权,即在其他法律、法规中已经规定,而教育法律、法规中没有重复规定的权利。

(2)新颁布的法定权,即新颁布的法律、法规中对学生权利的新规定,包括新赋予的权利以及对原有权利的修订、撤销等。

(3)变化的法定权，即教育法律、法规中已有规定，但是随着客观形势的发展变化，经法定解释，该项权利具有了新的含义。

### (三)义务教育阶段学生所专有的权利

考点3

根据《中华人民共和国义务教育法》的规定，小学和初级中学的学生还享有以下权利：

(1)免试入学权。凡年满六周岁的儿童，其父母或者其他法定监护人应当送其入学接受并完成义务教育。适龄儿童、少年免试入学。免试入学权的规定表明，监护人送子女入学只有一个年龄条件，别无其他条件。同时，为保障适龄儿童免试入学权的真正享有，根据《中华人民共和国义务教育法》的规定，不送子女入学的原因只能有一个，即身体状况，只有适龄子女因疾病或伤残，其监护人提出延缓入学或休学的申请，才能得到乡政府或县教育主管部门的批准。

(2)就近入学权。地方各级人民政府应当保障适龄儿童、少年在户籍所在地学校就近入学。

(3)不交学费权。实施义务教育，不收学费、杂费。这既是义务教育公益性的要求，也是义务教育义务性的要求。

**真 题 对 接**

**【2016年上半年真题】**某初中为提高生源质量，自行组织入学考试，实行跨学区招生。该学校的做法(　　)

A. 合理，学校有招收学生的权利　　B. 合理，学校有自主办学的权利

C. 不合法，违反了尊重学生人格的规定　　D. 不合法，违反了免试、就近入学的规定

**【答案】**D

## 二、侵犯学生权利的主要表现

考点4

### (一)侵犯学生的受教育权

受教育权是学生最基本的权利。常见的侵权行为主要表现为：

(1)侵犯学生教育机会平等的权利。教育机会平等主要是指学生享有平等的受教育机会，学生的这项权利主要包括享有和使用学校的教育教学资源、图书资料、实验设备等，教师不能以任何理由歧视和区别对待学生。

(2)侵犯学生的入学权。我国《义务教育法》规定了义务教育对象的入学条件，即凡达到入学年龄，不分性别、民族、种族，只要有接受教育的能力，都必须入学接受规定年限的义务教育。此外，实施义务教育的学校必须依法接受应该在本校就读的适龄儿童入学。

(3)侵犯学生参加教育教学活动的权利。我国《教育法》规定，受教育者享有“参加教育教学计划安排的各种活动”的权利。这是学生在学校中享有的最基本的权利。在教育教学中，学生有权参加教学计划安排的授课、讲座、课堂讨论、观摩、实验、实习和考试等活动。

(4)随意开除学生。根据《中华人民共和国未成年人保护法》第十八条规定，学校应当尊重未成年学生受教育的权利，关心、爱护学生，对品行有缺点、学习有困难的学生，应当耐心教育、帮助，不得歧视，不得违反法律和国家规定开除未成年学生。一些随意开除学生或者勒令未成年学生退学的行为，就侵犯了学生的受教育权。

真题对接

【2017 年上半年真题】某初中教师李某上课前发现部分学生未完成家庭作业，要求这部分学生完成作业后再进教室听课。李某的做法(　　)

A. 合法，教师有管理学生的权利　　B. 合法，教师有教育学生的职责

C. 不合法，侵犯了学生的受教育权　　D. 不合法，侵犯了学生的人身权

【答案】C

【2015 年下半年真题】年满 14 岁的初中学生张某学习成绩不好，不想上学，父母让其辍学到城里务工，一家汽修厂安排张某当学徒。下列说法正确的是(　　)

A. 张某父母的做法合法，父母有责任帮助孩子成长

B. 张某父母的做法不合法，侵犯了张某的受教育权

C. 汽修厂的用工合法，张某已经年满 14 岁

D. 汽修厂的用工不合法，违反了《中华人民共和国教育法》

【答案】B

【2016 年上半年真题】张老师责令考试成绩不及格的小强停课半天写检查，张老师的做法(　　)

A. 合法，有助于警示其他学生　　B. 合法，教师有管理学生的权利

C. 不合法，侵犯了小强的人身权　　D. 不合法，侵犯了小强的受教育权

【答案】D。解析：题干所述是教师侵犯学生受教育权的具体表现。

第二章

### (二)侵犯学生的人身权

人身权是公民享有的最基本、最重要、内涵最丰富的权利。学生的人身权可分为生命权、身体权、健康权、姓名和肖像权、名誉和荣誉权、人格尊严权、人身自由权、隐私权等。

(1)侵犯学生的生命权、身体权和健康权。学生作为公民享有我国《民法总则》赋予的这几项权利。在学校教育中，这类侵害主要是由体罚或变相体罚，教育教学设施不安全以及学校、教师不作为侵权等造成的。

(2)侵犯学生的姓名权、肖像权、名誉权、荣誉权。除一些特殊情况外，学生有权禁止他人未经允许制作和使用自己的肖像，有权禁止他人对自己的肖像进行毁损、玷污、丑化或歪曲。学生的名誉不得受到歪曲或损害。荣誉是一个人受到外部给予的光荣称誉，每个学生在学校应有平等的机会获得。

(3)侵犯学生的人格尊严权。学校和教师必须尊重学生的人格尊严，严禁对学生实施体罚、变相体罚或其他侮辱人格尊严的行为。

(4)侵犯学生的人身自由权。人身自由是公民的一项基本权利，包括身体行动自由和表达的自由。侵害学生人身自由的表现形式：非法拘禁和限制学生、非法搜查学生、非法限制学生表达自由的权利等。

(5)侵犯学生的隐私权。隐私包括个人私生活、个人日记、照片、储蓄及财产状况和通讯秘密等。隐私权是指公民生活中不愿为他人公开或知悉的个人秘密不可侵犯的人身权利。学校和教师侵犯学生隐私的表现形式有：故意隐匿、毁弃或者非法开拆学生信件，披露、宣扬学生自身及家庭成员资料，提供学生成绩的方式不适当等。

(6)性侵害。教师性侵害是指教师用欺哄、武力、讨好、教唆或者物质诱惑及其他方式把未成年学生引向性接触，以满足其需求的行为。这是教师利用学生对自己的崇拜和信任来实施的犯罪行为，也属于教师利用职务之便实施违法行为的范畴。近年来，少数教师对学生实施性侵犯的现象日趋严重，被侵害的对象

绝大部分是14周岁以下的中小学生。其中最主要的性犯罪案件是强奸案和猥亵儿童案。

（7）侵犯休息权。休息权是学生的基本权利。教师应保护学生的休息权。保护学生的休息权有利于学生的身体健康，有利于提高学生的学习效率。但实际上，教师侵害学生休息权的现象比较普遍，主要表现为：一些老师不能按时下课，经常拖堂；一些学校不能按时放学，占用课余时间给学生集体补课或训练；还有一些学校占用学生午饭后的休息时间，组织诸如比赛、大扫除等活动；还有少数学校占用学生周末时间组织大型活动等。

## 真题对接

【2018年下半年真题】为防止学生受到网络伤害，班主任李老师要求班上所有学生将手机上交接受检查，以便及时了解情况。李老师的这种做法（　　）

A. 合法，班主任对学生有管教权　　B. 合法，班主任对学生有监护权

C. 不合法，侵犯了学生的隐私权　　D. 不合法，侵犯了学生的财产权

【答案】C。解析：隐私权是指公民生活中不愿为他人公开或知悉的个人秘密不可侵犯的人身权利。隐私包括个人私生活、个人日记、照片、储蓄及财产状况和通讯秘密等。题干中老师检查学生的手机，了解情况，侵犯了学生的隐私权。

【2016年下半年真题】某中学在资助贫困生的公示中，将拟资助学生的家庭住址、父母姓名、电话号码、身份证号等信息予以公布。该校的做法（　　）

A. 符合校务公开的办事原则　　B. 体现了学校自主管理权利

C. 侵犯了学生的个人隐私权　　D. 违背公平待生的教育理念

【答案】C。解析：隐私权是指公民生活中不愿为他人公开或知悉的个人秘密的不可侵犯的人身权利。题干中该中学披露学生自身及家庭成员的资料，侵犯了学生的隐私权。

【2015年下半年真题】下图中关于教师的做法，下列说法正确的是（　　）

A. 有利于行使教师的权利　　B. 有利于学生的进步成长

C. 侵犯了学生的人格尊严权　　D. 侵犯了学生的受教育权

【答案】C。解析：学校和教师必须尊重学生的人格尊严，严禁对学生实施体罚、变相体罚或其他侮辱人格尊严的行为。图中教师的做法侵犯了学生的人格尊严权。

【2014年下半年真题】初二班主任李某将全班学生的期末考试成绩排名张贴在教室里，其做法（　　）

A. 正确，利于激励成绩好的学生　　B. 正确，利于鞭策成绩差的学生

C. 不正确，侵犯了学生的学习权　　D. 不正确，侵犯了学生的隐私权

【答案】D。解析:题干的描述属于教师侵犯学生隐私权的行为。

【2014 年上半年真题】放学后,教师李某让小强留校写作业,李某因临时有事,将小强反锁在办公室直到深夜。李某的行为(　　)

A. 合法,教师有批评教育学生的权利　　B. 不合法,李某侵犯了小强的人格权

C. 合法,教师有监督学生完成作业的义务　　D. 不合法,李某侵犯了小强的人身自由权

【答案】D。解析:人身自由是公民的一项基本权利,包括身体行动自由和表达的自由。侵害学生人身自由的表现形式有:非法拘禁和限制学生、非法搜查学生、非法限制学生表达自由的权利等。非法将学生拘禁在办公室侵犯了学生的人身自由权。

### (三)侵犯学生的财产权

个人的财产所有权是指公民对个人所有的财产依法进行占有、使用、收益和处分的权利。学生的合法财产受到法律保护,教师不得侵占、破坏或非法扣押、没收等。学生对教师侵犯其财产权的行为可依法申诉或提起诉讼。教师侵犯学生财产权的表现形式有:损坏学生财物、非法没收学生物品、乱罚款、乱摊派、推销商品等。

著作权也属于财产权的一种。著作权人对其作品享有发表权,任何人不得未经许可发表其作品。中小学生的作文也是作品,也受《中华人民共和国著作权法》的保护。



**知识视野**

**未成年人的财产范围**

(1)通过法定义务人应尽的抚养义务而获得的财产,这部分专供其个人使用的物质生活资料和费用构成未成年人最基本的合法财产。

(2)通过劳动、营业所获得的收入。我国法律以 16 岁为劳动就业、参军的最低年龄,民法将凭劳动收入自食其力的 16 周岁以上的未成年人视为完全行为能力人。未成年人通过合法劳动获得的经济收入受法律保护。此外,部分未成年人因具有某种特殊技能或专长而被特定行业、部门招收录用,所获收入理应属于自己。

(3)参加各种竞赛、评选活动,以及因悬赏广告、抽奖、有奖销售等完成规定行为所获得的奖金和奖品。

(4)未成年人在掌握一定知识、技能后,从事文学、艺术创作或者小发明创造而对其智力劳动成果拥有知识产权,对相关收益享有财产权。

(5)接受赠与或遗赠的财产在法律上是未成年人的个人财产。

(6)继承的财产根据继承法规定,未成年人是父母的第一顺序的法定继承人,还可以代位继承其祖父母或者外祖父母的遗产,并且可以成为遗嘱继承人,即使尚未出生的胎儿,法律亦明确遗产分割时须为其保留必要份额。

(7)按照国家法律、政策规定给予未成年人的财物。

(8)行使人身损害的赔偿请求权所获的赔偿金,以及行使保险关系中的利益求偿权得到的保险金。

(9)以未成年人的个人财产从事经营、投资活动所获的各项收益。

**真题对接**

【2017 年下半年真题】中学生邹某上课时玩手机游戏,班主任王老师发现后,当场删除了邹某的游戏账号和他购买的游戏装备,并告诫邹某不要在上课时玩游戏。课后,王老师将手机返还给了邹某。

王老师的做法( )

A. 合法,教师有权批评和管教学生　　B. 不合法,侵犯了邹某的财产权

C. 合法,教师无权没收学生的手机　　D. 不合法,侵犯了邹某的隐私权

**【答案】**B。**解析:**题干中王老师有权批评和管教学生,但不能删除邹某的游戏账号和所购装备,这侵犯了邹某的财产权,因此王老师的做法不合法。

**【2016 年下半年真题】**中学生王某上课玩手机,被班主任李某当场没收。王某课后向李某承认错误并要求归还其手机,被李某以王某违反校规为由拒绝。李某的做法( )

A. 正确,学校规章应该人人遵守　　B. 正确,教师有惩戒学生的权利

C. 不正确,侵犯了学生的财产权　　D. 不正确,应上交学校销毁

**【答案】**C。**解析:**学生的合法财产受法律保护,教师不得侵占、破坏或非法扣押、没收等。题干中手机属于学生王某的合法财产,李某拒绝归还手机的做法侵犯了学生的财产权。

**【2014 年上半年真题】**某中学对违反校规的学生进行罚款,该校的做法( )

A. 合理,学校有管理学生的权利　　B. 合法,塑造良好校风的有效手段

C. 不合法,侵犯了学生及其监护人的财产权　　D. 不合法,罚款之前应该得到主管部门的许可

**【答案】**C。**解析:**学校的做法侵犯了学生及其监护人的财产权。



## 三、学生权利的保护

考点 5

### (一)学生受教育权的保护

**1. 普通学生的受教育权的保护**

学生受教育权是主体最基本的权利,同样受教育权也是公民的一项宪法权利,更是在教育教学活动中的基本权利,也必须受到保护。《中华人民共和国宪法》第四十六条第一款规定:“中华人民共和国公民有受教育的权利和义务。”

| 法律法规 | 条款 | 内容 |
|---|---|---|
| 《教育法》 | 第九条第二款 | 公民不分民族、种族、性别、职业、财产状况、宗教信仰等,依法享有平等的受教育机会 |
| | 第三十七条第一款 | 受教育者在入学、升学、就业等方面依法享有平等权利 |
| 《义务教育法》 | 第四条 | 凡具有中华人民共和国国籍的适龄儿童、少年,不分性别、民族、种族、家庭财产状况、宗教信仰等,依法享有平等接受义务教育的权利,并履行接受义务教育的义务 |
| | 第二十二条 | 县级以上人民政府及其教育行政部门应当促进学校均衡发展,缩小学校之间办学条件的差距,不得将学校分为重点学校和非重点学校。学校不得分设重点班和非重点班<br>县级以上人民政府及其教育行政部门不得以任何名义改变或者变相改变公办学校的性质 |

续表

| 法律法规 | 条款 | 内容 |
| --- | --- | --- |
| 《义务教育法》 | 第二十九条 | 教师在教育教学中应当平等对待学生,关注学生的个体差异,因材施教,促进学生的充分发展<br>教师应当尊重学生的人格,不得歧视学生,不得对学生实施体罚、变相体罚或者其他侮辱人格尊严的行为,不得侵犯学生合法权益 |

**2. 特殊学生受教育权的保护**

在学生受教育权保护上还体现在对特殊学生群体受教育权保护上,这样才体现了受教育权的平等性。我国的教育法中,需要注意保护的特殊群体有以下几类:

(1)女生

| 法律法规 | 条款 | 内容 |
| --- | --- | --- |
| 《教育法》 | 第三十七条<br>第二款 | 学校和有关行政部门应当按照国家有关规定,保障女子在入学、升学、就业、授予学位、派出留学等方面享有同男子平等的权利 |
| 《妇女权益保障法》 | 第十七条 | 学校应当根据女性青少年的特点,在教育、管理、设施等方面采取措施,保障女性青少年身心健康发展 |
| | 第十八条 | 父母或者其他监护人必须履行保障适龄女性儿童少年接受义务教育的义务<br>除因疾病或者其他特殊情况经当地人民政府批准的以外,对不送适龄女性儿童少年入学的父母或者其他监护人,由当地人民政府予以批评教育,并采取有效措施,责令送适龄女性儿童少年入学<br>政府、社会、学校应当采取有效措施,解决适龄女性儿童少年就学存在的实际困难,并创造条件,保证贫困、残疾和流动人口中的适龄女性儿童少年完成义务教育 |
| | 第二十九条 | 国家推行生育保险制度,建立健全与生育相关的其他保障制度<br>地方各级人民政府和有关部门应当按照有关规定为贫困妇女提供必要的生育救助 |

(2)经济困难学生

| 法律法规 | 条款 | 内容 |
| --- | --- | --- |
| 《教育法》 | 第三十八条 | 国家、社会对符合入学条件、家庭经济困难的儿童、少年、青年,提供各种形式的资助 |
| | 第六十条 | 国家鼓励境内、境外社会组织和个人捐资助学 |

续表

| 法律法规 | 条款 | 内容 |
| --- | --- | --- |
| 《义务教育法》 | 第二条 | 实施义务教育,不收学费、杂费<br>国家建立义务教育经费保障机制,保证义务教育制度实施 |
| | 第四十四条第二款 | 各级人民政府对家庭经济困难的适龄儿童、少年免费提供教科书并补助寄宿生生活费 |

(3)残疾人

| 法律法规 | 条款 | 内容 |
| --- | --- | --- |
| 《教育法》 | 第三十九条 | 国家、社会、学校及其他教育机构应当根据残疾人身心特性和需要实施教育,并为其提供帮助和便利 |
| 《义务教育法》 | 第十九条 | 县级以上地方人民政府根据需要设置相应的实施特殊教育的学校(班),对视力残疾、听力语言残疾和智力残疾的适龄儿童、少年实施义务教育。特殊教育学校(班)应当具备适应残疾儿童、少年学习、康复、生活特点的场所和设施<br>普通学校应当接收具有接受普通教育能力的残疾适龄儿童、少年随班就读,并为其学习、康复提供帮助 |
| 《残疾人保障法》 | 第二十一条 | 国家保障残疾人享有平等接受教育的权利<br>各级人民政府应当将残疾人教育作为国家教育事业的组成部分,统一规划,加强领导,为残疾人接受教育创造条件<br>政府、社会、学校应当采取有效措施,解决残疾儿童、少年就学存在的实际困难,帮助其完成义务教育<br>各级人民政府对接受义务教育的残疾学生、贫困残疾人家庭的学生提供免费教科书,并给予寄宿生活费等费用补助;对接受义务教育以外其他教育的残疾学生、贫困残疾人家庭的学生按照国家有关规定给予资助 |

(4)违法犯罪的未成年人

| 法律法规 | 条款 | 内容 |
| --- | --- | --- |
| 《教育法》 | 第四十条 | 国家、社会、家庭、学校及其他教育机构应当为有违法犯罪行为的未成年人接受教育创造条件 |
| 《未成年人保护法》 | 第五十四条 | 对违法犯罪的未成年人,实行教育、感化、挽救的方针,坚持教育为主、惩罚为辅的原则<br>对违法犯罪的未成年人,应当依法从轻、减轻或者免除处罚 |

续表

| 法律法规 | 条款 | 内容 |
| --- | --- | --- |
| 《义务教育法》 | 第二十一条 | 对未完成义务教育的未成年犯和被采取强制性教育措施的未成年人应当进行义务教育，所需经费由人民政府予以保障 |

## (二)学生公民权的保护

### 1.学生人身权的保护

学生人身权的保护有两方面的含义：一是学生在社会生活和教育活动中人身权受法律的保护，二是学生在教育教学活动中人身权受法律保护。人身权是法律所赋予民事主体与其人身生命、身份延续不可分离而无直接财产内容的民事权利。

(1)社会经济活动中人身权的保护

| 法律法规 | 条款 | 内容 |
| --- | --- | --- |
| 《未成年人保护法》 | 第三十九条 | 任何组织或者个人不得披露未成年人的个人隐私<br>对未成年人的信件、日记、电子邮件，任何组织或者个人不得隐匿、毁弃；除因追查犯罪的需要，由公安机关或者人民检察院依法进行检查，或者对无行为能力的未成年人的信件、日记、电子邮件由其父母或者其他监护人代为开拆、查阅外，任何组织或者个人不得开拆、查阅 |
| | 第五十八条 | 对未成年人犯罪案件，新闻报道、影视节目、公开出版物、网络等不得披露该未成年人的姓名、住所、照片、图像以及可能推断出该未成年人的资料 |
| | 第六十九条 | 侵犯未成年人隐私，构成违反治安管理行为的，由公安机关依法给予行政处罚 |
| 《预防未成年人犯罪法》 | 第四十五条 | 人民法院审判未成年人犯罪的刑事案件，应当由熟悉未成年人身心特点的审判员或者审判员和人民陪审员依法组成少年法庭进行<br>对于审判的时候被告人不满十八周岁的刑事案件，不公开审理<br>对未成年人犯罪案件，新闻报道、影视节目、公开出版物不得披露该未成年人的姓名、住所、照片及可能推断出该未成年人的资料 |
| 《刑事诉讼法》 | 第二百七十七条 | 对犯罪的未成年人实行教育、感化、挽救的方针，坚持教育为主、惩罚为辅的原则 |
| | 第二百八十五条 | 审判的时候被告人不满十八周岁的案件，不公开审理。但是，经未成年被告人及其法定代理人同意，未成年被告人所在学校和未成年人保护组织可以派代表到场 |

（2）教育教学活动中人身权的保护

| 法律法规 | 条款 | 内容 |
| --- | --- | --- |
| 《义务教育法》 | 第二十九条<br>第二款 | 教师应当尊重学生的人格，不得歧视学生，不得对学生实施体罚、变相体罚或者其他侮辱人格尊严的行为，不得侵犯学生合法权益 |
| 《教师法》 | 第八条<br>第四款 | 关心、爱护全体学生，尊重学生人格，促进学生在品德、智力、体质等方面全面发展 |
| 《教师法》 | 第三十七条 | 教师有下列情形之一的，由所在学校、其他教育机构或者教育行政部门给予行政处分或者解聘：<br>（一）故意不完成教育教学任务给教育教学工作造成损失的<br>（二）体罚学生，经教育不改的<br>（三）品行不良、侮辱学生，影响恶劣的<br>教师有前款第（二）项、第（三）项所列情形之一，情节严重，构成犯罪的，依法追究刑事责任 |
| 《未成年人保护法》 | 第二十一条 | 学校、幼儿园、托儿所的教职员工应当尊重未成年人的人格尊严，不得对未成年人实施体罚、变相体罚或者其他侮辱人格尊严的行为 |
| | 第二十二条 | 学校、幼儿园、托儿所应当建立安全制度，加强对未成年人的安全教育，采取措施保障未成年人的人身安全<br>学校、幼儿园、托儿所不得在危及未成年人人身安全、健康的校舍和其他设施、场所中进行教育教学活动<br>学校、幼儿园安排未成年人参加集会、文化娱乐、社会实践等集体活动，应当有利于未成年人的健康成长，防止发生人身安全事故 |
| | 第二十四条 | 学校对未成年学生在校内或者本校组织的校外活动中发生人身伤害事故的，应当及时救护，妥善处理，并及时向有关主管部门报告 |
| | 第四十条 | 学校、幼儿园、托儿所和公共场所发生突发事件时，应当优先救护未成年人 |
| | 第六十三条<br>第二款 | 学校、幼儿园、托儿所教职员工对未成年人实施体罚、变相体罚或者其他侮辱人格行为的，由其所在单位或者上级机关责令改正；情节严重的，依法给予处分 |

**2. 学生财产权的保护**

| 法律法规 | 条款 | 内容 |
| --- | --- | --- |
| 《民法总则》 | 第三十五条第一款 | 监护人应当按照最有利于被监护人的原则履行监护职责。监护人除为维护被监护人利益外,不得处分被监护人的财产 |
| 《未成年人保护法》 | 第四十六条 | 国家依法保护未成年人的智力成果和荣誉权不受侵犯 |

## 强化练习

| 建议用时 | 实际用时 | 设定分值 | 实际得分 |
| --- | --- | --- | --- |
| 25 分钟 | | 28 分 | |



**单项选择题(每小题 2 分,共 28 分)**

1. 学生小李在放学期间,因闯红灯被汽车刮伤,学校(　　)
   A. 承担主要责任　　B. 承担次要责任
   C. 不承担责任　　D. 承担部分责任

2. 王老师认为张校长的不合理管理方式侵犯了他的权利,因此向教育局提出了申诉,张校长得知后多次找王老师进行谈话,之后还多次克扣王老师工资,张校长的做法应承担(　　)
   A. 民事责任　　B. 行政责任
   C. 刑事责任　　D. 违宪责任

3. 某学校校长以修缮校舍为学生提供更好的学习环境为由,为每个教室安装了空调,但需要向学生收取每月 5 元钱的空调使用费。对此,下列表述正确的是(　　)
   A. 合理,为学生提供了良好环境
   B. 合理,为学校节省了开支
   C. 不合理,空调使用费收取过多,应根据物价正规收取
   D. 不合理,学校不得违反国家规定向受教育者收取费用

4. 在《国家中长期教育改革和发展规划纲要(2010—2020 年)》中,专门就切实减轻中小学课业负担作了规定,减轻课业负担成为未来教育发展的一项重要任务。下列教师的做法不正确的是(　　)
   A. 优化教学设计,提高课堂效率
   B. 减轻课堂教学内容,将减少部分的内容留给学生自学
   C. 设计分层作业,让学生有所选择,减少作业量
   D. 与家长沟通,减少课外补习时间

5. 学生小张在假期擅自翻越学校围墙导致右腿摔伤,对于小张所受伤害,下列选项中正确的是(　　)
   A. 学校存在过错,应当承担赔偿责任
   B. 学校没有过错,但要承担赔偿责任
   C. 学校没有过错,无需承担赔偿责任
   D. 学校存在过错,但可免除赔偿责任

6. 教师未经学生同意按考分高低排列名次,张榜公布。这侵犯了学生的(　　)
   A. 隐私权　　B. 名誉权
   C. 受教育权　　D. 人身自由权

7. 许老师因为学生上课不注意听讲,罚其自扇耳光五下,并将他安排在教室最后一排。该老师的做法(　　)
   A. 正确,起到了警示的作用
   B. 错误,侵犯了学生的生命健康权
   C. 正确,是班级管理的有效手段
   D. 错误,侵犯了学生的人格尊严权

8. 《国家中长期教育改革和发展规划纲要(2010—

2020年)》在谈到“育人为本”的工作方针时,提出把(　　)作为学校一切工作的出发点和落脚点。

A. 促进教育公平　　B. 提高教学质量

C. 保护学生合法权益　　D. 促进学生健康成长

9. 某乡镇初中学生王某因病需休学一年,其父母应向(　　)提出申请。

A. 所在学校

B. 市教育局

C. 当地乡镇人民政府或县级人民政府教育行政部门

D. 县级或市级人民政府教育行政部门

10. 国务院及县级以上各级人民政府应当设立教育专项资金,重点扶持边远贫困地区、少数民族地区实施(　　)

A. 义务教育　　B. 职业教育

C. 高等教育　　D. 终身教育

11. 校长的侄子毛毛平时学习成绩较好,但经常调皮捣蛋,在期末时校长找到班主任王老师进行谈话,要求将毛毛评选为三好学生,王老师拒绝了,对此下列表述正确的是(　　)

A. 合理,班主任应该坚定立场,不应随他人改变态度

B. 合理,班主任有权公正评定学生的品行和学业成绩

C. 不合理,我国学校实行校长负责制,班主任应该服从校长

D. 不合理,毛毛是校长的侄子,班主任应该给校长面子

12. 某初中班上的一位学生林某,因结交朋友不当参与了重大盗窃案,被市公安局拘留,班主任将这件事写成了一篇通讯报道,文中采用林某的真实姓名详细描述他走上犯罪道路的经过,并在当地的《晨报》上发表,班主任的行为(　　)

A. 能够体现报道内容的真实性,能更好地发挥对未成年学生的教育作用

B. 表现了教师的社会责任感,通过社会热点问题引起大家对教育的思考

C. 侵犯了学生的名誉权,不得科研公开报道学生的负面新闻

D. 侵犯了未成年人的隐私权,违反了《中华人民共和国未成年人保护法》的规定

13. 学生彭某因参与赌博,屡教不改。下列没有权利将其送到工读学校的是(　　)

A. 父母　　B. 其他监护人

C. 原所在学校　　D. 班主任

14. 学校小商店的店主丢失了商品,怀疑是刚刚买东西的小北偷走的,对其进行了搜身,店主的这种行为(　　)

A. 正确,维护了自身的财产权

B. 错误,侵犯了小北的人格尊严权

C. 错误,侵犯了小北的人身自由权

D. 错误,侵犯了小北的生命健康权

## 参考答案

**单项选择题**

1. C【解析】《学生伤害事故处理办法》第十三条规定,学生在自行上学、放学、返校、离校途中发生的学生伤害事故,学校不承担责任。

2. B【解析】我国《教师法》第三十六条规定,对依法提出申诉、控告、检举的教师进行打击报复的,由其所在单位或者上级机关责令改正;情节严重的,可以根据具体情况给予行政处分。

3. D【解析】我国《教育法》第七十八条规定,学校及其他教育机构违反国家有关规定向受教育者收取费用的,由教育行政部门或者其他有关行政部门责令退还所收费用;对直接负责的主管人员和其他直接责任人员,依法给予处分。

4. B【解析】《国家中长期教育改革和发展规划纲要(2010—2020年)》规定了减轻中小学生课业负担。其中规定“学校要把减负落实到教育教学各个环节,给学生留下了解社会、深入思考、动手实践、健身娱乐的时间。提高教师业务素质,改进教学方

法,增强课堂教学效果,减少作业量和考试次数。培养学生学习兴趣和爱好。严格执行课程方案,不得增加课时和提高难度。”“充分发挥家庭教育在儿童少年成长过程中的重要作用。家长要树立正确的教育观念,掌握科学的教育方法,尊重子女的健康情趣,培养子女的良好习惯,加强与学校的沟通配合,共同减轻学生课业负担。”。B项“将减少部分的内容留给学生自学”并没有真正减少教学内容,反而占用了学生课外的时间,违背了纲要的规定。

5. C【解析】《学生伤害事故处理办法》第十三条规定,下列情形下发生的造成学生人身损害后果的事故,学校行为并无不当的,不承担事故责任;事故责任应当按有关法律法规或者其他有关规定认定:(1)在学生自行上学、放学、返校、离校途中发生的;(2)在学生自行外出或者擅自离校期间发生的;(3)在放学后、节假日或者假期等学校工作时间以外,学生自行滞留学校或者自行到校发生的;(4)其他在学校管理职责范围外发生的。本题中学校没有过错,无需承担赔偿责任。

6. A【解析】题干中教师未经学生同意公开成绩,这侵犯了学生的隐私权。

7. D【解析】题干中许老师罚不注意听讲的学生自扇耳光,并将其座位调至最后一排,严重侵犯了学生的人格尊严权。

8. D【解析】《国家中长期教育改革和发展规划纲要(2010—2020年)》提出,把育人为本作为教育工作的根本要求。要以学生为主体,以教师为主导,充分发挥学生的主动性,把促进学生健康成长作为学校一切工作的出发点和落脚点。

9. C【解析】我国《义务教育法》第十一条规定,适龄儿童、少年因身体状况需要延缓入学或者休学的,其父母或者其他法定监护人应当提出申请,由当地乡镇人民政府或者县级人民政府教育行政部门批准。

10. A【解析】我国《教育法》第五十七条规定,国务院及县级以上地方各级人民政府应当设立教育专项资金,重点扶持边远贫困地区、少数民族地区实施义务教育。

11. B【解析】我国《教师法》第七条规定,教师享有指导学生的学习和发展,评定学生的品行和学业成绩的权利。

12. D【解析】我国《未成年人保护法》第五十八条规定,对未成年人犯罪案件,新闻报道、影视节目、公开出版物、网络等不得披露该未成年人的姓名、住所、照片、图像以及可能推断出该未成年人的资料。

13. D【解析】我国《预防未成年人犯罪法》第三十五条规定,对未成年人送工读学校进行矫治和接受教育,应当由其父母或者其他监护人,或者原所在学校提出申请,经教育行政部门批准。

14. C【解析】题干中店主对小北进行搜身,严重侵犯了他的人身自由权。

03

# 教师职业道德

## 题型分析与考情预测

本章内容主要以单项选择题和材料分析题的形式考查。其中，单项选择题4～5道，材料分析题1道。

单项选择题的命题方式主要以材料型选择题的方式为主，考查考生对题干中的教师的做法的分析能力。材料分析题是从教师职业道德规范的角度出发，评析教师的教育行为，考生要将本章知识联系实际，在理解的基础上进行记忆。

# 第一节 教师职业道德规范

(本节共5个考点)

## 考向分析

本节主要介绍教师职业道德概述、《中小学教师职业道德规范》(2008 年)、《中小学教师职业道德规范》(1997 年)、《中小学班主任工作规定》。相关知识点考频分析如下表:

| 考点 | 考查频率 | 题型 | 重要程度 |
|---|---|---|---|
| 教师职业道德概述 | 1 | 单项选择 | ★ |
| 《中小学教师职业道德规范》(2008 年) | 40 | 单项选择、材料分析 | ★★★ |
| 《中小学教师职业道德规范》(1997 年) | 3 | 单项选择 | ★ |
| 《中小学班主任工作规定》 | 1 | 单项选择 | ★ |

本节知识主要以单项选择题和材料分析题的形式考查,单项选择题 2 ~4 道,常与具体的教学案例相结合考查;材料分析题 1 道,一般给定一个材料,要求考生评析教师的教育教学行为。



## 思维导图

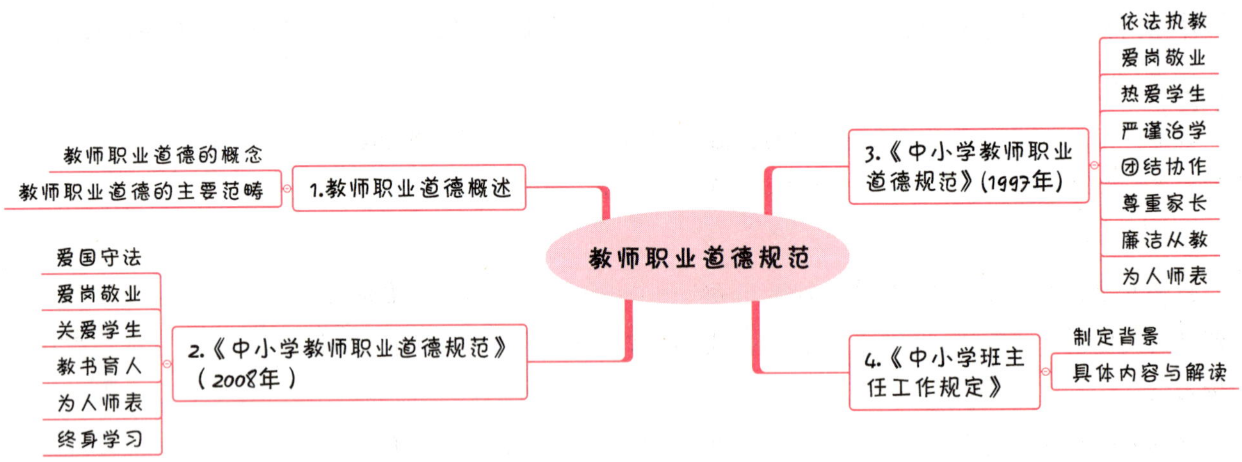

## 考点精讲

### 一、教师职业道德概述

#### （一）教师职业道德的概念　考点1

教师职业道德是教师在从事教育劳动时所应遵循的行为规范和必备的品德的总和，是调节教师与他人、与社会等关系时所必须遵守的基本道德规范和行为准则，以及在此基础上所表现出来的道德观念、情操和品质。师德师风是评价教师队伍素质的**第一标准**。

#### （二）教师职业道德的主要范畴　考点2

**1. 教师义务**

教师在履行一般社会成员的义务的同时，又有着其特定的职业道德义务。教师义务的内容主要有：(1)不断提高思想政治觉悟和教育教学业务水平；(2)尽职尽责，教书育人；(3)创设一个良好的内部教育环境。教师在履行教育义务的活动中，最主要、最基本的道德责任是教书育人。

**2. 教师良心**

教师的职业良心可以表现在教育工作的每一个环节。其主要的内涵包括：(1)"恪尽职守"实际上就是一种工作责任和纪律的要求；(2)"自觉工作"的要求是由教师的劳动特点决定的；(3)"爱护学生"是教师的天职；(4)"团结执教"也是教师良心要求的重要组成部分。教师良心作为一种精神动力，是一种内在的道德信念，对教师的道德活动和道德行为具有重要的指导、自我监督和评价作用。

**3. 教师公正**

教师公正是指教师在教育职业活动中，公平合理地对待和评价全体合作者。其中，公平合理地评价和对待每个学生是教师公正的最基本的内容。教师公正的内容主要有：(1)坚持真理；(2)秉公办理；(3)奖罚分明。

**4. 教师荣誉**

教师荣誉即社会对教师的道德行为的价值所做出的公认的客观评价和教师对自己行为的价值的自我意识。教师荣誉的内容包括：(1)光荣的角色称号；(2)无私的职业特性；(3)崇高的人格形象。

**5. 教师人格**

教师的道德人格是指个体作为教师这一特定社会角色所表现出的道德面貌与特征，是教师在自己的职业活动中表现出的稳定性的道德行为的范式（格式）和道德品质与境界（格位），也是教师之所以成为教师的主体本质。

教师人格修养有两个问题：一是修养的策略问题；二是修养的尺度问题。

在策略上，采取"**取法乎上**"的策略。在尺度上要确立教师人格修养的审美尺度。按照审美的尺度去修养教师的人格，就是要进行师表美的建设。从德育（道德教育）的角度看，师表之美的价值有：(1)充分发挥教育主体的德育潜能；(2)充分促成学生的榜样学习；(3)改善教育与道德教育的效能。师表美主要包括：(1)"表美"；(2)"道美"；(3)风格美。

**真题对接**

【2013 年下半年真题】教师进行人格修养最好的策略是(　　)

A. "取法乎下"　　B. "取法乎中"

C. "取法乎上"　　D. "无法即法"

【答案】C

## 二、《中小学教师职业道德规范》(2008 年)

考点3

《中小学教师职业道德规范》(2008 年)共六条,分别为爱国守法、爱岗敬业、关爱学生、教书育人、为人师表、终身学习。这六条体现了教师职业特点对师德的本质要求和时代特征。"爱"与"责任"是贯穿其中的核心与灵魂。

**山香指导** 《中小学教师职业道德规范》的主要内容可以概括为"三爱两人一终身","三爱"即爱国守法、爱岗敬业、关爱学生;"两人"即教书育人、为人师表;"一终身"就是终身学习。

### (一)爱国守法

热爱祖国,热爱人民,拥护中国共产党领导,拥护社会主义。全面贯彻国家教育方针,自觉遵守教育法律法规,依法履行教师职责权利。不得有违背党和国家方针政策的言行。

**【内容解读】爱国守法是教师职业的基本要求。**热爱祖国是每个公民,也是每个教师的神圣职责和义务。建设社会主义法治国家是我国现代化建设的重要目标。要实现这一目标,需要每个社会成员知法守法,用法律来规范自己的言行,不做法律禁止的事情。爱国是每个公民最基本的政治品质,也是人民教师首要的政治规范。守法是一个人民教师最基本的行为准则。

### (二)爱岗敬业

忠诚于人民教育事业,志存高远,勤恳敬业,甘为人梯,乐于奉献。对工作高度负责,认真备课上课,认真批改作业,认真辅导学生。不得敷衍塞责。

**【内容解读】爱岗敬业是教师职业的本质要求。**爱岗敬业,就是要求教师对教育事业具有强烈的责任感和深厚的感情。没有责任感就办不好教育,没有感情就做不好教育工作。教师应始终牢记自己的神圣职责,志存高远,把个人的成长进步同社会主义伟大事业、同祖国的繁荣富强紧密联系在一起,并在深刻的社会变革和丰富的教育实践中履行自己的光荣职责。献身教育是人民教师忠于党、忠于人民、忠于社会主义祖国的高尚道德境界的具体表现。它是履行师德要求的思想基础和前提条件。教师应努力履行人民教师的神圣职责,在教书中育人,在育人中教书,用自己的辛勤劳动和无私奉献去诠释人民教师的高尚师德。

**真题对接**

【2016 年下半年真题】某中学曾老师,每次布置课后作业后,都只是在下次课堂上为学生核对一下答案,曾老师的做法(　　)

A. 合理,可以提高教学效率　　B. 不合理,教师应认真批改作业

C. 合理,可以促进学生自学　　D. 不合理,增加了学生课后负担

**【答案】**B。**解析：**学生作业和教师批改作业，是教学活动的重要环节。教师没有认真地批改作业，学生就不能得到准确的学习信息反馈，教学环节就有缺失。此外，《中小学教师职业道德规范》中的爱岗敬业对教师提出的具体要求是：教师要对工作高度负责，认真备课上课，认真批改作业，认真辅导学生，不得敷衍塞责。因此，题干中曾老师的做法是不合理的。

**【2015 年上半年真题】**在编选校本教材时，尚老师一丝不苟地审查每一篇文章，即使插图的一点小瑕疵，都会改过来。这表明尚老师(　　)

A. 诲人不倦　　B. 公正待生

C. 勤恳敬业　　D. 廉洁奉公

**【答案】**C。**解析：**题干中尚老师的做法体现出了对工作认真负责，表明他勤恳敬业。

**【2014 年上半年真题】**迟老师编写的校本教材出现了不少错误，遭到同事的质疑，迟老师说："这不过是一本校本教材而已，何必要那么认真。"迟老师的做法(　　)

A. 不合理，违背了终身教育的师德规范　　B. 不合理，违背了爱岗敬业的师德规范

C. 合理，精心用于校本教材编写不值得　　D. 合理，教师的主要任务是把课上好

**【答案】**B。**解析：**迟老师的话说明了他对工作不负责任，是敷衍塞责的表现，违背了爱岗敬业的教师职业道德要求。

### (三)关爱学生

关心爱护全体学生，尊重学生人格，平等公正对待学生。对学生严慈相济，做学生良师益友。保护学生安全，关心学生健康，维护学生权益。不讽刺、挖苦、歧视学生，不体罚或变相体罚学生。

**【内容解读】关爱学生是师德的灵魂。**"关爱学生"，就是要求教师有热爱学生、诲人不倦的情感和爱心。亲其师，信其道。没有爱，就没有教育。关爱学生不是不要严格。严格教育学生，应当全面地、科学地要求学生。概括起来讲，严格教育、全面要求学生应当遵循以下原则：

(1)严而有理。严格教育、全面要求应当符合青少年学生身心发展规律，符合教育规律。只有当这种严格要求能促进人的智能、创造素质、道德品质、体格、心理、自理能力等方面的发展提高时，才是合理的。

(2)严而有度。教师对学生的实际水平、理解和接受能力应有一个正确的估量，才能对学生提出符合他们实际情况、能为他们所接受的适度要求。要求不能太高，又不能太低。

(3)严而有方。教师对学生提出的要求必须有办法促使学生乐意地去接受、确确实实地去执行。

(4)严而有恒。所谓恒，就是坚持长久。对学生提出的严格要求不能时有时无，要保持一定的稳定性。

**真题对接**

**【2018 年上半年真题】**面对一张张充满期待的面孔，新来的班主任说："新学年到来了，你们的人生也翻开了新的篇章。以前的你们是怎样的，我不想知道，老师只想看到现在的你们有多棒！"这表明班主任(　　)

A. 关爱全体学生　　B. 未能严慈相济

C. 保护学生隐私　　D. 未能因材施教

【答案】A。解析:《中小学教师职业道德规范》中"关爱学生"要求教师要关心爱护全体学生,尊重学生人格,平等公正对待学生。题干中班主任"不问过去,只看现在"是关爱学生的表现。

【2017 年下半年真题】体育课上,苏老师发现张刚坐在操场边发呆,便询问情况,张刚说:"我最好的朋友走了,我很难过!"苏老师从此注意观察张刚,跟他聊天。有一天,张刚哭着告诉苏老师:"我最好的朋友就是我爸爸,他出车祸去世了!"于是,苏老师经常开导他,帮助他从悲伤中走了出来。对于苏老师的行为,下列说法正确的是(　　)

A. 偏爱张刚,未能关注其他同学　　B. 专心教学,不必承担其他责任

C. 细心观察,适时捕捉教育契机　　D. 侵犯隐私,干扰学生私人生活

【答案】C。解析:"关爱学生"要求教师关心爱护全体学生,尊重学生人格,平等公正对待学生。对学生严慈相济,做学生的良师益友。保护学生安全,关心学生健康,维护学生权益。题干中苏老师"注意观察张刚,跟他聊天""经常开导他,帮助他从悲伤中走了出来"等都体现了苏老师细心观察适时捕捉教育契机以及关爱学生的教师职业道德。

【2017 年下半年真题】李丽同学的爸爸跟学校校长是好朋友。班主任知道后,主动给李丽调整了座位,在课堂教学中给李丽更多的机会回答问题,并让其担任班长。班主任的行为(　　)

A. 有利于促进家校合作　　B. 有利于履行班主任职责

C. 影响了其他学生的成长　　D. 影响了校长的廉洁从教

【答案】C。解析:题干中班主任的行为违背了"关爱学生"的教师职业道德,没有平等公正对待学生,这样不利于其他学生的学习成长。

【2016 年上半年真题】孙老师把没有按时完成作业的学生赶到操场上,让他们在冷风中把作业写完,说要让学生明白学习的艰辛。这说明孙老师没有做到(　　)

A. 关爱学生　　B. 因材施教

C. 廉洁从教　　D. 严谨治学

【答案】A。解析:"关爱学生"的师德规范要求教师要关心爱护全体学生,尊重学生人格,平等公正对待学生。题干中的孙老师把没有按时完成作业的学生赶到操场上去写作业,这没有做到关心爱护每一个学生,违背了关爱学生的要求。

【2015 年上半年真题】晓茜写小说,想发表,孙老师知道了,在班上公开批评:"话都说不利索就想当作家,不称称自己几斤几两!"晓茜当场羞红了脸。孙老师的做法违背的师德规范是(　　)

A. 保护学生安全　　B. 尊重学生人格

C. 善于探索创新　　D. 认真备课上课

【答案】B。解析:题干中教师的做法没有做到尊重学生的人格,是违背关爱学生的表现。

**(四)教书育人**

遵循教育规律,实施素质教育。循循善诱,诲人不倦,因材施教。培养学生良好品行,激发学生创新精神,促进学生全面发展。不以分数作为评价学生的唯一标准。

【内容解读】**教书育人是教师的天职**。"教书育人",就是要求教师以育人为根本任务。教师必须热爱学

生，了解学生，不歧视学生，建立平等、民主和谐的师生关系，做学生的良师益友。教师对学生的爱，是师德的核心。教师对学生的爱，是一种只讲付出不计回报的、无私的、广泛的且没有血缘关系的爱。这种爱是神圣的，是教师教育学生的感情基础。学生一旦体会到这种感情，就会“亲其师”，从而“信其道”，也正是在这个过程中，教育实现了其根本的功能。爱学生就要对学生一视同仁，不能用简单粗暴的做法对待学生或歧视学生。应当相信每一个学生都能成功，平等对待每一个学生，发现他们的闪光点，让每一个学生都能品尝到成功的喜悦。

## 真题对接

**【2018 年下半年真题】**初三（1）班的李凡考试成绩一直不佳。班主任召开家长会时说：“我们班有几个像李凡这样的孩子，考试成绩一直落在全班后面，他们今后的发展很令人担忧啊！”这位班主任的做法（　　）

A. 不恰当，应私下提醒家长做好心理准备　　B. 不恰当，应综合评价之后再与家长沟通

C. 恰当，能帮助家长正确预期孩子的发展　　D. 恰当，能帮助李凡等学生准确定位自己

**【答案】**B。**解析：**《中小学教师职业道德规范》（2008 年修订）中“教书育人”要求教师要“遵循教育规律，实施素质教育。循循善诱，诲人不倦，因材施教。培养学生良好品行，激发学生创新精神，促进学生全面发展。不以分数作为评价学生的唯一标准。”题干中教师唯分是举，认为孩子考试成绩不好就发展前途不好，这是不合理的，他应该对学生综合评价之后再与家长沟通。

**【2016 年上半年真题】**钟老师在班上设立“进步展示台”，分类展示在不同方面有进步的学生。这表明钟老师（　　）

A. 不以分数作为评价学生的唯一标准　　B. 不关心学生的全面发展

C. 不注重与学生家庭密切联系　　D. 不主动与教师密切合作

**【答案】**A。**解析：**题干中钟老师的做法说明他看到了不同学生的不同特长，对学生在各个方面的进步都予以肯定，体现出钟老师并不是以分数作为评价学生的唯一标准。

**【2014 年上半年真题】**班主任孙老师经常对学生说：“知识改变命运，分数才是硬道理。”他自己出钱设立了“班主任基金”，用于奖励每学期末前三名的学生。孙老师的做法（　　）

A. 正确，物质奖励具有良好的激励作用　　B. 不正确，考试成绩不能衡量学生的综合素质

C. 正确，考试成绩是衡量学生的重要依据　　D. 不正确，考试成绩不是评价学生的唯一指标

**【答案】**D。**解析：**教书育人要求教师不以分数作为评价学生的唯一标准。题干中该班主任老师只注重学生分数的做法是错误的。

**【2014 年上半年真题】**当学生缺少兴趣时，学习就会成为学生的负担。这启示教师（　　）

A. 维护学生权益，为人师表　　B. 言行举止文明，知荣明耻

C. 了解学生特点，因势利导　　D. 公正对待学生，廉洁从政

**【答案】**C。**解析：**学生缺少学习兴趣，教师应该先了解学生缺乏学习兴趣的原因，根据学生自身的特点，循循善诱，因材施教。

### (五)为人师表

坚守高尚情操,知荣明耻,严于律己,以身作则。衣着得体,语言规范,举止文明。关心集体,团结协作,尊重同事,尊重家长。作风正派,廉洁奉公。自觉抵制有偿家教,不利用职务之便谋取私利。

**【内容解读】为人师表是教师职业的内在要求。**所谓"为人师表",是指教师应该成为学生效法的表率。孔子作为教师,最早倡导以身作则,强调"其身正,不令而行;其身不正,虽令不从"的道理。教师的思想、行为、作风和品质,每时每刻都在感染、熏陶和影响着学生。"为人师表",就是要求教师言传身教,以身立教,在各个方面率先垂范,做学生的榜样,以自己的人格魅力和学识魅力教育感染学生,做学生健康成长的指导者和引路人。

**真题对接**

**【2016年上半年真题】**蒋老师的亲戚开办了一家培训公司,希望蒋老师推荐自己班上的学生参加辅导班,或者提供班上学生的联系方式。面对这种情况,蒋老师应该(　　)

A. 推荐学生参加辅导班,促进学生全面发展

B. 坚决拒绝亲戚的请求,并说明自己的理由

C. 提供学生的联系方式,同时推荐学生参加辅导班

D. 仅提供学生的联系方式,不推荐学生参加辅导班

**【答案】**B。**解析:**教师应为人师表、廉洁从教,不利用职务之便谋取利益。蒋老师应在拒绝亲戚要求的同时,向他说明不能提供帮助的理由。

**【2013年下半年真题】**有位学生将几片纸屑随意扔在走廊上,王老师路过时顺手捡起并丢进垃圾桶,该学生满脸羞愧。王老师的行为体现的职业道德是(　　)

A. 廉洁奉公　　B. 为人师表

C. 爱岗敬业　　D. 热爱学生

**【答案】**B。**解析:**王老师的行为体现的职业道德是"为人师表"。"为人师表"要求教师坚守高尚情操,知荣明耻;严于律己,以身作则;衣着得体,语言规范,举止文明;关心集体,团结协作,尊重同事,尊重家长;作风正派,廉洁奉公;自觉抵制有偿家教,不利用职务之便谋取私利。王老师捡纸屑的行为为学生做出了表率。

**【2013年下半年真题】**下面的漫画讽刺了某些教师的行为。这种行为所违背的师德规范是(　　)

A. 依法执教　　B. 廉洁从教

C. 爱岗敬业　　D. 热爱学生

**【答案】**B。**解析:**教师应当为人师表,作风正派、廉洁奉公,自觉抵制有偿家教,不利用职务之便谋取私利。漫画中的教师为了个人利益而做出不良行为,是违背廉洁从教的表现。

### （六）终身学习

崇尚科学精神，树立终身学习理念，拓宽知识视野，更新知识结构。潜心钻研业务，勇于探索创新，不断提高专业素养和教育教学水平。

**【内容解读】终身学习是教师专业发展的不竭动力**。终身学习是时代发展的要求，也是教师职业特点所决定的。因此，教师必须树立终身学习的观念，不断在读书学习中拓宽知识视野，更新知识结构，这是教师专业成长的必由之路。

教育者必须先受教育。孔子说，“学而不厌，诲人不倦”；《礼记·学记》中说，“教学相长也”。这些都是颇有道理的。要给学生一杯水，自己必须有一桶水。因此每个人民教师都必须勤奋学习，有学而不厌的进取精神，勇于攀登，不断汲取新的知识，不断优化自己的知识结构，以适应时代的要求。另外，精通业务，严谨治学，还要求教师提高教学的方法和技巧，以提高教学质量，更好地完成教学任务。

**真题对接**

**【2018 年上半年真题】**有三十多年丰富教学经验的段老师，特别重视外出学习，一有机会就向其他老师取经，观摩别人的课堂，反思自己的教学方法，努力提高教育教学水平。这说明段老师具有（　　）

A. 模仿其他老师的意识　　B. 关心学生的意识

C. 实施素质教育的意识　　D. 追求进步的意识

**【答案】**D。**解析：**“终身学习”要求教师要潜心钻研业务，勇于探索创新，不断提高专业素养和教育教学水平。题干中段老师通过向其他老师取经，反思自己的教学方法，以达到提高教育教学水平的目的，体现了段老师不断学习、积极追求进步的意识。

**【2017 年下半年真题】**李老师多次得过全省教学比赛一等奖，35 岁就评上了高级职称，在学校里还是其他年轻老师的“师傅”。但他坚持学习，积极参加教学研讨。有些同事不理解，认为李老师是“劳碌命”。对于李老师的行为，下列说法正确的是（　　）

A. 教师需要不断提高教育教学水平　　B. 教师发展首先应该考虑团结协作

C. 中学教师不需要深厚的理论知识　　D. 中学教师应该合理安排闲暇时间

**【答案】**A。**解析：**题干中李老师“多次得过全省教学比赛一等奖”“35 岁就评上了高级职称”“在学校里还是其他年轻老师的‘师傅’”，“但他坚持学习，积极参加教学研讨。”充分体现了教师需要不断提高教育教学水平。

**【2017 年上半年真题】**下图是丰子恺的漫画《某种教师》，该教师的做法（　　）

A. 正确，维护了知识的权威性　　B. 正确，保证了教学的科学性

C. 不正确，违背了勤恳执教的师德要求　　D. 不正确，违背了探索创新的师德要求

**【答案】**D

【2016 年上半年真题】学校派骨干教师王老师外出参加培训。王老师说:“我经常给别人开讲座,哪里还需要去接受培训?还是让刚参加工作的年轻人去吧!”下列关于此事的说法中,正确的是( )

A. 王老师具有团队协作的意识　　B. 王老师具有专业发展的意识

C. 王老师缺乏终身学习的意识　　D. 王老师缺乏课程建设的意识

【答案】C。解析:“终身学习”的职业道德规范要求教师要崇尚科学精神,树立终身学习理念,拓宽知识视野,更新知识结构。题干中的王老师认为自己的教学经验已经足够丰富了,拒绝去参加培训,体现了他不积极学习新内容,缺乏终身学习的意识。

【2014 年下半年真题】周老师入职以来,积极参加市里和学校组织的各种教研及培训活动,跟踪学科前沿发展动态,学习新知识、新方法,不断更新知识结构。这表明周老师具有( )

A. 尊重学生的理念　　B. 终身学习的意识

C. 教学管理的能力　　D. 课程开发的能力

【答案】B。解析:终身学习要求教师不断获得新的技能,把学习当作生活和职业的一部分。周老师积极参加市里和学校组织的各种教研及培训活动,跟踪学科前沿发展动态,学习新知识、新方法,不断更新知识结构,都是终身学习的体现。

【2014 年下半年真题】五十多岁的胡老师又一次拒绝了学校要他参加暑假培训的安排,并说:“我都快要退休了,还学什么!”这表明胡老师缺乏( )

A. 终身学习的理念　　B. 热爱学生的情怀

C. 诲人不倦的品格　　D. 严谨教学的精神

【答案】A。解析:终身学习要求教师不断学习新知识,掌握新技能。胡老师认为自己快要退休了,就不再愿意学习,这是没有坚持终身学习的理念。

【2018 年下半年真题】材料:葛华和李强在课间因为一件小事吵架,葛华挨了两拳,刚要还手,上课铃响了,李强迅速跑进教室。葛华觉得吃了亏,怒不可遏。他站在教室门口指着李强大声叫嚷:“有本事你给我出来,我非把你揍扁不可!”此时,正好来上数学课的于老师看到了这一幕,于老师愣了一下,马上和蔼地对葛华说:“葛华,你看老师拿了这么多作业本,你能帮老师发给同学们吗?”葛华虽然还在生气,但还是很快接过作业本发了下去,于老师又对全班同学说:“刚才葛华虽然和别人闹了点小矛盾,可是他为了不影响上课,愉快地帮助我发作业,这很好!我相信他下课后会正确处理这件事的。”葛华听到老师的表扬,转怒为喜,上课也非常认真。

下课后,于老师请李强帮他把教具拿回办公室,趁机问明了事件发生的过程。听完李强的诉说,于老师耐心地对他说:“虽然双方都有责任,但打人给别人造成了伤害,如果是你被打了,你会感觉怎样?我们已经是中学生了,要学会用自己的智慧,友好地解决与他人的冲突,老师相信你会处理好这件事的。”之后,李强主动找葛华道歉,两人重归于好。

问题:请结合材料,从教师职业道德的角度,评析于老师的教育行为。

【参考答案】材料中于老师的教育行为是正确的。

(1)材料中于老师的教育行为体现了关爱学生的教师职业道德要求。《中小学教师职业道德规范》中“关爱学生”一条要求教师要“关心爱护全体学生,尊重学生人格,平等公正对待学生。”材料中,于老师发现学生的不当行为之后没有训斥学生，而是主动缓和气氛，体现了尊重学生人格，平等公正的态度，符合关爱学生的教师职业道德要求。

(2)材料中于老师的教育行为体现了教书育人的教师职业道德要求。《中小学教师职业道德规范》中"教书育人"一条要求教师要"循循善诱，诲人不倦，因材施教。培养学生良好品行，激发学生创新精神，促进学生全面发展。"材料中，于老师能够耐心地询问事件发生的过程，对学生进行有针对性的引导，体现了教书育人的教师职业道德要求。

(3)材料中于老师的教育行为体现了爱岗敬业的教师职业道德要求。《中小学教师职业道德规范》中"爱岗敬业"一条要求教师"忠诚于人民教育事业，志存高远，勤恳敬业，甘为人梯，乐于奉献。对工作高度负责，认真备课上课，认真批改作业，认真辅导学生。不得敷衍塞责。"材料中，于老师能够及时应对学生的问题，并且课后主动帮助学生解决问题，引导学生认识到自己的错误，体现了爱岗敬业的职业道德规范要求。

综上所述，材料中于老师的教育行为是正确的。

## 三、《中小学教师职业道德规范》(1997年)

考点4

1997版《中小学教师职业道德规范》虽然考纲中不作要求，但是在以往考试中曾经考查过，考生应注意：依法执教、廉洁从教。

**1. 依法执教**

学习和宣传马列主义、毛泽东思想和邓小平同志建设有中国特色社会主义理论，拥护党的基本路线，全面贯彻国家教育方针，自觉遵守《中华人民共和国教师法》等法律法规，在教育教学中同党和国家的方针政策保持一致，不得有违背党和国家方针、政策的言行。

**2. 爱岗敬业**

热爱教育、热爱学校，尽职尽责、教书育人，注意培养学生具有良好的思想品德。认真备课上课，认真批改作业，不敷衍塞责，不传播有害学生身心健康的思想。

**3. 热爱学生**

关心爱护全体学生，尊重学生的人格，平等、公正对待学生。对学生严格要求，耐心教导，不讽刺、挖苦、歧视学生，不体罚或变相体罚学生，保护学生合法权益，促进学生全面、主动、健康发展。

**4. 严谨治学**

树立优良学风，刻苦钻研业务，不断学习新知识，探索教育教学规律，改进教育教学方法，提高教育、教学和科研水平。

**5. 团结协作**

谦虚谨慎、尊重同志，相互学习、相互帮助，维护其他教师在学生中的威信。关心集体，维护学校荣誉，共创文明校风。

**6. 尊重家长**

主动与学生家长联系，认真听取意见和建议，取得支持与配合。积极宣传科学的教育思想和方法，不训斥、指责学生家长。

**7. 廉洁从教**

坚守高尚情操，发扬奉献精神，自觉抵制社会不良风气影响。不利用职责之便谋取私利。

**真题对接**

【2016 年下半年真题】某学生家长给余老师送礼，想让余老师给其孩子安排最好的座位，余老师拒绝了。余老师的做法(　　)

A. 不正确，不利于取得家长信任

B. 不正确，不符合家校沟通要求

C. 正确，符合严慈相济的要求

D. 正确，符合廉洁从教的要求

【答案】D。**解析**：教师应为人师表、廉洁从教，不利用职务之便谋取利益。题干中余老师的做法符合廉洁从教的要求。

【2014 年下半年真题】右图中，教师的行为(　　)

A. 正确，有利于促进家校合作

B. 正确，有利于拉近师生距离

C. 不正确，教师必须廉洁从教

D. 不正确，此事应当避开学生

【答案】C。**解析**：廉洁从教要求教师不利用职务之便谋取私利。该图中的教师利用结婚机会收取学生家长的财物违背了廉洁从教的要求。

**8. 为人师表**

模范遵守社会公德，衣着整洁得体，语言规范健康，举止文明礼貌，严于律己，作风正派，以身作则，注重身教。

## 四、《中小学班主任工作规定》 考点 5

### (一) 制定背景

2009 年 8 月 12 日，教育部颁布了《中小学班主任工作规定》(以下简称《规定》)。《规定》是全国中小学班主任工作的指导性文件。《规定》体现了两方面的精神：一是中小学班主任在中小学生思想道德建设和全面健康成长方面发挥着特殊的作用，是学校中重要的具有专门性的工作岗位。二是中小学班主任在班级中承担着特别的教育职责和组织管理任务。其中包括全面关心教育学生，进行班级日常管理和班集体建设，开展班级活动，进行学生评价和沟通学校、家长和社会等。

### (二) 具体内容与解读

《中小学班主任工作规定》有 7 章 22 条。《规定》对班主任的配备与选聘、职责与任务、待遇与权利、培养与培训、考核与奖惩进行了规定。

**1. 配备与选聘**

本章对班主任的配备要求、任职条件、岗前培训等做出了明确规定。《规定》明确了：每个班级配备一名班主任，聘任的对象、聘期和聘任的条件。聘期由学校确定，担任一个班级的班主任时间一般应连续 1 学年以上。在任职条件中，强调了班主任对待自身、对待学生及他人、对待班主任工作的规范要求。

具体来说，包括以下三个方面：

(1)对班主任自身：作风正派、心理健康、为人师表。

(2)对待学生及他人：热爱学生，善于与学生、学生家长及其他任课教师沟通。

(3)对班主任工作：爱岗敬业，具有较强的教育引导与组织管理能力。

**2. 职责与任务**

本章对班主任职责与任务的规定包括学生思想教育、班级日常管理。具体来说，包括以下五个方面：

(1)全面了解班级内每一个学生，深入分析学生思想、心理、学习、生活状况。关心爱护全体学生，平等对待每一个学生，尊重学生人格。采取多种方式与学生沟通，有针对性地进行思想道德教育，促进学生德智体美全面发展。

(2)认真做好班级的日常管理工作，维护班级良好秩序，培养学生的规则意识、责任意识和集体荣誉感，营造民主和谐、团结互助、健康向上的集体氛围。指导班委会和团队工作。

(3)组织、指导开展班会、团队会(日)、文体娱乐、社会实践、春(秋)游等形式多样的班级活动，注重调动学生的积极性和主动性，并做好安全防护工作。

(4)组织做好学生的综合素质评价工作，指导学生认真记载成长记录，实事求是地评定学生操行，向学校提出奖惩建议。

(5)经常与任课教师和其他教职员工沟通，主动与学生家长、学生所在社区联系，努力形成教育合力。

**3. 待遇与权利**

本章对班主任在教育管理中的作用、工作量、绩效工资管理及权利进行了规定。具体来说，包括以下四个方面：

(1)学校在教育管理工作中应充分发挥班主任的骨干作用，注重听取班主任意见。

(2)班主任工作量按当地教师标准课时工作量的一半计入教师基本工作量。

(3)班主任津贴纳入绩效工资管理。

(4)班主任在日常教育教学管理中，有采取适当方式对学生进行批评教育的权利。

**4. 培养与培训**

本章规定了教育行政部门应对班主任进行培养、培训。具体来说，包括以下两个方面：

(1)教育行政部门和学校应制订班主任培养培训规划，有组织地开展班主任岗位培训。

(2)教师教育机构应承担班主任培训任务，教育硕士专业学位教育中应设立中小学班主任工作培养方向。

**5. 考核与奖惩**

本章对班主任的考核、奖惩制度进行了规定。具体来说，包括以下两个方面：

(1)教育行政部门建立科学的班主任工作评价体系和奖惩制度。

(2)学校建立班主任工作档案，定期组织对班主任的考核工作。

**真题对接**

【2015年下半年真题】关于班主任工作，下列说法不正确的是(　　)

A. 教师作为一个班级的班主任，时间一般应该连续一学期以上

B. 班主任津贴纳入绩效工资管理,在绩效工资分配中要向班主任倾斜

C. 教师初次担任班主任应接受岗前培训,符合选聘条件后学校方可聘用

D. 合理安排班主任的课时工作量,按当地教师标准课时工作量的一半计入

**【答案】**A。**解析:**班主任由学校从班级任课教师中选聘。聘期由学校确定,担任一个班级的班主任时间一般应连续1学年以上。

## 第二节　教师的职业行为

(本节共3个考点)

### 考向分析

本节主要介绍教师职业行为规范和教师在教学活动中要处理好的几大关系。相关知识点考频分析如下表:

| 考点 | 考查频率 | 题型 | 重要程度 |
|---|---|---|---|
| 教师职业行为规范的基本要求 | 2 | 单项选择 | ★ |
| 教师在教学活动中要处理好的几大关系 | 5 | 单项选择 | ★★ |

本节知识主要以单项选择题的形式考查,题量1~2道,常与具体的教学案例相结合考查。



### 思维导图

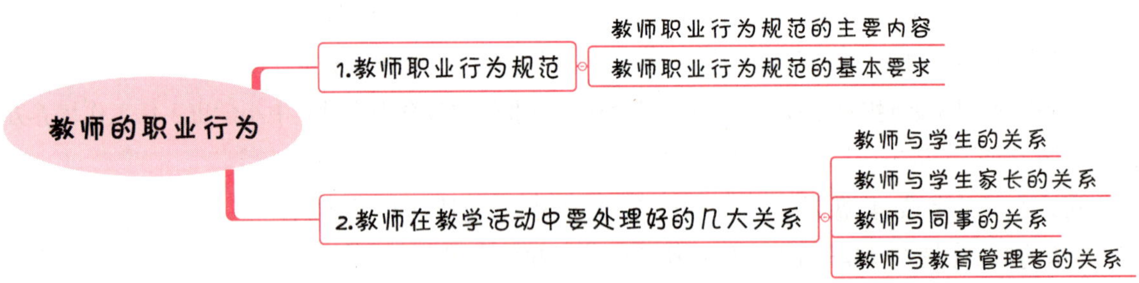


### 考点精讲

#### 一、教师职业行为规范

教师职业行为规范是教师在职业活动过程中,为了实现教育目标、履行教师职责、严守职业道德、从思

想认识到日常行为应遵守的基本准则。

## (一)教师职业行为规范的主要内容　考点1

教师的职业行为规范主要包括以下几个方面：

(1)热爱党、热爱祖国、热爱教育事业，全面贯彻教育方针和职业规范。

(2)热爱、尊重学生，积极为学生创设良好的育人环境，坚持正面教育，严禁体罚和变相体罚学生。

(3)遵守社会公德和学校各项规章制度，全心全意为学生服务。

(4)严于律己、以身作则、为人师表、举止大方，为学生做出表率。

(5)语言规范文明，入学坚持使用普通话，爱护公物，勤俭节约。

(6)仪表端庄、服饰整洁、大方，便于组织学生活动。

(7)团结同事，对人真诚有礼貌，主动热情帮助别人。

(8)做事认真、踏实，服从领导安排，努力做好各项工作，乐于接受任务。

(9)勤奋学习、刻苦钻研，努力提高自身素质和专业水平。

(10)尊重家长，主动、热情地为家长服务，经常征询家长意见，宣传教育知识。

## (二)教师职业行为规范的基本要求　考点2

**1. 教师的思想行为规范**

(1)热爱祖国，拥护中国共产党的领导，认真学习和宣传马克思列宁主义、毛泽东思想，热爱教育事业。

(2)认真执行教育方针，遵循教育规律，尽职尽责，教书育人。

(3)正直诚实，作风正派，为人师表，遵纪守法。

(4)树立正确的人生观和价值观，发扬无私奉献的精神，不做有损国格、人格的事。

(5)积极参加政治学习和宣传活动，做社会主义精神文明的建设者和传播者。

**2. 教师的教学行为规范**

(1)要有端正的教学态度，严肃认真地对待教学工作中的每一项内容。

(2)钻研业务，熟悉教材，认真备课；要善于激发学生的求知欲，组织好课堂教学，创造生动活泼的课堂气氛，尽量避免对学生进行灌输性教学。

(3)精心编排练习，认真批改作业，及时纠正错误。定时做好检查教学质量工作，及时补缺补漏。

(4)按时上课下课，不迟到、不缺课、不拖堂。

(5)上课语言文明、清晰流畅，表达准确简洁；板书整洁规范，内容简练精确。

(6)既要严格要求学生，又要尊重学生，对待学生要一视同仁。热情、耐心地回答学生的提问。不能讽刺、挖苦学生。

(7)教学计划应符合教学进度的要求，不能随意删增内容、加堂或缺课，不能占用学生的自习课或复习考试时间，增加学生的学习负担。

**3. 教师的人际行为规范**

(1)教师与学生之间要做到：热爱学生，关心学生，尊重学生；严格要求，耐心教导，循循善诱，不偏不袒；不以师生关系谋取私利。

(2)教师之间要做到：互相尊重，切忌嫉妒；相互学习，取长补短；平等相待，不卑不亢；乐于助人，关心同事。

(3)教师与领导之间要做到:尊重领导,服从安排;顾全大局,遵守纪律;互相理解,互相支持;秉公办事,团结一致。

(4)教师与家长之间要做到:尊重家长,理解家长;经常家访,互通情况;密切配合,教育学生。

**4. 教师的仪表行为规范**

(1)衣着整洁,朴实大方,服饰要符合职业特点,体现教师为人师表的好形象。

(2)举止稳重大方、潇洒自然、彬彬有礼。切忌轻浮粗俗、拘谨呆板。

**5. 教师的语言行为规范**

(1)教师要使用普通话,边远地区的教师也要通过媒体及其他途径练习普通话,力争发音标准。

(2)语意要明确、表达要清楚,这需要教师熟悉学科知识,思路清晰。

(3)语句要完整,上下连贯。

(4)教师还要注意与时俱进、丰富语言,学会用学生熟悉、喜欢的语言表达教学内容。

## 二、教师在教学活动中要处理好的几大关系 考点3

教师与学生、教师与学生家长、教师与同事、教师与教育管理者的关系是学校中最基本的人际关系,正确处理好这些关系,直接关系着教育活动开展的质量和效率。

### (一)教师与学生的关系

**1. 教师与学生关系的性质**

在教育活动中,学生虽然是教师"教"的对象,但是从教师职业道德要求看,学生也是教师承担"责任"和"义务"的对象。教师对学生所承担的责任和义务,从根本上说就是教师对学生健康成长的责任和义务。因此,在教师与学生的关系上,学生是教师工作的出发点和归属。

**2. 处理教师与学生关系的基本要求**

处理教师与学生关系:热爱学生,关心学生,尊重学生;严格要求,耐心教导,循循善诱,不偏不袒;不以师生关系谋取私利。

(1)爱学生

爱学生,是教师处理与学生关系的根本出发点。没有对学生的爱,教师对于学生所发生的一切行为就没有道德可言。教师对学生的爱,不是对少数人的爱,不是有差别的爱,而是对全体学生的爱,对所有学生付出同样的爱。不论教师面对的学生成绩如何,家庭背景如何等,教师都能够付出自己的爱。教师对学生的爱,应当是无条件的。

(2)尊重学生

尊重学生,是教师建立师生间平等关系的表现。尊重是对师生间平等地位的认可。在师生平等的交往关系中,教师的爱才是真爱,教师的爱才能够实现,学生也才能够感受到教师的爱,从而接受教师对自己的教育。

(3)对学生负责

爱学生,尊重学生,是为了学生的成长。学生的成长,需要在教育教学活动中实现。在教育教学活动中,教师自己的行为要符合教育教学的要求,学生的行为也要符合教育教学的要求。在教育教学活动中,对自己严格要求,也对学生严格要求。教师严格要求学生要做到:严而有理。教师对学生提出的要求必须从学生实际情况出发,在充分考虑教育条件的基础上,选择合适的教育方式,刚柔相济、寓刚于柔。这就是负责，也是一种负责的爱。

(4)公平公正

教师的爱是面向一切学生的，学生所需要的爱也是没有差别的。因而公平公正地对待每一个学生，就是教师的爱给予每一个学生的保证。教师公正地对待学生要求教师要公正、公平、不偏不倚、一视同仁。一方面，教师不能因为个人感情的好恶、私人关系、学生成绩的优劣等偏袒或轻视学生；另一方面，教师不能因为学生的性别、美丑、性格特征、身体条件、家庭出身等的不同而偏袒或轻视学生。公平公正地对待学生是树立正确师生观的核心问题。

(5)保护学生

虽然学生应当是教师平等的交往对象，但是由于学生处在身心的发展阶段上，他们应对生活的能力与经验还不足，因而需要教师给予各个方面的保护。

(6)杜绝伤害

既然学生是教师工作的出发点，那么一切有碍、有害学生成长的行为，在教师的方面都是不允许的，特别是体罚和变相体罚等行为。

### (二)教师与学生家长的关系

**1. 教师与家长关系的性质**

学生是教师工作的出发点，因而教师对学生负有责任和义务。然而学生是家长送到学校来接受教师教育的，在这个意义上家长也是教师责任与义务的对象。

家长作为孩子的第一任教师，对孩子的成长也负有责任，并且是影响孩子成长的重要因素。从家长是一种教育力量的角度来看，家长也是教师工作的合作伙伴。

**2. 处理教师与家长关系的基本要求**

处理教师与家长关系，教师要做到：尊重家长，理解家长；经常家访，互通情况；密切配合，教育学生。

(1)尊重家长

学生应当是教师给予平等看待的对象，给予尊重的对象，学生的家长当然也应当与教师处于平等的关系上，也应当得到教师的尊重。教师和家长在人格上是完全平等的，不存在尊卑之分。教师必须尊重学生家长的人格，特别是尊重社会地位低和所谓“差生”的家长的人格。教师要避免向家长“告状”，不要当众责备其子女，不要说侮辱学生家长人格的话和有侮辱学生家长人格的行为，否则会造成教师与家长的对立，不利于教育效能的提高。

(2)教育学生尊重家长

教师不仅要身体力行地尊重学生家长，还要教育学生尊重自己的父母，特别是那些社会地位不高和文化水平不高的父母。教师教育学生尊重家长，不但可以提高家长的威信，增强家庭教育的力量，而且当家长看到自己的孩子在教师教育下健康成长，对自己又很尊敬时，会由衷地感谢教师，更加信任教师。

教师和家长都是以教育好学生、促进学生身心的全面发展为共同目标的，应该建立彼此信任、相互支持的平等关系，只有平等才有沟通的可能，只有平等双方才能合力教育好学生。

(3)相互协作

教师要想得到家长的切实而有效的支持，就必须得到家长的理解。家长对教师的理解，是建立在协作关系上的。在协作的关系中，教师能够了解家长需要得到怎样的指导，家长也知道教师需要得到怎样的支持。

真题对接

【2014年上半年真题】一位家长抱怨:李老师隔三差五给家长打电话,每次都把我们狠狠地批判一顿,还经常让我们到学校听他训话。李老师的做法(　　)

A. 错误,教师应该与学生家长平等　　B. 错误,教师应对学生发展负全责

C. 正确,家长要配合学校教育学生　　D. 正确,教师应主动寻求家长支持

【答案】A。解析:教师应该同家长多沟通交流,但这是在教师尊重家长、同家长平等交流的基础之上的。

### (三)教师与同事的关系

**1. 教师与同事关系的性质**

教师的教育工作,不是个人行为,而是集体行为。教师个人在集体中开展教育活动,集体的教育活动又通过每一位教师的劳动得以实现。教师的工作离不开教师集体,教师集体也离不开每一位教师。

**2. 处理教师与同事关系的基本要求**

教师之间要做到:互相尊重,切忌嫉妒;相互学习,取长补短;平等相待,不卑不亢;乐于助人,关心同事。

(1)互相尊重

教师在集体中开展着自己的专业性活动,对于共同开展教育教学活动的同事,在地位上是平等的,也是应当给予尊重的对象。

(2)彼此理解

教师在集体中开展工作,由于工作任务及性质上的差异,教师集体中也会产生矛盾与冲突。这就需要教师与同事之间能够互相理解。

(3)团结协作

教师在集体中工作,协作是十分必要的。协作需要教师与同事搞好团结,相互理解、相互支持。

真题对接

【2017年上半年真题】某校实施了"师徒制",经验丰富的吴老师对新入职的蒋老师进行帮助时,要做到(　　)

A. 尊重同行,等蒋老师请教时才进行指导　　B. 主动指导,和蒋老师商讨并确定教学方案

C. 推门听课,发现不妥之处及时在课堂上纠正　　D. 充分信任,让蒋老师独自探索并积累教学经验

【答案】B

【2016年下半年真题】方老师工作勤奋,为人直爽,教学能力也极强,但经常和同事发生矛盾冲突,甚至和有的教师已经发展到了互不理睬的地步。方老师应该(　　)

A. 不予理睬,只需关注教学质量　　B. 反思自我,加强与同事的沟通

C. 无需改变,继续保持独特个性　　D. 避免冲突,减少与同事的来往

【答案】B。解析:题干中方老师只重视教学而忽视与同事的关系的做法是不正确的。处理教师与同事关系的职业行为准则包括:尊重、理解、协作。方老师应该反思自我,加强与同事的沟通。

【2014 年下半年真题】当一位新入职的老师向经验丰富的张老师借教案上课时，张老师拒绝了，说道：“我的教案不一定适合你，这个周末我们一起来探讨。”这表明张老师(　　)

A. 注意帮助同事的方法　　B. 缺乏团结协作精神

C. 缺乏良性竞争的能力　　D. 善于保护自己的隐私

【答案】A。解析：张老师拒绝新入职的教师按照自己教案生硬模仿上课，而是主张周末一起探讨来帮助新教师进步，体现了他非常注意帮助同事的方法。

## (四)教师与教育管理者的关系

**1. 教师与教育管理者关系的性质**

教师在学校组织中工作，组织的运作是在管理中实现的。有组织，就有组织的管理；有组织的管理，就有组织管理者。教师在教育组织中开展自己的职业活动，也必然要在一定教育管理者的管理之下开展职业活动。从管理的角度看，教育管理者与教师是管理与被管理的关系。

但是，这种管理与被管理的关系，不意味着地位的不平等。教师在学校教育活动中的主体地位，不因教师是被管理者的地位而有所改变。管理与被管理，只是分工的不同。教师与教育管理者的关系，是组织中承担不同任务的人们之间的关系。

**2. 处理教师与教育管理者关系的基本要求**

教师与教育管理者之间要做到：尊重领导，服从安排；顾全大局，遵守纪律；互相帮助，互相支持；秉公办事，团结一致。

(1)尊重

教育管理者的管理目标与教师的职业活动目标是一致的。教师应当尊重教育管理者履行管理职责所开展的教育管理活动。

(2)支持

教师在学校组织中开展职业活动。教师的职责和任务是学校教育管理者赋予的。每一位教师根据自己对职责的承诺，完成学校教育管理者分配的任务，是学校组织实现教育目标的保障。学校组织教育目标的实现，是学生的利益所在，因而教师应当在自己的职业行为上支持学校教育管理者对于学校管理工作的开展。

(3)服从

领导与教师只是职务上的差异，人格上是完全平等的。因此，服从不是对领导百依百顺，而是在与领导意见不一致时，顾全大局。教师应服从领导的工作安排，自觉接受领导的检查和监督。

**知识视野**

**《新时代中小学教师职业行为十项准则》**

教师是人类灵魂的工程师，是人类文明的传承者。长期以来，广大教师贯彻党的教育方针，教书育人，呕心沥血，默默奉献，为国家发展和民族振兴作出了重大贡献。新时代对广大教师落实立德树人根本任务提出新的更高要求，为进一步增强教师的责任感、使命感、荣誉感，规范职业行为，明确师德底线，引导广大教师努力成为有理想信念、有道德情操、有扎实学识、有仁爱之心的好老师，着力培养德智体美劳全面发展的社会主义建设者和接班人，特制定以下准则。

一、坚定政治方向。坚持以习近平新时代中国特色社会主义思想为指导,拥护中国共产党的领导,贯彻党的教育方针;不得在教育教学活动中及其他场合有损害党中央权威、违背党的路线方针政策的言行。

二、自觉爱国守法。忠于祖国,忠于人民,恪守宪法原则,遵守法律法规,依法履行教师职责;不得损害国家利益、社会公共利益,或违背社会公序良俗。

三、传播优秀文化。带头践行社会主义核心价值观,弘扬真善美,传递正能量;不得通过课堂、论坛、讲座、信息网络及其他渠道发表、转发错误观点,或编造散布虚假信息、不良信息。

四、潜心教书育人。落实立德树人根本任务,遵循教育规律和学生成长规律,因材施教,教学相长;不得违反教学纪律,敷衍教学,或擅自从事影响教育教学本职工作的兼职兼薪行为。

五、关心爱护学生。严慈相济,诲人不倦,真心关爱学生,严格要求学生,做学生良师益友;不得歧视、侮辱学生,严禁虐待、伤害学生。

六、加强安全防范。增强安全意识,加强安全教育,保护学生安全,防范事故风险;不得在教育教学活动中遇突发事件、面临危险时,不顾学生安危,擅离职守,自行逃离。

七、坚持言行雅正。为人师表,以身作则,举止文明,作风正派,自重自爱;不得与学生发生任何不正当关系,严禁任何形式的猥亵、性骚扰行为。

八、秉持公平诚信。坚持原则,处事公道,光明磊落,为人正直;不得在招生、考试、推优、保送及绩效考核、岗位聘用、职称评聘、评优评奖等工作中徇私舞弊、弄虚作假。

九、坚守廉洁自律。严于律己,清廉从教;不得索要、收受学生及家长财物或参加由学生及家长付费的宴请、旅游、娱乐休闲等活动,不得向学生推销图书报刊、教辅材料、社会保险或利用家长资源谋取私利。

十、规范从教行为。勤勉敬业,乐于奉献,自觉抵制不良风气;不得组织、参与有偿补课,或为校外培训机构和他人介绍生源、提供相关信息。



## 强化练习

| 建议用时 | 实际用时 | 设定分值 | 实际得分 |
|---|---|---|---|
| 60 分钟 | | 60 分 | |

### 一、单项选择题(每小题 2 分,共 32 分)

1. 某老师向学生推销课外辅导资料,要求学生必须购买。该老师的做法(　　)

A. 反映了教学需要

B. 体现了敬业精神

C. 违背了教育规律

D. 违背了师德规范

2. 从做教师的第一天起,赵老师就为自己定下了“干一行、爱一行、精一行”的工作准则。她认真学习优秀教师的成功教学经验,不断提升教学水平,课堂教学效果优秀,这表明了赵老师能够做到(　　)

A. 诲人不倦　　B. 关爱学生

C. 爱岗敬业　　D. 治学严谨

3. 班主任胡老师发现学生黄某在课堂上玩手机后,当即将手机没收,在讲台前砸烂,然后丢进了垃圾桶。该老师的做法违背了(　　)

A. 爱岗敬业　　B. 爱国守法

C. 关爱学生　　D. 终身学习

4. 表示传统师德非常重视严于律己、身体力行、为人

表率的模范作用的先哲名言是(　　)

A. 躬自厚而薄责于人　　B. 三人行,必有我师焉

C. 学而时习之　　D. 见贤思齐

5. 教师职业道德规范要求教师循循善诱,诲人不倦,因材施教。在教育教学中,下列教师做到因材施教的是(　　)

A. 对学生一视同仁,一样要求

B. 辩证地看待学生的优缺点,不绝对化

C. 在学生之间进行横向的比较

D. 不同的学生犯了同样的错误,不考虑动机与原因就进行处理

6. 教师职业道德区别于其他职业道德的显著标志是(　　)

A. 为人师表　　B. 清正廉洁

C. 敬业爱业　　D. 团结协作

7. “不要认为只有你们同儿童谈话,教育他、命令他的时候,才是进行教育,你们是在生活的每时每刻,甚至他们不在场的时候,也在教育着儿童。你们怎样穿戴、怎样同别人谈话、怎样谈论别人、怎样欢乐和发愁、怎样对待朋友和敌人、怎样笑、怎样读报,这一切对儿童都有教育意义。”马卡连柯的这些话体现了教师职业道德规范中的(　　)

A. 为人师表　　B. 热爱学生

C. 教书育人　　D. 爱岗敬业

8. 忠诚于人民教育事业,志存高远,勤恳敬业,甘为人梯,乐于奉献。对工作高度负责,认真备课上课,认真批改作业,认真辅导学生。不对工作敷衍塞责。这体现了新时期教师职业道德规范内容中的(　　)

A. 为人师表　　B. 热爱学生

C. 爱岗敬业　　D. 团结协作

9. 某教师遇到学习成绩不同的学生犯错误,在进行教育时,对优秀学生是“轻描淡写,面带微笑”,对中等学生是“不厌其烦,严肃教导”,对后进学生是“谩骂训斥,又吼又叫”。教师的这种做法(　　)

A. 正确,教师具有因材施教的教育艺术

B. 错误,教师不能平等对待学生,没有做到关爱学生

C. 错误,教师不能公正施教,没有做到为人师表

D. 正确,教师善于运用形式多样的教育方法

10. 有些教师经不起金钱物欲的诱惑,把教书作为向学生索取钱物的条件,以职谋私。这违背了(　　)的要求。

A. 关爱学生　　B. 教书育人

C. 爱岗敬业　　D. 为人师表

11. 李老师在与学生的接触中,了解学生的方方面面,经常写一些心得或教育论文。此外她还经常关注中学教育方面的最新动向,用最新的研究成果来不断丰富、提高自己的教学。这说明李老师做到了(　　)

A. 团结协作　　B. 爱岗敬业

C. 为人师表　　D. 终身学习

12. 王老师与同事之间相互尊重、相互理解、相互学习、相互帮助……在解决学生成绩和纪律问题时,王老师很重视其他任课教师或班主任的意见。这种做法(　　)

A. 正确,是一种良好的师师互动关系

B. 正确,有利于处理好师生关系

C. 错误,王老师这样做缺乏主见

D. 错误,教师间缺乏竞争意识,不利于教师专业发展

13. 小王去年从师范大学毕业,到一所中学教书并担任班主任工作,他经常采取罚款、不许进教室,甚至罚站、罚跑步的方式来惩罚犯错误的学生,严重影响了学生的身心健康。小王老师的做法(　　)

A. 合理,符合爱国守法的要求

B. 不合理,违背了爱岗敬业的要求

C. 不合理,违背了关爱学生的要求

D. 不合理,违背了为人师表的要求

14. 有人说“同行是冤家”“教会了徒弟,饿死了师傅”“文人相轻”等。这些错误观念与(　　)相违背。

A. 谦虚为怀,自知之明　B. 团结协作,甘为人梯

C. 严于律己,以诚待人　D. 学习先进,共同提高

15. 关老师刚刚从师范大学毕业,恃才傲物,不愿意与

同事交流,也拒绝了有经验的老师的帮助。这种行为(　　)

A. 缺乏团结协作　　B. 忽视专业发展

C. 不麻烦其他老师　　D. 尊重和信任同事

16. 某次考试成绩出来后,班主任老师把班里所有学生的成绩进行排名并张贴后,对其中一名学生说:“这次又是你倒数第一,总是影响班级成绩,你真是没救了。”案例中,此老师的行为违反了(　　)的教师职业道德规范。

A. 爱国守法、爱岗敬业

B. 关爱学生、教书育人

C. 为人师表、廉洁公正

D. 爱岗敬业、终身学习

## 二、材料分析题(每小题 14 分,共 28 分)

1. **材料:**在优秀班主任报告会上,古老师这样回顾自己的教育工作:

一个新生小磊刚刚转来,不喜欢说话,下课后也不和其他的同学一起去玩,上课时注意力不集中,学习成绩一般。于是,在课间活动时,古老师领着这个学生和其他学生一起玩老鹰捉小鸡的游戏。小磊玩得很开心。从此以后,小磊的性格逐渐开朗了许多,成绩也提高了。

小明学习成绩不好,同学不喜欢他。古老师后来发现小明的手工玩具做得很棒,就鼓励他带领几名同学参加学校手工制作工艺品大赛,结果小明所在的小组拿了第一名。之后,同学们都请小明教自己如何做手工制品,小明也爱学习了,还担任了科学小组组长。

一个学生喜欢偷拿别人的东西,尽管古老师不喜欢她的行为,但还是做了家访,分析她这样做的原因。古老师观察她的行为,找她谈心,给她讲道理,直到她改正。

教学十余载,古老师每周都会写一篇教学心得体会,最近又参加了网上教师职业培养活动,不断学习理论知识,提高知识素养。

**问题:**请从教师职业道德的角度,评析古老师的教育行为。

2. **材料:**某重点大学毕业生小李,在公开招聘中以优异的成绩被聘为某中学老师。刚上班时,他虚心向同事请教,认真备课,努力把握教学的每个环节,工作高度负责,教学效果好,在期末评定中成绩优秀。但随着工作的熟悉与社会交往的增多,小李便越来越不重视备课和对教学环节的把握,开始变得浮躁,他认为:“教师上课就那么回事,我备好一遍课可以用好多年!”上学期学生评教,小李排名倒数。校长找其谈话,他还不以为然:“我重点大学毕业生,难道还教不了中学生?”之后,他把对校长和学生评教的不满都撒到学生身上,上课时对不专心听讲或成绩差的学生进行挖苦或罚站,甚至赶出教室。

**问题:**试从教师职业道德的角度,评析这位教师的行为。



## 参考答案

### 一、单项选择题

1. D【解析】《中小学教师职业道德规范》(2008 年)中的“为人师表”要求教师“不利用职务之便谋取私利”。该老师私自向学生推销课外辅导资料,并强制学生购买属于利用职务之便谋取私利,这是一种违背师德规范的做法。

2. C【解析】赵老师在工作中认真努力,不断提升自我,这说明赵老师爱岗敬业。

3. B【解析】爱国守法是教师职业的基本要求,不得违反相关法律法规,更不得侵犯学生的权利。

4. A【解析】“躬自厚而薄责于人”是指多责备自己,少责备别人,注重严于律己,为人表率。

5. B【解析】辩证地看待学生的优缺点,不绝对化,体现了教师的因材施教。

6. A【解析】为人师表是教师职业道德区别于其他职业道德的显著标志。

7. A【解析】马卡连柯的这些话强调教师在日常生活中的言行举止都会对学生产生影响和教育作用。因此,教师要注重自身修养,为人师表。

8. C【解析】爱岗敬业要求教师要忠诚于人民教育事业,志存高远,勤恳敬业,甘为人梯,乐于奉献。对工作高度负责,认真备课上课,认真批改作业,认真辅导学生。不得敷衍塞责。

9. B【解析】题干中教师的做法是不合理的,没有做到关爱学生。关爱学生要求教师关心爱护全体学生,尊重学生人格,平等公正对待学生。对学生严慈相济,做学生良师益友。

10. D【解析】为人师表要求教师要作风正派,廉洁奉公。自觉抵制有偿家教,不利用职务之便谋取私利。

11. D【解析】略。

12. A【解析】题干描述的是王老师与同事之间的团结互助,反映的是师师关系。

13. C【解析】关爱学生要做到:关心爱护全体学生,尊重学生人格,不体罚或变相体罚学生。王老师的做法违背了关爱学生的要求。

14. B【解析】"团结协作,甘为人梯"要求同事之间相互帮助,共同进步。

15. A【解析】关老师的行为没有团结同事,缺乏合作精神。

16. B【解析】教书育人的教师职业道德规范要求教师不以分数作为评价学生的唯一标准。题干中的班主任老师按成绩排名的做法违反了这一规范。关爱学生的教师职业道德规范要求教师关心爱护全体学生,尊重学生人格,平等公正对待学生。题干中这位老师对学生所说的话是不尊重学生的表现,违反了这一规范。

**二、材料分析题**

1.【参考答案】古老师的教育行为遵循了教师职业道德规范的要求,值得我们学习。

(1)古老师的行为体现了爱岗敬业的道德规范。古老师注重责任意识,面对学生出现的种种问题能够尽责地处理,不怕脏、不嫌烦,积极与家长沟通,与学生一起游戏,在教育实践中履行着自己作为一名教师应尽的职责。

(2)古老师的行为体现了关爱学生的道德规范。古老师将全身心的爱投入到工作中,以师爱作为工作的核心动力,和学生一起游戏,挖掘学生的闪光点,耐心帮助学生改正不良习惯等,都是出于对学生的关爱。用自身的实际行动诠释了师德的灵魂——关爱学生。

(3)古老师的行为体现了教书育人的道德规范。古老师遵循教育规律,循循善诱,诲人不倦,因材施教。通过细致地观察,"发现小明的手工玩具做得很棒"。通过耐心地教导,改正"一个学生喜欢偷拿别人的东西"的习惯,培养学生的良好品行,进而促进学生全面发展。

(4)古老师的行为体现了为人师表的道德规范。古老师坚守高尚情操,以身作则,在教育教学过程中率先垂范,以自己的人格魅力和学识魅力教育影响学生。

(5)古老师的行为体现了终身学习的道德规范。古老师坚持树立终身学习理念,拓宽知识视野,更新知识结构。"每周都会写一篇教学心得体会""参加网上教师职业培养活动",潜心钻研业务,勇于探索创新,不断提高专业素养和教育教学水平。

总之,古老师的行为体现了崇高的职业道德,这种精神值得弘扬,需要每个老师学习。

2.【参考答案】小李老师的行为没有很好地践行教师职业道德,需要我们引以为鉴。

(1)教师职业道德规范要求教师要爱岗敬业。作为一名教师,应该忠诚于人民的教育事业,对工作高度负责,勤勤恳恳,兢兢业业;认真备课上课,认真辅导学生;不得敷衍塞责。材料中,小李老师在工作过程中没有做良好的教育教学反思,没有持续不断地改进自己的教学;反而敷衍了事,将责任归咎于学生,难以取得良好的教学效果。

(2)教师职业道德规范要求教师要关爱学生。关爱学生要求教师面向全体学生,尊重学生人格,公平、公正对待学生。材料中,小李老师不但对学生教育的耐心不足,还将不良情绪发泄到学生身上,实施体罚,严重伤害了学生的人格,给学生的成长与发展造成了不可挽回的伤害。

(3)教师职业道德规范要求教师要爱国守法。爱国守法要求教师遵守国家各项法律法规规定的相关内容,依法履行教师职责和义务。材料中,小李老师侵犯了学生人格尊严,将学生赶出教室侵犯了他们的受教育权,违背了相关的教育法律法规,严重侵害了学生的权益。

(4)教师职业道德规范要求教师要为人师表。作为一名教师,应该坚守高尚情操,知荣明耻,严于律己,以身作则,举止文明。材料中,小李老师在学生面前无法控制不良情绪,对学生不负责任,给学生成长造成了极坏的影响。

总之,材料中小李老师的做法要能引起我们的警戒。身为教师,在教育教学过程中应做好本职工作,同时还要严格要求自己,时刻反思自己的行为。

# 教师职业道德材料分析题解题方法

## 一、核心知识

教师职业道德规范是指2008年颁布的《中小学教师职业道德规范》中的六个师德条目。其材料考点设问的形式通常是:“请从教师职业道德的角度,评析材料中老师的教育行为。”对这种评析老师教育行为的材料,考生首先要“定性”,即该老师是遵循还是违背了教师职业道德中的相关规范,而后根据材料中的关键信息确认遵循或违背了哪些教师职业道德的条目。以下就每条教师职业道德条目所涉及的关键信息做出归纳。

**1. 爱国守法**

材料如果涉及这一条,一般与“守法”相关,即老师的行为违背了相关法律。因为,爱国比较抽象,很难界定,守法较为具体,容易确定。所谓违背相关法律最主要是指违背《教育法》《义务教育法》《未成年人保护法》等。一般来说,材料出现较多的是老师侵犯学生人身权与受教育权的现象,这种侵权现象就涉及违法。当然,材料中老师的行为到底违背了法律中的哪一条款,考生通常不清楚,答题时可不必具体写出。

**2. 爱岗敬业**

判定材料中涉及“爱岗敬业”的内容,关键词或信息是“责任”。主要有两点:一是出现了非常高尚的词汇,如“蜡烛”“园丁”“牺牲”“人梯”“无私奉献”等;二是出现了与“勤恳”相关的事迹,如老师认真备课、上课、批改作业、辅导学生等。

**3. 关爱学生**

判定材料中涉及“关爱学生”的内容,关键词或信息是“师爱”。如果材料违背了该规范,主要体现为三个方面:老师对学生偏心(与“关心爱护全体学生”“平等公正对待学生”等相背离);老师侵犯学生权益(与“尊重学生人格”“对学生严慈相济”“保护学生安全、关心学生健康、维护学生权益”相背离);老师对学生体罚或心罚(讽刺、挖苦、歧视、侮辱人格等都属于心理惩罚)。这里要强调,侵犯学生权益既违背了师德规范中的“关爱学生”,也违背了“爱国守法”。

**4. 教书育人**

判定材料中涉及“教书育人”的内容,关键词或信息是“全面发展”。材料涉及该规范主要有四个方面:

素质教育或应试教育(材料中涉及最多的是老师在意“分数”或“差生”);培养良好品行;诲人不倦;因材施教。这里特别强调,“诲人不倦”与“教书育人”相关,而不属于“爱岗敬业”与“关爱学生”。

**5. 为人师表**

判定材料中涉及“为人师表”的内容,关键词或信息是“榜样”或“表率”。材料涉及这一条规范的主要有四个方面:言行举止;正确处理自己与领导、家长的关系;廉洁奉公;有偿家教。案例中出现最多的是老师的言行举止,如对学生出言不逊、拳打脚踢等。

**6. 终身学习**

材料中的关键信息:拓宽知识视野,更新知识结构。潜心钻研业务,勇于探索创新,不断提高专业素养和教育教学水平。

## 二、解题技巧

我们拿考试真题为例,举例说明如何在综合素质考试中,拿到应拿的分数。

**材料**:在一节语文公开课上,当我讲到“一千万万颗行星”这句话时,班上最调皮的赵强同学突然阴阳怪气地问道:“老师,‘万万’是什么意思?”惹得全班同学哄堂大笑。面对听课老师们关切的目光,我平静地说:“大家都知道‘万万’等于‘亿’,那么,这里为什么不用‘亿’而用‘万万’呢?”全班同学马上安静下来,开始认真思考,并且发表了自己的看法。大家讨论完后,我进行了分析和总结。最后我又问了一句:“请大家想想,今天这一‘额外’的收获是怎么来的呢?大家要感谢谁呢?请让我们用掌声表达对他的谢意!”大家把目光转向赵强同学,对他鼓起掌来。赵强不好意思地低下了头。

为了进一步了解赵强的情况,我决定进行家访。他知道后,立刻紧张起来,他特意找到我,让我千万别向他爸妈告状。因为从前的老师经常告他状,事后他总免不了皮肉之苦,所以至今心有余悸,我安慰他:“不用担心,我只是想更多地了解你。”那天,我在他家,他因为害怕,躲在房间不敢出来,但不时探出头来想听我讲些什么。在他爸妈面前,我不但没有告他的状,反而夸奖他的进步。回到学校,他对我说:“老师,你够朋友,以后瞧我的!”此后,我经常在课后找机会针对他学习中存在的问题进行辅导,还专门针对他的学习情况制订了教学计划。赵强很努力,在各方面都有了进步,像变了个人似的。

**问题**:请结合材料,从教师职业道德的角度,评析“我”的教育行为。

### (一)审题

职业道德的材料分析题,材料部分多以实际的教育教学案例呈现,问题则是从教师职业道德角度出发,评析案例中教师的教育教学行为。

在审题过程中,我们第一步应该先读问题,带着问题去阅读材料。

在阅读材料的过程中,我们应该标注出其出现的一些关键信息点,即在什么时间,哪位老师实施了什么样的教育教学行为,以及这种教育教学行为带来了什么样的教育教学效果或给学生带来了什么影响。

### (二)解题

在审清题目之后,我们就可以结合已经掌握的相关知识点进行解题。在作答职业道德的材料分析题时,我们要注意以下几点:

(1)整体评析材料中老师的教育教学行为。作答这类材料分析题的第一步,即我们要对材料中老师的做法进行整体评价。

**【例如】**材料中“我”的行为符合《中小学教师职业道德规范》(2008 年修订)中的相关要求,是值得肯定和借鉴的。

(2)关键点放在开头。关键点即得分点,得分点要安排在醒目的地方,所以我们在组织答案时,每一个得分点应该放在每段的第一句话,且要注意语言组织的凝练、简洁。

**【例如】**“我”的教育行为体现了关爱学生的教师职业道德要求。关爱学生要求教师要关心爱护全体学生,尊重学生人格,平等公正对待学生;对学生严慈相济,做学生的良师益友;保护学生安全,关心学生健康,维护学生权益;不讽刺、挖苦、歧视学生,不体罚或变相体罚学生。

(3)要结合材料。材料分析题的目的是考查考生解决实际问题的能力,因此,只有理论是不行的,一定要结合材料给出的实际案例进行分析。

**【例如】**材料中赵强在课堂上突发奇问,引起了学生“哄堂大笑”,“我”并没有因此而批评他,而是因势利导,表明了“我”对学生的关心爱护,也表现了“我”的教育机智;家访时赵强请求“我”不要告状,“我”尊重赵强,改变过去的家访方式,对赵强进行鼓励表扬,以此获得学生的信任。这些都表明“我”践行了关爱学生的要求。

(4)答题的最后加一段简短的总结。材料分析题一方面考查考生在实际教育教学活动中能否利用自身的教育教学机智较好地解决教育突发状况;另一方面在笔试中也考查考生是否能够利用自己已经学的知识合理地进行谋篇布局。因此,合理安排答题结构也是考试中取得高分的关键要素。

**【例如】**总之,材料中“我”的行为践行了教师职业道德规范的要求,真正促进了学生的健康发展。

## 三、参考答案



材料中“我”的行为符合《中小学教师职业道德规范》(2008 年修订)中的相关要求,是值得肯定和借鉴的。

(1)“我”的教育行为体现了关爱学生的教师职业道德要求。关爱学生要求教师要关心爱护全体学生,尊重学生人格,平等公正对待学生;对学生严慈相济,做学生的良师益友;保护学生安全,关心学生健康,维护学生权益;不讽刺、挖苦、歧视学生,不体罚或变相体罚学生。材料中赵强在课堂上突发奇问,引起了学生“哄堂大笑”,“我”并没有因此而批评他,而是因势利导,表明了“我”对学生的关心爱护,也表现了“我”的教育机智;家访时赵强请求“我”不要告状,“我”尊重赵强,改变过去的家访方式,对赵强进行鼓励表扬,以此获得学生的信任。这些都表明“我”践行了关爱学生的要求。

(2)“我”的教育行为体现了爱岗敬业的教师职业道德要求。爱岗敬业要求教师对工作高度负责;认真备课上课;认真批改作业;认真辅导学生;不得敷衍塞责。材料中的“我”积极进行家访,以便了解学生,更好地开展教育教学工作,体现了对工作的高度负责。

(3)“我”的教育行为体现了教书育人的教师职业道德要求。教书育人要求遵循教育规律,实施素质教育;循循善诱,诲人不倦,因材施教;培养学生良好品行,激发学生创新精神,促进学生全面发展;不以分数作为评价学生的唯一标准。材料中的“我”面对课堂上赵强的突发奇问,不仅引导、鼓励学生勤于思考,激发学生的创新精神和发散性思维还引导学生对赵强表示感谢,帮助赵强树立自信,从而促进了赵强和其他同学的全面发展,体现了“我”践行了“教书育人”的要求。

总之,材料中“我”的行为践行了教师职业道德规范的要求,真正促进了学生的健康发展。

# 04 文化素养

## 题型分析与考情预测

本章内容主要以单项选择题的形式考查，题量 7 ~ 9 道左右。本章内容较为简单，考生须重点掌握：

1. 中外历史重大事件。

2. 中外科技发展史上的代表人物及其主要成就。

3. 中国优秀的传统文化成果。

4. 中外文学史上重要的作家及其作品。

5. 中国古代的书法、绘画、音乐、戏曲。

# 第一节　历史素养

（本节共4个考点）

## 考向分析

本节主要介绍中国古代史、中国近现代史、世界历史。相关知识点考频分析如下表：

| 考点 | 考查频率 | 题型 | 重要程度 |
| --- | --- | --- | --- |
| 中国古代史 | 8 | 单项选择 | ★★ |
| 中国近代史 | 4 | 单项选择 | ★ |
| 世界历史 | 6 | 单项选择 | ★★ |

本节知识主要以单项选择题的形式考查，题量1道左右，考查内容较为简单，考生重点注意历史常识中重大历史事件发生的时间、地点、参与的人物等。

## 思维导图

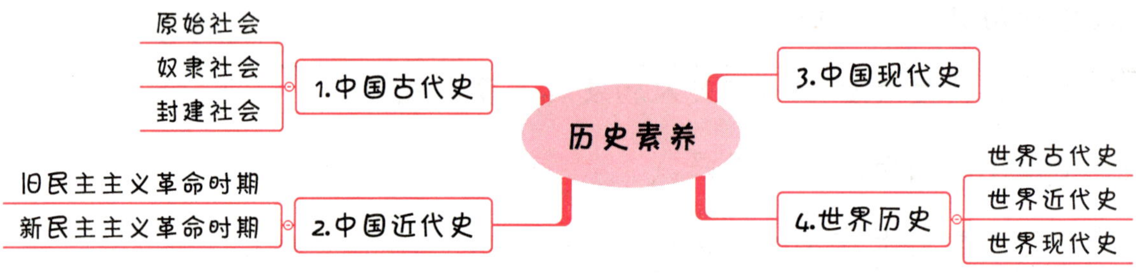




## 考点精讲

### 一、中国古代史

考点1

#### （一）原始社会

**1. 原始人类**

我们所说的远古时代是指中国古代文献记载中最早的王朝——夏朝建立以前的时代，也就是我们通常说的原始社会。原始人群是人类最早的社会组织形式。主要代表有元谋人、蓝田人、北京人和山顶洞人。

| 名称 | 发现地点 | 生活年代 | 文明程度 |
|---|---|---|---|
| 元谋人 | 云南元谋县上那蚌村附近 | 距今约170万年 | 能制造工具和使用火 |
| 蓝田人 | 陕西省蓝田县公王岭 | 距今约80万年到65万年 | 能用简单而粗糙的方法打制石器 |
| 北京人 | 北京市西南房山区周口店龙骨山 | 距今约70—20万年 | 会制造石器工具,能利用天然火 |
| 山顶洞人 | 北京市周口店龙骨山北京人遗址顶部 | 距今约3万年 | 会人工取火,会用骨针缝制衣服 |

**2. 氏族公社**

**母系氏族:**这个时期的文化遗存最突出的是仰韶文化和河姆渡文化。前者代表黄河流域的文化遗存,后者代表长江流域的文化遗存。其中,最能反映母系氏族公社繁荣时期面貌的是半坡遗址和河姆渡遗址。

**父系氏族:**这个时期的文化遗存最具代表性的是龙山文化遗址和大汶川口文化遗址。龙山文化也称为"黑陶文化",分布在黄河中下游广大地区。大汶口文化遗址位于山东泰安地区大汶口,大汶口晚期的墓葬里随葬品相差悬殊,说明已出现了私有财产,有明显的贫富分化。

**知识视野**

**三皇五帝**

三皇指燧人(燧皇)、伏羲(羲皇)、神农(农皇);五帝指黄帝、颛顼、帝喾、尧、舜。三皇五帝并不是真正的帝王,指的是原始社会中后期出现的为人类做出卓越贡献的部落首领或部落联盟首领,后人追尊他们为"皇"或"帝"。

## (二)奴隶社会

我国的奴隶社会一般包括夏、商、西周和春秋。

**1. 夏**

约公元前2070年,禹建立夏王朝,这是中国历史上第一个王朝。禹的儿子启改"禅让制"为"世袭制"。夏朝是我国最早的奴隶制国家。

夏朝的青铜器标志着我国由石器时代进入了青铜器时代。夏朝的"夏历"是我国最早的历法。

**2. 商**

约公元前1600年,商汤推翻了夏桀的统治,建立商朝。公元前14世纪,商王盘庚迁都于殷(今河南安阳),所以商朝也叫殷商。

我国有文字可考的历史是从商朝开始的。商代的文字主要是刻在甲骨、铜器及其他器物上。**甲骨文**是现存中国最古老的成熟文字。商朝的青铜器制造业有很大的发展,司母戊鼎是迄今为止发现的世界上最重的出土青铜器。

**3. 西周**

公元前1046年,武王伐纣,灭商建周,史称西周。周厉王时曾发生"国人暴动"。公元前771年,周幽王被杀,西周灭亡。注:这里的"国人"是指西周时居住于国都的人。

**宗法制:**周人把血缘纽带同政治关系结合起来的一种制度,确立了严格的大宗小宗体系,无论是周王、诸侯还是卿大夫和士都实行嫡长子继承制。

**分封制:**西周分封诸侯的制度。周王将宗族、姻亲、贵族、功臣分封到各地,建立诸侯国,受封者可以在自己的封地内进行再分封。周代的贵族等级分为"**天子—诸侯—卿大夫—士**"。

**4. 春秋**

周幽王的儿子周平王继位后,王都迁到洛邑,史称东周。东周分为春秋和战国两个时期。

**春秋五霸**:公元前770年至公元前476年的春秋时期,先后称霸的诸侯有齐桓公、宋襄公、晋文公、秦穆公、楚庄王。"春秋"来源于孔子编著的《春秋》一书。

**真题对接**

**【2018年上半年真题】**春秋时代统治阶级内部分为不同的阶层,下列选项中,其等级由高到低的排序,正确的是(　　)

A. 公、王、大夫、士　　B. 公、王、士、大夫

C. 王、公、士、大夫　　D. 王、公、大夫、士

**【答案】**D。**解析:**《左传·昭公七年》:"天有十日,人有十等,下所以事上,上所以共神也。故王臣公,公臣大夫,大夫臣士,士臣皂,皂臣舆,舆臣隶,隶臣僚,僚臣仆,仆臣台。马有圉,牛有牧,以待百事。"由以上内容可知,最高等级为王,王下面是公,公下一级是大夫,大夫下一级是士。

**【2015年下半年真题】**"春秋五霸"中,最早称霸的是(　　)

A. 秦穆公　　B. 晋文公

C. 齐桓公　　D. 楚庄王

**【答案】**C。**解析:**春秋时期先后取得霸主地位的有齐桓公、宋襄公、晋文公、秦穆公、楚庄王,史称"春秋五霸"。其中,齐桓公任用管仲为相,促进国家的统一,"九合诸侯,一匡天下",最先成为霸主。

### (三)封建社会

**1. 战国**

**三家分晋**:战国初年,晋国衰败,公元前453年,晋国被韩、赵、魏三家大夫瓜分。

**战国七雄**:公元前475年至公元前221年为战国时期,是我国封建社会形成时期,先后出现**齐、楚、燕、韩、赵、魏、秦**"战国七雄"争霸的局面。

**商鞅变法**:公元前356年,秦孝公任用商鞅实行变法,使秦国迅速成为战国后期最富强的封建国家,为后来秦国统一天下奠定了基础。同时期,李悝在魏国主持变法,吴起在楚国主持变法。

**真题对接**

**【2016年上半年真题】**战国时代有七个强大的诸侯国争雄称霸,史称"战国七雄"。下列选项中,不属于"战国七雄"的是(　　)

A. 齐国　　B. 鲁国

C. 楚国　　D. 秦国

**【答案】**B。**解析:**战国七雄指的是:齐、楚、秦、燕、赵、魏、韩。

**2. 秦朝**

从公元前230年开始,秦用10年时间先后消灭了韩、赵、魏、楚、燕、齐六国。公元前221年,秦以咸阳为

都城,建立起我国历史上第一个统一的中央集权的封建国家。秦统一全国以后,为了巩固政权,颁布了一系列旨在加强中央集权的措施。

| 领域 | 内容 |
| --- | --- |
| 政治上 | 确立至高无上的皇权,秦王独揽大权;在中央设置三公九卿制,地方推行郡县制;统一法令,颁布《秦律》 |
| 经济上 | 在全国实行土地私有制,按亩纳税;统一度量衡、货币;统一车轨,修建驰道,开凿灵渠 |
| 文化上 | 统一文字,小篆作为通用文字在全国使用;"焚书坑儒" |
| 军事上 | 蒙恬率军北击匈奴,收复河套地区;修筑万里长城 |

**秦始皇陵和兵马俑:**秦始皇陵是我国历史上第一座规模宏大,设计完善的帝王陵园,其巨大的规模、丰富的陪葬品居历代帝王陵墓之首。秦始皇兵马俑坑位于今西安市临潼区秦始皇陵以东 1.5 公里处,是秦始皇帝陵的一部分陪葬坑。

**陈胜、吴广农民起义:**公元前 209 年 7 月,陈胜、吴广率领众人发动了中国历史上第一次大规模的农民起义。后来,陈胜、吴广被杀死,起义军被秦军残酷镇压,起义失败。

**3. 汉朝**

(1)西汉

从公元前 206 年到公元前 202 年,刘邦、项羽进行了四年战争,史称"**楚汉之争**";公元前 202 年,项羽兵败刘邦于垓下。同年,刘邦称帝,建立西汉,定都长安。文帝、景帝统治时期,崇尚"无为而治",与民休养,出现了"**文景之治**"。

**汉武盛世:**汉武帝时期,经过一系列改革措施,国力空前强大,开疆拓土,西汉开始进入鼎盛时期。

| 领域 | 内容 |
| --- | --- |
| 政治上 | 汉武帝施行推恩令,削弱了诸侯王的势力,使诸侯王的势力不再对中央构成威胁 |
| 文化上 | 汉武帝采纳董仲舒的建议,"罢黜百家,独尊儒术",实行思想统一 |
| 军事上 | 汉武帝派卫青、霍去病"三击匈奴",解除了来自北方的威胁;建立西域都护府 |
| 外交上 | 汉武帝派遣张骞两次出使西域,开拓了汉朝通往西域的"丝绸之路",路线:长安—河西走廊—安息—西亚—欧洲 |

**知识视野**

**海上丝绸之路**

海上丝绸之路是古代中国与外国进行贸易和文化交往的海上通道,该线路始于秦汉,繁荣于唐宋,衰落于明清。从沿海的港口出发,沿海岸线从中南半岛南下,绕过马来半岛,穿过马六甲海峡,通往孟加拉湾沿岸,可抵达印度洋沿岸地区和红海、波斯湾等地。

**真题对接**

【2019年上半年真题】1974年,考古学家发掘出一艘南宋时期的"福船",发掘地点为"海上丝绸之路"的起点、当时世界上著名的大港口。这一发掘地所在的城市是( )

A. 广州　　B. 福州　　C. 泉州　　D. 汕头

【答案】C。解析:"福船"自1974年在福建泉州湾后渚港出土以来,一直保存在泉州海外交通史博物馆位于开元寺的古船陈列馆中。联合国教科文组织认定泉州为"海上丝绸之路"的起点,泉州宋船就是重要物证。这条古船是当之无愧的"海上丝路"见证者。

**王莽改制**:公元9年,王莽称帝,史称"新莽",西汉灭亡。王莽为缓和西汉末年的社会矛盾采取一系列措施:土地改革、币制改革、商业改革和职官、地名改革。

(2)东汉

公元25年,参加过反王莽农民起义的汉宗室刘秀称帝,建立东汉,定都洛阳,东汉初年出现了社会安定、经济恢复、人口增长的局面,史称"**光武中兴**"。

**黄巾起义**:公元184年,贫苦农民在巨鹿人张角的号令下,揭竿而起,他们头扎黄巾,故称为"黄巾起义",黄巾起义以失败而告终,但最终导致三国局面的形成。

**官渡之战**:东汉末年"三大战役"之一,也是中国历史上著名的以弱胜强的战役之一。公元200年,曹操与袁绍相持于官渡,曹操烧毁袁绍在乌巢的粮仓,大败袁军。此战奠定了曹操统一中国北方的基础。

**赤壁之战**:公元208年,曹操率20多万大军南下,与孙权、刘备5万联军在赤壁决战,最终孙刘联军利用火攻,大败曹军。这一战役史称"赤壁之战"。

**4. 三国两晋南北朝**

(1)三国鼎立

公元220年,曹丕在洛阳称帝,国号魏;221年,刘备在成都称帝,国号汉;229年,孙权在建业(今南京)称帝,建立吴国,三国鼎立的局面形成。

(2)两晋

266年,司马炎篡夺曹魏江山,建立西晋。公元280年,西晋灭吴,重新统一南北,316年刘曜攻占长安,西晋灭亡。317年,晋宗亲司马睿在江南建立东晋。公元383年,北方的前秦向南方的东晋发起侵略吞并战争。经过**淝水之战**,前秦大败,北方各民族纷纷脱离前秦的统治,先后建立了十余个小国。

(3)南北朝

439年,北魏统一黄河流域,以后分裂为东魏和西魏,东魏又为北齐代替,西魏为北周所篡夺。北魏、东魏、西魏、北齐、北周总称为"北朝"。420年,刘宋取代东晋,此后南方历经宋、齐、梁、陈四个朝代,史称"南朝"。南朝和北朝合称为"南北朝"。

其间,北魏孝文帝为了加强统治,决心开始进行改革。改革的主要内容:颁布均田令,农民须向国家交纳租税,服徭役和兵役;为接受汉族文化,迁都洛阳;改革鲜卑旧俗,穿汉服,学说汉话,采汉姓,提倡与汉族通婚。孝文帝的这些改革,加速了北方各少数民族封建化的进程,促进了北方各民族的大融合。

**5. 隋朝**

公元581年,隋文帝杨坚建立隋朝,隋文帝时期经济繁荣发展,史称"**开皇之治**"。隋炀帝统治后期,各地爆发农民起义，公元618年，隋朝灭亡。

**科举制度**：隋文帝即位后，废除了前朝的选官制度，初步建立起通过考试选拔人才的制度。隋炀帝时创立进士科，科举制正式建立。此后，科举制成为历朝选拔官吏的主要制度，一直维持了约1300年。

**京杭大运河**：公元605年，隋炀帝下令开凿大运河。京杭大运河全长2700多千米，南北贯穿今河北、山东、河南、安徽、江苏、浙江等广大地区，沟通了海河、黄河、淮河、长江、钱塘江五大水系，是当时世界上最大的工程之一。

**6. 唐朝**

公元618年李渊在长安（今西安）建立唐朝。唐太宗时期出现了“**贞观之治**”，唐玄宗时期则开创了“**开元盛世**”的良好局面。唐玄宗后期，爆发了“安史之乱”，唐朝开始衰落。

**贞观之治**：公元627年至649年，是李世民统治的贞观时期。在此期间，唐太宗君臣励精图治，政治清明，社会安定，开创了唐代繁荣昌盛的局面，因而被誉为“贞观之治”。

**武则天称帝**：690年，武则天称帝，定都洛阳，改国号为“周”，成为中国历史上唯一的一位女皇帝。公元705年，武则天退位，唐中宗复辟，恢复唐朝。

**开元盛世**：唐玄宗统治前期所出现的盛世局面。在治国上，以道家“清静无为”思想为宗，任用贤能，使政治清明，经济迅速发展。唐朝进入全盛时期，国力达到前所未有的强大。

**安史之乱**：唐玄宗统治后期，节度使安禄山与部将史思明起兵叛乱，攻陷长安。安史之乱历时八年，虽最终被平定，但它造成了唐代藩镇割据的局面，安史之乱是唐帝国由盛转衰的转折点。

**对外交流**：贞观初年，高僧玄奘不畏艰难，矢志不移，到达天竺（古印度），回国后根据他的口述，由弟子记录写成《大唐西域记》。其取经事迹为《西游记》的原型。

公元7世纪，唐太宗把文成公主嫁给松赞干布，与吐蕃建立了亲密的关系。

唐高僧鉴真不畏艰险，经过6次东渡最终到达日本，为促进中日文化交流做出了重要贡献。

**知识视野**

**三省六部制**

**三省**：中书省、门下省、尚书省。尚书省：最高行政机构，负责执行国家的重要政令；门下省：审议机构，负责审核政令；中书省：决策机构，负责草拟和颁发皇帝的诏令。

**六部**：尚书省下设有六部。吏部：负责考核、任免四品以下官员；户部（民部）：负责财政、国库；礼部：负责贡举、祭祀、典礼；兵部：负责军事；刑部：负责司法、审计事务，具体审判另有大理寺负责。重大案件组织刑部、御史台、大理寺会审，谓三司审。工部：负责工程建设。

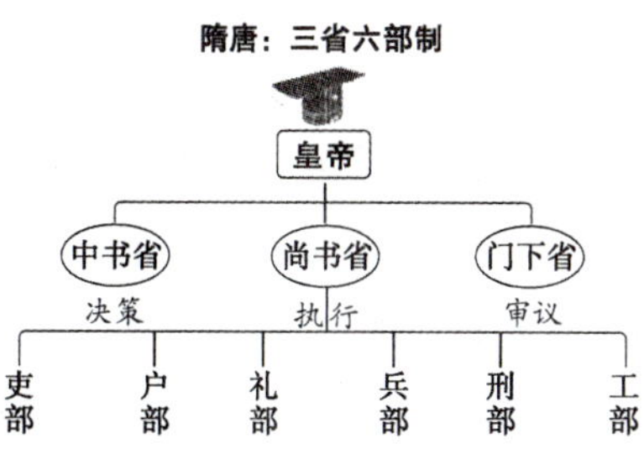


**真题对接**

【**2015年上半年真题**】中国古代三省六部制中“户部”职能是（　　）

A. 掌管吏政　　B. 掌管财政

C. 掌管军政　　D. 掌管学政

【答案】B。解析:户部,中国古代官署名,掌管全国疆土、田地、户籍、赋税、俸饷及一切财政事宜,长官为户部尚书。故选B项。

**7. 五代、辽、西夏**

(1)五代十国

从907年朱全忠(朱温)灭唐建立后梁,到960年北宋建立,黄河流域相继出现后梁、后唐、后晋、后汉、后周五个朝代,统治北方长达50多年,史称五代。与五代同时,在南方各地和北方的山西出现过10个割据政权交替并存,总称十国。五代十国是中国历史上的一个分裂时期。

(2)契丹的兴起和辽国的建立

公元10世纪初,耶律阿保机统一契丹各部,并于916年称帝,建立契丹国。耶律阿保机任用汉族知识分子制定典章制度,创制契丹文字。947年,契丹改国号为辽。耶律阿保机就是辽太祖。

(3)西夏

党项族李元昊于1038年建立的政权,国号“夏”,史称“西夏”。西夏政权建立后,多次与北宋发生战争。1227年被蒙古所灭。

**8. 宋朝**

(1)北宋

公元960年,赵匡胤在陈桥驿发动兵变,黄袍加身,取代后周,史称“**陈桥兵变**”,定都东京,史称北宋。

**杯酒释兵权**:宋太祖赵匡胤为防止出现分裂割据的局面,通过一场酒宴,以威逼利诱的方式,胁迫高级军官交出兵权,史称“杯酒释兵权”。

**真题对接**

【**2014年上半年真题**】下列成语中,体现赵匡胤陈桥兵变故事的是(　　)

A. 黄袍加身　　B. 祸起萧墙　　C. 破釜沉舟　　D. 闻鸡起舞

【**答案**】A。**解析**:五代后周赵匡胤在陈桥兵变,诸将给赵匡胤披上黄袍,拥立为帝。祸起萧墙出自《论语·季氏》;破釜沉舟出自《孙子兵法》;闻鸡起舞出自《晋书·祖逖传》。



**澶渊之盟**:宋真宗时期,辽国大举侵宋,经过多次战争,于1005年1月签订盟约,规定宋每年送给辽岁币,银10万两、绢20万匹,史称“澶渊之盟”。

**王安石变法**:宋神宗时期,王安石发动了一场旨在消除宋初以来积弊的改革。变法以发展生产、富国强兵、挽救宋朝政治危机为目的,以“理财”“整军”为中心,涉及政治、经济、军事、社会、文化各个方面。

**靖康之耻**:公元12世纪初,完颜阿骨打建立金政权,并于1126年大举侵宋,次年占领东京,掳走宋徽宗、宋钦宗,北宋灭亡,史称“靖康之耻”。

(2)南宋

1127年,宋钦宗的弟弟赵构在应天(今河南商丘)称帝,为宋高宗,定都临安,史称南宋。

**岳飞抗金**:南宋主战派将领岳飞请求北伐,收复失地,并多次痛击金军。岳飞被秦桧以“莫须有”的罪名迫害,于1142年在杭州大理寺风波亭被赐死。

**崖山海战**:宋元之间的大决战,最终元军以少胜多,宋军全军覆没。南宋灭亡。

**蒙古西征**:13 世纪初,铁木真逐步统一蒙古各部,并于 1206 年建立大蒙古国,随后开始西征,先后征服西辽、花剌子模等国。蒙古通过三次大规模西征,征服地域西达中亚及东欧的黑海海滨。

**9. 元朝**

公元 1260 年,成吉思汗之孙忽必烈继位可汗,1271 年改国号为元,次年定都大都(今北京)。

**行省制度**:为加强统治,元朝实行行省制。在中央设置中书省,作为全国最高行政机构;其他地区设行中书省,简称"省"或"行省",由中央派官吏管理。在行省制度下,元朝设立宣政院,加强对西藏的管辖,西藏正式成为我国的行政区。同时,元朝还加强对琉球(今台湾)的管辖。

**红巾军起义**:1351 年,刘福通领导农民起义,后遭元军镇压。但红巾军将领朱元璋率领的队伍不断壮大,于 1368 年攻占大都,元朝灭亡。

**10. 明朝**

1368 年初,参加元末红巾军起义的朱元璋在应天府(今南京)称帝,建立明朝。

**靖难之役与迁都北京**:建文帝即位后开始削藩。建文元年,燕王朱棣以尊祖训、诛奸臣为名起兵反抗,史称"靖难之役",靖难之役以燕王朱棣的胜利告终,朱棣称帝,即明成祖,于 1421 年迁都北京。

**郑和下西洋**:1405—1433 年,郑和先后七次航海,到过亚非 30 多个国家和地区,最远到达非洲东部和红海沿岸。郑和下西洋是世界航海史上的壮举,比欧洲航海家的远洋航行早半个多世纪。

**外来物种的传入**:随着对外交流和交往的增多,很多外来物种传入中国,极大丰富了中国人的食物来源。

| 种类 | | 传入时期 | 原产地 |
|---|---|---|---|
| 粮食作物 | 占城稻 | 宋朝 | 越南 |
| | 甘薯、玉米 | 明朝 | 美洲 |
| 榨油类 | 芝麻 | 西汉 | 非洲 |
| | 花生 | 明朝 | 美洲 |
| 水果类 | 石榴、葡萄 | 西汉 | 西域 |
| | 菠萝 | 明朝 | 巴西 |
| 蔬菜类 | 茄子 | 南北朝 | 印度 |
| | 扁豆 | 南北朝 | 东南亚 |
| | 菠菜 | 唐朝 | 伊朗 |
| | 胡萝卜 | 宋朝 | 西亚 |
| | 南瓜 | 明朝 | 美洲 |
| | 西红柿 | 明朝 | 南美 |
| | 马铃薯 | 明朝 | 美洲 |
| 其他 | 核桃 | 西汉 | 西域 |
| | 开心果 | 唐朝 | 西亚 |
| | 辣椒、烟草 | 明朝 | 美洲 |

**土木之变**:1449 年,瓦剌首领也先大举进兵明境,明英宗朱祁镇御驾亲征,结果大败,被俘于土木堡,史称"土木之变"。土木之变后,明朝由盛转衰。

**李自成起义**:明朝末年,李自成领导农民起义,提出“均田免粮”的口号。1644 年李自成攻入北京,崇祯帝自缢于煤山殉国,明朝灭亡。

**11. 清朝(1840 年前)**

1616 年,努尔哈赤在赫图阿拉自立为汗,国号大金,史称后金。1625 年后金迁都沈阳,1634 年改称盛京,1635 年,皇太极改族名为“满洲”,1636 年改国号为清。

**康乾盛世**:中国封建王朝的最后一个盛世,是清朝统治的最高峰。在此期间国家统一,政权稳固,经济繁荣,社会稳定,人口迅速增长。

**郑成功收复台湾**:明朝末年,荷兰殖民者侵占了我国台湾,1662 年,郑成功率军迫使荷兰殖民者投降,收复台湾。

**册封达赖喇嘛**:顺治帝赐予西藏喇嘛教首领五世达赖“达赖喇嘛”封号;康熙帝赐予五世班禅“班禅额尔德尼”封号。乾隆皇帝制定了“金瓶掣签”制度,规定选定喇嘛教活佛转世灵童人选的方法。

## 二、中国近代史

考点 2

### (一)旧民主主义革命时期

**1. 第一次鸦片战争**

1839 年 6 月,钦差大臣林则徐将收缴的英美等国商人的鸦片在广州虎门海滩当众销毁。1840 年 6 月,英国军舰封锁珠江口,第一次鸦片战争爆发,1841 年 1 月,英军武装占领香港岛。

1842 年 8 月,英国迫使清政府签订中国近代史上第一个不平等条约——中英《南京条约》。《南京条约》主要内容:割让香港岛给英国;赔偿 2100 万银元;开放广州、厦门、福州、宁波、上海五处为通商口岸,允许英人居住并设立领事馆;协定关税。鸦片战争使中国由封建社会开始沦为半殖民地半封建社会。

**2. 太平天国运动**

1851 年,洪秀全在广西桂平金田村宣布起义,建号太平天国。1853 年春,太平军占领南京,改名为天京,定为都城。1864 年,太平天国首都天京陷落,标志着太平天国运动的失败。

洪秀全于 1853 年颁布了《天朝田亩制度》,提出了“凡天下田,天下人同耕”的思想。1859 年,太平天国的洪仁玕撰写了《资政新篇》。《资政新篇》具有鲜明的资本主义色彩。

**3. 第二次鸦片战争**

1856—1860 年,英法在俄美支持下联合发动侵华战争。1860 年英法联军火烧圆明园。第二次鸦片战争迫使清政府先后签订《天津条约》《北京条约》和中俄《瑷珲条约》等条约,列强侵略更加深入。

**4. 洋务运动**

19 世纪 60 年代,清朝统治阶级内部掀起以“自强”“求富”为口号,以巩固清朝统治为目的的洋务运动。曾国藩、左宗棠、李鸿章、张之洞等是参与和提倡洋务运动的代表人物。

| 时间 | 1861 | 1865 | 1866 | 1872 | 1876 | 1878 | 1878 | 1880 | 1890 | 1890 |
|---|---|---|---|---|---|---|---|---|---|---|
| 创办者 | 曾国藩 | 李鸿章 | 左宗棠 | 李鸿章 | 李鸿章 | 左宗棠 | 李鸿章 | 李鸿章 | 张之洞 | 张之洞 |
| 企业 | 安庆军械所 | 江南制造总局 | 福州船政局 | 上海轮船招商局 | 开平矿务局 | 兰州织呢局 | 上海机器织布局 | 电报总局 | 汉阳铁厂 | 湖北织布官局 |

**真题对接**

【2015 年下半年真题】下列近代著名历史人物中，属于洋务运动代表人物的是（ ）

A. 康有为　　B. 梁启超

C. 张之洞　　D. 章炳麟

【答案】C。解析：康有为、梁启超属于戊戌变法的代表人物，章炳麟属于民主主义革命者。

**5. 中日甲午战争和《马关条约》**

1894 年 7 月，日本海军在丰岛海面袭击清军运兵船，甲午战争爆发。1895 年初，日军占领威海卫，北洋舰队全军覆没，标志着洋务运动的破产。

1895 年清政府被迫签订《马关条约》。《马关条约》的主要内容：清政府承认朝鲜"独立自主"；割辽东半岛、台湾及所有附属各岛屿、澎湖列岛给日本；赔偿日本军费白银两亿两；开放沙市、重庆、苏州、杭州为商埠；允许日本在通商口岸开设工厂。

**6. 戊戌变法**

1898 年（农历戊戌年），光绪帝颁布"明定国是"诏令，标志着戊戌变法的开始。变法触及了以慈禧太后为首的顽固派的利益，9 月 21 日，慈禧太后囚禁光绪帝，杀害积极推动变法运动的谭嗣同、杨锐、林旭、刘光第、杨深秀、康广仁六人，史称"戊戌六君子"，历时 103 天的变法失败，史称"百日维新"。

"戊戌变法"的失败证明资产阶级改良道路在中国走不通。

**7. 八国联军侵华和《辛丑条约》**

1900 年 6 月，英、俄、日、法、德、美、意、奥八国联军，以镇压义和团为名，在天津塘沽登陆，一路上烧杀抢掠，使中国的奇珍异宝再次遭到洗劫。八国联军侵华后，英、俄、日、法、德、美、意、奥、荷、比、西 11 国以补偿损失为名同清政府签订《辛丑条约》，《辛丑条约》主要内容：中国向各国赔偿白银 4.5 亿两，39 年还清，本息共计 9.8 亿两，用海关等税收作保。

**8. 辛亥革命**

1894 年，孙中山在檀香山组织革命团体兴中会。次年，在香港设置兴中会总部。

1905 年，孙中山在日本东京建立统一的革命组织——中国同盟会，同盟会以"驱除鞑虏、恢复中华、建立民国、平均地权"为政治纲领。孙中山在《民报》发刊词中，将同盟会的政治纲领阐发为"民族""民权""民生"三大主义，即**三民主义**。

1911 年 10 月 10 日，湖北新军工程营革命党人在武昌起义，因 1911 年为农历辛亥年，故这次革命也被称为"辛亥革命"。

**9. 中华民国成立**

1912 年元旦，孙中山在南京宣誓就职中华民国临时大总统，"中华民国"正式成立。3 月，孙中山在南京颁布了《**中华民国临时约法**》，确立了行政、立法、司法三权分立的政治体制，具有资产阶级共和国宪法的性质。

1912 年 2 月 12 日，在袁世凯和全国革命形势的逼迫下，清宣统帝宣布退位，至此，清王朝正式灭亡。

**10. 新文化运动**

1915 年 9 月,陈独秀在上海创办《青年杂志》,是新文化运动兴起的标志。新文化运动的主要内容是提倡民主和科学。

五四运动是新文化运动的高潮。1919 年 5 月 4 日,五四运动爆发,五四运动的导火线是中国在巴黎和会的失败。五四运动是中国新民主主义革命的开端。

## (二)新民主主义革命时期

**1. 中国共产党的诞生**

十月革命后,共产主义思潮在中国得到广泛传播,李大钊成为中国宣传马克思主义的第一人。1921 年 7 月,中共一大召开,选举陈独秀为中央局书记,中国共产党正式成立。

**2. 第一次国内革命战争时期**

第一次国内革命战争时期,又称大革命时期,是指 1924—1927 年间中国共产党和中国国民党第一次合作进行反帝反封建的革命时期。

**国民党一大:**1924 年 1 月,中国国民党第一次全国代表大会在广州召开,会上对国民党进行改组,在实际上确立了“联俄、联共、扶助农工”的三大政策,这次大会标志着国共两党革命合作的正式建立。

**北伐战争:**1926 年 7 月,国民革命军兵分三路从广州出发,北伐的对象是吴佩孚、孙传芳、张作霖三大军阀。北伐军在不到 9 个月的时间里,打垮了吴佩孚,消灭了孙传芳主力,迫使张作霖势力退回关外。

**3. 第二次国内革命战争时期**

第二次国内革命战争,指中国共产党领导中国工农红军和中国人民为反对国民党蒋介石集团的反动统治,废除封建土地制度,建立工农民主政权而进行的革命战争。

**南昌起义:**1927 年 7 月下旬,中共中央决定在江西南昌举行武装起义,并成立以周恩来为书记的前敌委员会。8 月 1 日,周恩来、贺龙、叶挺、朱德、刘伯承等人率领在中国共产党掌握或影响下的革命军在南昌宣布起义,打响了武装反抗国民党反动派的第一枪。



**八七会议:**1927 年 8 月 7 日,中国共产党召开“八七”会议。会议批判了陈独秀右倾错误,确定了土地革命和武装反抗国民党反动派的总方针。

**秋收起义:**毛泽东领导了湘赣边秋收起义,起义失败,改向敌人力量薄弱的农村进军,创建井冈山革命根据地,将武装斗争的重心转向农村。

**红军长征:**随着第五次反围剿的失败和抗日形势的发展,1934 年 10 月,中共中央机关和中央红军被迫从江西瑞金出发实施战略转移,开始长征。1936 年 10 月,红军三大主力会师于甘肃会宁,宣告红军两万五千里长征结束。

**遵义会议:**1935 年 1 月,长征中的党中央在贵州遵义召开会议,肯定了毛泽东的正确主张,事实上确立了以毛泽东为核心的党中央的正确领导。会后,中央决定由毛泽东、周恩来、王稼祥组成三人军事指挥小组,全权负责军事指挥。遵义会议成为中国共产党历史上一个生死攸关的转折点。

**4. 抗日战争**

**九一八事变:**又称沈阳事变。1931 年 9 月 18 日夜,日本关东军炸毁柳条湖附近南满铁路的一段铁轨,并反诬中国军队破坏铁路,并借此炮轰中国东北军驻地北大营,是谓“九一八事变”。19 日,日军占领沈阳,之后，东北三省全部沦陷。

**真题对接**

**【2015年上半年真题】**下列选项中，又称为“沈阳事变”的是（　　）

A. 1·28　　B. 7·7

C. 8·13　　D. 9·18

**【答案】**D。**解析：**九一八事变（又称沈阳事变）是指1931年9月18日在中国东北爆发的一次军事冲突和政治事件。

**西安事变：**1936年12月12日，张学良、杨虎城在多次劝蒋介石停止内战、一致抗日被拒绝的情况下，实行“兵谏”，扣押了蒋介石，并通电全国，要求停止内战，联共抗日，史称“西安事变”。1936年12月25日，蒋介石被释放，西安事变和平解决。

**七七事变：**1937年7月7日晚，日军借故炮轰我军防地，驻宛平县城及附近的卢沟桥的中国守军奋起抵抗，史称“七七事变”或“卢沟桥事变”。七七事变标志着抗日战争的全面爆发。同年9月，蒋介石发表庐山讲话，国共两党再次合作，抗日民族统一战线正式形成。

**四大会战：**全面抗战爆发之后，国民政府在正面战场组织四大会战，来抵抗日军侵略者。其中，淞沪会战粉碎了日本侵略者快速灭亡中国的计划；太原会战中的平型关大捷，打破了日军不可击败的神话；徐州会战中的台儿庄战役是抗日战争爆发以来，中国军队取得的最大胜利；1938年10月，武汉会战结束后，抗日战争进入战略相持阶段。

**抗日战争胜利：**在世界反法西斯力量的共同打击下，1945年8月15日，日本天皇发表“终战诏书”，接受波茨坦公告，宣布无条件投降。9月2日，日本代表在投降书上签字，历时14年的中国人民抗日战争结束。

**5. 人民解放战争**

**重庆谈判：**抗日战争胜利之际，中国共产党和中国国民党两党就中国未来的发展前途、建设大计在重庆进行的一次历史性会谈。从1945年8月29日至10月10日，经过43天谈判，国共双方达成《政府与中共代表会谈纪要》，即《双十协定》。

**真题对接**

**【2015年下半年真题】**1945年秋，国共两党重庆谈判的主要成果是（　　）

A. 签署了《双十协定》　　B. 通过了《和平建国纲领》

C. 通过了《共同纲领》　　D. 制定了《中国土地法大纲》

**【答案】**A

**三大战役：**指1948年9月至1949年1月，中国人民解放军同国民党军队进行的战略决战，包括辽沈战役、淮海战役、平津战役三个战略性战役。三大战役的胜利，奠定了人民解放战争在全国胜利的基础。

## 三、中国现代史

考点3

**中华人民共和国成立：**1949年9月，中国人民政治协商会议第一次全体会议在北平召开，会议通过了具有临时宪法性质的《共同纲领》，决定成立中华人民共和国，改北平为北京作为首都，国旗为五星红旗。1949

年10月1日,毛泽东主席在天安门上向世界宣告:中华人民共和国成立。

**抗美援朝:**又称抗美援朝运动或抗美援朝战争,是20世纪50年代初爆发的朝鲜战争的一部分,仅指中国人民志愿军参战的阶段。1950年10月,中国人民志愿军赴朝作战,拉开了抗美援朝战争的序幕。1953年7月,《朝鲜停战协定》签订,抗美援朝结束。1958年,志愿军全部撤回中国。

**三大改造完成和社会主义制度的建立:**从1953年起,我国全面展开了对农业、手工业、资本主义工商业的社会主义改造。到1956年底,社会主义改造基本完成,社会主义公有制成为我国的主要的所有制形式。三大改造的完成标志着新民主主义革命的结束和社会主义制度的建立。

## 四、世界历史

考点4

### (一)世界古代史

**1. 四大文明古国**

古埃及、古巴比伦、古印度、古中国并称为世界四大文明古国。

| 文明古国 | 发源地 | 文明成就 |
| --- | --- | --- |
| 古埃及 | 尼罗河流域 | 象形文字,十进制计算法,世界上最早的太阳历,金字塔 |
| 古巴比伦 | 两河流域 | 楔形文字,《汉谟拉比法典》,用肉眼观测月食 |
| 古印度 | 印度河恒河流域 | 史诗《罗摩衍那》《摩诃婆罗多》,发明0~9的数字,创立佛教 |
| 古中国 | 黄河流域 | 四大文明:火药、指南针、印刷术、造纸术 |

**2. 玛雅文明**

玛雅文明是美洲印第安文明的杰出代表,因印第安玛雅人而得名。其与印加帝国及阿兹特克帝国并列为美洲三大文明。玛雅文明约形成于公元前1500年,在公元800年达到顶峰后迅速衰落。玛雅文明的代表有玛雅金字塔等。

**3. 古罗马**

公元前509年,罗马人建立了罗马共和国,由元老院、执政官和部族议会三权分立。公元前73年,罗马爆发了斯巴达克奴隶起义。公元前27年,罗马元老院授予屋大维"奥古斯都"尊号,罗马进入帝国时代。395年,罗马帝国分裂为东罗马和西罗马,东罗马以君士坦丁堡为都;西罗马仍以罗马为都。

**真题对接**

【**2018年上半年真题**】公元395年,罗马帝国分裂为东、西两部分,其中东罗马帝国地处亚、非、欧交界处,延续了千年之久。东罗马帝国的首都是(　　)

A. 罗马　　B. 安条克

C. 大马士革　　D. 君士坦丁堡

【**答案**】D。**解析:**公元395年,罗马帝国正式分裂为以君士坦丁堡为都城的东罗马帝国和以罗马为都城的西罗马帝国。

**4. 三大宗教**

基督教、伊斯兰教和佛教并称为世界三大宗教。

基督教产生于公元1世纪的巴勒斯坦地区，基督教的经典是《圣经》。11世纪，基督教分裂为天主教和东正教，分别以罗马和君士坦丁堡为中心。

伊斯兰教由穆罕默德于公元7世纪创立。伊斯兰教信奉“真主安拉”，经典是《古兰经》。伊斯兰教三大圣地是麦加、麦地那和耶路撒冷。

佛教起源于印度，由释迦牟尼创立。于东汉时传入我国，一般认为东汉明帝派人访求佛教经卷，以白马驮至洛阳，建白马寺。

**5. 地理大发现**

西方史学家对15—17世纪欧洲航海者一系列航海活动的通称。1492年，哥伦布航抵“美洲”，开辟了欧美航线；1498年，达·伽马开辟自西欧绕过非洲南端直达印度的航路；1519—1522年麦哲伦船队首次完成环球航行。新航路的开辟和美洲的发现，初步形成了世界市场，开始了西方国家殖民掠夺的狂潮。

**6. 文艺复兴**

14世纪中叶至17世纪初在欧洲发生的一场资产阶级反封建的思想文化运动。文艺复兴始于意大利，以资本主义萌芽为经济基础，以反封建反教会为内容，以打破教会神学世界观，改变维护封建制度的各种传统观念，维护资产阶级的政治、经济利益为目的。文艺复兴首先表现在文学艺术领域，详见本章艺术素养部分。

## （二）世界近代史

**1. 英国资产阶级革命**

1638年，苏格兰人民起义，反对查理一世的专制统治，成为英国资产阶级革命的导火索。为镇压起义筹措经费，1640年英国议会的召开标志着英国资产阶级革命的开始。1689年，英国议会通过《权利法案》限制国王权力，标志着英国君主立宪制政体的确立。

**2. 英国工业革命**

工业革命也称产业革命，指资本主义由工场手工业过渡到大机器生产阶段，即以机器生产代替手工劳动。

工业革命的标志性事件：1785年，瓦特改进蒸汽机并在纺织部门投入使用；1807年，美国人富尔顿制造出第一艘汽船；1814年，英国人斯蒂芬孙发明火车机车。

**真题对接**

**【2016年上半年真题】**人类社会经历了三次科技革命，第一次科技革命的标志是（　　）

A. 蒸汽机的发明　　B. 纺织机的发明

C. 电力的发明　　D. 电子计算机的发明

**【答案】**A。**解析：**第一次工业革命是以工作机的诞生开始的，以蒸汽机作为动力机被广泛使用为标志。

**3. 美国独立**

1773年，以“波士顿倾茶事件”为导火索。1775年春，英军与北美民兵在来克星顿交火，北美独立战争开始。1776年7月4日，大陆会议通过《独立宣言》，英属北美殖民地正式宣告独立。1777年，美国取得萨拉托加大捷，成为独立战争的转折点。1781年英军主力在约克镇投降，美国独立战争结束。1783年英国承认美国独立。

**4. 法国资产阶级革命**

1789 年 7 月 14 日,巴黎人民攻占巴士底狱,标志着法国大革命爆发。1789 年 8 月 26 日,法国制宪议会通过了《人权宣言》。1792 年,法国废除了君主制度,建立了法兰西第一共和国。1794 年 7 月雅各宾派专政被热月党人推翻,恢复共和制,法国大革命结束。

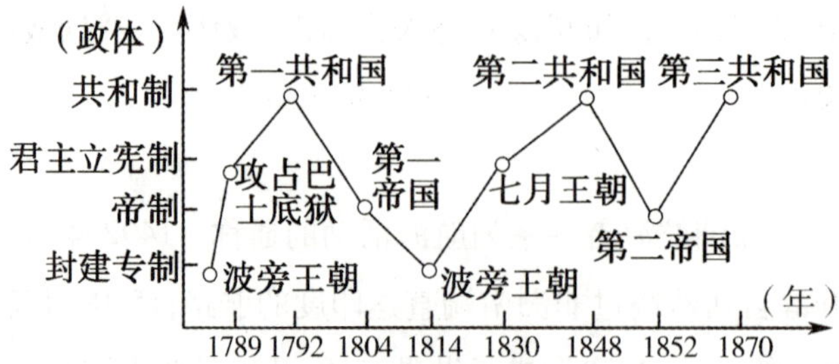


法国政体的演变

**真 题 对 接**

【**2016 年下半年真题**】1848 年法国爆发的“二月革命”,推翻了“七月王朝”,重新建立了共和国,该共和国的名称是(    )

A. 法兰西第二共和国　　B. 法兰西第三共和国

C. 法兰西第四共和国　　D. 法兰西第五共和国

【**答案**】A。**解析**:由题干“1848 年”“法国”可知,该共和国为法兰西第二共和国。

**5. 德意志帝国的建立**

19 世纪六七十年代,在俾斯麦的领导下,普鲁士通过三次王朝战争完成了德国的统一大业。1871 年,德意志帝国建立。《德意志帝国宪法》规定,皇帝拥有绝对实权,议会权力小,德国的君主立宪制是一种不彻底的不完善的代议制。



**真 题 对 接**

【**2019 年上半年真题**】德国历史上长期处于城邦分治的封建割据状态,直至 1871 年才统一。下列人物中,领导德意志经过三次王朝战争实现统一的是(    )

A. 拿破仑　　B. 俾斯麦

C. 黑格尔　　D. 希特勒

【**答案**】B。**解析**:为了德意志统一,俾斯麦发动了三次王朝战争。

**6. 美国内战**

美国独立以后,领土迅速扩张,北方资本主义经济和南方种植园经济都发展起来。美国南北方针对奴隶制存废问题展开激烈斗争,最终导致内战。1862 年 9 月,美国总统林肯发表《解放黑人奴隶宣言》。1865 年 4 月,南方军队投降,南北战争结束。

**7. 日本明治维新**

明治维新是一场自上而下的、不彻底的资本主义改革运动。这次改革始于 1868 年明治天皇建立新政府,主要包括加强中央集权,引进西方先进技术,实行义务教育,废除禁止土地买卖的禁令,确定了土地私有权。这次改革使日本走上发展资本主义的道路，是日本近代历史上的重要转折点。

**8. 科学社会主义的诞生**

1848年2月，由马克思和恩格斯起草的《共产党宣言》正式发表，标志着马克思主义的诞生。《共产党宣言》第一次比较完整系统地阐述了马克思主义基本原理。

1864年，国际工人协会(即第一国际)成立。1870年，普法战争中法国战败，法兰西第三共和国成立。法国资产阶级政府对外屈膝投降，对内镇压人民。1871年3月18日，政府军队同巴黎市民发生冲突，导致巴黎市民起义。3月28日，巴黎公社成立。

**9. 第一次世界大战**

1914年6月，奥匈帝国皇储在萨拉热窝被刺，成为第一次世界大战的导火索。战争主要在由德国、奥匈帝国、意大利组成的同盟国和英国、法国、俄国组成的协约国之间进行。1918年11月11日，德国宣布投降，第一次世界大战以同盟国的投降而告终。

### (三)世界现代史

**1. 俄国十月革命**

1917年11月7日(俄历10月25日)，以列宁为首的布尔什维克党领导工人阶级和革命士兵，举行武装起义，推翻俄国资产阶级临时政府，成立了世界上第一个工兵代表苏维埃政府。十月革命建立了世界上第一个无产阶级专政的社会主义国家。

**2. 巴黎和会**

1919年，战胜的协约国在巴黎召开了缔结和约的会议，签订了处置德国的《凡尔赛和约》。《凡尔赛和约》对德国的过分压制间接导致了第二次世界大战的爆发。另外，《凡尔赛和约》对战胜国中国的不公正待遇直接导致了中国五四运动的爆发。

**3. 第二次世界大战**

1939年9月，德军突袭波兰，作为波兰盟国的英、法两国，迫于舆论压力，于9月3日对德宣战。第二次世界大战全面爆发。

1940年9月，德、意、日三国在柏林签署了《德意日三国同盟条约》，正式组成军事同盟。

1941年底，日本偷袭珍珠港，发动太平洋战争，使二战达到最大规模。

1942年初，中、美、英、苏等26个国家的代表签署《联合国家宣言》，组成世界反法西斯联盟。

1943年春，斯大林格勒战役扭转了二战的局势。

1945年5月8日，德国宣告无条件投降。

1945年8月15日，日本法西斯宣布投降。9月2日，日本正式签订投降书，至此，第二次世界大战结束。

**4. 开罗宣言**

二战期间，美国、中国、英国三国政府首脑在埃及首都开罗举行同盟国会议。会议结束后发表的《开罗宣言》中明确宣告：在战争结束后，日本必须将东北三省、台湾和澎湖列岛归还给中国，使朝鲜独立。

**5. 联合国建立**

联合国是一个由主权国家组成的国际组织。1945年10月24日在美国旧金山签订的《联合国宪章》生效标志着联合国正式成立。安理会五大常任理事国包括中国、俄国、美国、英国、法国。

**6. 马歇尔计划**

马歇尔计划,又称欧洲复兴计划,由时任美国国务卿马歇尔提出,该计划旨在援助二战后的欧洲,帮助其经济复苏,以抵抗苏联的影响。

**7. 美苏冷战**

冷战是指第二次世界大战后的40多年间,以美、苏为首的两大集团之间既非战争又非和平的对峙与竞争状态。1947年杜鲁门主义的出台标志着冷战的开始;1991年苏联的解体标志着冷战的结束。

# 第二节　科学素养

(本节共4个考点)

## 考向分析

本节主要介绍中国古代科技成就、新中国的科技成就、西方科技成就及生活科技常识。相关知识点考频分析如下表:

| 考点 | 考查频率 | 题型 | 重要程度 |
|---|---|---|---|
| 中国古代科技成就 | 5 | 单项选择 | ★★ |
| 新中国的科技成就 | 2 | 单项选择 | ★ |
| 西方科技成就 | 9 | 单项选择 | ★★★ |
| 生活科技常识 | 3 | 单项选择 | ★ |

本节知识主要以单项选择题的形式考查,题量2~4道,考查内容较为简单,考生注意掌握相关知识点。

## 思维导图

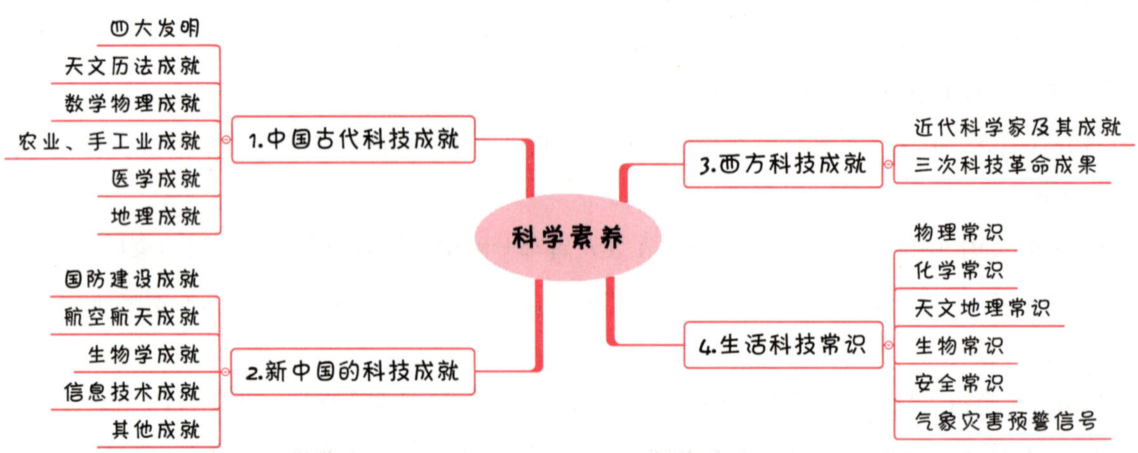

## 考点精讲

### 一、中国古代科技成就

考点1

#### (一)四大发明

**1. 造纸术**

(1)西汉先后出现絮纸和麻纤维纸。甘肃天水放马滩出土的绘有地图的纸,是目前世界上所知最早的纸。

(2)东汉时**蔡伦**在总结前人造纸经验的基础上,改进了造纸术,使纸张成为人们普遍使用的书写材料。

**2. 印刷术**

(1)雕版印刷术发明于隋唐,868 年印制的《金刚经》是世界上现存最早的、标有确切日期的印刷品。

(2)北宋时期**毕昇**发明了活字印刷术,比欧洲早 400 年。活字印刷术的发明极大提高了制版效率,推动了文化的传播。

**3. 指南针**

(1)战国时期发现磁石指南的特性,发明了"司南",它是指南针的前身。

(2)北宋时制成了指南针,并将其用于航海事业。这一时期,沈括记录的地磁偏角是世界上关于这一现象的最早记载。

**真题对接**

【**2014 年上半年真题**】司南是哪个朝代发明的(　　)

A. 南朝　　B. 战国

C. 宋朝　　D. 清朝

【**答案**】B。**解析**:"司"是"指"的意思。传统的观点认为,司南是我国战国时代发明的一种最早的指示南北方向的指南器。

**4. 火药**

(1)唐朝时,《真元妙道要略》一书最早提到了火药,唐末火药开始用于军事。

(2)北宋时火药已广泛在军事上使用,东京设立"广备攻城作",制造火药和火器;宋仁宗时成书的《武经总要》记载了许多火器的制作方法。

(3)南宋时发明了"突火枪",管形火器的出现,开创了人类作战史的新阶段。

#### (二)天文历法成就

(1)夏朝历法《夏小正》记载了一年中各个月份的物候、天象、气象和农事情况。

(2)**干支纪日法**是商朝历法的最大成就,它是世界上延续时间最长的纪日方法。商朝甲骨文中保留了我国最早的日食、月食和新星记录。

(3)《春秋》中关于哈雷彗星的记载,是世界公认的关于哈雷彗星的最早记录,比欧洲早 670 多年。春秋时期,历法已经形成自己固定的系统,基本上确立了十九年七闰的规律,比欧洲早 160 年。

(4)战国时期的《甘石星经》,是世界上最早的天文著作,书中的《石氏星表》是现存世界上最早的星表。

(5)汉武帝时制定的《太初历》是我国第一部比较完整的历法。公元前28年,西汉关于太阳黑子的记录是世界上最早的太阳黑子记录。东汉时张衡发明了浑天仪并改良了地动仪。

(6)唐朝时,僧一行制定的《大衍历》比较准确地反映了太阳运行的规律,并在世界上首创用科学的方法实测地球子午线长度。

(7)元朝郭守敬改进了简仪和圭表,主持编制的《授时历》记载的一年的周期与现行公历基本相同。

### (三)数学物理成就

(1)西周时的《周髀算经》一般被认为是我国最早的天文学和数学著作。其中载有"勾三股四弦五"的勾股定理特例。

(2)战国时墨子著有《墨经》,书中分8条论述了光学知识,阐述了影、小孔成像、平面镜、凹凸镜等,被称为"《墨经》光学八条"。

(3)东汉时的《九章算术》分九章介绍了许多算术命题及其解法,是当时世界上最先进的应用数学。它的出现标志着中国古代数学形成了完整的体系。

(4)魏晋时期,刘徽运用极限理论提出了计算圆周率的正确方法。南朝的祖冲之精确地算出圆周率是在3.1415926与3.1415927之间,比欧洲早近一千年。他的《缀术》对数学的发展有杰出贡献。

(5)唐初的王孝通撰写的《缉古算经》是我国现存最早的解三次方程的著作。

(6)**算经十书**。"算经十书"是十部著名的数学著作,它们曾作为隋唐时代国子监算学科的教科书,分别是:《周髀算经》《九章算术》《海岛算经》《张丘建算经》《夏侯阳算经》《五经算术》《缉古算经》《缀术》《五曹算经》《孙子算经》。"算经十书"标志着中国古代数学的高峰。

**真题对接**

**【2019年上半年真题】**直角三角形两直角边的平方和等于斜边的平方,这是平面几何的一条定理。下列选项中,不是用来指称这一定理的是(　　)

A. 毕达哥拉斯定理　　B. 欧几里得定理

C. 勾股定理　　D. 商高定理

**【答案】**B。**解析:**勾股定理是一个基本的几何定理,指直角三角形的两条直角边的平方和等于斜边的平方。中国古代数学家称直角三角形为勾股形,并且直角边中较短者为勾,另一长直角边为股,斜边为弦,所以称这个定理为勾股定理,也有人称商高定理。公元前六世纪希腊数学家毕达哥拉斯证明了勾股定理,因而西方人都习惯地称这个定理为毕达哥拉斯定理。

### (四)农业、手工业成就

(1)西汉时期氾胜之的《氾胜之书》是我国现存最古老的一部农书。

(2)北魏贾思勰的《齐民要术》是我国现存最早最完整的农书,并标志着中国传统农学的成熟。

(3)北宋沈括的《梦溪笔谈》反映了我国古代特别是北宋时期自然科学达到的辉煌成就,被李约瑟评价为"中国科学史上的里程碑"。

（4）明朝时，宋应星的《天工开物》是世界上第一部关于农业、手工业生产的综合性著作，被誉为“中国17世纪的工艺百科全书”。徐光启的《农政全书》介绍了我国传统农业科学成就，其与北魏贾思勰的《齐民要术》并列为我国农学著述之两大丰碑。

### （五）医学成就

（1）原始社会，“三皇”之一神农氏尝遍百草，被后世称为“**医药之祖**”。

（2）战国时，扁鹊采用“望闻问切”四诊法诊断疾病，被后世尊为“**脉学之宗**”。

（3）西汉时编定的《黄帝内经》是我国现存较早的重要医学文献，被称为“**医之始祖**”。马王堆汉墓出土的帛书《医方经》记载了几百个药方。

（4）东汉时的《神农本草经》是中国第一部完整的药物学著作，是中医药药物学理论发展的源头。张仲景的《伤寒杂病论》是后世中医的重要经典，后人称张仲景为“**医圣**”。华佗擅长外科手术，被誉为“**神医**”。他发明的麻沸散比西方早1600多年。

（5）唐朝时，孙思邈的《千金方》全面总结历代和当时的医学成果，他被后人誉为“**药王**”。唐高宗时编的《唐本草》是世界上最早由国家编定和颁布的药典。

（6）明朝时，李时珍的《本草纲目》全面总结了16世纪以前的中国医药学，被誉为“东方医药巨典”。

（7）**中国传统医学四大经典著作**：《黄帝内经》《难经》《伤寒杂病论》《神农本草经》。

### （六）地理成就

（1）西周时期，《周易》首先提出了“地理”的名称。

（2）西晋裴秀绘制出《禹贡地域图》，提出绘制地图的6项原则，即“制图六体”。

（3）北魏地理学家郦道元作《水经注》，是一部综合性地理著作。

（4）明代徐弘祖撰写的《徐霞客游记》是世界上最早介绍喀斯特地貌的地理学著作。

## 二、新中国的科技成就　考点2

### （一）国防建设成就

**两弹一星**，指的是导弹、核弹和人造卫星。1960年我国仿制的第一枚导弹发射成功。1964年我国首颗原子弹爆炸成功，3年后我国首颗氢弹爆炸成功。1970年我国首颗人造卫星“东方红一号”发射成功。

1971年，我国自行研制的首艘核潜艇下水，试航成功。

2012年，我国首艘航空母舰“辽宁号”交付海军，2017年首艘国产航母成功下水。

### （二）航空航天成就

我国航天器主要有“嫦娥”系列、“神舟”系列、“天宫”系列、“天舟”系列、“长征”系列、“北斗”系列。

1999年，我国第一艘无人飞船“神舟一号”发射升空。

2003年，我国第一艘载人飞船“神舟五号”发射升空，杨利伟为我国首位进入太空的航天员。

2007年，我国成功发射第一颗实用北斗导航卫星。美国GPS、俄罗斯GLONASS、欧洲“伽利略”、中国北斗是世界四大导航系统。

真题对接

【2018年上半年真题】中国、俄罗斯、美国和欧盟都发展了自己的全球卫星定位系统。下列选项中，国家或组织与卫星定位系统对应正确的是( )

A. 中国——“GPS”　　B. 俄罗斯——“北斗”

C. 美国——“格洛纳斯”　　D. 欧盟——“伽利略”

【答案】D。解析：北斗卫星导航系统是中国自主研发、独立运行的全球卫星导航系统。与美国“GPS”、俄罗斯“格洛纳斯”、欧盟“伽利略”系统并称为全球四大卫星导航系统。

2012年，“神舟九号”载人飞船与“天宫一号”对接成功，刘洋是我国首位进入太空的女航天员。

2013年，“神舟十号”载人飞船进入太空，航天员王亚平实现太空授课。

2013年，“嫦娥三号”成功实施月面软着陆，“玉兔号”月球车实现月面巡视勘察。

2016年，“神舟十一号”载人飞船成功发射，并与“天宫二号”自动交会对接成功。“天宫二号”是我国第一个真正意义上的空间实验室。

2016年8月16日，世界首颗量子通信卫星“墨子号”在酒泉由长征二号丁运载火箭成功发射升空。此次发射任务的圆满成功，标志着我国空间科学研究又迈出重要一步。

2018年12月8日，“嫦娥四号”成功发射，实现了人类首次月球背面软着陆和巡视探测。

知识视野

**我国四大航天发射场**

**文昌卫星发射中心**：主要承担地球同步轨道卫星、大质量极地卫星、大吨位空间站和深空探测卫星等航天器的发射任务。

**酒泉卫星发射中心**：主要承担火箭、卫星、飞船的测试发射和测量控制任务，可同时执行飞船、卫星和火箭的发射任务，它是中国唯一的载人航天发射场。

**太原卫星发射中心**：中国试验卫星、应用卫星和运载火箭发射试验基地之一，主要承担太阳同步轨道和极地轨道航天器发射任务。

**西昌卫星发射中心**：主要承担地球同步轨道卫星发射任务的航天发射基地，担负通信、广播、气象卫星等试验发射和应用发射任务。



### (三)生物学成就

1965年，中国科学家人工合成结晶牛胰岛素。这是世界上第一次人工合成的具有生物活力的结晶蛋白质。

1973年，袁隆平在世界上首次培育出可广泛种植的杂交水稻，大幅提高了水稻产量。袁隆平被称为“杂交水稻之父”。

2015年，屠呦呦获得2015年诺贝尔生理学或医学奖，这是中国科学家在中国本土进行的科学研究首次获诺贝尔科学奖。她先驱性地发现了青蒿素，开创了疟疾治疗新方法。

2016年，我国在世界上首次解析出NPC1蛋白的清晰结构，为干预、治疗罕见遗传疾病“尼曼—皮克病”

和埃博拉病毒打开了新大门。

### （四）信息技术成就

1978 年，王选成功研制汉字激光照排技术。王选被誉为“**当代毕昇**”。

1983 年，中国第一台每秒钟运算一亿次以上的“银河-Ⅰ”巨型计算机，在长沙研制成功。

**真题对接**

【**2015 年上半年真题**】中国研制的第一台一亿次巨型计算机是（　　）

A. 银河Ⅰ　　B. 银河Ⅱ

C. 巨浪Ⅰ　　D. 巨浪Ⅱ

【**答案**】A。**解析**：1983 年 12 月 22 日，国防科技大学成功研制我国第一台亿次巨型计算机银河Ⅰ，运算速度每秒 1 亿次。银河机的研制成功，标志着我国计算机科研水平达到了一个新高度。

2000 年，我国独立研制的第一台类人型机器人，标志着我国机器人技术已跻身国际先进行列。

2009 年，我国首台千万亿次超级计算机“天河一号”研制成功。

2013 年，“天河二号”研制成功，2015 年 11 月 16 日最新公布的新一期全球超级计算机 500 强榜单中，“天河二号”六度称雄。

2017 年，世界首条千公里级量子保密通信干线“京沪干线”正式开通。

2017 年，世界首台超越传统计算机的光量子计算机在中国研制成功。

### （五）其他成就

1985 年，我国首个南极科学考察站长城站建立。我国共有五个极地科考站，其中，南极站四个：长城站、中山站、昆仑站和泰山站。北极站一个：黄河站。

2006 年，青藏铁路开通运营。青藏铁路是世界上海拔最高、在冻土上路程最长、克服了世界级困难的高原铁路。

2016 年，世界上最大单口径（500 米）的射电望远镜 FAST 在贵州落成。

## 三、西方科技成就　考点 3

### （一）近代科学家及其成就

**1. 天文学成就**

哥白尼，波兰天文学家，著有《天体运行论》，确立“日心说”，成为近代天文学的起点。

伽利略，意大利天文学家和物理学家，首次用自制天文望远镜观测天体，进一步论证了哥白尼的学说。伽利略还做了自由落体实验。

**真题对接**

【**2018 年下半年真题**】望远镜的发明推动了近代天文学的发展。1609 年，伽利略亲手制造和改进了望远镜，并用来巡视天空。他的国籍是（　　）

A. 法国　　B. 英国

C. 意大利　　　　D. 奥地利

【答案】C。解析:伽利略是意大利著名数学家、物理学家、天文学家和哲学家,近代实验科学的先驱者。

开普勒,德国天文学家,提出了行星运动的三大定律。

哈雷,英国天文学家和数学家,代表作《彗星天文学论说》,其首先测定哈雷彗星轨道,并预言其周期为76年。

康德,德国哲学家,在《宇宙发展史概论》一书中首先提出了太阳系起源的"星云"假说。

哈勃,美国天文学家,提出了谱线红移定律,即哈勃定律。

**2. 物理学成就**

帕斯卡,法国物理学家。他利用帕斯卡桶裂实验证明了大气压强的存在,发现了帕斯卡定律。

牛顿,英国物理学家、数学家、天文学家。他提出牛顿运动三大定律,发现了万有引力定律,建立经典力学体系。数学上,牛顿和德国数学家莱布尼茨分别独立创立了微积分。

奥斯特,丹麦物理学家、化学家。其于1820年发现了电流的磁效应。

法拉第,英国物理学家、化学家。其首次发现电磁感应现象,进而得到产生交流电的方法。1831年,法拉第发明了人类第一台发电机——圆盘发电机。

麦克斯韦,英国物理学家、数学家。其建立了完整的电磁场理论并预言了电磁波的存在。

居里夫人,法国物理学家,发现了放射性元素镭,动摇了"经典"力学,为以相对论和量子理论为基础的现代物理学开辟了道路。

普朗克,德国物理学家,量子概念的提出者。

**真题对接**

【2018年上半年真题】量子概念的提出,第一次把能量的不连续性引入对自然过程的深入认识,对其后量子理论的进一步发展起到了重要作用。量子概念的提出者是(　　)

A. 普朗克　　　　B. 洛伦兹

C. 爱因斯坦　　　　D. 麦克斯韦

【答案】A。解析:量子是现代物理的重要概念,最早是由德国物理学家普朗克在1900年提出的。



伦琴,德国物理学家,发现了X射线,是首届诺贝尔物理学奖得主。

爱因斯坦,美籍犹太人物理学家,现代物理学的开创者、奠基人。他提出了狭义相对论和广义相对论,为现代物理学奠定了理论基础,被美国《时代周刊》评选为"世纪伟人"。

卢瑟福,英国物理学家,"原子核物理学之父"。他首先根据α粒子散射实验提出原子核式结构模型,并于1919年首先发现质子。

波尔,丹麦物理学家,哥本哈根学派创始人。他提出了互补原理和哥本哈根诠释来解释量子力学。

海森堡,德国物理学家,量子力学创始人之一。他创立了矩阵力学,并提出不确定性原理及矩阵理论。

**3. 化学成就**

波义耳,英国化学家,提出科学的元素概念,使化学成为独立的科学。

拉瓦锡,法国化学家,否定了“燃素说”,揭示了燃烧的本质,正式确立了质量守恒定律。

凯库勒,德国有机化学家,提出了有机分子的结构理论,发现了苯的结构简式。

诺贝尔,瑞典化学家、发明家,诺贝尔奖创始人。尤其在炸药方面成就卓越。诺贝尔奖分为五份:物理学奖、化学奖、生理学或医学奖、文学奖和和平奖,用于奖励在所在领域有突出贡献的人。

门捷列夫,俄国科学家,发现化学元素的周期性,并依据原子量,制作出第一张元素周期表。

**真题对接**

**【2017 年上半年真题】**1979 年为纪念某位德国化学家诞辰 150 周年发行了邮票(下图),该化学家提出了苯的分子结构理论。这位化学家是(　　)

A. 凯库勒　　B. 拉瓦锡

C. 法拉第　　D. 诺贝尔

**【答案】**A

**【2016 年下半年真题】**诺贝尔奖是根据化学家诺贝尔的遗嘱设立的,包括自然科学和人文科学的综合性、国际性和永久性系列奖项,为国际最高荣誉奖项。诺贝尔的国籍是(　　)

A. 瑞士　　B. 德国

C. 英国　　D. 瑞典

**【答案】**D。**解析:**诺贝尔为瑞典人。

**【2013 年下半年真题】**创立元素周期表的科学家是(　　)

A. 门捷列夫　　B. 玻义耳

C. 居里夫人　　D. 玻尔

**【答案】**A。**解析:**1869 年,俄国门捷列夫提出化学元素周期律。

**4. 生物学成就**

维萨里,比利时解剖学家、医生,发表《人体构造》一书,确立了近代解剖学说。

哈维,英国生理学家,提出了著名的血液循环学说,奠定了近代生理学的基础。

施旺、施莱登,德国生理学家,提出了细胞学说,推动了现代生物学和医学的发展。

达尔文,英国生物学家,进化论的奠基人,发表了《物种起源》,提出了生物进化论。

**真题对接**

**【2013 年下半年真题】**达尔文在《物种起源》中阐述的主要内容是(　　)

A. 基因理论　　B. 条件反射

C. 进化论　　D. 细胞学说

**【答案】**C。**解析:**达尔文(1809—1882),英国生物学家,进化论的奠基人。他的《物种起源》这一划时代的著作,提出了生物进化论学说,从而摧毁了各种唯心的神造论和物种不变论。除了生物学外,他的理论对人类学、心理学及哲学的发展都有不容忽视的影响。恩格斯将"进化论"列为19世纪自然科学的三大发现之一。

巴斯德,法国微生物学家、化学家,近代微生物学奠基人。他把微生物的研究从主要研究微生物的形态转移到研究微生物的生理途径上来,从而奠定了工业微生物学和医学微生物学的基础,并开创了微生物生理学。

孟德尔,奥地利生物学家,遗传学奠基人,"现代遗传学之父"。他通过豌豆实验,发现了遗传学三大基本规律中的两个,分别为分离规律及自由组合规律。

弗莱明,英国医学家。首先发现了青霉素,开创医学新纪元。

### (二)三次科技革命成果

| 项目 | 第一次科技革命 | 第二次科技革命 | 第三次科技革命 |
|---|---|---|---|
| 时间 | 18世纪60年代到19世纪上半期 | 19世纪70年代到20世纪初 | 20世纪四五十年代以来 |
| 标志 | 瓦特蒸汽机的发明及应用 | 电力的应用和内燃机的发明 | 原子能、航天技术、计算机的应用 |
| 影响 | "蒸汽时代"到来 | "电气时代"到来 | "信息时代"到来 |
| 重要发明 | 瓦特,"工业革命之父",改良蒸汽机;<br>富尔顿,制造第一艘蒸汽轮船;<br>斯蒂芬森,发明蒸汽机车;<br>戴维,发明矿工灯 | 西门子,发明电动机;<br>爱迪生,发明电灯、留声机等;<br>贝尔,"电话之父",发明第一部可用的电话;<br>马可尼,发明无线电报;<br>卡尔·本茨,发明汽车 | 美国成功爆炸世界第一颗原子弹;<br>苏联建成世界第一座核电站;<br>美国制造世界第一台电子计算机(ENIAC);<br>苏联发射世界第一颗人造卫星 |



**真题对接**

【**2013年下半年真题**】下列选项中,由美国发明家亚历山大·格雷厄姆·贝尔发明的是(　　)

A. 天文望远镜　　B. 互联网

C. 电子计算机　　D. 电话

【**答案**】D。**解析**:1876年,美国贝尔发明了有线电话。

## 四、生活科技常识

考点4

### (一)物理常识

**1. 力学**

**万有引力**:自然界中的任何两个物体都是相互吸引的,引力的大小与这两个物体的质量的乘积成正比,跟两物体间距离的平方成反比。

**重力**:由于地球的吸引而使物体受到的竖直向下的力。

**浮力**:浸在液体中的物体受到向上的力。浸在液体中的物体所受浮力的大小等于它排开的液体所受的重力,这就是阿基米德原理。

**杠杆原理**:即杠杆平衡的条件:动力力矩等于阻力力矩,即**动力 × 动力臂 = 阻力 × 阻力臂**。定滑轮实质上也是利用了杠杆原理。

**质量**:物体所含物质的多少,是物体本身的一种属性,不随它的形状、状态、温度以及所处的位置的改变而改变。

**真题对接**

【**2015 年下半年真题**】下图所示为中国春秋时代就已经应用的机械工具"桔槔"。它所利用的物理学原理是( )

A. 热胀冷缩　　B. 杠杆原理

C. 浮力原理　　D. 能量守恒

【**答案**】B。**解析**:"桔槔"是一种原始的汲水工具,它实际上是一种杠杆。

**2. 物态变化**

固体、液体、气体是物质存在的三种状态。这三种状态之间的关系如下图所示:

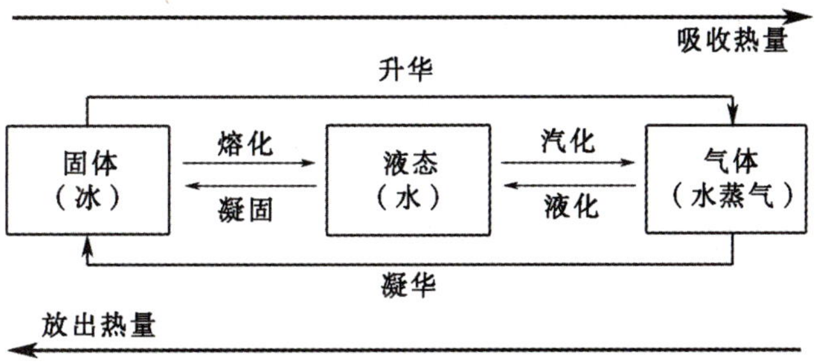


固体可以分为晶体和非晶体两类。晶体都有固定的熔点,非晶体无固定的熔点,晶体的熔点和凝固点相同。石英、云母、明矾、食盐、各种金属等都是晶体,玻璃、蜂蜡、松香、沥青、橡胶等都是非晶体。

汽化的方式有蒸发和沸腾。液化方法有降低温度和压缩体积。

**3. 光现象常识**

**光的直线传播**:光在同种均匀介质中是沿直线传播的。光在真空中的传播速度为 $3\times10^8$ m/s。光年是一个距离单位,即光在一年内传播的距离。

**光的反射**:光射在两种介质的界面上改变方向再返回原来介质的现象。光的反射分为镜面反射和漫反射。

**光的折射**:光从一种介质斜射入另一种介质时,传播方向一般发生变化的现象。

**光的散射**:白光通过棱镜会被分解为红、橙、黄、绿、蓝、靛、紫七色。红、绿、蓝为光的三原色。

**4. 声现象常识**

声音靠介质才能传播,在真空中不能传播。声音的传播速度:**固体 > 液体 > 气体**。

声音的音调,即声音的高低与发声体振动的频率有关;声音的响度,即声音的强弱与发声体振动的强弱及距离发声体的远近有关。

**5. 电学常识**

**电荷的相互作用**:同种电荷相互排斥;异种电荷相互吸引。

**用电量的单位**:度,1 度等于 1 kW · h,相当于功率为 1 kW 的电器正常工作 1 个小时所消耗的电量。

**电功**:电流在电路中所做的功,**电功 = 电压 × 电流 × 时间**,即 $W=UIt$。

**电磁波**:电磁场的传播形成电磁波,所谓电磁场是指变化的电场和变化的磁场相联系的统一体。电磁波在真空中的传播速度为 $3\times10^8$ m/s。电磁波的传播不需要介质。

## (二)化学常识

**1. 基本概念**

**原子**:化学变化中最小的微粒,也是化学反应的基本微粒,在化学反应中不可分割。某些物质(如金刚石、碳化硅等)直接由原子构成。

**分子**:能够独立存在并保持物质化学性质的一种粒子。分子一般由原子构成。

**元素**:具有相同核电荷数(即核内质子数)的一类原子的总称。核电荷数相同但中子数不同的原子互称为同位素。一种元素可以有多种同位素。

**单质**:由同种元素构成的纯净物。但是由同种元素构成的物质不一定都是纯净物,例如氧气($O_2$)和臭氧($O_3$)都是由氧元素构成的。由同种元素构成的结构不同的物质被称为同素异形体。

**2. 化合物**

**有机化合物**:含碳的化合物,但不是所有的含碳化合物都是有机物,如 $CO$、$CO_2$、碳酸盐、金属碳化物都不是有机物。有机物是生命产生的物质基础。

**无机化合物**:不含碳元素的化合物,但含碳的氧化物、碳酸盐、金属碳化物、氰化物等除外。

**3. 守恒定律**

**质量守恒定律**:在化学反应中,参加反应前各物质的质量总和等于反应后生成各物质的质量总和。

**能量守恒定律**:能量既不会凭空产生,也不会凭空消失,它只能从一种形式转化为别的形式,或者从一个物体转移到别的物体,在转化或转移的过程中其总量不变。

## （三）天文地理常识

### 1. 天文常识

**恒星和行星：**恒星是指自身能发光，由炽热气体组成的天体，如太阳；行星是指自身不发光，围绕恒星运转的天体，如地球。

**太阳系：**太阳系由八大行星组成，距太阳由近到远依次为水星、金星、地球、火星、木星、土星、天王星和海王星。其中，木星为体积和质量最大的行星。

**真题对接**

【**2017 年下半年真题**】太阳系是太阳和以太阳为中心、受它的引力支配而环绕它运动的天体所构成的系统，其中包含八大行星。下列行星中，距离太阳最远的是（　　）

A. 天王星　　B. 海王星　　C. 土星　　D. 木星

【**答案**】B。**解析：**太阳系八大行星，距太阳由近到远依次是水星、金星、地球、火星、木星、土星、天王星、海王星。

【**2014 年上半年真题**】太阳系中离太阳最近的两大行星（　　）

A. 水星、金星　　B. 地球、火星

C. 火星、金星　　D. 地球、水星

【**答案**】A。**解析：**太阳系中行星按照离太阳由近到远的顺序依次是：水星、金星、地球、火星、木星、土星、天王星和海王星。

**日食：**当太阳、月球、地球运行约成一直线时，月球的阴影掠过地球，形成日食。

**月食：**当太阳、地球、月球运行约成一直线时，月球运行到地球阴影内，形成月食。

**大气层：**

| 层序 | 高度范围 | 温度 | 特征 |
|---|---|---|---|
| 对流层 | 自地面到 8 ~ 18 km | 随高度升高而降低 | 厚度最薄，质量最大，水汽最多，具有剧烈的对流运动 |
| 平流层 | 自对流层顶向上至 50 ~ 55 km | 随高度升高而升高 | 大气稳定，气流以水平运动为主。水汽、尘埃含量很少，无普通云、雨现象，天气晴朗，能见度好，适宜飞行 |
| 中间层 | 自平流层顶向上至 80 ~ 85 km | 随高度升高而迅速下降 | 有相当强烈的垂直运动，故又称上部对流层 |
| 暖层（电离层） | 自中间层顶向上至 800 km | 随高度增加而迅速上升 | 空气密度很小。气体处于高度电离状态，能反射无线电波，有极光现象出现 |
| 外层（散逸层） | 800 km 以上 | 气温随高度而升高 | 大气的最外层，空气极其稀薄，是大气圈与星际空间的过渡带 |

**流星雨**:在夜空中有许多的流星从天空中一个所谓的辐射点发射出来的天文现象。这些流星是宇宙中被称为流星体的碎片,在平行的轨道上运行时以极高速度投射进入地球大气层的流束。

**极光现象**:由于太阳带电粒子流进入地球磁场,在地球南北两极附近地区的高空,夜间出现的灿烂美丽的光辉。在南极被称为南极光,在北极被称为北极光。

**2. 地理常识**

(1)世界地理

**七大洲**:地球陆地分成的七大板块,分别为亚洲、非洲、北美洲、南美洲、欧洲、大洋洲、南极洲。其中亚洲最大,大洋洲最小。南极洲天气寒冷、冰川覆盖,是唯一没有被污染的大陆。

**四大洋**:地球上的四片海洋,分别为太平洋、大西洋、印度洋、北冰洋。其中太平洋面积最大,北冰洋面积最小。

**地壳六大板块**:太平洋板块、亚欧板块、印度洋板块、非洲板块、美洲板块和南极洲板块。

**世界四大岛屿**:格陵兰岛、新几内亚岛、加里曼丹岛、马达加斯加岛。

**亚洲三大半岛**:阿拉伯半岛、印度半岛、中南半岛。

**欧洲四大半岛**:斯堪的纳维亚半岛、伊比利亚半岛、巴尔干半岛、亚平宁半岛。

**日期变更线**:为了避免日期的紊乱,国际规定将日期变更线(人为日界线)大致和180°经线重合,经线两侧东、西十二区时刻值相同,但日期相差一天。

**世界地理之最**:

| 最大的平原 | 亚马孙平原 | 最大的高原 | 巴西高原 |
|---|---|---|---|
| 最大的内海 | 加勒比海 | 最高的高原 | 青藏高原 |
| 最大的咸水湖 | 里海 | 最大的淡水湖 | 苏必利尔湖 |
| 最深的淡水湖 | 贝加尔湖 | 最深的海沟 | 马里亚纳海沟 |
| 最大的沙漠 | 撒哈拉沙漠 | 最长的裂谷带 | 东非大裂谷 |
| 最大的岛屿 | 格陵兰岛 | 最大的半岛 | 阿拉伯半岛 |
| 最大的盆地 | 刚果盆地 | 最高的山峰 | 珠穆朗玛峰 |
| 最长的内流河 | 伏尔加河 | 最长的河流 | 尼罗河 |
| 最深的咸水湖 | 死海 | 最高的咸水湖 | 西藏纳木措湖 |

**世界著名运河**:巴拿马运河(沟通大西洋与太平洋)、苏伊士运河(沟通地中海与红海)、基尔运河(沟通北海和波罗的海)。

**世界著名海峡**:

| 海峡 | 地理位置 |
|---|---|
| 马六甲海峡 | 位于马来半岛与苏门答腊岛之间,沟通南海与印度洋的安达曼海 |
| 霍尔木兹海峡 | 位于伊朗与阿拉伯半岛之间,沟通波斯湾与阿拉伯海 |
| 麦哲伦海峡 | 位于南美大陆与火地岛之间,沟通南大西洋和南太平洋 |

续表

| 海峡 | 地理位置 |
| --- | --- |
| 直布罗陀海峡 | 位于欧洲和非洲之间，沟通地中海与大西洋 |
| 白令海峡 | 位于亚洲东北端楚科奇半岛和北美洲西北端阿拉斯加之间，沟通太平洋与北冰洋 |

**真题对接**

【**2014 年下半年真题**】接连地中海和大西洋的海峡是(　　)

A. 巴士海峡　　B. 马六甲海峡

C. 麦哲伦海峡　　D. 直布罗陀海峡

【**答案**】D。**解析**：直布罗陀海峡位于欧洲伊比利亚半岛南端与非洲大陆西北角之间，是沟通大西洋与地中海的唯一水道。

(2)中国地理

**疆域**：

| **位置** | 位于北半球，北回归线穿过南部 | | | |
| --- | --- | --- | --- | --- |
| **陆地面积** | 约 960 万平方千米，居俄罗斯和加拿大之后位列第三 | | | |
| **领土四端** | 最东 | 最南 | 最西 | 最北 |
| | 黑龙江和乌苏里江的主航道中心线的相交处 | 曾母暗沙 | 帕米尔高原附近 | 漠河以北黑龙江主航道的中心线上 |
| **陆疆** | 中国陆上疆界长约 2.2 万千米，共 14 个陆地邻国：朝俄蒙哈吉塔阿，巴印尼泊和不丹，缅甸老挝接越南，陆上邻国依次连 | | | |
| **海疆** | 我国海岸线约 1.8 万千米，自北向南濒临的近海有：渤海、黄海、东南、南海。内海和边海的水域面积约 470 万平方千米 | | | |

**岛屿、群岛和半岛**：

我国面积超过 1000 平方千米的岛屿有三个：台湾岛、海南岛和崇明岛。台湾岛为我国第一大岛，崇明岛为我国第三大岛，也是最大的冲积岛。

我国主要群岛有长山群岛、舟山群岛、澎湖列岛、洞头群岛、庙岛群岛以及南海东沙、西沙、中沙、南沙四大群岛。其中，舟山群岛是我国第一大群岛，太平岛是南海最大的自然岛屿。

我国三大半岛：辽东半岛、山东半岛和雷州半岛。

**真题对接**

【**2015 年上半年真题**】中国南沙群岛中面积最大的是(　　)

A. 太平岛　　B. 南成岛　　C. 中业岛　　D. 黄岩岛

【**答案**】A。**解析**：太平岛，俗称黄山马峙，是南沙群岛中最大的岛屿。

地形：

| 四大高原 | 青藏高原、内蒙古高原、黄土高原、云贵高原 | 三大平原 | 东北平原、华北平原、长江中下游平原 |
|---|---|---|---|
| 四大盆地 | 塔里木盆地、准噶尔盆地、柴达木盆地、四川盆地 | 三大丘陵 | 山东丘陵、辽东丘陵、东南丘陵 |

湖泊：

我国五大淡水湖面积从大到小分别为鄱阳湖、洞庭湖、太湖、洪泽湖、巢湖。

青海湖为我国面积最大的内陆咸水湖。青海察尔汗盐湖为我国最大盐湖。

河流：

长江发源于唐古拉山脉主峰各拉丹冬雪山，全长约6300千米，为我国第一、世界第三长河，流经青藏高原、横断山区、云贵高原、四川盆地、长江中下游平原注入东海。

黄河发源于巴颜喀拉山北麓，全长约5464千米，流经青藏高原、内蒙古高原、黄土高原、华北平原注入渤海。

中国地理之最：

| 最大的群岛 | 舟山群岛 | 最大的淡水湖 | 鄱阳湖 |
|---|---|---|---|
| 最大的岛屿 | 台湾岛 | 最高的湖泊 | 纳木措湖 |
| 最大的瀑布 | 黄果树瀑布 | 最长的河流 | 长江 |
| 最高的高原 | 青藏高原 | 最长的内流河 | 塔里木河 |
| 最大的平原 | 东北平原 | 最长的地下河 | 坎儿井 |
| 最大的峡谷 | 雅鲁藏布大峡谷 | 最大的冲积岛 | 崇明岛 |
| 最大的沙漠 | 塔克拉玛干沙漠 | 最大的半岛 | 辽东半岛 |
| 最大的湖泊 | 青海湖 | 最深的峡谷 | 虎跳峡 |

## (四)生物常识

### 1. 人体的营养物质

人体的营养物质包括糖类、脂类、蛋白质三类供能物质和水、无机盐、维生素、纤维素四类非供能物质。其中，糖类是人体进行生命活动的主要能源物质；脂类包括脂肪、类脂；蛋白质是人体重要的有机化合物，一切生命活动都离不开蛋白质。维生素不是构成组织的主要原料，也不为人体提供能量，人体每日对它们的需要量很小。但是，维生素对人体的重要作用是其他营养物质不能代替的，人体一旦缺乏维生素，就会影响正常的生长发育，甚至患病。

| 维生素 | 缺乏症 | 补充食物 |
|---|---|---|
| 维生素A | 夜盲症、眼干燥症 | 鱼肝油、胡萝卜、新鲜蔬果等 |
| 维生素$B_1$ | 多发性神经炎、脚气症 | 谷物、豆类、酵母等 |
| 维生素$B_2$ | 神经炎、口角炎、日光性皮炎 | 蛋黄、牛乳、酵母、动物肝脏 |
| 维生素C | 坏血病、抵抗力下降 | 各类新鲜蔬果 |

续表

| 维生素 | 缺乏症 | 补充食物 |
| --- | --- | --- |
| 维生素 D | 佝偻病、骨质疏松症 | 蛋黄、牛乳、动物肝脏等,适当的日光浴 |
| 维生素 E | 上皮细胞变性、孕育异常 | 坚果、植物油 |
| 维生素 H(生物素) | 脱发 | 动物肝脏、肾脏、酵母、牛乳等 |
| 维生素 M(叶酸) | 白细胞减少,巨幼细胞性贫血 | 新鲜蔬果、动物肝脏、酵母等 |

**2. 遗传的相关概念**

遗传的相关概念主要包括细胞核、染色体、DNA 和基因等。

| | |
| --- | --- |
| **细胞核** | 细胞核是遗传的信息库 |
| **染色体** | 染色体由 DNA 和蛋白质组成<br>人的体细胞染色体数目为 46 条,23 对。前 22 对叫常染色体,第 23 对叫性染色体 |
| DNA | DNA 是遗传信息的载体,呈双螺旋结构<br>DNA 分子的基本单位是脱氧核糖核苷酸,RNA 分子的基本单位是核糖核苷酸 |
| **基因** | 基因是染色体上具有控制生物性状的 DNA 片段 |

可遗传的变异有三种来源:基因突变、基因重组、染色体变异。基因突变是生物变异的根本来源。

**3. 血型遗传规律**

父母与子女的对应血型如下表。

| **父母血型** | O 与 O | A 与 O | A 与 A | A 与 B | A 与 AB | B 与 O | B 与 B | B 与 AB | AB 与 O | AB 与 AB |
| --- | --- | --- | --- | --- | --- | --- | --- | --- | --- | --- |
| **子女血型** | O | A、O | A、O | A、B、AB、O | A、B、AB | B、O | B、O | A、B、AB | A、B | A、B、AB |

原则上输血一般要求同血型。但是,AB 型血的人可以接受任何血型的血液输入,被称为万能受血者;O 型血的人可以输血给任何血型的人,被称为万能输血者。

## (五)安全常识

**1. 火灾消防安全常识**

(1)灭火基本知识

水是最常用的灭火剂,在木材、塑料起火时,可用水灭火。但是因为水具有导电性和流动性,所以当电器或线路着火时,应先切断电源,再用干粉或气体灭火器灭火;当油、酒精等着火时,可用浸湿的棉被或者沙土覆盖,令窒息灭火;当煤气罐着火时,可用浸湿的衣物等捂盖灭火,并迅速关闭阀门。救火时不要贸然开窗,以免空气对流,加速火势蔓延。

(2)逃生自救措施

在遇到火灾时,切不可慌乱。首先选用合适的灭火器灭火,在确定火势较大,无法扑灭时,可自救逃生。逃生时可用毛巾等将口捂严,否则会有中毒和被热空气灼伤呼吸系统软组织窒息致死的危险。在充满烟雾的房间和走廊内,逃生时最好弯腰使头部尽量接近地板。在公交车上可用安全锤敲击窗玻璃四角,击破玻璃后逃生。

**2. 地震安全常识**

在发生地震时,要保持冷静,因时因地做出瞬间避险抉择。在平房或一楼可瞬间逃到安全空地的室内应选择"跑",其他情况可就地躲避。在家里,应躲在坚固的家具下,或者在卫生间等小开间处;在学校,应尽快躲在书桌下面,或者教室的墙角处。躲避时一定要避开外墙、窗户。

**3. 触电急救注意事项**

当发现有人触电时,尽快找到电闸,切断电源是当务之急。如果暂时找不到电源,可就近找一样绝缘体的东西,如木棍或塑料管子,挑开触电者与电源的接触,然后检查触电者的反应。如果发现其已经没有了心跳和呼吸,应立即就地对其进行人工呼吸和胸外心脏按压,同时让别人拨打急救电话。

### (六)气象灾害预警信号

| 信号 | 道路结冰预警信号 | 大雾预警信号 | 霜冻预警信号 | 寒潮预警信号 | 台风预警信号 | 高温预警信号 | 灰霾天气预警信号 |
| --- | --- | --- | --- | --- | --- | --- | --- |
| 标识 |  |  |  |  |  |  |  |
| 分级 | 三级:黄色、橙色、红色 | 三级:黄色、橙色、红色 | 三级:蓝色、黄色、橙色 | 二级:橙色、红色 | 四级:蓝色、黄色、橙色、红色 | 三级:黄色、橙色、红色 | 三级:黄色、橙色、红色 |

## 第三节　传统文化素养

(本节共8个考点)



### 考向分析

本节主要介绍中国的传统思想、天文历法、节日风俗、历史典故、古代称谓、文化遗产等。相关知识点考频分析如下表:

| 考点 | 考查频率 | 题型 | 重要程度 |
| --- | --- | --- | --- |
| 传统思想 | 2 | 单项选择 | ★ |
| 天文历法 | 3 | 单项选择 | ★ |
| 节日习俗 | 4 | 单项选择 | ★ |
| 历史典故与人物 | 5 | 单项选择 | ★★ |
| 古代特殊称谓 | 5 | 单项选择 | ★★ |
| 名胜与文化遗产 | 1 | 单项选择 | ★ |

本节知识主要以单项选择题的形式考查，题量 1～2 道，考查内容较为简单。

## 思维导图

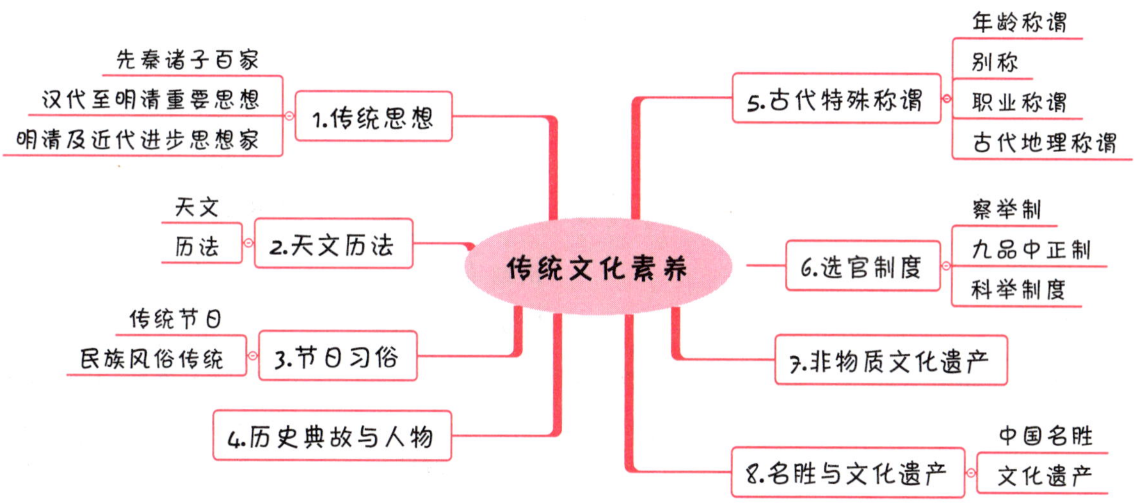


## 考点精讲

### 一、传统思想

考点 1

#### （一）先秦诸子百家

春秋战国时期，社会经济发展，政治主张和哲学看法的不同，形成了“百家争鸣”的学术繁荣局面。主要有儒、墨、道、法等诸家。

| 主要流派 | 代表人物 | 作品 | 主张 |
|---|---|---|---|
| 儒家 | 孔子 | 《论语》 | 核心思想：“礼”和“仁”，希望恢复西周的礼乐制度，主张“克己复礼”；重视伦理道德教育和人的自身修养，提倡“以德治国”；在教育上，首创私学，主张“有教无类” |
| | 孟子 | 《孟子》 | 政治上主张实行“仁政”，提出“民贵君轻”的民主思想；在伦理观上主张“性善论” |
| | 荀子 | 《荀子》 | 政治上主张“仁义”和“王道”，提出“君舟民水”的论断，在伦理观上提出“性恶论” |
| 道家 | 老子 | 《道德经》 | 哲学思想上认为，“道”是世界万物的本原；政治思想上讲求无为而治 |
| | 庄子 | 《庄子》 | 认为世界万物是相对的，认为放弃生死、贵贱、荣辱等差别概念，就能获得精神上的自由 |

续表

| 主要流派 | 代表人物 | 作品 | 主张 |
|---|---|---|---|
| 墨家 | 墨翟 | 《墨子》 | 政治上主张“兼爱”“非攻”“尚贤”，提倡节俭，反对奢侈浪费；墨家思想代表了平民百姓的愿望 |
| 法家 | 韩非子 | 《韩非子》 | 主张以法治国，把君主的权力提高到极点，提出了系统的法治理论 |

**真题对接**

**【2015年上半年真题】**下列选项中，不符合古代“无为”观念的是(　　)

A. 顺天之时　　B. 随地之性

C. 隐忍之心　　D. 无所作为

**【答案】**D。**解析：**无为是中国道家文化的核心思想，无为不是无所作为，不是无所事事，而是不做无效的工作。

## (二)汉代至明清重要思想

### 1. 汉代经学

汉武帝罢黜百家，独尊儒术，儒学成为主导思想，以研究儒家著作《诗》《书》《礼》《易》《乐》《春秋》的经学成为学术思想主流，又分为今文经学和古文经学。其中，今文经学的代表是董仲舒，古文经学的代表是刘歆。

### 2. 魏晋玄学

玄学是魏晋时期流行的哲学思潮，主要是以道家思想为基础，融合儒佛，上承汉代经学。玄学的代表人物有何晏、王弼等，他们以出身门第、容貌举止和虚无玄远的“清淡”标榜，形成一时风气。

### 3. 宋明理学

宋明理学，起于宋，是宋以后影响中国社会数百年的儒家学术思想。宋明理学是以“理”为核心的新儒学体系。“理”是一种理论抽象，其概念内涵复杂。宋明理学代表人物有程颢、程颐、朱熹、陆九渊、王阳明等。

### 4. 清代朴学

朴学也称“考据学”，指清代学者继承汉儒学风而治经的考据训诂之学。乾隆、嘉庆时期朴学最辉煌，形成“乾嘉学派”，朴学的代表人物有顾炎武、黄宗羲、戴震等。

## (三)明清及近代进步思想家

**顾炎武：**明末清初思想家，与黄宗羲、王夫之并称为明末清初“三大儒”。其代表作为《日知录》，该书反映了他“经世致用”的思想。其名言“天下兴亡，匹夫有责”是民族精神的象征。

**戴震：**清代思想家，对程朱理学持批判态度，其代表作为《原善》。

**严复：**近代启蒙思想家，积极介绍西方思想，其翻译的《天演论》宣传了“物竞天择，适者生存”的观点。

**康有为：**中国近代推进思想变革的最重要的思想家之一，先后写了《新学伪经考》和《孔子改制考》，为“戊戌变法”奠定理论基础。

**梁启超**：中国近代启蒙思想家、维新派领袖、学者，代表作有《少年中国说》《谭嗣同》。

## 二、天文历法

考点2

### （一）天文

**二十八宿**：古代将星座称为星宿，又称二十八舍或二十八星，是古人为观测日、月、五星运动而划分的二十八个星区，用来说明日、月、五星运行所到的位置。

**四象**：古人把东、南、西、北四方每一方位的"七宿"联系起来加以想象而成的四种动物的形象。其中，东方称为苍龙象；北方称为玄武象；西方称为白虎象；南方称朱雀象。

**参商**："参"指参宿，"商"指商宿，参宿在西，商宿在东，二者在星空中此出彼没，彼没此出，因此常用来形容人分离不得相见。

**文曲星**：星宿名之一，旧时迷信说法，文曲星是主管文运的星宿，人们称因文章写得好而被朝廷录用为高官的人是文曲星下凡。

**天罡**：星官名，指北斗七星的柄。道教认为北斗丛星中有三十六天罡星、七十二地煞星。小说《水浒传》受这种说法影响，将梁山泊一百零八位大小头领附会成天罡星、地煞星降生。

### （二）历法

**1. 二十四节气**

古人根据太阳一年内的位置变化以及所引起的地面气候的演变次序，将一年365天分为二十四段，分列在十二个月份中，以反映四季、气温、物候等的变化。其中每月分为两段，月首叫"节气"，月中叫"中气"，二十四节气的名称和顺序分别为：

| 季 | 春 | | | 夏 | | | 秋 | | | 冬 | | |
|---|---|---|---|---|---|---|---|---|---|---|---|---|
| 月(农历) | 正月 | 二月 | 三月 | 四月 | 五月 | 六月 | 七月 | 八月 | 九月 | 十月 | 十一月 | 腊月 |
| 节气 | 立春 | 惊蛰 | 清明 | 立夏 | 芒种 | 小暑 | 立秋 | 白露 | 寒露 | 立冬 | 大雪 | 小寒 |
| | 雨水 | 春风 | 谷雨 | 小满 | 夏至 | 大暑 | 处暑 | 秋分 | 霜降 | 小雪 | 冬至 | 大寒 |

为了便于记忆，人们编出了歌谣：春雨惊春清谷天，夏满芒夏暑相连。秋处露秋寒霜降，冬雪雪冬小大寒。

**真题对接**

【2014年下半年真题】下列节气不在夏季的是(　　)

A. 惊蛰　　B. 芒种

C. 夏至　　D. 小满

【答案】A。**解析**：根据二十四节气歌：春雨惊春清谷天，夏满芒夏暑相连，秋处露秋寒霜降，冬雪雪冬小大寒。可知惊蛰节气在春季。

**2. 干支纪年**

干支是天干地支的合称。干，即天干，共十位：甲、乙、丙、丁、戊、己、庚、辛、壬、癸；支，即地支，共十二位：子、丑、寅、卯、辰、巳、午、未、申、酉、戌、亥。十天干和十二地支两两相配，组成六十个基本单位，用以纪

第四章

年,如戊戌、辛亥等,十和十二的最小公倍数为六十,故干支纪年每六十年一个循环。

**3. 纪时法**

我国古代纪时法主要有天色纪时法和地支纪时法两种。故天色纪时、地支纪时和现在纪时对应关系如下表:

| 地支纪时 | 子 | 丑 | 寅 | 卯 | 辰 | 巳 | 午 | 未 | 申 | 酉 | 戌 | 亥 |
|---|---|---|---|---|---|---|---|---|---|---|---|---|
| 天色纪时 | 夜半 | 鸡鸣 | 平旦 | 日出 | 食时 | 隅中 | 日中 | 日昳 | 晡时 | 日入 | 黄昏 | 人定 |
| 现代纪时 | 23~1 | 1~3 | 3~5 | 5~7 | 7~9 | 9~11 | 11~13 | 13~15 | 15~17 | 17~19 | 19~21 | 21~23 |
| 五更 | 三更 | 四更 | 五更 | —— | —— | —— | —— | —— | —— | —— | 一更 | 二更 |

古人将一昼夜分为100刻,实算96刻,每刻15分钟。漏刻指古代计时的器具。

**4. 十二生肖**

生肖又称属相,指代表十二地支且用来记人的出生年月的十二种动物,子为鼠、丑为牛、寅为虎、卯为兔、辰为龙、巳为蛇、午为马、未为羊、申为猴、酉为鸡、戌为狗、亥为猪。

## 三、节日习俗

考点3

### (一)传统节日

我国古代部分传统节日的具体内容如下表:

| 节日 | 习俗 | 节日 | 习俗 |
|---|---|---|---|
| 元宵节(农历正月十五) | 赏花灯、吃元宵、猜灯谜、舞龙舞狮 | 七夕节(农历七月初七) | 乞巧、拜魁星、吃巧果 |
| 寒食节(清明节前一二日) | 禁烟火、吃冷食、踏青 | 中秋节(农历八月十五) | 赏月、观潮、饮桂花酒、吃月饼 |
| 清明节(阳历4月4日至6日之间) | 扫墓、祭祖、踏青 | 重阳节(农历九月初九) | 登高、赏菊、插茱萸、吃重阳糕 |
| 端午节(农历五月初五) | 吃粽子、赛龙舟、编五彩绳、插艾草 | 除夕(农历一年最后一天的夜晚) | 祭祖、守岁 |

**山香指导** 我国四大传统节日:春节、清明节、端午节、中秋节。
我国传统祭祖的四大节日:清明节、中元节、重阳节、除夕。

**真题对接**

【2015年上半年真题】在我国既是农历节日又是节气的是(　　)

A. 清明　　B. 谷雨

C. 中秋　　　　　　　　　　　　　　　　　D. 重阳

【答案】A。解析：清明既是我国民间传统的节日，也是二十四节气之一。

## （二）民族风俗传统

我国是一个统一的多民族国家，有56个民族，除汉族外，其他55个民族都是少数民族。民族总体呈现“大杂居、小聚居”的分布特点。我国部分少数民族及其风俗如下表：

| 少数民族 | 概况 |
| --- | --- |
| 蒙古族 | 传统节日：那达慕、白节、祭敖包等；民族文学：《嘎达梅林》<br>传统服饰：长袍、腰带、靴子；传统住所：圆顶蒙古包<br>民族舞蹈：摔跤舞、牛斗虎舞、筷子舞、盅碗舞、安代舞等 |
| 藏族 | 传统节日：雪顿节、望果节；民族文学：《格萨尔王传》<br>藏族男女多蓄辫，喜戴首饰；喜喝酥油茶、奶茶；传统住所是帐篷<br>民族舞蹈：有“谐”（弦子）和“卓”（锅庄）表演性强的集体舞 |
| 维吾尔族 | 传统节日：开斋节、古尔邦节、肉孜节<br>民族舞蹈：赛乃姆，多朗舞、萨玛舞、夏地亚纳等 |
| 彝族 | 传统节日：火把节、赛装节；民族文学：《阿诗玛》<br>民族舞蹈：花鼓舞、烟盒舞、披毡舞、左脚舞等 |
| 壮族 | 传统节日：三月三、牛魂节、中元节；代表手工艺品：壮锦；传统弹拨乐器：天琴 |
| 苗族 | 传统节日：芦笙节、赶秋节；一般居住在苗寨<br>民族舞蹈：芦笙舞、踩鼓舞、铜鼓舞、木鼓舞、花鼓舞、团圆鼓舞、猴儿鼓舞等 |
| 傣族 | 传统节日：泼水节；民族文学：《兰嘎西贺》<br>民族舞蹈：孔雀舞、象脚鼓舞、鱼舞等 |
| 朝鲜族 | 民族文学：《阿里郎》<br>民族舞蹈：农乐舞、长鼓舞、扁骨舞、假面舞、扇舞、拍打舞等 |

民族服饰：

回族

蒙古族

藏族

彝族

壮族

白族

朝鲜族

傣族

**真题对接**

【2017 年下半年真题】我国是一个多民族的国家,不少民族都拥有自己独特的风俗习惯和形象特征。下列选项中,表现了傣族形象的是(　　)

A. 

B. 

C. 

D. 

【答案】A。解析:通过对图示中的服饰和关键物品可以判断,只有选项 A 中涉及孔雀尾羽,其他选项不符合题意。

【2013 年下半年真题】下列选项中,以“孔雀舞”著称的少数民族是(　　)

A. 土家族　　B. 傣族

C. 藏族　　D. 蒙古族

【答案】B



## 四、历史典故与人物

考点 4

| 朝代 | 历史典故 | 人物 | 历史典故 | 人物 | 历史典故 | 人物 | 历史典故 | 人物 |
|---|---|---|---|---|---|---|---|---|
| 春秋 | 烽火戏诸侯 | 周幽王 | 尊王攘夷 | 齐桓公 | 问鼎中原 | 楚庄王 | 退避三舍 | 重耳 |
| | 一鸣惊人 | 楚庄王 | 韦编三绝 | 孔子 | 高山流水 | 俞伯牙、钟子期 | 卧薪尝胆 | 勾践 |
| 战国 | 完璧归赵 | 蔺相如 | 围魏救赵 | 孙膑 | 毛遂自荐 | 毛遂 | 负荆请罪 | 廉颇 |
| | 纸上谈兵 | 赵括 | 惊弓之鸟 | 更羸 | 立木为信 | 商鞅 | 讳疾忌医 | 蔡桓公、扁鹊 |
| | 狡兔三窟 | 冯谖 | 图穷匕见 | 荆轲 | 杀妻求将 | 吴起 | 远交近攻 | 范雎 |

续表

| 朝代 | 历史典故 | 人物 | 历史典故 | 人物 | 历史典故 | 人物 | 历史典故 | 人物 |
|---|---|---|---|---|---|---|---|---|
| 秦朝 | 一字千金 | 吕不韦 | 指鹿为马 | 赵高 | 焚书坑儒 | 秦始皇 | 破釜沉舟 | 项羽 |
| | 暗度陈仓 | 韩信 | 四面楚歌 | 项羽 | —— | —— | —— | —— |
| 汉朝 | 一饭千金 | 韩信 | 孔融让梨 | 孔融 | 约法三章 | 刘邦 | 孺子可教 | 张良 |
| | 背水一战 | 韩信 | 投笔从戎 | 班超 | 马革裹尸 | 马援 | 金屋藏娇 | 刘彻 |
| 三国 | 鞠躬尽瘁 | 诸葛亮 | 三顾茅庐 | 刘备 | 刮目相看 | 吕蒙 | 初出茅庐 | 诸葛亮 |
| | 乐不思蜀 | 刘禅 | 七步成诗 | 曹植 | 言过其实 | 马谡 | 七擒七纵 | 诸葛亮 |
| | 横槊赋诗 | 曹操 | 才高八斗 | 曹植 | 一身是胆 | 赵云 | 封金挂印 | 关羽 |
| | 单刀赴会 | 关羽 | 望梅止渴 | 曹操 | 宝刀未老 | 黄忠 | 刮骨疗伤 | 华佗、关羽 |
| 魏晋南北朝 | 入木三分 | 王羲之 | 闻鸡起舞 | 祖逖 | 东山再起 | 谢安 | 洛阳纸贵 | 左思 |
| | 草木皆兵 | 苻坚 | 画龙点睛 | 张僧繇 | 狗尾续貂 | 司马伦 | 风声鹤唳 | 谢玄 |
| 唐朝 | 一字之师 | 郑谷 | 铁杵成针 | 李白 | 桃李满天下 | 狄仁杰 | 请君入瓮 | 周兴 |
| 宋朝 | 黄袍加身 | 赵匡胤 | 精忠报国 | 岳飞 | 东窗事发 | 秦桧 | 胸有成竹 | 文与可 |

## 真题对接

【2018年下半年真题】战国时期，诸侯间的兼并战争愈演愈烈，产生了多种外交、军事策略。下列人物中，主张“远交近攻”策略的是(　　)

A. 孙膑　　B. 苏秦

C. 张仪　　D. 范雎

【答案】D。解析：公元前266年，秦昭王任用范雎为相，并积极推行范雎的“远交近攻”策略。

【2017年上半年真题】下列历史故事，与曹操有关的是(　　)

A. 破釜沉舟　　B. 望梅止渴

C. 三顾茅庐　　D. 草木皆兵

【答案】B。解析：A项，“破釜沉舟”指的是项羽的故事；C项，“三顾茅庐”指的是刘备的故事；D项，“草木皆兵”指的是秦王苻坚的故事。

【2016年下半年真题】下列历史故事，与秦始皇有关的是(　　)

A. 图穷匕见　　B. 指鹿为马

C. 望梅止渴　　D. 三顾茅庐

【答案】A。解析：“图穷匕见”源自荆轲刺秦王的故事，与秦始皇有关。

【2016 年上半年真题】下列名医中,与“刮骨疗伤”这一故事有关的是(　　)

A. 张仲景　　B. 李时珍

C. 华佗　　D. 扁鹊

【答案】C。解析:“刮骨疗伤”这个故事出自《三国演义》,讲述了关羽生擒于禁斩杀庞德之后,再次进攻樊城,却被一枝带毒的冷箭射中右臂,神医华佗为他用刀刮骨去毒。

【2014 年下半年真题】下列成语中,源于荆轲刺秦王的是(　　)

A. 四面楚歌　　B. 投笔从戎

C. 图穷匕见　　D. 完璧归赵

【答案】C。解析:成语“图穷匕见”出自《战国策·燕策三》,原句为“秦王谓轲曰:‘起,取武阳所持图。’轲既取图奉之。发图,图穷而匕首见。”

## 五、古代特殊称谓

考点 5

### (一)年龄称谓

| 称谓 | 年龄 | 称谓 | 年龄 |
|---|---|---|---|
| 襁褓 | 未满周岁的婴儿 | 弱冠 | 男子二十岁 |
| 孩提 | 两三岁的幼儿 | 而立之年 | 三十岁 |
| 龆龀 | 换牙时的儿童,即童年 | 不惑之年 | 四十岁 |
| 垂髫 | 三四岁至七岁(女)、八岁(男) | 知命之年 | 五十岁 |
| 总角 | 八岁(女)、九岁(男)至十四岁的少年 | 花甲(耳顺)之年 | 六十岁 |
| 豆蔻 | 女子十三四岁 | 古稀之年 | 七十岁 |
| 束发 | 男子十五岁 | 耄耋之年 | 八九十岁 |
| 及笄 | 女子满十五岁 | 期颐 | 一百岁 |

真题对接

【2014 年下半年真题】下列对古代年龄别称的解说,不正确的是(　　)

A.“豆蔻”指女子十七八岁　　B.“弱冠”指男子二十岁

C.“花甲”指六十岁　　D.“古稀”指七十岁

【答案】A。解析:豆蔻指女子十三四岁。

### （二）别称

**1. 尊称**

尊称又叫敬称，是尊敬对方的称谓。比如对君主称“君”“上”“陛下”“王”；对一般人称“公”“卿”“子”“君”“先生”“足下”。

对于对方或对方亲属的敬称有令、尊、贤等。

令，用于称呼对方的亲属，如令尊指对方父亲，令堂指对方母亲，令郎（爱）指对方儿子（女儿）。

尊，用来称呼与对方有关的人或物，如尊上、尊亲等。

贤，用于称平辈或晚辈，如贤郎、贤弟等。

对品格高尚、智慧超群的人用“圣”来表示敬称，如称孔子为圣人，称孟子为亚圣。后来，“圣”多用于帝王，如圣上、圣驾等。

**真题对接**

**【2015年下半年真题】**小王对小李说：“令尊常对我说，活在世上，最为重要的是清清白白地做人。”句中加点的敬词所指的人是（　　）

A. 小王的父亲　　B. 小王的母亲

C. 小李的父亲　　D. 小李的母亲

**【答案】**C。**解析：**令尊是称对方父亲的敬词。

**2. 谦称**

谦称是表示谦逊的自称。比如君主自称寡人或孤，一般人自称愚、臣等，女子自称妾。愚，谦称自己不聪明；鄙，谦称自己见识浅薄；敝，谦称自己或自己一方；卑，谦称自己身份低微；窃，有私下、私自之意，使用它常有冒失、唐突的含义在内；臣，谦称自己不如对方的身份地位高。

古人称自己的亲属朋友时，常用“家”“舍”等谦辞。家是对别人称比自己的辈分高或年纪较大的亲属时用的谦辞，如家父、家母、家兄等。舍用以谦称自己的家，如寒舍、弊舍；谦称比自己年龄小或辈分低的亲属，如舍弟、舍妹、舍侄等。

### （三）职业称谓

**冰人：**媒人，“冰上为阳，冰下为阴，阴阳事也。君在冰上与冰下人语，为阳语阴，媒介事也”。

**伶官：**乐官。

**伶人：**乐官、演员、戏子。

**杏林：**医学界别称，三国董奉隐居庐山，为人治病不收钱，但使重病愈者植杏五株，轻者一株，积年蔚然成林。

**梨园：**戏曲界别称，唐玄宗曾教乐工、宫女在“梨园”演习音乐舞蹈。

**杏坛：**教育界别称，相传为孔子聚徒授业讲学之处。

### （四）古代地理称谓

**江表：**长江以南的地区。

**江东**:又称江左,指长江下游以南的地区。江指长江。古人以东为左,以西为右。

**关东**:古指函谷关或潼关以东的地区,今指山海关以东的东北地区。**关西**:函谷关或潼关以西的地区。**关中**:古人习惯上指函谷关以西的地区。

**九州**:传说中的我国上古时期划分的九个行政区域,州名分别为:冀、兖、青、徐、扬、荆、豫、梁、雍,后成为中国的别称。

**两都**:又称"两京",东汉两京指东京洛阳、西京长安;隋唐指西京长安、东京洛阳;五代、宋前期指东京开封府、西京河南府;明代指北京顺天府(今北京)、南京应天府(今南京);清朝指北京顺天府和盛京奉天府(今沈阳)。**三都**:东汉的三都指东都洛阳、西都长安、南都宛;唐代指东都洛阳、北都晋阳和京都长安。

**河南、河北**:分别指黄河以南和黄河以北的地区。**河内**:今河南境内黄河以北的地区。**河东**:山西境内黄河以东的地区。河古指黄河。

**山水阴阳**:古代以山南、水北为阳;以山北、水南为阴。

**古城别称**:南京又称建康、金陵、江宁、石头城;杭州又称临安、钱塘;镇江又称京口;开封又称东京;扬州又称广陵、江都;苏州又称姑苏、吴郡;成都又称锦官城。

**真 题 对 接**

**【2017 年上半年真题】**西安市历史悠久,其建制在各朝各代中曾有不同名称。下列选项中,不是其历史名称的是(　　)

A. 镐京　　B. 西京

C. 临安　　D. 长安

**【答案】**C

**【2016 年下半年真题】**北京市历史悠久,其建制在各朝各代中曾有不同名称。下列选项中,不是其历史名称的是(　　)

A. 蓟城　　B. 燕京

C. 汴梁　　D. 大都

**【答案】**C。**解析**:汴梁又称汴京,为现今的河南开封。

**【2014 年下半年真题】**杜甫诗句"丞相祠堂何处寻,锦官城外柏森森"中"锦官城"指的是(　　)

A. 开封　　B. 北京

C. 南京　　D. 成都

**【答案】**D。**解析**:本首诗选自《蜀相》,是唐代诗人杜甫定居成都草堂后,翌年游览武侯祠时创作的一首咏史诗,古代的"锦官城"即现在的成都市。

## 六、选官制度

考点 6

### (一)察举制

汉代一种自下而上选拔官吏的制度。察举有考察、推举的意思。中央和地方的主要行政长官向朝廷举荐贤良，由朝廷授予他们官职。察举的科目有“贤良方正”（能直言极谏者）、“秀才”（才能优秀者）、“孝廉”（孝敬廉洁者）、“明经”（通晓经义者）等。察举制是我国古代最早的系统的选官制度。

### （二）九品中正制

九品中正制，又称九品官人法，是魏晋南北朝时期的官吏选拔制度。魏文帝曹丕当政，采用陈群建议，设立九品官人法。它的主要内容是，在各州郡选择有见识、有名望，善于识别人才的官员任“中正官”，查访评定州郡人才，将他们分为上上、上中、上下、中上、中中、中下、下上、下中、下下九品，然后按等录用。然而该制度后期常被世家大族掌控，真正有才学但出身低微的人很难出任高官。

### （三）科举制度

科举制起源于隋朝，是封建王朝通过考试选拔官吏的一种制度，由于采用分科取士的方法，所以叫科举制。科举考试共分四级：童生试、乡试、会试和殿试。明清两代的科举考试内容基本是儒家经义，以《四书》《五经》文句为题，规定文章格式为八股文，解释必须以朱熹《四书集注》等书的注疏为依据。

**1. 童生试**

明代由提学官主持，清代由各省学政主持的地方科举考试，包括县试、府试和院试，合格后取得生员（秀才）资格，方能进入府、州、县学学习，所以又叫入学考试。

**2. 乡试**

明清两代每三年在各省省城（包括京城）举行的一次考试，因在秋季八月举行，故又称秋闱（闱，考场）。主考官由皇帝委派，录取者称“举人”，第一名称“解元”。

**3. 会试**

明清两代每三年在京城举行一次考试为会试，因在春季举行，故又称春闱。考试由礼部主持，各省举人及国子监监生皆可应考，录取者称“贡士”第一名叫“会元”。

**4. 殿试**

殿试是科举制最高级别的考试，皇帝在殿廷上对会试录取的贡士亲自测问，以定甲第。一甲三名，第一名称“状元”，第二名称“榜眼”，第三名称“探花”。

及第指科举考试应试中选，应试未中的叫落第、下第。“登科”是及第的别称，也就是考中进士。进士是科举考试的最高功名。贡士参加殿试录为三甲都叫进士。

科举考试以名列第一者为元，在乡、会、殿三试中连续获得第一名，被称为“连中三元”。

明清科举简表

| 项目 | 童生试 | 乡试（秋闱） | 会试（春闱） | 殿试 |
|---|---|---|---|---|
| 考场 | 学政巡回案临考场（府、县） | 京城和各省贡院（省城） | 京城贡院（礼部） | 皇宫（宫殿） |
| 主考人 | 各省学政 | 中央政府特派官员 | 礼部侍郎或钦差大臣 | 皇帝或委派大臣 |
| 参加者 | 童生（儒生） | 生员、监生或荫生等 | 举人 | 贡士 |

续表

| 中者名称 | 生员(秀才) | 举人 | 贡士 | 进士 |
| --- | --- | --- | --- | --- |
| 日期 | 三年内两次 | 子、卯、午、酉年八月，桂榜 | 乡试次年三月，杏榜 | 会试同年四月，金榜 |
| 第一名 | 案首 | 解元 | 会元 | 状元 |

## 七、非物质文化遗产

考点7

非物质文化遗产是指被各群体、团体，有时为个人所视为其文化遗产的各种实践、表演、表现形式、知识体系和技能及与其有关的工具、实物、工艺品和文化场所。截止2018年11月，中国入选联合国教科文组织非物质文化遗产各种名录总数40项，居世界第一。

**1. 中国列入人类非物质文化遗产代表作名录的项目**

2008年：古琴艺术、昆曲、蒙古族长调民歌、新疆维吾尔木卡姆艺术

2009年：中国篆刻、中国雕版印刷技艺、中国书法、中国剪纸、中国传统木结构营造技艺、南京云锦织造技艺、端午节、中国朝鲜族农乐舞、格萨(斯)尔、侗族大歌、花儿、玛纳斯、妈祖信俗、蒙古族呼麦歌唱艺术、南音、热贡艺术、中国传统桑蚕丝织技艺、藏戏、龙泉青瓷传统烧制技艺、宣纸传统制作技艺、西安鼓乐、粤剧。

2010年：中医针灸、京剧。

2011年：中国皮影戏。

2013年：中国珠算——运用算盘进行数学计算的知识与实践。

2016年：二十四节气——中国人通过观察太阳周年运动而形成的时间知识体系及其实践。

2018年：藏医药浴法——中国藏族有关生命健康和疾病防治的知识与实践。

**2. 中国列入急需保护的非物质文化遗产名录的项目**

2009年10月：羌年、黎族传统纺染织绣技艺、中国木拱桥传统营造技艺。

2010年11月：麦西热甫、中国水密隔舱福船制造技艺、中国活字印刷术。

2011年11月：赫哲族伊玛堪。

**3. 中国列入优秀实践名册的项目**

2012年：福建木偶戏后继人才培养计划。

## 八、名胜与文化遗产

考点8

### (一)中国名胜

**五岳：**东岳泰山(山东)、西岳华山(陕西)、中岳嵩山(河南)、北岳恒山(山西)、南岳衡山(湖南)。

**佛教四大名山：**山西五台山(文殊菩萨道场)、四川峨眉山(普贤菩萨道场)、浙江普陀山(观音菩萨道场)、安徽九华山(地藏菩萨道场)。

**道教四大名山：**湖北十堰的武当山、江西鹰潭的龙虎山、安徽黄山市的齐云山、四川都江堰的青城山。

**四大瀑布：**贵州黄果树瀑布、黄河壶口瀑布(西临陕西宜川，东临山西吉县)、吉林长白瀑布、黑龙江吊水

楼瀑布。

**四大名园：**北京颐和园、苏州拙政园、承德避暑山庄、苏州留园。

**中国名楼：**岳阳楼（湖南岳阳）、滕王阁（江西南昌）、黄鹤楼（湖北武汉）、蓬莱阁（山东蓬莱）。

**四大古都：**西安、洛阳、南京和北京。

**中国著名书院：**河南登封嵩阳书院、河南商丘睢阳书院（应天书院）、湖南岳麓书院、江西白鹿洞书院。

### （二）文化遗产

**八大菜系：**鲁菜、川菜、粤菜、苏菜、闽菜、浙菜、湘菜、徽菜。

**古代四大名镇：**河南朱仙镇、广东佛山镇、江西景德镇、湖北汉口镇。

**国画四君子：**梅、兰、竹、菊。

**四大美人图：**西施浣纱、昭君出塞、貂蝉拜月、贵妃醉酒。

**古代四大文化遗产：**《殷墟甲骨》《居延汉简》《敦煌经卷》《明清档案》。

**四大名绣：**苏绣、湘绣、蜀绣、粤绣。

**真题对接**

【**2018年下半年真题**】豆腐原产于中国，以它为原材料的菜肴，做法多种多样。“文思豆腐”是将柔软脆弱的豆腐切成毛发粗细制作而成，以刀工见长。下列菜系中，擅长制作“文思豆腐”的是（　　）

A. 鲁菜　　B. 苏菜

C. 粤菜　　D. 徽菜

【**答案**】B。**解析：**“文思豆腐”是一道有着悠久历史的江苏传统名菜，属于淮扬菜、苏菜系。

# 第四节　文学素养

（本节共2个考点）

## 考向分析

本节主要介绍中国文学和外国文学的相关知识。相关知识点考频分析如下表：

| 考点 | 考查频率 | 题型 | 重要程度 |
|---|---|---|---|
| 中国文学 | 13 | 单项选择 | ★★★ |
| 外国文学 | 2 | 单项选择 | ★ |

本节知识点比较琐碎，考生重点记忆各个时代的代表性作家及其主要作品和文学贡献。本节知识点在考试中常以单项选择题的形式出现。

## 思维导图

- 文学素养
  - 1.中国文学
    - 上古神话
    - 先秦文学
    - 两汉文学
    - 魏晋南北朝文学
    - 唐代文学
    - 宋代文学
    - 元代文学
    - 明代文学
    - 清代文学
    - 现当代文学
  - 2.外国文学
    - 古希腊、古罗马文学
    - 文艺复兴时期文学
    - 十七世纪文学
    - 启蒙文学
    - 十九世纪浪漫主义文学和现实主义文学
    - 二十世纪欧美现实主义文学

## 考点精讲

### 一、中国文学

考点 1

#### (一)上古神话

所谓神话,是上古时代的人们,对其所接触的自然现象、社会现象所幻想出来的艺术意味的解释和描述的集体口头创作。

上古神话的主要内容有:(1)解释自然现象的,如女娲补天、女娲造人、盘古开天辟地;(2)反映人类同自然斗争的,如鲧禹治水、后羿射日、精卫填海;(3)反映社会斗争的,如黄帝战蚩尤。

记载上古神话的主要作品:《淮南子》《山海经》等。

第四章

**真题对接**

**【2018 年上半年真题】**汉画像石是汉代的石刻画,主要用于墓室、墓前祠堂、石阙等墓葬建筑的建造与装饰,内容丰富多彩。下图是以汉画像石为图案的纪念邮票,该图案表现的神话故事是(　　)

A. 女娲补天　　B. 精卫填海

C. 嫦娥奔月　　D. 羲和浴日

**【答案】**C。**解析:**1999 年,为了反映我国汉代丰富多彩的石刻艺术,展示这一珍贵的文化遗产,国家邮政局发行了《汉画像石》特种邮票,全套 6 枚。图中邮票表现的神话故事是"嫦娥奔月"。

## (二)先秦文学

### 1.《诗经》

《诗经》是我国第一部诗歌总集,《诗经》在先秦又称《诗》或《诗三百》。《诗经》共收入自西周初期至春秋中叶约500年间的诗歌311篇,其中6篇为笙诗,只有标题,没有内容。《诗经》按用途和音乐分为“风”“雅”“颂”三部分,大量运用了“赋”“比”“兴”的表现手法,开创了中国诗歌现实主义的源头,在中国文学史上产生了极其深远的影响。

《诗经》六艺:风、雅、颂、赋、比、兴。

“**风**”也叫国风,是带有诸侯各国地方特色的乐歌,共160篇;“**雅**”是周王朝京都地区的乐歌,分为大雅和小雅,共105篇;“**颂**”是王室宗庙祭祀或举行重大典礼时的乐歌,共40篇。

赋、比、兴是《诗经》中的三种艺术表现手法。“**赋**”是指铺陈直叙事物的方法;“**比**”即比喻或比拟;“**兴**”即托物起兴,先言他物,以引起所咏之词。

**真题对接**

**【2016年上半年真题】**“四书五经”是古代典籍中的经典。下列选项中,含有《周颂》的典籍是(　　)

A.《春秋》　　B.《诗经》　　C.《周礼》　　D.《易经》

**【答案】**B。**解析:**颂是《诗经》中三部分风、雅、颂的颂,它是贵族在宗庙中祭祀鬼神和赞美祖先、统治者功德的乐曲,共40篇,分为周颂、鲁颂和商颂。其中周颂是周王室的宗庙祭祀诗。

### 2. 先秦散文

先秦散文分为历史散文与诸子散文两个部分。

(1)历史散文的发展,大致可分为三个阶段:

第一阶段,《尚书》是我国最早的一部历史文献汇编,在中国古代散文史上具有奠基的意义。《春秋》是我国第一部编年体断代史,是编年体史书之祖。

第二阶段,《左传》是我国第一部记事详备的编年体史书,也是先秦历史散文中思想性和艺术性最为突出的著作。《国语》是我国最早的一部国别体史书,是由各国的史料汇集而成。

第三阶段,《战国策》是一部国别体史书,主要记叙的是战国时期谋臣策士们的言行。

(2)诸子散文的发展,大致也可分为三个阶段:

春秋后期、战国初期为第一阶段,代表作有《论语》《老子》《墨子》,文章多为语录体,或为简明议论的短章。

战国中期为第二阶段,代表作有《孟子》《庄子》,文章形式由语录体发展为对话式论辩文与专题论文。

战国后期为第三阶段,代表作有《荀子》《韩非子》,文章都是鸿篇巨制的专题论文,已完善了论说文的体制。

**儒家经典:**“四书五经”。“四书”指《论语》《孟子》《大学》《中庸》;“五经”指《诗经》《尚书》《礼记》《易经》《春秋》。《论语》的作者为孔子的弟子及再传弟子;《孟子》的作者为孟轲及其弟子。

**春秋三传**:解释《春秋》的《左传》《穀梁传》《公羊传》三部书的合称。

**真题对接**

【**2016年下半年真题**】下列有关"乐"的古代名句,出自《论语》的是(　　)

A. 知之者不如好之者,好之者不如乐之者　　B. 子非我,安知我不知鱼之乐

C. 独乐乐,与人乐乐,孰乐?　　D. 先天下之忧而忧,后天下之乐而乐

【**答案**】A。**解析**:B项内容出自《庄子》;C项内容出自《孟子》;D项内容出自范仲淹的《岳阳楼记》。

**3. 屈原和《楚辞》**

屈原,我国浪漫主义诗歌的奠基人,世界文化名人之一。他开创了"楚辞"这种文体,开创了"香草美人"的传统。代表作有《离骚》《天问》《九歌》《九章》等,其中《离骚》作为我国第一部浪漫主义诗歌总集,是楚辞艺术的代表和巅峰之作,在文学史上与《诗经》中的《国风》并称"**风骚**"。

**真题对接**

【**2017年上半年真题**】下列名句中,不是出自屈原《离骚》的是(　　)

A. 路漫漫其修远兮,吾将上下而求索　　B. 亦余心之所善兮,虽九死其犹未悔

C. 悼良会之永绝兮,哀一逝而异乡　　D. 惟草木之零落兮,恐美人之迟暮

【**答案**】C。**解析**:C项出自曹植的《洛神赋》,"悼良会之永绝兮,哀一逝而异乡。无微情以效爱兮,献江南之明珰。"

## (三)两汉文学



**1.《史记》**

《史记》由西汉司马迁所著,记载了自黄帝到汉武帝时期3000多年的历史。全书包括十二本纪、十表、八书、三十世家、七十列传。《史记》是我国第一部纪传体通史,被称为我国第一部"正史",被鲁迅称为"史家之绝唱,无韵之离骚"。

**2. 汉代辞赋**

(1)骚体赋

汉初骚体赋最为流行。代表作家是贾谊,代表作有《吊屈原赋》等。另外,贾谊的政论文,评论时政,风格朴实峻拔,议论酣畅,代表作有《过秦论》《论积贮疏》《陈政事疏》等。

(2)汉赋四大家

汉赋四大家指汉代以创作大赋出名的司马相如、扬雄、班固、张衡四人。

司马相如,汉代大赋的奠基者和成就最高的代表作家,代表作品有《子虚赋》《上林赋》《大人赋》《长门赋》等。

扬雄,西汉著名辞赋家,代表作有《河东赋》《甘泉赋》《长杨赋》。

班固,东汉史学家、文学家,代表作有《两都赋》《汉书》。《汉书》是我国第一部纪传体"断代史",与《史

记》《后汉书》《三国志》并称为"前四史"。

张衡，东汉著名天文学家、文学家，代表作有《二京赋》《归田赋》《思玄赋》。

**知识视野**

**赋**

赋是我国古代的一种文体，它讲求文采、韵律，兼具诗歌和散文的性质。其特点是"铺采摛文，体物写志"。赋最早出现于诸子散文中，叫"短赋"；以屈原为代表的"骚体"是诗向赋的过渡，叫"骚赋"；汉代正式确立了赋的体例，称为"辞赋"；魏晋以后，日益向骈文方向发展，叫"骈赋"；唐代又由骈体转入律体，叫"律赋"；宋代以散文形式写赋，称为"文赋"。著名的赋有杜牧的《阿房宫赋》、欧阳修的《秋声赋》、苏轼的《赤壁赋》等。

**3. 乐府民歌**

《古诗十九首》是乐府民歌成熟的标志。全诗语言朴素自然，描写生动真切，具有浑然天成的艺术风格。

《孔雀东南飞》和《木兰辞》并称为"**乐府双璧**"。

《孔雀东南飞》作于东汉末年，是我国古代最长的叙事诗。最早见于《玉台新咏》，题为《古诗为焦仲卿妻作》。

《木兰辞》又称《木兰诗》，是我国北朝长篇叙事乐府民歌。这首诗叙述了木兰女扮男装，替父从军，荣立赫赫战功后重返故乡的故事。

## （四）魏晋南北朝文学

**1. 建安文学**

（1）三曹

曹操，"建安文学"的开创者。代表作有《蒿里行》《苦寒行》《龟虽寿》《观沧海》等。

曹丕，曹操次子，魏文帝，三国文学家，代表作《典论·论文》是我国第一部文学批评专著；《燕歌行》是现存最早的文人七言诗。

曹植，曹操第三子，对五言诗的发展起到巨大的推动作用，被誉为"建安之杰"。代表作有《洛神赋》《白马篇》《七哀诗》。

（2）建安七子

**建安七子**是指东汉建安年间孔融、陈琳、王粲、徐幹、阮瑀、应玚、刘桢七位文学家的并称。其中以王粲、刘桢成就最高。代表作品有王粲的《七哀诗》，刘桢的《赠从弟》。

**2. 正始文学**

正始文学是指魏曹芳正始年间的文学，代表有"**竹林七贤**"，即嵇康、阮籍、山涛、向秀、阮咸、王戎、刘伶。其中，阮籍、嵇康二人的成就较大。代表作品有嵇康的《与山巨源绝交书》《幽愤诗》，阮籍的《咏怀诗》。

**3. 南北朝诗歌**

陶渊明，东晋大诗人，自称"五柳先生"，是中国第一位田园诗人，代表作有散文《桃花源记》《五柳先生传》《归去来兮辞》，诗歌《饮酒》《归园田居》等。

谢灵运，南朝诗人、文学家，诗歌史上自觉以山水入诗的第一人。其代表作品有《登池上楼》《登江中孤屿》。

**4. 其他文学家**

刘义庆,南朝宋文学家,所撰《世说新语》是我国第一部笔记体小说集。“望梅止渴”“一往情深”“口若悬河”等均出自《世说新语》。

干宝,东晋史学家、文学家、志怪小说创始人。他所撰写的《搜神记》是魏晋南北朝志怪小说最有代表性的作品。

范晔,南朝宋史学家,代表作《后汉书》,《乐羊子妻》《张衡传》选自他的《后汉书》,“后汉”即“东汉”。

刘勰,南朝齐梁间杰出的文学理论家,所撰《文心雕龙》是我国古代第一部文学理论著作。

钟嵘,南朝梁文学批评家,所著《诗品》是我国古代第一部诗歌理论专著,品评自汉至梁120多位诗人。

## (五)唐代文学

**1. 初唐诗人**

**“初唐四杰”**:王勃、杨炯、卢照邻、骆宾王。王勃代表作有《送杜少府之任蜀州》《滕王阁序》;杨炯代表作有《从军行》;卢照邻代表作有《长安古意》;骆宾王代表作有《在狱咏蝉》。

**“吴中四士”**:贺知章、张旭、张若虚、包融。其中,贺知章的代表作有《回乡偶书》《咏柳》;张若虚的诗现存仅两首,其中《春江花月夜》有“以孤篇压倒全唐”之誉,被闻一多誉为“诗中的诗,顶峰上的顶峰”。

杜审言,大诗人杜甫的祖父、唐代“近体诗”奠基人之一。少与李峤、崔融、苏味道被称为“**文章四友**”。作品多朴素自然,后人辑有《杜审言诗集》。

陈子昂,初唐诗文革新先驱之一,被后人称为“诗骨”,代表作有《感遇》诗三十八首和《登幽州台歌》。

**真题对接**

**【2016年下半年真题】**名句“落霞与孤鹜齐飞,秋水共长天一色”出自《滕王阁序》,其作者是(　　)

A. 王勃　　B. 范仲淹

C. 苏轼　　D. 陶渊明

**【答案】**A。**解析:**《滕王阁序》是王勃省父路过滕王阁,即席而作的。

**2. 盛唐诗人**

(1)以王维、孟浩然为代表的“山水田园诗派”

王维,字摩诘,世称“**诗佛**”,代表作有《相思》《山居秋暝》《送梓州李使君》。苏轼赞曰:“味摩诘之诗,诗中有画,观摩诘之画,画中有诗。”

孟浩然,唐代著名山水田园诗人,代表作有《春晓》《留别王维》《过故人庄》《岁暮归南山》。

(2)以高适、岑参、王昌龄为代表的“边塞诗派”

高适的代表作有《燕歌行》《别董大二首》;岑参的代表作有《白雪歌送武判官归京》。

王昌龄,擅长七绝,多写当时边塞军旅生活,气势雄浑,格调高昂,被后人称为“**七绝圣手**”,代表作有《从军行》七首、《芙蓉楼送辛渐》和《出塞》。

(3)浪漫主义诗人李白

李白,我国伟大的浪漫主义诗人,有“**诗仙**”之称,为人性格傲岸,不为权贵所容,代表作有《蜀道难》《将进酒》《梦游天姥吟留别》等，有《李太白集》传世。

(4)现实主义诗人杜甫

杜甫，我国伟大的现实主义诗人，有“**诗圣**”之称，与李白合称“李杜”。他的诗歌被后人评价为“**诗史**”。代表作有《兵车行》《闻官军收河南河北》以及“三吏”“三别”，并有《杜工部集》传世。其中“三吏”为《石壕吏》《新安吏》《潼关吏》，“三别”为《新婚别》《无家别》《垂老别》。

**3. 中唐诗人**

白居易，我国伟大的现实主义诗人，与元稹共同发起“新乐府运动”，有“**诗魔**”和“**诗王**”之称。他主张“文章合为时而著，歌诗合为事而作”，代表作有长篇叙事诗《长恨歌》《琵琶行》，有七言古诗《卖炭翁》，有作品集《白氏长庆集》。

刘禹锡，有“**诗豪**”之称，代表作有《西塞山怀古》《乌衣巷》等，名句“沉舟侧畔千帆过，病树前头万木春”出自《酬乐天扬州初逢席上见赠》。

柳宗元，与韩愈并称“韩柳”，代表作有《天说》《封建论》《江雪》及“三戒”等。其诗歌内容主要是抒写谪贬的抑郁悲伤和思乡之情。

孟郊，有“**诗囚**”之称，代表作有《游子吟》《秋怀》；贾岛，代表作有《寻隐者不遇》。孟郊与贾岛并称为“郊岛”，后人以孟郊、贾岛为苦吟诗人的代表。苏轼称之为“郊寒岛瘦”。

李贺，有“**诗鬼**”之称。他长于歌行体，善于驰骋奇特的想象，运用绮丽的词语，营造新颖的意境。代表作有《雁门太守行》《李凭箜篌引》等。其与李白、李商隐并称唐代“诗中三李”。

**真题对接**

【**2017年上半年真题**】诗句“孤舟蓑笠翁，独钓寒江雪”出自《江雪》，其作者是(　　)

A. 王维　　B. 韩愈

C. 柳宗元　　D. 李商隐

【**答案**】C。**解析**：《江雪》的作者是唐代诗人柳宗元。

【**2015年下半年真题**】下列诗歌中，不属于白居易作品的是(　　)

A.《琵琶行》　　B.《长恨歌》

C.《卖炭翁》　　D.《石壕吏》

【**答案**】D。**解析**：《石壕吏》是杜甫的作品。

【**2013年下半年真题**】在我国文学史上，依次被称为“诗仙”“诗圣”“诗鬼”的唐代诗人是(　　)

A. 杜甫；李白；贾岛　　B. 李白；杜甫；李贺

C. 李白；杜甫；白居易　　D. 杜甫；李白；李商隐

【**答案**】B

**4. 晚唐诗人**

李商隐和杜牧合称“小李杜”。李商隐，独创“无题诗”，代表作有《隋宫》《贾生》《夜雨寄北》；杜牧，代表作有《清明》《江南春》《泊秦淮》《过华清宫》《山行》等。

**5. 唐代散文**

唐代散文以韩愈和柳宗元成就最高。韩愈的散文，雄奇恣肆，有浩大奔放的气势和充沛的逻辑力量，代表作有《杂说》《祭十二郎文》。柳宗元的散文中,山水游记成就最高,奠定了我国游记文学的基础,代表作有《永州八记》。

### (六)宋代文学

**1. 宋词**

词是隋唐时兴起的一种文学体裁,是诗的一种别称。词发展到宋代,达到顶峰。唐诗和宋词是中国古代文学史上的两颗明珠。

(1)婉约派

柳永,北宋第一位专业词人,婉约派代表,是两宋词坛上创用词调最多的词人,代表作有《雨霖铃·寒蝉凄切》《望海潮·东南形胜》等。

李清照,婉约词派代表,有"千古第一才女"之称。前期词作多写悠闲的生活,后期多感叹身世,有时也流露出对中原的怀念。其词善用白描手法,独辟蹊径,语言清丽,被称为"易安体"。代表作有《一剪梅·红藕香残玉簟秋》《声声慢·寻寻觅觅》等。

其他婉约派词人还有秦观(代表作《踏莎行·雾失楼台》)、晏殊(代表作《浣溪沙·一曲新词酒一杯》)。

(2)豪放派

**"三苏"**:苏轼、苏洵、苏辙。苏轼,号东坡居士,宋代文学最高成就的代表,词开豪放一派,代表作有《念奴娇·赤壁怀古》《水调歌头·明月几时有》等;苏洵代表作《六国论》;苏辙,人称"小苏",代表作有《栾城集》。

范仲淹,北宋词人。其词境界壮阔,风格苍凉,突破了唐五代词的绮靡风气,代表作有《渔家傲·秋思》等。

辛弃疾,南宋爱国词人,其词多倾诉壮志难酬的悲愤,代表作有《永遇乐·京口北固亭怀古》《水龙吟·登建康赏心亭》,有作品集《稼轩长短句》。

**真题对接**

**【2018年上半年真题】**中国古代有一种被称为诗余、长短句、曲子等的文学样式,其特点是:调有定格、句有定数、字有定声。这种文学样式的名称是(　　)

A. 诗　　B. 词

C. 曲　　D. 赋

**【答案】**B。**解析:**词最初称为"曲词"或者"曲子词",别称有:近体乐府、长短句、曲子、曲词、乐章、琴趣、诗余等,是配合宴乐乐曲而填写的歌诗,词牌是词的调子的名称,不同的词牌在总句数、句数,每句的字数、平仄上都有规定。

**2. 宋诗**

黄庭坚,北宋文学家、书法家、江西诗派开山之祖,与秦观、晁补之、张耒并称"**苏门四学士**"。代表作有《山谷词》,与苏轼齐名,世称"苏黄"。

陆游,南宋爱国诗人,诗坛领袖。陆游现存诗9000多首,是我国现有存诗最多的诗人。其与范成大、尤袤和杨万里并称为"**南宋四大诗人**"。代表作有《游山西村》《示儿》《临安春雨初霁》等。

文天祥,南宋抗元名将,著名爱国诗人,代表作有《过零丁洋》《正气歌》等。《过零丁洋》中的"人生自古谁无死，留取丹心照汗青”是千古流传的名句。

**3. 宋代散文**

欧阳修，北宋史学家、文学家，“唐宋八大家”之一。提倡“文”“道”并重，反对浮靡文风，所作散文说理畅达，抒情委婉。他的《六一诗话》开创了“诗话”这一新体裁，对后世影响甚大。其代表作还有《醉翁亭记》《伶官传序》等。

王安石，北宋政治家，“唐宋八大家”之一，被列宁誉为“11 世纪中国最伟大的改革家”，其散文雄健峭拔，代表作有《答司马谏议书》《伤仲永》《游褒禅山记》等。

**“唐宋八大家”**：唐宋时期八位散文作家的合称，即唐代的韩愈、柳宗元，宋代的苏洵、苏轼、苏辙、欧阳修、王安石、曾巩。

**4. 史学著作**

司马光，政治家、文学家，编写了我国第一部编年体通史——《资治通鉴》，记录了从周威烈王二十三年（公元前 403 年）到五代周世宗显德六年（公元 959 年），共一千三百多年的历史。《资治通鉴》与《史记》一起被誉为“**史学双璧**”。

## （七）元代文学

**“元曲四大家”**：元代的四位著名的杂剧作家，即关汉卿、白朴、马致远、郑光祖。

关汉卿，戏曲作家、元杂剧奠基人。其代表作有《窦娥冤》《救风尘》《望江亭》《拜月亭》《单刀会》等。

郑光祖，著名杂剧家和散曲家，所作杂剧在当时“名闻天下，声振闺阁”，代表作有《倩女离魂》《王粲登楼》等。

白朴，杂剧家，代表作有《梧桐雨》《墙头马上》等。《梧桐雨》主要取材于白居易的《长恨歌》，描写的是唐明皇与杨贵妃之间的爱情故事。

马致远，有“曲状元”之称。其代表作为《汉宫秋》。他的小令《天净沙·秋思》脍炙人口，独具匠心，被誉为“**秋思之祖**”。

王实甫，元代戏曲作家。其代表作《西厢记》歌颂反封建爱情，具有强烈的反封建思想，在元代杂剧中具有“天下夺魁”的艺术成就。

**山香指导**

元曲四大悲剧：《窦娥冤》（关汉卿）、《梧桐雨》（白朴）、《汉宫秋》（马致远）、《赵氏孤儿》（纪君祥）

元曲四大爱情剧：《拜月亭》（关汉卿）、《西厢记》（王实甫）、《墙头马上》（白朴）、《倩女离魂》（郑光祖）

**真题对接**

**【2016 年上半年真题】**下列明清作家与其戏曲作品，对应不正确的是（　　）

A. 李渔——《窦娥冤》　　B. 孔尚任——《桃花扇》

C. 洪昇——《长生殿》　　D. 汤显祖——《牡丹亭》

**【答案】**A。**解析**：《窦娥冤》的作者是关汉卿。

## (八)明代文学

**1.“四大奇书”**

《三国演义》,作者罗贯中,它是我国古代长篇章回体历史演义小说的开山之作,具有“七分事实,三分虚构”的构思特点。

《水浒传》,作者施耐庵,它是我国第一部歌颂农民起义的长篇白话章回体小说。

《西游记》,作者吴承恩,它是我国古代第一部浪漫主义长篇神魔小说。

《金瓶梅》,中国文学史上第一部由文人独立创作的长篇小说。它的核心是钱、权、色。

**2.“三言二拍”**

“三言”:明代冯梦龙的《喻世明言》《警世通言》《醒世恒言》三部白话短篇小说集。它是中国古代白话短篇小说的最高成就。

“二拍”:即《初刻拍案惊奇》《二刻拍案惊奇》,是作者凌濛初对“三言”的模仿之作。

**3.“临川四梦”**

“临川四梦”指的是汤显祖的四部戏曲作品,即《紫钗记》《牡丹亭》《邯郸记》《南柯记》。

**4.其他文学家**

归有光,明末散文家,人称“震川先生”。所作散文朴素简洁,善于叙事,代表作有《项脊轩志》。

袁宏道,明代文学家,与兄宗道、弟中道并称为“**公安三袁**”,为公安派创始人之一,其作品真率自然,内容多写闲情逸致,有《袁中郎全集》。

## (九)清代文学

**1.小说**

蒲松龄,清代文学家,他用数十年时间写成我国第一部文言短篇小说集《聊斋志异》,简称《聊斋》,堪称中国古典文言短篇小说之巅峰。

吴敬梓,清代小说家,所作《儒林外史》是我国文学史上一部杰出的现实主义的章回体长篇讽刺小说,是我国古代讽刺文学的典范。

曹雪芹,清代小说家。他在贫困潦倒的生活中,呕心沥血,“批阅十载,增删五次”,写下了“字字看来皆是血,十年辛苦不寻常”的《红楼梦》。《红楼梦》代表了清代小说的最高成就,是中国古典小说的最高峰。

**2.戏曲**

孔尚任,清初戏曲作家、诗人。世人将他与《长生殿》作者洪昇并论,称“**南洪北孔**”。其代表作有《桃花扇》。

洪昇,清代戏曲作家、诗人,代表作为《长生殿》。后人将孔尚任的《桃花扇》和洪昇的《长生殿》称为清代戏曲的“双璧”。

**晚清四大谴责小说:**李宝嘉《官场现形记》、吴沃尧《二十年目睹之怪现状》、刘鹗《老残游记》、曾朴《孽海花》。

**3.清代及近代其他文学家**

方苞,清代散文家,桐城派创始人。论文提倡“义法”,即言之有物有序;散文多为经说、书信、传碑等应酬之作,代表作有《狱中杂记》。

龚自珍，清末诗人、外交家，今文经学派代表人物，代表作有《己亥杂诗》315 首。

梁启超，中国近代维新派领袖、学者，代表作有《少年中国说》《谭嗣同》，有《饮冰室合集》。

王国维，中国近现代之交的著名学者，学贯中西的国家大师，在文字、美学、史学、哲学、古文字学、考古学等方面造诣颇深，代表作有《人间词话》《宋元戏曲考》。

**真题对接**

**【2017 年下半年真题】**《人间词话》是著名学者王国维的一部文学理论著作，他提出的关于创作原则和批评标准的核心理论是(　　)

A.“气质”说　　B.“境界”说

C.“神韵”说　　D.“格律”说

**【答案】**B。**解析：**王国维在《人间词话》中指出：“古今之成大事业、大学问者，必经过三种之境界：‘昨夜西风凋碧树。独上高楼，望尽天涯路。’此第一境也；‘衣带渐宽终不悔，为伊消得人憔悴。’此第二境也；‘众里寻他千百度，蓦然回首，那人却在，灯火阑珊处。’此第三境也。”可见，王国维提倡的是“境界说”。

## (十)现当代文学

**1. 鲁迅**

鲁迅，原名周树人，伟大的无产阶级文学家。1918 年发表了中国文学史上第一篇白话小说《狂人日记》。

鲁迅的著作以小说、杂文为主，代表作有小说集《呐喊》《彷徨》《故事新编》，散文集《朝花夕拾》，散文诗集《野草》，杂文集《南腔北调集》《坟》《华盖集》《准风月谈》《花边文学》等。

**2. 郭沫若**

郭沫若，中国新诗的奠基人。1921 年，郭沫若出版第一本诗集《女神》，堪称中国现代新诗的奠基之作。他的代表作有诗集《女神》《星空》，历史剧《屈原》《蔡文姬》《武则天》等。

**3. 茅盾**

茅盾，原名沈德鸿，现代杰出作家，开创中国式“三部曲”的写作方式。代表作有长篇小说《子夜》，中篇小说“《蚀》三部曲”(《幻灭》《动摇》《追求》)，短篇小说“农村三部曲”(《春蚕》《秋收》《残冬》)，《林家铺子》。

以其名字命名的“茅盾文学奖”是我国具有最高荣誉的文学奖项之一，也是中国第一次以个人名字命名的文学奖。

**4. 巴金**

巴金，原名李尧棠，现代文学家、翻译家，主要作品有“激流三部曲”(《家》《春》《秋》)、“爱情三部曲”(《雾》《雨》《电》)、长篇小说《寒夜》和散文集《随想录》。其中《随想录》被誉为“二十世纪中国文学的良心”。

**5. 老舍**

老舍，原名舒庆春，1951 年因话剧《龙须沟》被授予“人民艺术家”的称号。主要作品有长篇小说《骆驼祥子》《四世同堂》，中篇小说《月牙儿》；剧本《龙须沟》《茶馆》等。

**6. 沈从文**

沈从文,京派代表作家之一,其大部分文学作品都以湘西为背景,在中国文坛被誉为“乡土文学之父”。他的主要作品有中篇小说《边城》、小说集《老实人》《蜜柑》、散文集《湘行散记》《湘西》。

**7. 曹禺**

曹禺,中国现代杰出的戏剧家。1934 年曹禺的处女作四幕话剧《雷雨》问世,被公认为是中国现代话剧真正成熟的标志。曹禺的主要作品有《雷雨》《日出》《原野》《北京人》等。

**8. 莫言**

莫言,原名管谟业,中国当代著名作家,属于“寻根文学”作家。2012 年获得诺贝尔文学奖。他的主要作品有:长篇小说《红高粱家族》《丰乳肥臀》《蛙》、中篇小说《透明的红萝卜》。

**9. 刘慈欣**

刘慈欣,当代作家。2015 年 8 月 23 日,凭借《三体》获得第 73 届世界科幻大会颁发的雨果奖最佳长篇小说奖,成为首位获得该奖项的亚洲人。他的主要作品有:长篇小说《超新星纪元》《球形闪电》《三体》、中短篇小说《流浪地球》《乡村教师》《朝闻道》。

**真题对接**

【**2018 年上半年真题**】下列选项中,作家与作品对应不正确的是(　　)

A. 曹禺——话剧《原野》　　B. 鲁迅——散文诗集《野草》

C. 沈从文——小说《边城》　　D. 闻一多——新诗集《女神》

【**答案**】D。**解析**:代表新诗创始期成就最高的是创造社主将郭沫若,他的诗集《女神》表现了“五四”时期狂飙突进的时代精神,诗风雄浑豪放,具有典型的浪漫主义风格。其他三项是正确的。

【**2014 年下半年真题**】下列作品中,不属于老舍创作的是(　　)

A.《茶馆》　　B.《龙须沟》

C.《骆驼祥子》　　D.《林家铺子》

【**答案**】D。**解析**:《骆驼祥子》是老舍创作的长篇小说,《茶馆》《龙须沟》是老舍的话剧作品,《林家铺子》是茅盾的短篇小说。

第四章

## 二、外国文学

考点 2

### (一)古希腊、古罗马文学

**1. 古希腊文学**

**荷马史诗**:古希腊文学的最高成就,包括《伊利亚特》和《奥德赛》。荷马史诗相传为一位叫荷马的诗人所作,故称荷马史诗。

**戏剧**:

埃斯库罗斯、索福克勒斯、欧里庇得斯并称为“**三大悲剧作家**”。

埃斯库罗斯,被称为“**悲剧之父**”,代表作有《被缚的普罗米修斯》《波斯人》等。

索福克勒斯,被誉为“**戏剧艺术的荷马**”,代表作有《安提戈涅》《俄狄浦斯王》等。

欧里庇得斯,被称为“**舞台上的哲学家**”,代表作有《美狄亚》《海伦》等。

阿里斯托芬，被称为“**喜剧之父**”，代表作有《阿卡奈人》《蛙》《鸟》《和平》等。

**文艺理论：**

柏拉图，提出了“理念论”和“模仿说”，否认了文艺的真实性，代表作有《理想国》等。

亚里士多德，继承和发展了柏拉图的学说，肯定了文艺的认识作用和教育作用，代表作有《诗学》等。

**2. 古罗马文学**

埃纽斯，被尊为“**罗马文学之父**”，代表作有《编年纪》。

贺拉斯，著名的抒情诗人、讽刺诗人和文艺评论家。他的代表作有抒情诗《歌集》、文学批评《诗艺》。他提出了“寓教于乐”的原则。

维吉尔，古罗马最伟大的诗人。他的代表作有史诗《埃涅阿斯纪》等，其中《埃涅阿斯纪》是欧洲文学史上第一部文人史诗。

### (二)文艺复兴时期文学

**1. 意大利“文坛三杰”**

(1)但丁，人文主义的先驱者，被誉为“意大利最伟大的诗人”，代表作有《神曲》，分为《地狱》《炼狱》《天堂》三部。诗人采用中世纪流行的梦幻文学的形式，描写了一个幻游地狱、炼狱、天堂三界的故事。

(2)彼特拉克，被誉为“**人文主义之父**”，第一个指出“人学”和“神学”是两个对立的概念，代表作有抒情诗集《歌集》(以十四行诗为主)。

(3)薄伽丘，是意大利民主文学奠基者，代表作为《十日谈》。《十日谈》是欧洲文学史上第一部现实主义作品。

**2. 法国文学**

文艺复兴时期的法国文学以拉伯雷为代表。拉伯雷，被称为人文主义的“巨人”，代表作是《巨人传》。

**真题对接**

**【2016 年下半年真题】**16 世纪法国作家拉伯雷的一部小说，风靡一时，两个月内的销量，就超过了《圣经》九年的销量，这一部赞颂人文主义的伟大杰作是(　　)

A.《神曲》　　B.《十日谈》

C.《巨人传》　　D.《堂吉诃德》

**【答案】**C。**解析：**A 项，《神曲》的作者是意大利诗人但丁；B 项，《十日谈》的作者是意大利作家薄伽丘；C 项，《巨人传》的作者是法国作家拉伯雷；D 项，《堂吉诃德》的作者是西班牙作家塞万提斯。

**3. 英国文学**

莎士比亚，被马克思誉为“人类最伟大的戏剧天才”。代表作有历史剧《亨利四世》《亨利五世》《理查二世》等、四大悲剧(《哈姆雷特》《奥赛罗》《麦克白》《李尔王》)、四大喜剧(《仲夏夜之梦》《威尼斯商人》《第十二夜》《皆大欢喜》)。

**真题对接**

**【2017 年下半年真题】**莎士比亚的喜剧大都以爱情、友谊、婚姻为主题，歌颂进步、美好的人文主义新

风,充满着乐观、明朗的基调。下列作品中,属于莎士比亚喜剧的是(　　)

A.《奥赛罗》　　B.《雅典的泰门》

C.《麦克白》　　D.《威尼斯商人》

**【答案】**D。**解析:**莎士比亚的四大喜剧为《威尼斯商人》《第十二夜》《仲夏夜之梦》《皆大欢喜》。

**4. 西班牙文学**

塞万提斯,西班牙文学世界里最伟大的作家,被称为“**现代小说之父**”,他的代表作《堂·吉诃德》是西班牙古典艺术的高峰。

维加,被称为“**西班牙民族戏剧之父**”,代表作有戏剧《羊泉村》。

### (三)十七世纪文学

古典主义文学是十七世纪欧洲的主要文学思潮,它形成和繁荣于法国。其中,莫里哀是法国古典主义最杰出的代表,代表作有《太太学堂》《伪君子》《恨世者》《吝啬鬼》等。《吝啬鬼》塑造了著名的吝啬鬼形象阿巴贡。

阿巴贡与巴尔扎克《守财奴》中的葛朗台、果戈理《死魂灵》中的泼留希金、莎士比亚《威尼斯商人》中的夏洛克并称为“**四大吝啬鬼**”。

这一时期,法国文学代表人物还有凡尔纳。凡尔纳,世界知名科幻小说家,代表作有《海底两万里》《气球上的五星期》《八十天环游地球》。

### (四)启蒙文学

**1. 英国启蒙文学**

笛福,英国现实主义小说的奠基人,代表作为《鲁滨逊漂流记》。鲁滨逊是欧洲文学史上第一个资产阶级的正面形象。

弥尔顿,英国诗人,是文艺复兴运动和十八世纪启蒙思想运动的桥梁,代表作有《失乐园》。

斯威夫特,开创英国文学的讽刺传统,代表作有《格列佛游记》。

简·奥斯汀,小说家,代表作有《傲慢与偏见》《理智与情感》等。

**2. 法国启蒙文学**

“**启蒙四大家**”:孟德斯鸠、伏尔泰、狄德罗和卢梭。

孟德斯鸠,法国启蒙思想家。他的代表作是书信体小说《波斯人信札》。

狄德罗,法国启蒙思想家,代表作有《拉摩的侄儿》《修女》等。

伏尔泰,法国启蒙思想家、文学家,代表作有《路易十四时代》《老实人》《天真汉》等。

卢梭,启蒙思想家、文学家,代表作有《爱弥儿》《忏悔录》等。

**3. 德国启蒙文学**

歌德,德国伟大诗人,恩格斯称其为“天才少年”,代表作有《少年维特之烦恼》《浮士德》等,其中《浮士德》被文学史家认为是史诗性的巨著。

席勒，被公认为德国文学史上地位仅次于歌德的伟大作家，代表作有《阴谋与爱情》《强盗》。

## （五）十九世纪浪漫主义文学和现实主义文学

### 1. 浪漫主义文学

拜伦，英国浪漫主义诗人，代表作《唐璜》。

雪莱，英国浪漫主义诗人，代表作《解放了的普罗米修斯》《西风颂》等。

雨果，法国浪漫主义文学运动的主将和领袖。其主要作品有《海上劳工》《巴黎圣母院》《悲惨世界》等。

大仲马，法国浪漫主义作家，代表作有《基督山伯爵》《三个火枪手》等。

小仲马，法国著名小说家，大仲马的儿子。其代表作有《茶花女》等。

普希金，俄国浪漫主义文学的重要代表，俄国现实主义文学的奠基人，被誉为“俄国文学之父”。其主要作品有《上尉的女儿》《叶甫盖尼·奥涅金》等。

### 2. 现实主义文学

司汤达，法国批判现实主义文学奠基人，代表作有长篇小说《红与黑》等。

巴尔扎克，被称为“**现代法国小说之父**”，代表作有《人间喜剧》(《高老头》《欧也妮·葛朗台》)等。

福楼拜，法国批判现实主义作家，其主要代表作有《包法利夫人》等。

莫泊桑，法国批判现实主义作家，被称为“短篇小说巨匠”，与契诃夫和欧·亨利并称为“世界三大短篇小说家”，被誉为“**短篇小说之王**”。他的代表作有《羊脂球》《项链》《我的叔叔于勒》等。

都德，法国现实小说家，代表作有《小东西》《最后一课》《柏林之围》等。

狄更斯，英国批判现实主义作家，重要作品有《大卫·科波菲尔》《艰难时世》《双城记》等。

勃朗特三姐妹：夏洛蒂·勃朗特，代表作《简·爱》；爱米莉·勃朗特，代表作《呼啸山庄》；安妮·勃朗特，代表作《艾格尼丝·格雷》。

契诃夫，俄国批判现实主义作家，代表作《变色龙》《套中人》等。

列夫·托尔斯泰，俄国批判现实主义作家，代表作《战争与和平》《安娜·卡列尼娜》《复活》等。

马克·吐温，美国现实主义文学杰出代表，代表作有《竞选州长》等。

欧·亨利，美国现实主义文学杰出代表，代表作《警察与赞美诗》《麦琪的礼物》等。

果戈理，俄国批判现实主义文学奠基人，其讽刺艺术风格被称为“含泪的笑”，代表作有《死魂灵》《钦差大臣》等。

## （六）二十世纪欧美现实主义文学

高尔基，苏联文学创始人，被列宁称为“无产阶级艺术的最杰出代表”。他的代表作是“自传体三部曲”(《童年》《在人间》《我的大学》)。

罗曼·罗兰，法国小说家、戏剧家和散文家，代表作有长篇小说《约翰·克利斯朵夫》。

海明威，美国小说家，主要作品有《太阳照常升起》《丧钟为谁而鸣》《老人与海》等。

泰戈尔，印度诗人、文学家，代表作有《吉檀迦利》《飞鸟集》《新月集》等。

瓦西里耶夫，苏联作家，其代表作《这里的黎明静悄悄》是一部反法西斯题材的小说。

**真题对接**

【2018 年下半年真题】为纪念卫国战争胜利 70 周年,俄罗斯 2015 年推出了根据同名小说改编的电影《这里的黎明静悄悄》新版。小说的作者是( )

A. 肖洛霍夫　　B. 瓦西里耶夫

C. 法捷耶夫　　D. 帕斯捷尔纳克

【答案】B。解析:《这里的黎明静悄悄》是苏联著名作家瓦西里耶夫的代表作。

# 第五节　艺术素养

（本节共 6 个考点）

## 考向分析

本节主要介绍古今中外的重大艺术成就,重点介绍具有代表性的艺术家及其作品。相关知识点考频分析如下表:

| 考点 | 考查频率 | 题型 | 重要程度 |
| --- | --- | --- | --- |
| 字体和书法 | 1 | 单项选择 | ★ |
| 绘画 | 4 | 单项选择 | ★ |
| 雕塑 | 1 | 单项选择 | ★ |
| 音乐 | 5 | 单项选择 | ★★ |

本节知识点比较琐碎,多且小,需要考生勤加记忆。本节知识点在考试中常以单项选择题的形式出现。



## 思维导图

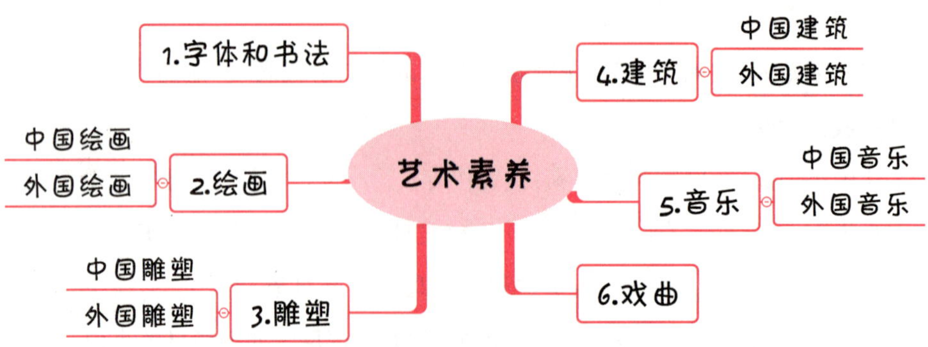

## 考点精讲

### 一、字体和书法

考点 1

我国汉字的演变，在字体上由繁到简，在书法艺术上由简到繁。文字各显特色，书法风采多姿。

2009 年，中国书法、中国篆刻双双被联合国教科文组织列入“人类非物质文化遗产代表作名录”。

| 时期 | 文字及字体特点 | 代表人物或作品 |
| --- | --- | --- |
| 商朝 | 甲骨文成为比较成熟的文字。柔弱纤细，形体结构还没有完全定型 | 《祭祀狩猎涂朱牛骨刻辞》 |
| 西周 | 刻在青铜器上的金文出现。字形较甲骨文更为粗壮、象形，浑圆质朴；形体结构不定性 | 毛公鼎铭文（目前已发现的铭文最多的青铜器） |
| 秦朝 | 官方字体为小篆，隶书开始出现。小篆字形整齐，转角处较圆滑，隶书由小篆简化而来 | 《泰山刻石》《会稽刻石》 |
| 汉朝 | 隶书成为主要字体，草书开始出现 | 《华山庙碑》<br>张芝，汉代草书大家，被誉为“**草书之祖**” |
| 魏晋 | 楷书开始出现。楷书字形方正、风格古雅、整齐端庄<br>行书字形流畅飞动，刚柔相济，富有表现力 | 两大革新书法家：钟繇、王羲之。钟繇推动了楷书的发展，被后世尊为“**楷书鼻祖**”。王羲之主要成就在行书上，被誉为“**书圣**”，代表作《兰亭序》被称为“天下第一行书” |
| 唐朝 | 书学鼎盛，楷书、行书、草书发展进入新境界，影响深远 | **初唐四大家**：欧阳询、虞世南、褚遂良、薛稷<br>“颜筋柳骨”：颜真卿“颜体”，代表作《多宝塔碑》《祭侄文稿》（天下第二行书）；柳公权“柳体”，代表作《神策军碑》《李晟碑》<br>张旭，世称“草圣”，其草书变化万千而又合乎法度，体现了精能之至的笔法和豪放不羁的性情，作品有《古诗四帖》《肚痛帖》等<br>怀素，与张旭齐名，世称“颠张狂素”，传世作品有《自叙帖》《食鱼帖》等，其中《自叙帖》被称为“天下第一草书” |
| 宋朝 | 帖学大行，书法发展较为缓慢 | **宋四家**：苏轼、黄庭坚、米芾、蔡襄。其中，苏轼代表作《黄州寒食诗帖》被誉为“天下第三行书”<br>宋徽宗赵佶也是一位书法家，以“瘦金体”著称 |
| 元朝 | 崇尚复古，宗法晋、唐，而少创新 | 赵孟頫，代表作《兰亭帖十三跋》，其与唐代欧阳询、颜真卿、柳公权并称为“**楷书四大家**” |

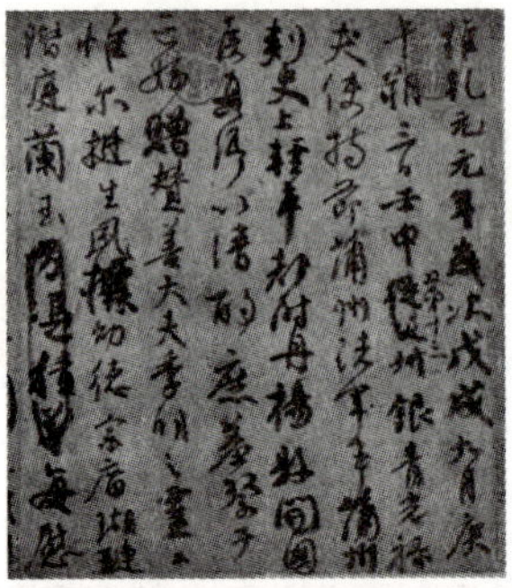

《祭侄文稿》

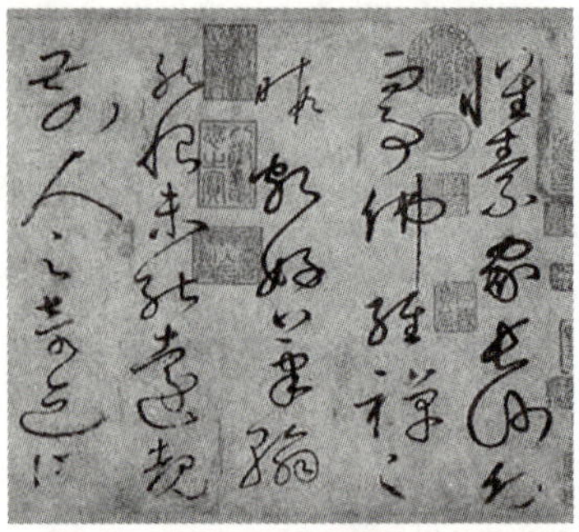

《自叙帖》

《兰亭序》

**真题对接**

【2014 年上半年真题】下图书法的书体属于(　　)

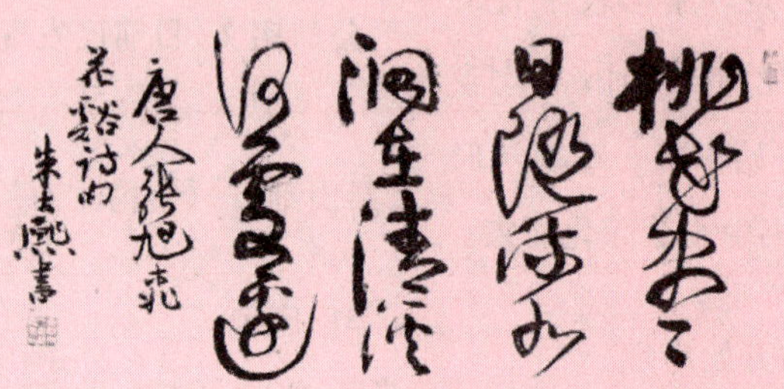

A. 篆书　　B. 隶书　　C. 楷书　　D. 草书

【答案】D。**解析:**草书是汉字的一种书体,特点是结构简省、笔画连绵,形成于汉代,是为了书写简便在隶书基础上演变而来的。据图片上作品的特点来看,属于草书。

## 二、绘画

考点 2



### (一)中国绘画

中国画的表现手法是以线为主的笔墨,“以线造型—书法入画—讲究笔墨”是中国画发展的一条主线。从绘画内容分,有人物、山水、花鸟;从绘画技法分,有工笔、写意、重彩、金碧等。

中国画以“**写意**”为特点,遵循“**以形写神,形神兼备**”的原则,巧妙运用比、喻、兴、借等手法,表现自然和人类感情的推移。

顾恺之,东晋画家,擅长画人物、佛像、山水等,有“才绝、画绝、痴绝”之称,其绘画的传世摹本有《女史箴图》《洛神赋图》《列女仁智图》等。顾恺之与陆探微、张僧繇并称“画界三杰”。

阎立本,唐代画家,以道释人物画著称,代表作有《步辇图》《历代帝王图》《职贡图》等。

吴道子,唐代画家,被称为“**画圣**”,民间画工尊其为祖师爷,代表作有《送子天王图》《明皇受箓图》。

张萱,唐代画家,代表作有《捣练图》《虢国夫人游春图》等。

周昉,唐代画家,代表作有《挥扇仕女图》《簪花仕女图》等。

顾闳中,五代十国时期南唐画家,存世作品为《韩熙载夜宴图》。

张择端,北宋画家,故宫博物院所藏《清明上河图》是其传世名作。另外,天津博物馆藏有署名“张择端”的小幅作品《金明池争标图》。

李公麟，北宋文人画家，人物、山水、鞍马、花鸟皆精，工写兼长，创白描人物画，作品有纸本白描《五马图》。

**"元四家"**：黄公望、王蒙、倪瓒、吴镇。黄公望的《富春山居图》是中国十大传世名画之一，前半段更名为《剩山图》，现藏于浙江省博物馆；后半卷《富春山居图》世称《无用师卷》，现藏于台北故宫博物院。

赵孟頫，元朝画家，代表作有《秋郊饮马图》《鹊华秋色图》。

**"明四家"**：沈周、唐寅、文徵明、仇英。沈周的代表作有《庐山高图》《夜坐图》；唐寅，字伯虎，晚号六如居士，代表作有《孟蜀宫妓图》《秋风纨扇图》等。

**"清初四僧"**：石涛、朱耷、髡残和弘仁。朱耷，号八大山人，代表作有《荷鸭图》《松谷山村图》《荷石水禽图》等。

郑燮，"扬州八怪"之一，以兰竹最负盛名，代表作《兰竹图》《竹石图》等。（**"扬州八怪"**的代表人物有罗聘、李方膺、李鱓、金农、黄慎、郑燮、高翔和汪士慎）

齐白石，善于画花鸟虫鱼，代表作有《群虾图》《蛙声十里出山泉》《牡丹图》《墨蟹图》等。

张大千，近现代画坛罕见的多面手，其绘画造诣高深，人、山水、花鸟、走兽等题材均有涉及，工笔、写意无不擅长。代表作《爱痕湖》《振衣千仞岗》《鱼石图》《梅清山水》等。

徐悲鸿，以画马著称。代表作有《八骏图》《愚公移山》等。

傅抱石，现代画家，代表作有《潇潇暮雨》《万竿烟雨》等。

《洛神赋图》

《送子天王图》

《富春山居图》

《群虾图》

《振衣千仞岗》

《八骏图》

**知识视野**

**中国十大传世名画**

东晋·顾恺之《洛神赋图》，唐·阎立本《步辇图》，唐·张萱、周昉《唐宫仕女图》，唐·韩滉《五牛图》，五代·顾闳中《韩熙载夜宴图》，北宋·王希孟《千里江山图》，北宋·张择端《清明上河图》，元·黄公望《富春山居图》，明·仇英《汉宫春晓图》，清·郎世宁《百骏图》。

真题对接

【2015 年下半年真题】一半藏于浙江省博物馆,另一半藏于台北故宫博物院的名画是(    )

A. 清明上河图　　B. 富春山居图

C. 六君子图轴　　D. 韩熙载夜宴图

【答案】B。解析:《富春山居图》是中国十大传世名画之一,该画在清代顺治年间遭火焚,断为两截,分别藏于浙江省博物馆和台北故宫博物院。

【2013 年下半年真题】下列画家中,以画马著称的是(    )

A. 齐白石　　B. 吴冠中

C. 徐悲鸿　　D. 黄宾虹

【答案】C

## (二)外国绘画

### 1."文艺复兴三杰"

| 人物 | 作品风格及地位 | 代表作 |
|---|---|---|
| 达·芬奇 | 文艺复兴时期最卓越的代表人物之一,将科学知识与艺术想象结合起来,把解剖、透视、明暗和构图等零碎知识整理成系统的理论 | 《最后的晚餐》《蒙娜丽莎》《岩间圣母》 |
| 米开朗基罗 | 意大利画家、雕刻家、诗人,文艺复兴时期雕塑艺术的代表之一 | 《创世纪》《最后的审判》 |
| 拉斐尔 | 古典主义的典范,笔下人物具有温和高贵的气质,尤其以描绘圣母形象著称 | 《西斯廷圣母》《雅典学院》《大公爵的圣母》 |

《最后的晚餐》

《创世纪》

《西斯廷圣母》

真题对接

【2018 年上半年真题】欧洲绘画流派众多,出现过很多伟大的画家和作品。下列画家中,把科学与艺术想象有机地结合起来,使当时的绘画表现水平发展到一个新阶段的是(    )

A. 拉斐尔　　B. 凡·高

C. 达·芬奇　　D. 毕加索

【答案】C。解析：意大利画家达·芬奇钻研科学、工程领域就像他的艺术作品般令人难忘与突出。手稿中约13000页的笔记与绘画全是混合艺术与科学所组成的纪录。他把科学知识和艺术想象有机地结合起来，使当时绘画的表现水平发展到一个新的阶段。

【2016年下半年真题】《西斯廷圣母》是意大利文艺复兴时期极负盛名的油画，塑造了端庄、娴静、温婉的圣母形象，体现了画家的美学追求。该油画的作者是（　　）

A. 伦勃朗　　B. 毕加索

C. 安格尔　　D. 拉斐尔

【答案】D。解析：拉斐尔是"文艺复兴三杰"之一，他的作品被人们视为古典美术精神最完美的体现。代表作品有《西斯廷圣母》《雅典学院》等。

**2. 17—18世纪欧洲美术**

**鲁本斯**：巴洛克绘画的代表，其作品场面宏大、富于想象力和戏剧性，代表作有《抢劫留西帕斯的女儿》。

**伦勃朗**：荷兰画家，在肖像画、风俗画、历史画等方面成就惊人，代表作有《杜普教授的解剖学课》《夜巡》等。

**3. 19世纪欧洲艺术**

| 美术风格 | 人物 | 作品风格及地位 | 代表作 |
|---|---|---|---|
| 新古典主义 | 达维特 | 擅长历史题材和人物肖像画，侧重英雄伦理内容的描绘 | 《荷拉斯兄弟的誓言》《马拉之死》 |
| | 安格尔 | 具有东方华丽的唯美风格 | 《泉》《土耳其浴室》 |
| 现实主义 | 米勒 | 题材多为平民的生活写照 | 《拾穗者》《晚钟》《牧羊女》 |
| 浪漫主义 | 德拉克洛瓦 | 色彩艳丽，被誉为"法国浪漫主义的狮子" | 《自由引导人民》《希阿岛的屠杀》《萨达纳巴尔之死》 |
| 印象派 | 马奈 | 法国印象派奠基人之一，是最早打破传统的棕褐色调，使画面明亮、有外光新鲜感的画家 | 《草地上的午餐》 |
| | 莫奈 | 印象主义画派代表。作品注重颜色与光的融合，重颜色轻线条 | 《日出·印象》《睡莲》《鲁昂大教堂》 |
| 后印象派 | 凡·高 | 以极富情绪化的颜色著称 | 《星月夜》《向日葵》《有乌鸦的麦田》 |

续表

| 美术风格 | 人物 | 作品风格及地位 | 代表作 |
|---|---|---|---|
| 后印象派 | 塞尚 | 善画静物 | 《圣维克多山》《有一筐苹果的静物》 |
| | 高更 | 画风原始,颜色细腻厚实 | 《手捧果物的女人》《我们从何处来?我们是谁?我们往何处去?》 |

《荷拉斯兄弟的誓言》

《拾穗者》

《自由引导人民》

《草地上的午餐》

《日出·印象》

《星月夜》

《有一筐苹果的静物》

**4. 现代艺术**

毕加索,立体主义代表人物。他的画法和风格分为“蓝色时期”“玫瑰色时期”“黑人时期”以及后来的立体主义时期。其代表作有《亚威农少女》《格尔尼卡》《卡恩韦勒像》。

《亚威农少女》

《格尔尼卡》

## 三、雕塑

考点3

### (一)中国雕塑

**1. 秦汉时期**

**秦始皇陵兵马俑:**陕西临潼出土,是迄今为止出土的世界上最大的艺术宝库,被誉为“世界第八大奇迹”。

**汉代击鼓说唱俑:**四川成都天回山出土。

**马踏匈奴:**马踏匈奴石刻是西汉霍去病墓纪念碑群雕的主体,是思想性与艺术性完美统一的典范。

**马踏飞燕:**出土于甘肃武威市雷台汉墓的东汉青铜器铜马,其形象为中国旅游标志。

**2. 魏晋南北朝时期**

**魏晋南北朝石窟艺术**：四大石窟。

敦煌莫高窟（甘肃）——“佛教艺术宝库”；云冈石窟（山西）——“雕刻艺术宝库”；龙门石窟（洛阳）——“中国石刻艺术的最高峰”；麦积山石窟（甘肃天水）——被誉为“东方雕塑馆”。

**3. 唐宋时期**

昭陵六骏指位于陕西唐太宗李世民陵墓昭陵北面祭坛东西两侧的六块骏马青石浮雕石刻。

唐三彩的塑造达到了中国雕塑艺术的高峰。唐三彩是低温色釉，釉色有黄、绿、赭、蓝、紫等，以黄、绿和器胎上的白色为主调，故称“**唐三彩**”。

重庆大足石刻在佛教造像中加入大量表现民间生活的内容。

兵马俑

击鼓说唱俑

马踏匈奴

敦煌莫高窟

## （二）外国雕塑

| 时期 | 代表人物及代表作 |
| --- | --- |
| 古希腊时期 | 米隆《掷铁饼者》、菲狄亚斯《命运三女神》<br>传世之作《萨莫色雷斯的胜利女神》《米洛岛的阿芙罗蒂德》与文艺复兴时期的油画《蒙娜丽莎》并称为“卢浮宫三宝”。其中，《米洛岛的阿芙罗蒂德》被法国雕塑家罗丹称为“古代的神品” |
| 文艺复兴时期 | 米开朗基罗的《哀悼基督》《大卫》《摩西像》 |
| 近现代 | 法国雕塑家吕德的《马赛曲》；罗丹的《巴尔扎克》《思想者》 |

《掷铁饼者》

《奥古斯都》

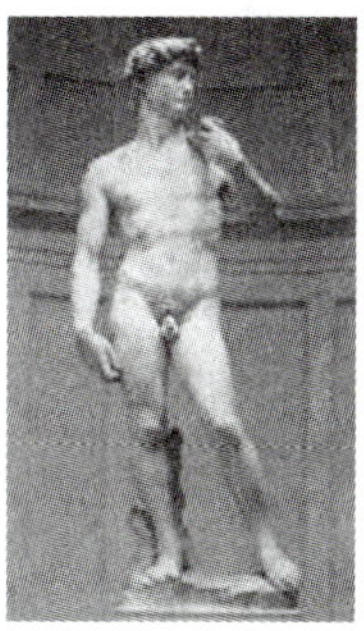
《大卫》

《思想者》

## 真题对接

【**2018 年下半年真题**】下图的人像雕塑出自组雕《地狱之门》,原是法国雕塑家奥古斯特·罗丹为巴黎装饰艺术博物馆大门而作。此雕塑后来被放大三倍复制,成为独立作品,作品的通行名称是( )

A. 诗人　　B. 守门人

C. 瞭望　　D. 思想者

【**答案**】D。**解析**:《思想者》原为《地狱之门》组雕的一部分,后翻铸成铜像。《地狱之门》取材于但丁的《神曲》,思想者是罗丹用以象征但丁的形象。一个强有力的巨人弯腰屈膝的坐着,右手托腮,嘴咬着自己的手,他默默凝视着下面被洪水吞噬的苦难深重的人们。

## 四、建筑

考点 4

### (一)中国建筑

**1. 中国建筑风格**

以木架构为主的结构方式;中轴对称、方正严整的庭院式组群布局;在造型上,人字屋顶和飞檐斗拱体现了最典型的东方风格。

| 建筑类型 | 特点 | 举例 |
|---|---|---|
| 宫殿 | 中国古代宫殿的四大特点是"高、大、深、庄" | 故宫、天坛、颐和园<br>注:我国已知最早的大型宫殿基址为河南偃师二里头宫殿遗址 |
| 陵墓 | 我国古代陵墓一般都是利用地形,靠山建坟 | 秦始皇陵、乾陵、清东陵、明十三陵 |
| 寺庙 | 形制和布局都十分讲究,仿造皇家建筑风格 | 少林寺、寒山寺、白马寺 |
| 园林 | 核心是情趣,且以自然情趣为主,主要供人游玩 | 颐和园、拙政园、豫园等 |

另外,中国仅存唐代木结构建筑是五台山古刹佛光寺和南禅寺;仅存的千年木塔是山西应县木塔(辽代)。

**2. 中国古代民居**

我国北方民居以北京四合院最为典型,山西民居中最具代表性的是平遥古城,它完整地保存着明清时期的风貌,素有"中国古代民居建筑的荟萃和宝库"之称。

皖南民居是我国南方民居的代表，皖南民居以西递、宏村最具代表，被誉为“中国画里乡村”。

中外合璧的民居代表——开平碉楼。2007年6月28日，“开平碉楼和古村落”正式列入《世界遗产名录》。

天坛

布达拉宫

藏羌碉楼

开平碉楼

福建土楼

西安大雁塔

## （二）外国建筑

### 1. 西方主要建筑风格

| 建筑风格 | 盛行时间 | 特点 | 代表建筑 |
| --- | --- | --- | --- |
| 哥特式 | 12—15世纪 | 主要特点为高耸的尖塔，超人的尺度和繁缛的装饰，形成统一向上的韵律 | 巴黎圣母院、米兰大教堂 |
| 巴洛克 | 17—18世纪 | 主要特点为外形自由，追求动态，喜好富丽的装饰和雕刻、强烈的色彩，常用穿插的曲面和椭圆形空间 | 罗马的圣卡罗教堂 |
| 洛可可 | 18世纪 | 主要特点为纤弱娇媚、华丽精巧、甜腻温柔、纷繁琐细 | 巴黎苏俾士府邸公主沙龙 |
| 概念式 | 20世纪90年代 | 主要特点为力求摆脱对建筑本身的限制和约束，个性化色彩很强 | —— |

另外，在美洲还盛行一种木条式建筑风格，其特点是水平式、木架骨的结构。

### 2. 外国著名建筑

| 国家 | 代表 | 国家 | 代表 |
| --- | --- | --- | --- |
| 意大利 | 比萨斜塔（罗马式建筑）、古罗马斗兽场、米兰大教堂（哥特式建筑） | 梵蒂冈 | 圣彼得大教堂（巴洛克风格） |
| 法国 | 巴黎圣母院（哥特风格）、凡尔赛宫 | 埃及 | 金字塔、拉美西斯神庙（阿布辛贝神庙） |
| 印度 | 泰姬陵 | 德国 | 新天鹅城堡、科隆大教堂 |

续表

| 国家 | 代表 | 国家 | 代表 |
|---|---|---|---|
| 希腊 | 雅典卫城、帕特农神庙 | 美国 | 白宫、金门大桥、自由女神 |
| 柬埔寨 | 吴哥窟 | 泰国 | 大王宫 |
| 英国 | 大本钟 | 澳大利亚 | 悉尼歌剧院 |
| 俄罗斯 | 瓦西里大教堂、莫斯科红场 | 土耳其 | 伊斯坦布尔清真寺 |

## 五、音乐

考点5

### (一)中国音乐

**1. 中国古典乐器**

**五声音阶体系:**宫、商、角、徵、羽,相当于现代音乐的 do、re、mi、sol、la。

**七声音阶体系:**在五音阶体系的角和徵、羽和宫之间各出一个偏音,排成七个音阶。

按照演奏方式分为吹管乐器、弹拨乐器、打击乐器和拉弦乐器四类。

| 种类 | 典型乐器 |
|---|---|
| 吹管乐器 | 笙、芦笙(苗族)、排笙(苗族、侗族、水族、瑶族、仡佬族等)、葫芦丝(傣族、彝族、阿昌族、德昂族等)、笛、管子(古代龟兹)、巴乌(彝族、苗族、哈尼族)、埙、唢呐、箫 |
| 弹拨乐器 | 琵琶、筝、七弦琴(古琴)、热瓦普(维吾尔族、乌孜别克族)、冬不拉(哈萨克族)、阮、柳琴、三弦、月琴、弹布尔(维吾尔族、乌兹别克族) |
| 打击乐器 | 堂鼓(大鼓)、碰铃、缸鼓、定音缸鼓、铜鼓、朝鲜族长鼓、大锣、小锣、小鼓、排鼓、手鼓(维吾尔族、乌孜别克族)、大钹、编钟、磬 |
| 拉弦乐器 | 二胡、板胡、马头琴(蒙古族)、艾捷克(维吾尔族、乌孜别克族和塔吉克族)、京胡、中胡、高胡 |

按照制作材料分为金、石、土、木、匏、革、丝、竹八种材料制成,史称“八音”,最早见于《周礼·春官》。

| 金 | 石 | 丝 | 竹 | 匏 | 土 | 革 | 木 |
|---|---|---|---|---|---|---|---|
| 钟、镈、铙 | 磬 | 琴、瑟 | 萧、笛、篪 | 笙、竽 | 埙、缶 | 鼓 | 敔、柷 |

注:中国古代十大乐器一般是指琵琶、二胡、编钟、箫、笛、瑟、琴、埙、笙和鼓。

**2. 中国著名音乐家**

(1)伯牙,古代传说人物,生于春秋战国时代,相传琴曲《水仙操》《高山流水》是他的作品。

(2)师旷,春秋时代晋国音乐家,相传《阳春》《白雪》《玄默》是他的作品。

(3)嵇康,三国时期魏国著名文学家、哲学家、音乐家,以所弹《广陵散》知名。

(4)华彦钧,现代民间音乐家,人称“瞎子阿炳”。所作《听松》《二泉映月》《寒春风曲》等二胡曲最为曼妙。

(5)聂耳,我国无产阶级革命音乐奠基者,1933 年加入中国共产党。作有《义勇军进行曲》(田汉作词)、

《开路先锋》《卖报歌》。

(6)冼星海，现代作曲家、人民音乐家。作品有《黄河大合唱》等，歌曲有《在太行山上》等，交响曲《民族解放》、交响组曲《满江红》等。

(7)贺绿汀，著名音乐家和教育家，主要音乐作品有《天涯歌女》《游击队歌》等。

**知识视野**

**中国古代十大名曲**

《高山流水》(古琴曲)、《梅花三弄》(古琴曲)、《夕阳箫鼓》(琵琶曲)、《汉宫秋月》(琵琶曲)、《阳春白雪》(古琴曲)、《渔樵问答》(古琴曲)、《胡笳十八拍》(古琴曲)、《广陵散》(古琴曲)、《平沙落雁》(古琴曲)、《十面埋伏》(琵琶曲)。

**真题对接**

**【2013 年下半年真题】**下列选项中，由冼星海作曲的歌曲是(　　)

A.《黄河大合唱》　　B.《义勇军进行曲》　　C.《天路》　　D.《我的祖国》

**【答案】**A。**解析:**《黄河大合唱》由光未然作词，冼海星作曲，是一部史诗性大型声乐套曲，共有八个乐章。

## (二)外国音乐

**1. 西方乐器**

常用的西洋乐器有:木管乐器、铜管乐器、弦乐器、打击乐器、键盘乐器等。

(1)**琴类乐器:**钢琴、风琴、管风琴、古钢琴、羽管键琴、电钢琴、手风琴、电子合成器。

(2)**拨弦乐器:**吉他、电吉他、竖琴、低音吉他。

(3)**木管乐器:**单簧管、双簧管、英国管、大管、萨克斯管、长笛、短笛、口琴、巴松管、竖笛。

(4)**铜管乐器:**小号、短号、长号、大号、次中音号、小低音号、圆号、冲锋号。

(5)**弓弦乐器:**小提琴、中提琴、大提琴、低音提琴。

(6)**打击乐器:**定音鼓、木琴、钟琴、马林巴、锣、钹、小军鼓、大鼓。

**2. 西方著名音乐家**

| 人物 | 作品风格及地位 | 作品 |
| --- | --- | --- |
| 巴赫 | “西方近代音乐之父” | 《小步舞曲》《b 小调弥撒曲》《马太受难曲》 |
| 海顿 | “交响曲之父”，现德国国歌作者，以交响乐和弦乐四重奏最为杰出 | 《伦敦交响曲》《惊愕》《告别》《时钟》 |
| 莫扎特 | “音乐神童”，首创独奏协奏曲 | 《费加罗的婚礼》《唐璜》 |
| 贝多芬 | “乐圣”，德国最伟大的作曲家，双耳失聪后仍坚持创作 | 《第三英雄交响曲》《第五命运交响曲》《第六田园交响曲》《第九合唱交响曲》《致爱丽丝》 |

续表

| 人物 | 作品风格及地位 | 作品 |
| --- | --- | --- |
| 舒伯特 | “艺术歌曲之王” | 《魔王》《野玫瑰》 |
| (小)约翰·施特劳斯 | “圆舞曲之王” | 《蓝色多瑙河》《维也纳森林的故事》 |
| (老)约翰·施特劳斯 | “圆舞曲之父” | 《拉德斯基进行曲》 |
| 柴可夫斯基 | 俄国最伟大的作曲家 | 《罗密欧与朱丽叶》《天鹅湖》《胡桃夹子》 |
| 李斯特 | “钢琴之王” | 《匈牙利狂想曲》《但丁神曲》《浮士德》 |
| 肖邦 | “钢琴诗人” | 《革命练习曲》《小狗圆舞曲》 |
| 狄盖特 | 国际无产阶级革命音乐家 | 《国际歌》《共产党之歌》 |

**真题对接**

**【2017 年上半年真题】**巴赫是 17 世纪杰出的作曲家、管风琴家,其创作广泛吸取 16 世纪以来意大利、法国等国音乐的成功经验,成就很高,对后世音乐发展有深远影响。他的国籍是(　　)

A. 德国　　B. 法国　　C. 英国　　D. 俄国

**【答案】**A

**【2014 年下半年真题】**下列音乐家中,创作了钢琴曲《致爱丽丝》的是(　　)

A. 肖邦　　B. 贝多芬

C. 舒伯特　　D. 李斯特

**【答案】**B。**解析:**《致爱丽丝》,德国音乐家贝多芬作于 1810 年 4 月 27 日,相传是为其学生特雷泽·马尔法蒂而作。后来特雷泽将这个曲谱转送给居住在慕尼黑的女友布莱托露。德国音乐学家诺尔发现此谱,于 1876 年公诸于世。



## 六、戏曲

考点 6

| 剧种 | 概述 | 代表人物 | 代表作 |
| --- | --- | --- | --- |
| 京剧 | 国粹。表演的艺术形式主要是唱、念、做、打四种。角色分为生、旦、净、丑四大行当。列入《人类非物质文化遗产代表作名录》 | 谭鑫培、周信芳、盖叫天及“四大名旦” | 《霸王别姬》《白蛇传》《贵妃醉酒》 |
| 昆曲 | 戏剧之母。现存最早的戏曲形式。列入“人类口头和非物质遗产代表作”名单 | 周传瑛、张娴 | 《牡丹亭》《桃花扇》《长生殿》 |
| 评剧 | 原名蹦蹦戏、落子戏,1935 年正式定名“评剧”,后又吸收东北二人转的音乐和剧目,融合京剧、皮影等音乐和表演艺术 | 新凤霞、小白玉霜等 | 《刘巧儿》《花为媒》《杨三姐告状》等 |

续表

| 剧种 | 概述 | 代表人物 | 代表作 |
| --- | --- | --- | --- |
| 豫剧 | 由河南梆子发展而来，中国第一大地方剧种 | 马金凤、常香玉、牛得草 | 《穆桂英挂帅》《花木兰》《拷红》《七品芝麻官》《朝阳沟》 |
| 越剧 | 由浙江嵊州“落地唱书”发展而来，主要曲调有“四工腔”“尺调腔”和“弦下腔”三种。列入国家级非物质文化遗产名录 | 袁雪芬、尹桂芬 | 《梁山伯与祝英台》《红楼梦》《玉堂春》《秋海棠》 |
| 黄梅戏 | 安徽地方剧种，原名“黄梅调”“采茶戏”。列入国家级非物质文化遗产名录 | 严凤英、王少舫、马兰、张云风 | 《天仙配》《女驸马》《牛郎织女》 |

生

旦

净

丑

## 强化练习

| 建议用时 | 实际用时 | 设定分值 | 实际得分 |
| --- | --- | --- | --- |
| 100 分钟 | | 102 分 | |

**单项选择题（每小题 2 分，共 102 分）**

1. 结束了“禅让制”的是(　　)

A. 尧　　B. 舜

C. 禹　　D. 启

2. 中国古代有个统一王朝，它最先在全国范围内推行了郡县制，建立起中央集权制的政治模式。据此判断，这个王朝是(　　)

A. 西周　　B. 东汉

C. 秦朝　　D. 明朝

3. 文景之治是(　　)朝出现的。

A. 周　　B. 汉

C. 唐　　D. 宋

4. 战国时期最有实力的诸侯国“战国七雄”是(　　)

A. 齐、魏、越、秦、晋、韩、赵

B. 齐、楚、燕、赵、秦、韩、魏

C. 齐、秦、越、赵、燕、韩、魏

D. 齐、赵、越、秦、鲁、韩、魏

5. 下列事件中，成为第一次鸦片战争导火索的是(　　)

A. 虎门销烟　　B. 义和团运动

C. 火烧圆明园　　D. 太平天国运动

6. 下列历史事件按时间排序排列正确的一组是(　　)

A. 戊戌变法—马关条约—五四运动

B. 郑和下西洋—戚继光抗击倭寇—郑成功收复台湾

C. 张衡发明地动仪—诸葛亮写《出师表》—张骞出使西域

D. 虎门销烟—甲午中日战争—第一次鸦片战争

7. 第一次世界大战的导火线是(　　)

A. 萨拉热窝事件　　B. 德军闪击波兰

C. 珍珠港事件　　D. 斯大林格勒战役

8. 下列革命战争中发表了被称为人类历史上“第一个《人权宣言》”的是(　　)

A. 美国独立战争　　B. 法国大革命

C. 俄国十月革命　　D. 明治维新

9. 假设公元1894年是甲午年,那么根据干支纪年法,公元1955年应该是(　　)

A. 乙丑年　　B. 丁亥年

C. 丁巳年　　D. 乙未年

10. 下列不是“花中四君子”的是(　　)

A. 兰　　B. 竹

C. 桂　　D. 菊

11. 以下称谓不可以用来代称青少年的是(　　)

A. 总角　　B. 豆蔻

C. 垂髫　　D. 不惑

12. 在农历中,以七、八、九月为秋季,其中八月指的是(　　)

A. 孟秋　　B. 仲秋

C. 叔秋　　D. 季秋

13. 下列选项中的民族与节日对应有误的一项是(　　)

A. 苗族—芦笙节　　B. 蒙古族—火把节

C. 维吾尔族—开斋节　　D. 蒙古族—那达慕

14. 我国古代有五行之说,指的是(　　)

A. 青、黄、赤、白、黑　　B. 仁、义、礼、智、信

C. 金、木、水、火、土　　D. 宫、商、角、徵、羽

15. 古代“六艺”(礼、乐、射、御、书、数)中的“御”指(　　)

A. 骑马　　B. 杂技

C. 驾车　　D. 防御

16. “以德治民,取信于民”体现了(　　)思想。

A. 儒家　　B. 道家

C. 墨家　　D. 法家

17. “三教九流”中的“三教”不包括(　　)

A. 儒教　　B. 佛教

C. 道教　　D. 清真教

18. 如果研究明朝的手工业技术,应查阅的重要文献是(　　)

A.《天工开物》　　B.《农政全书》

C.《梦溪笔谈》　　D.《齐民要术》

19. 哥白尼的“太阳中心说”并非真正科学,但他的巨大进步意义在于(　　)

A. 确立了人类新的宇宙观

B. 使人们认识到人类是地球的主人

C. 使自然科学从神学中解放出来

D. 为近代科学奠定了基础

20. 被西方称为“物理学之父”,并提出“给我一个支点,我就能撬动地球”的名言的物理学家是(　　)

A. 亚里士多德　　B. 开普勒

C. 伽利略　　D. 阿基米德

21. 中国首次载人航天获得圆满成功的飞船是(　　)

A.“神舟四号”　　B.“神舟五号”

C.“风云一号”　　D.“嫦娥一号”

22. 20世纪新中国取得的下列成就中,正确的排列顺序是(　　)

①第一颗人造地球卫星发射成功

②第一台巨型计算机研制成功

③第一颗原子弹爆炸成功

④培育出被誉为“第二次绿色革命”的籼型杂交水稻

A. ①②③④　　B. ③①④②

C. ④②①③　　D. ③④①②

23. 19世纪对开辟人类生活新时代起决定作用的自然科学成就是(　　)

A. 牛顿力学体系的建立

B. 达尔文生物进化论的创立

C. 电磁学说的发展

D. 爱因斯坦相对论的提出

24. 下列物理量中，以科学家的名字库仑作为单位的是(　　)

A. 电流　　B. 电阻

C. 电容　　D. 电荷量

25. 宋元时期是我国科技发展的第二个黄金时期，居于世界领先地位的科技成就有(　　)

①沈括创制的"十二气历"

②郭守敬的《授时历》

③张衡发明的地动仪

④印刷术、指南针、火药和火器的发明和使用

A. ①②③④　　B. ①②③

C. ①②④　　D. ②③④

26. 被称为物理学三大成就的理论分别是宏观层面的相对论、中观层面的牛顿物理以及微观层面的(　　)

A. 原子物理学　　B. 量子力学

C. 黑洞理论　　D. 反物质理论

27. 工业革命给我们的生活带来了极大的方便，其中得益于第二次工业革命的是(　　)

①乘坐轮船漂洋过海　②乘坐公共汽车上学

③乘飞机在天空翱翔　④通过电脑上网查资料

A. ①②　　B. ②③

C. ①③　　D. ②④

28. 巴金的"爱情三部曲"不包括(　　)

A.《雾》　　B.《电》

C.《雨》　　D.《春》

29. 下列不是朱自清散文作品的是(　　)

A.《桨声灯影里的秦淮河》

B.《绿》

C.《正义》

D.《风景谈》

30. "生当作人杰，死亦为鬼雄。至今思项羽，不肯过江东"是(　　)的作品。

A. 李白　　B. 杜甫

C. 李商隐　　D. 李清照

31. 被恩格斯称为"中世纪的最后一位诗人，同时又是新时代的最初一位诗人"的是(　　)

A. 培根　　B. 但丁

C. 荷马　　D. 亚里士多德

32. 下列作品属于巴尔扎克代表作的是(　　)

A.《包法利夫人》　　B.《红与黑》

C.《人间喜剧》　　D.《雾都孤儿》

33. 魏晋时期，建安七子是当时文学的代表人物，下列属于建安七子的是(　　)

A. 嵇康　　B. 曹植

C. 山涛　　D. 阮瑀

34. 下列选项中不属于古希腊三大悲剧作家的是(　　)

A. 埃斯库罗斯　　B. 索福克勒斯

C. 欧里庇得斯　　D. 阿里斯托芬

35. 下列(　　)不属于唐宋八大家。

A. 曾巩　　B. 欧阳修

C. 柳宗元　　D. 黄庭坚

36. 下列(　　)不是元曲四大家。

A. 马致远　　B. 王实甫

C. 郑光祖　　D. 白朴

37. 被称为"史家之绝唱，无韵之离骚"的著作是(　　)

A.《诗经》　　B.《史记》

C.《左传》　　D.《资治通鉴》

38. 杜甫著名的"三别"中不包括下列(　　)

A.《新婚别》　　B.《垂老别》

C.《梦游天姥吟留别》　　D.《无家别》

39.《桃花扇》是作家(　　)的戏曲著作。

A. 马致远　　B. 蒲松龄

C. 孔尚任　　D. 白朴

40. "四书"都包括(　　)

A.《大学》《中庸》《论语》《尔雅》

B.《大学》《中庸》《论语》《孟子》

C.《大学》《孝经》《论语》《尔雅》

D.《大学》《孝经》《论语》《孟子》

41. 下面(　　)不是世界三大短篇小说巨匠。

A. 契诃夫　　B. 欧·亨利

C. 莫泊桑　　D. 都德

42. 世界文学史上被视为“拉丁美洲魔幻现实主义文学代表作”的是(　　)

A.《老人与海》　　B.《百年孤独》

C.《基督山伯爵》　　D.《悲惨世界》

43. 秦始皇灭六国后,统一文字,这种文字是(　　)

A. 隶书　　B. 小篆

C. 楷书　　D. 行书

44. 下列不属于书法“宋四家”的是(　　)

A. 苏轼　　B. 米芾

C. 黄庭坚　　D. 赵孟頫

45. 北宋张择端的一幅反映当时社会生活的风俗画,有很高的艺术价值和史料价值的作品是(　　)

A.《人物龙凤帛画》　　B.《洛神赋图》

C.《步辇图》　　D.《清明上河图》

46.《蒙娜丽莎》是文艺复兴时期的代表作之一,其作者是(　　)

A. 拉斐尔　　B. 达·芬奇

C. 但丁　　D. 米开朗基罗

47. 以下(　　)不是我国现代作曲家冼星海的作品。

A.《黄河大合唱》

B.《到敌人后方去》

C.《义勇军进行曲》

D.《在太行山上》

48. 以下不是我国著名画家齐白石作品的是(　　)

A.《虾》　　B.《蟹》

C.《八骏图》　　D.《牡丹》

49. 下列有关世界著名建筑的表述,不正确的是(　　)

A. 泰姬陵位于泰国,是世界著名的纪念性建筑,有“泰国的珍珠”之称

B. 吴哥窟古迹位于柬埔寨,是世界著名的佛教建筑,现在柬埔寨的国旗上就绘有吴哥窟的造型

C. 敦煌莫高窟又称千佛洞,位于甘肃省,莫高窟是集建筑、绘画、雕塑于一体的立体艺术,是世界上现存规模最宏大、保存最完好的佛教艺术宝库之一

D. 圣彼得大教堂是世界上最大的教堂,位于梵蒂冈,教堂内有许多世界著名的雕像和浮雕,艺术价值极高

50. 文艺复兴时期的“艺术三杰”是(　　)

A. 达·芬奇、米开朗基罗、拉斐尔

B. 达·芬奇、泰戈尔、拉斐尔

C. 莎士比亚、达·芬奇、但丁

D. 米开朗基罗、拉斐尔、托尔斯泰

51. 19 世纪六七十年代,随着光学研究的发展,一个以“光”和“色”和谐统一的画派出现了,下列画家中,属于这一画派的代表人物的是(　　)

A. 德拉克洛瓦　　B. 莫奈

C. 罗丹　　D. 毕加索



## 参考答案

**单项选择题**

1. D【解析】约公元前 21 世纪,禹建立起了我国历史上的第一个王朝——夏。禹死后,他的儿子启夺得王位,原始社会后期的禅让制被王位世袭制所取代。

2. C【解析】秦统一后,为加强中央集权而推行郡县制,郡守和县令由皇帝一人任免,郡县制的实行加强了中央对地方的控制。

3. B【解析】“文景之治”是指西汉文帝、景帝两代,40 年左右的时间内政治稳定、社会生产得到显著发展的局面。

4. B【解析】“战国七雄”是齐、楚、秦、燕、赵、魏、韩。

5. A【解析】虎门销烟是第一次鸦片战争的导火索。

6. B【解析】戊戌变法,1898 年;《马关条约》,1895 年;

五四运动,1919 年。A 项错误。郑和下西洋,1405 年开始;戚继光抗击倭寇,1560 年左右;郑成功收复台湾,1662 年初。B 项正确。张衡发明地动仪,公元 132 年;诸葛亮写《出师表》,建兴五年,公元 227 年春天;张骞出使西域,公元前 138 年。C 项错误。虎门销烟,1839 年;甲午中日战争,1894—1895年;第一次鸦片战争,1840—1842 年。D 项错误。

7. A【解析】1914 年,帝国主义国家矛盾激化,两大军事集团之间的战争一触即发。萨拉热窝事件成为第一次世界大战的导火线。

8. A【解析】美国独立战争中发表了《独立宣言》,它最早明确提出"自由""平等"思想,被马克思称为人类历史上"第一个人权宣言"。

9. D【解析】干支纪年法 60 年一个轮回,因此公元 1954 年是甲午年,1955 年为乙未年。

10. C【解析】"花中四君子"指的是梅、兰、竹、菊。

11. D【解析】不惑指男子四十岁;总角指八、九岁至十四岁的少年期;豆蔻指女子十三四岁;垂髫指幼年。

12. B【解析】农历以七月、八月、九月为秋季,分别称作孟秋、仲秋、季秋。

13. B【解析】火把节主要是彝族、白族、纳西族的传统节日。

14. C【解析】五行指的是金、木、水、火、土。

15. C【解析】"六艺"是指中国古代儒家要掌握的六种基本才能,"礼",礼节;"乐",音乐;"射",射箭技术;"御",驾驶马车的技术;"书",书写;"数",理数、气数。

16. A【解析】孔子主张以德治民,反对苛政和任意刑杀,认为统治者要爱惜民力,取信于民。

17. D【解析】三教指的是儒教、道教和佛教。

18. A【解析】《天工开物》初刊于明崇祯十年,作者是宋应星。《天工开物》是世界上第一部关于农业和手工业生产的综合性著作,是中国古代一部综合性的科学技术著作,有人称它是一部百科全书式的著作。

19. C【解析】哥白尼在他的名著《天体运行论》中提出了"太阳中心说":地球和行星绕轴自转,并围绕太阳公转。哥白尼这一学说的意义在于:(1)它是人类对天体认识的一个飞跃,它推翻了统治天文学界 1000 多年的托勒密的"地球中心说"。它使人们不被表面现象所惑,对天体运行达到了正确的、科学的认识。(2)它推翻了基督教神学关于上帝创世界、选定地球为宇宙中心的谬论,是对教会权威的挑战,促使自然科学从基督教神学中解放出来,从而得到迅速的发展。

20. D【解析】阿基米德是古希腊著名的物理学家,早在两千多年前便发现了著名的杠杆原理,题干中的著名言论便是例证。

21. B【解析】"神舟五号"是我国首次发射的载人航天器,于 2003 年 10 月 15 日将杨利伟送入太空。

22. B【解析】1964 年 10 月 16 日,我国第一颗原子弹爆炸成功;1970 年 4 月 24 日,我国第一颗人造卫星"东方红 1 号"唱着《东方红》飞出地球,进入了太空;1973 年,被世界称为"杂交水稻之父"的袁隆平在世界上首次培育成功籼型杂交水稻;1983 年,中国第一台亿次电子计算机系统银河计算机研制成功。

23. C【解析】法拉第于 1831 年发现了电磁感应现象,开辟了人类生活的新时代——电的时代。

24. D【解析】库仑是电荷量的单位,是国际单位制导出单位。电流的单位是安培,电阻的单位是欧姆,电容的单位是法拉。

25. C【解析】张衡是汉朝人。

26. B【解析】量子力学是解释微观世界的重要理论,是微观物理学最重要的理论之一。

27. B【解析】1870 年以后,科学技术的发展突飞猛进,各种新技术、新发明层出不穷,并被迅速应用于工业生产,极大地促进了经济发展。科学技术的突出发展主要表现在三个方面,即电力的广泛应用、内燃机和新交通工具的创制、新通讯手段的发明。公共汽车和飞机都是以内燃机为动力的。

28. D【解析】巴金的"爱情三部曲"包括《雾》《雨》《电》,"激流三部曲"包括《家》《春》《秋》。

29. D【解析】《风景谈》是茅盾在抗战时期写的散文名篇,其他三篇散文都是朱自清的作品。

30. D【解析】李清照的《夏日绝句》:"生当作人杰,死亦为鬼雄。至今思项羽,不肯过江东。"

31. B【解析】但丁是欧洲由中世纪过渡到近代资本主义时期的文学巨匠,意大利文艺复兴的先驱。

32. C【解析】巴尔扎克,法国19世纪批判现实主义文学的伟大代表。其代表作有《人间喜剧》(《高老头》《欧也妮·葛朗台》等)。《包法利夫人》是福楼拜的作品,《红与黑》是司汤达的作品,《雾都孤儿》是狄更斯的作品。

33. D【解析】建安七子是建安年间七位文学家的合称,包括:孔融、陈琳、王粲、徐幹、阮瑀、应玚、刘桢。

34. D【解析】阿里斯托芬是喜剧作家。

35. D【解析】唐宋八大家分别是韩愈、柳宗元、欧阳修、苏洵、苏轼、苏辙、王安石、曾巩。

36. B【解析】元曲四大家分别是关汉卿、郑光祖、白朴、马致远。

37. B【解析】司马迁的《史记》是伟大的历史著作,也是传记文学名著,被鲁迅称为"史家之绝唱,无韵之离骚"。

38. C【解析】杜甫的"三别"包括《新婚别》《垂老别》《无家别》,《梦游天姥吟留别》是李白的作品。

39. C【解析】《桃花扇》是清代作家孔尚任的代表作。

40. B【解析】"四书"是《论语》《大学》《中庸》《孟子》的合称。

41. D【解析】世界三大短篇小说巨匠是契诃夫、莫泊桑和欧·亨利。

42. B【解析】拉丁美洲作家马尔克斯的长篇小说《百年孤独》是魔幻现实主义文学的代表作品。

43. B【解析】秦统一六国后把小篆作为全国规范的文字。

44. D【解析】"宋四家"是指最能代表宋代书法成就的四位书法家,他们分别是苏轼、黄庭坚、米芾和蔡襄。

45. D【解析】《清明上河图》是北宋画家张择端的一幅精品,属国宝级文物。作品以长卷形式,采用散点透视的构图法,生动地记录了中国12世纪城市生活的面貌,这在中国乃至世界绘画史上都是独一无二的。

46. B【解析】《蒙娜丽莎》是达·芬奇的代表画作。

47. C【解析】《义勇军进行曲》是我国著名作曲家、无产阶级革命音乐的奠基者聂耳的作品。

48. C【解析】齐白石,湖南湘潭人,擅绘画、篆刻和书法,是我国20世纪中国画艺术大师,代表作有《虾》《蟹》《牡丹》《牵牛花》等。《八骏图》是著名画家徐悲鸿的作品。

49. A【解析】泰姬陵位于印度,是印度知名度最高的古迹之一,也是世界八大奇迹之一。

50. A【解析】意大利文艺复兴时期,艺术成就最高的"三杰"是达·芬奇、米开朗基罗、拉斐尔。

51. B【解析】该画派是印象派,莫奈是印象派画家。德拉克洛瓦是浪漫主义画家;毕加索是立体派画家;罗丹是法国现实主义雕塑家。

05

# 基本能力

## 题型分析与考情预测

从历年考试真题来看，本章的常考题型为单项选择题、材料分析题和写作题。题型、题量相对固定。

在备考时，考生应以这三种题型为主。其中，单项选择题4道左右，信息处理能力2道左右，以Office的简单应用为主，逻辑思维能力2道左右，以概念判断、数字推理、类比推理等为主；材料分析题1道，主要考查阅读理解能力，备考时要注意重要概念和句子的理解、内容的归纳等；写作题1道，一般为材料作文，体裁为论说文，字数不少于1000字。

# 第一节　信息处理能力

（本节共4个考点）

## 考向分析

本节内容主要介绍计算机基础知识和办公软件 Office 的简单操作。相关知识点的考频分析如下表：

| 考点 | 考查频次 | 题型 | 重要程度 |
| --- | --- | --- | --- |
| 文字处理软件 Word | 11 | 单项选择 | ★★★ |
| 电子表格软件 Excel | 7 | 单项选择 | ★★ |
| 演示文稿软件 PowerPoint | 5 | 单项选择 | ★★ |

本节知识主要以单项选择题的形式考查，内容比较简单且分散，需要考生在备考时认真对待。

## 思维导图

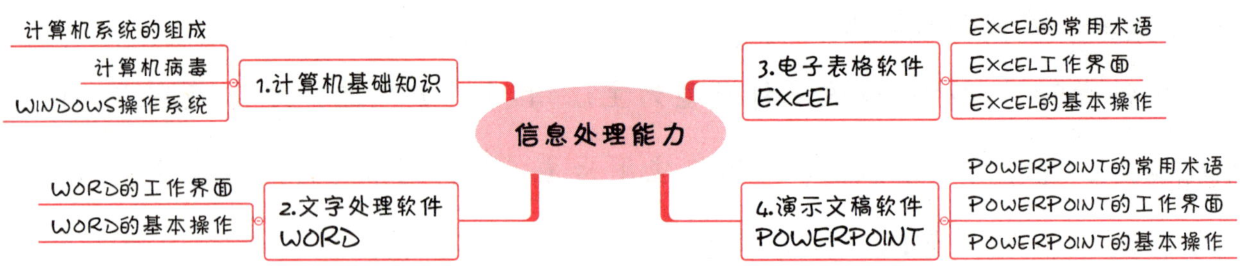

## 考点精讲

## 一、计算机基础知识

考点 1

### （一）计算机系统的组成

计算机系统由硬件系统和软件系统组成。计算机系统的基本组成如下图。

- 计算机系统
  - 硬件系统
    - 中央处理器（CPU）
      - 运算器
      - 控制器
    - 存储器
      - 内存储器
        - 随机存储器（RAM）
        - 只读存储器（ROM）
      - 外存储器：软盘、硬盘、光盘、U 盘、MP3 等
    - 输入设备：鼠标、键盘、摄像头、话筒、游戏杆、写字板、扫描仪
    - 输出设备：显示器、音响、打印机、投影仪、绘图仪、3D 打印机
  - 软件系统
    - 系统软件：操作系统、程序设计语言、语言处理程序、数据库管理系统
    - 应用软件：办公软件、图像处理软件、学习软件、游戏软件、驱动程序等

**1. 硬件系统**

计算机的硬件系统通常由运算器、控制器、存储器、输入设备和输出设备组成，这五大部分具有相对独立的功能，分别完成不同的工作。

（1）**运算器**：负责对信息进行加工和运算，它的速度决定了计算机的运算速度。参加运算的数（称为操作数）由控制器指示从存储器或寄存器中取出到运算器。

（2）**控制器**：整个计算机系统的控制中心，它指挥计算机各部分协调工作，保证计算机按照预先规定的目标和步骤有条不紊地进行操作及处理。

通常把控制器和运算器合称为中央处理器（CPU）。它是计算机的核心部件，是计算机的“大脑”。

（3）**存储器**：具有“记忆”功能的设备，由具有两种稳定状态的物理器件来存储信息。存储器分为内存储器和外存储器，简称内存和外存。与外存相比，内存的存储容量较小，但内存的存储速度较快。

（4）**输入设备**：主要功能是把计算机程序和数据输入计算机，供 CPU 调用和处理。常用的输入设备有鼠标、键盘、扫描仪、摄像头、数码相机等。

（5）**输出设备**：主要功能是将计算机的数据和程序从计算机输出。最常用的输出设备有显示器、音响、绘图仪等。

**2. 软件系统**

软件系统是指在计算机上运行的各种程序及相应的各种文档资料。计算机软件通常分为系统软件和应用软件两大类。

（1）**系统软件**：管理、监控和维护计算机资源（包括硬件和软件）、开发应用软件的软件。系统软件居于计算机系统中最靠近硬件的一层，它主要包括操作系统、语言处理程序、数据库管理系统、支撑服务软件等。

（2）**应用软件**：为解决计算机各类应用问题而编写的软件，如办公软件 Microsoft Office、QQ、UC 等。

## (二)计算机病毒

计算机病毒,是指编制或者在计算机程序中插入的破坏计算机功能或者毁坏数据,影响计算机使用,并能自我复制的一组计算机指令或者程序代码。

**1. 计算机病毒的特点**

计算机病毒的特点:(1)可执行性;(2)破坏性;(3)传染性;(4)潜伏性;(5)针对性;(6)衍生性;(7)抗反病毒软件性。

**2. 计算机病毒的预防**

计算机病毒的传染是通过一定途径来实现的,为此必须重视制定措施、法规,加强职业道德教育,不得传播更不能制造病毒。另外,还应采取一些有效方法来预防和抑制病毒的传染。

(1)谨慎地使用公用软件或硬件。

(2)任何新使用的软件或硬件(如磁盘)必须先检查。

(3)定期检测计算机上的磁盘和文件并及时消除病毒。

(4)对系统中的数据和文件要定期进行备份。

(5)对所有系统盘和文件等关键数据要进行写保护。

## (三)Windows 操作系统

**1. Windows 系统的窗口及操作**

Windows 系统及其应用程序采用图形化界面,只要运行某个应用程序或打开某个文档,就会对应出现一个矩形区域,这个矩形区域称为窗口。窗口包括标题栏、地址栏、搜索栏、菜单栏、导航窗格、工作区、状态栏等几部分。如下图。

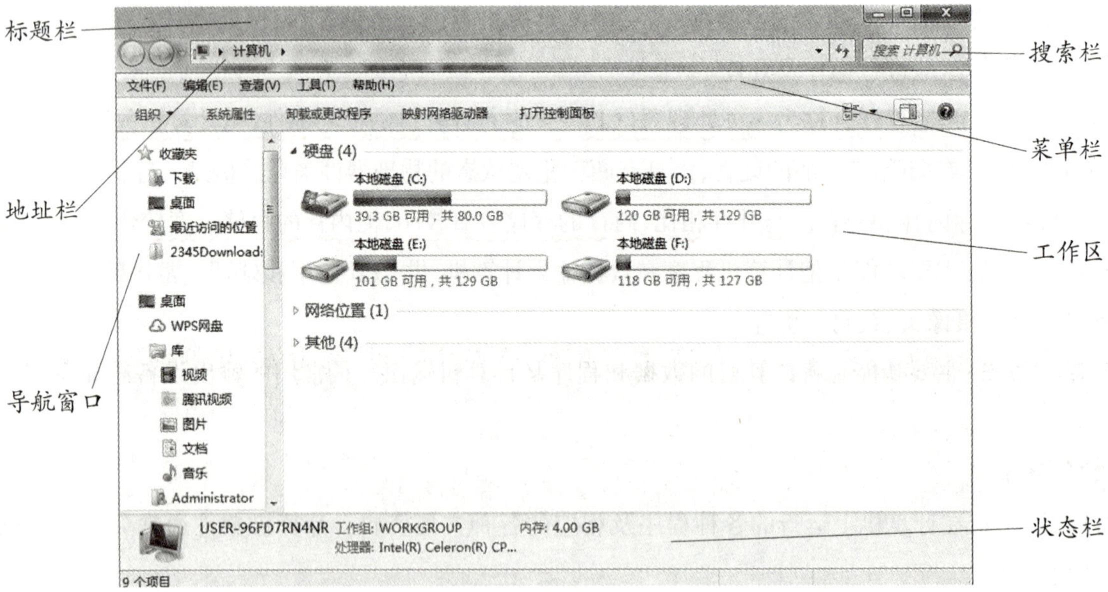


(1)移动窗口。移动窗口只需将鼠标指针移动到窗口的标题栏的空白处,然后按住鼠标左键并拖拽鼠标,即可把窗口放到桌面的任何地方。

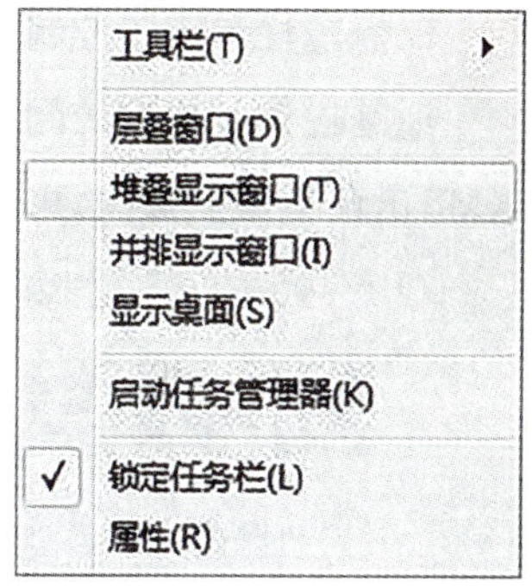


（2）缩放窗口。每个窗口的右上角都有“最小化”、“最大化/还原”按钮，通过它们可迅速放大或缩小窗口。除了可以使用按钮来控制窗口大小外，还可以通过鼠标拖动窗口边框或者窗口角改变窗口大小。

（3）切换窗口。当桌面上有多个窗口时，可直接单击任务栏的程序按钮实现，也可以用“Alt + Tab”或“Alt + Esc”组合键进行切换。

（4）窗口的排列。窗口排列分为：层叠窗口、堆叠显示窗口、并排显示窗口和显示桌面。右击桌面任务栏上的空白处，弹出快捷菜单，如右图所示。用户从中选择对应的命令选项即可设置窗口的排列方式。

**2. 资源管理器**

资源管理器是 Windows 中进行各种文件操作的场合，很多用户在启动 Windows 之后的第一项操作就是打开资源管理器。“资源管理器”窗口的独特之处是包含左右两个子窗口。资源管理器左侧子窗口“文件夹”窗口，显示了整个计算机资源的树形结构，它的文件有折叠和展开两种方式。当单击某一图标前面的“ + ”号时，可以展开它的下级，这时，“ + ”变成“ - ”号；当单击“ - ”号时，下级文件夹折叠起来，“ - ”号又变成“ + ”号。

**3. 文件的命名**

文件名一般由“主文件名”和“扩展名”两部分组成，中间用小圆点“.”隔开。扩展名表示文件的类型和创建此文件的程序，如常见的文件类型及其扩展名：文本文档（.txt）、电子表格（.xlsx）、应用程序（.exe）等。

文件和文件夹的命名遵循以下规则：

（1）文件名是文件的名称，通过它可以大概知道文件的作用或内容，组成文件名字的字符可以是英文字母、数字、下划线、空格、汉字等，但不能包含“^、:、*、?、#、<、>、|”等符号。文件夹的命名规则同文件命名规则。

（2）文件和文件夹的命名长不超过 255 个字符，其中包含空格。

（3）命名字母不区分大小写，例如，TOOL 和 tool 为同一文件名。所以不能利用大小写来区分文件名。在同一个文件夹内不允许有名字相同（文件名和扩展名都相同）的文件或子文件夹。

## 二、文字处理软件 Word

考点 2

### （一）Word 的工作界面

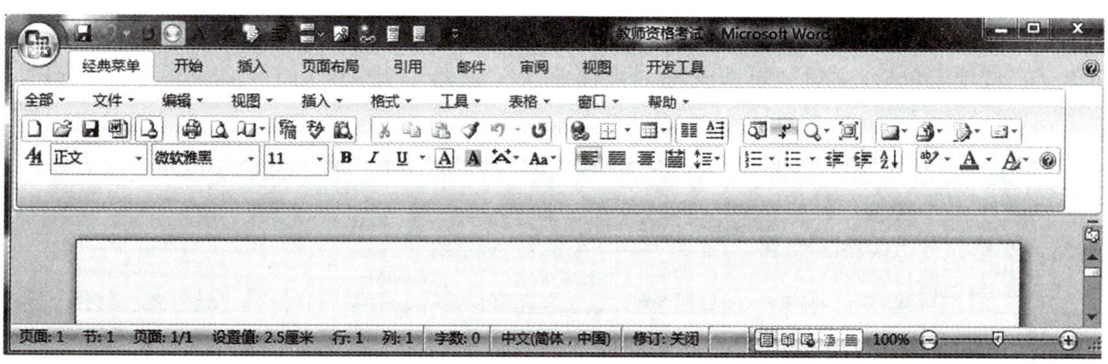


Word 的工作窗口

**1. 标题栏和窗口控制按钮**

标题栏位于快速访问工具栏右侧,用于显示文档和程序的名称。窗口控制按钮位于工作界面的右上角,单击窗口控制按钮,可以最小化、最大化、恢复或关闭程序窗口。

**窗口控制按钮**

**2. 功能区**

功能区位于标题栏下方,几乎包括了 Word 所有的编辑功能,单击功能区上方的选项卡,下方显示与之对应的编辑工具。

(1)“开始”选项卡

“开始”选项卡中包括“剪贴板”“字体”“段落”“样式”和“编辑”五个组。该选项卡主要用于对 Word 文档进行文字编辑和格式设置,是最常用的选项卡。

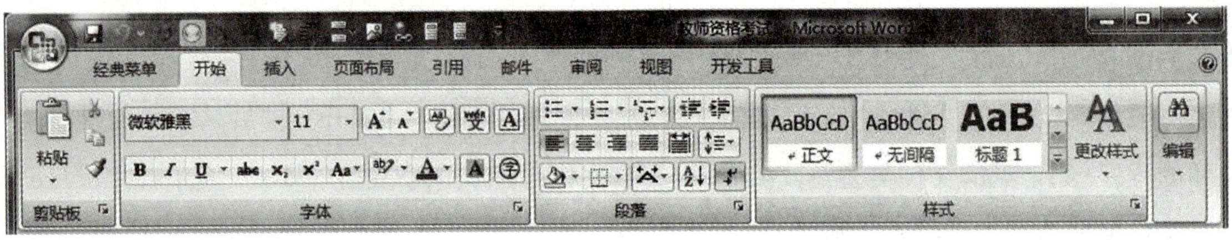


**“开始”选项卡**

(2)“插入”选项卡

“插入”选项卡包括“页”“表格”“插图”“链接”“页眉和页脚”“文本”“符号”“特殊符号”等组。主要用于在 Word 文档中插入各种元素。

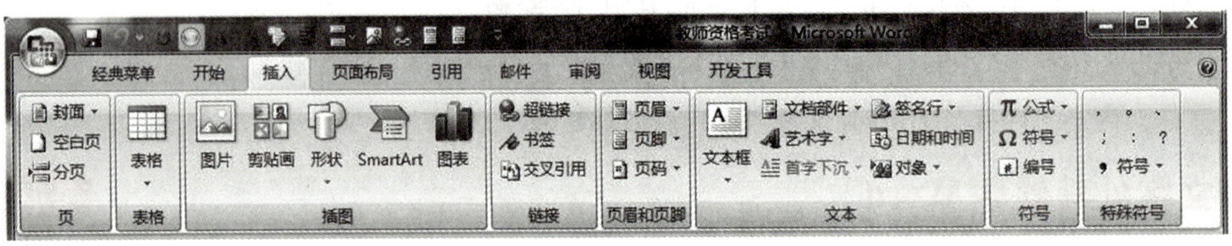


**“插入”选项卡**

(3)“页面布局”选项卡

“页面布局”选项卡包括“主题”“页面设置”“页面背景”“段落”“排列”几个组,用于设置 Word 文档页面样式。

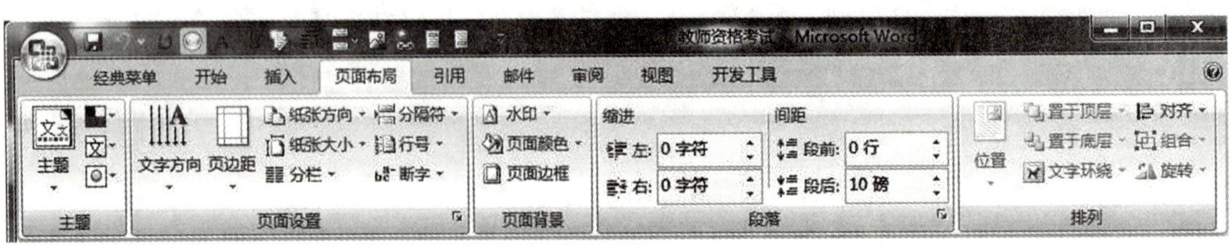


**“页面布局”选项卡**

（4）“引用”选项卡

“引用”选项卡包括“目录”“脚注”“引文与书目”“题注”“索引”和“引文目录”几个组，用于实现在 Word 文档中插入目录等比较高级的功能。

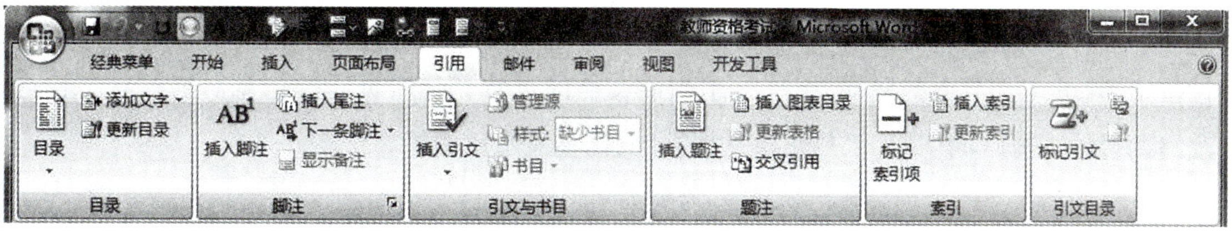


“引用”选项卡

（5）“审阅”选项卡

“审阅”选项卡包括“校对”“中文简繁转换”“批注”“修订”“更改”“比较”和“保护”几个组，主要用于对 Word 文档进行校对和修订等操作，适用于多人协作处理 Word 长文档。

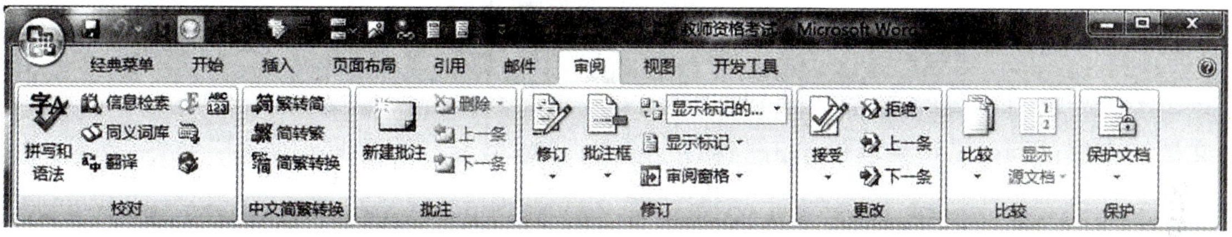


“审阅”选项卡

（6）“视图”选项卡

“视图”选项卡包括“文档视图”“显示/隐藏”“显示比例”“窗口”和“宏”几个组，主要用于设置 Word 操作窗口的视图类型，以方便操作。

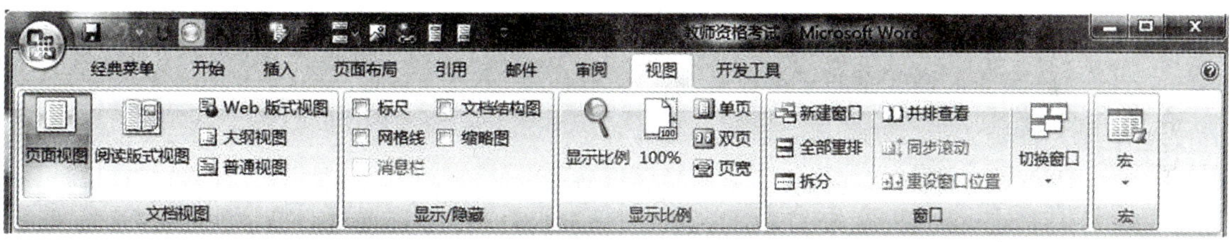


“视图”选项卡

“文档视图”包括“页面视图”“阅读版式视图”“大纲视图”“Web 版式视图”“普通视图”。切换视图方式：

①选择“视图”选项卡，在“文档视图”组中单击需要的视图模式按钮；

②分别单击视图栏视图快捷方式图标，即可选择相应的视图模式。

**3. 文档编辑区**

文档编辑区是用来输入和编辑文字的区域，在 Word 中，不断闪烁的插入点光标“|”表示用户当前的编辑位置。要修改某个文本，就必须先移动插入点光标。

具体操作方法如下：

（1）按键↑、↓、←、→，可分别将光标上、下、左、右移一个字符；

（2）按键 Page Up，Page Down 可分别将光标上移、下移一页；

（3）按键 Home、End 可分别将光标移至当前行首、行末；

(4)按键 Ctrl + Home、Ctrl + End 可分别将光标移至文件开头和文件末尾;

(5)按键 Ctrl + →、Ctrl + ←、Ctrl + ↑、Ctrl + ↓ 可分别使光标右移、左移一个单词或上移前一段落、下移下一段落的起始处。

**4. 状态栏**

状态栏位于 Word 工作界面的底部,用来显示当前文档的页数、字数、页码等信息。通过状态栏可以实现插入与改写两种输入方式的切换,以及切换文档视图,调整显示比例等。

## (二)Word 的基本操作

**1. 文档的新建、打开、保存**

打开 Word 启动之后自动建立一个新文档,这个文档名称是“文档 1. docx”。

**建立新文档的方法:**在窗口单击“新建空白文档”;使用快捷键 Ctrl + N 新建文档;使用“文件”→“新建”命令等。

**打开文档的方法:**选择文件菜单栏中的“打开”命令;直接双击某个 Word 文档;在 Word 文档上右击,在弹出的快捷菜单中选择“打开”命令;快捷键 Ctrl + O 打开。

**保存文档的方法:**Word 文件菜单栏单击“保存”按钮;鼠标单击常用工具栏下的“保存”按钮;快捷键 Ctrl + S保存。

**2. 文档的编辑**

(1)输入文本内容

定位好光标插入点后,即可输入相应的文本内容。在输入的文本满一行后,插入点会自动转入下一行。在没有输满一行文字的情况下,若需要开始新的段落,可按 Enter 键换行。

要删除输入过程中错误的文字,可将插入点定位到有错误的文本处,按 Delete 键可删除插入点后面的字符,按 Backspace 键可删除插入点前面的字符。

(2)在文档中插入符号

将光标插入点定位在需要插入符号的位置,切换到“插入”选项卡,然后单击“符号”组中的“符号”按钮,在弹出的下拉列表中单击“其他符号”选项,弹出“符号”对话框,在“字体”下拉列表框中选择符号类型。

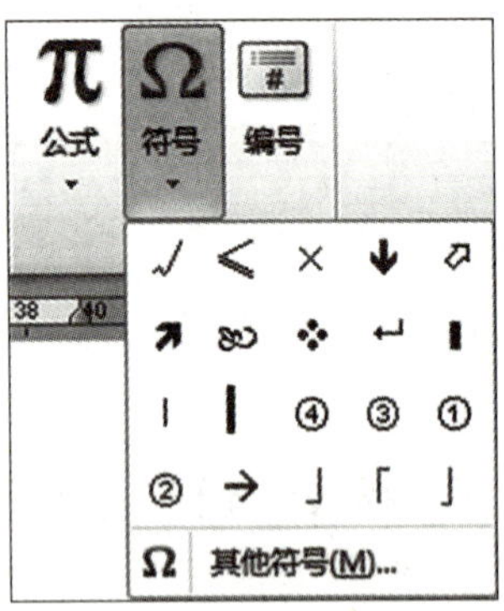


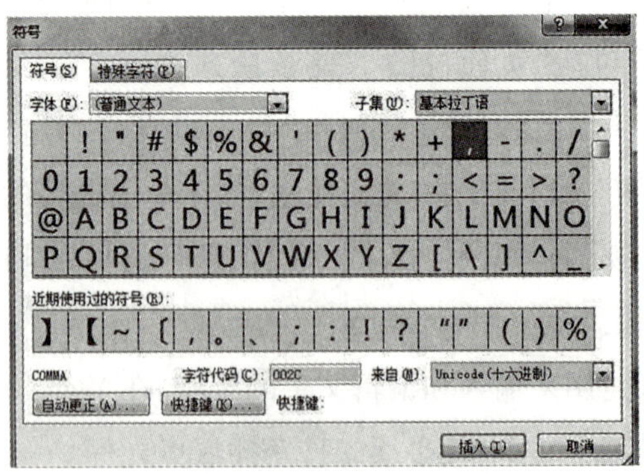


“符号”对话框

(3)文本的插入与改写

Word 有插入和改写两种录入状态。在“插入”状态下,键入的文本将插入到当前光标所在位置,光标后面的文字将按顺序后移;而在“改写”状态下,键入的文本将把光标后的文字替换掉,其余的文字位置不改变。

(4)选择文本

对文本进行复制、移动或设置格式等操作前,要先将其选中,从而确定编辑的对象。

| 选中对象 | 操作 |
|---|---|
| 英文单词或汉语词语 | 双击某个单词可选定该单词 |
| 一行文本 | 将鼠标指针移动到某行的左侧,当指针变成指向右边的空心箭头时,单击可以选定该行 |
| 多行文本 | 将鼠标指针移动到某行的左侧,当指针变成指向右边的空心箭头时,按住鼠标左键向上或向下拖动鼠标可选定多行 |
| 段落 | 将鼠标指针移动到某段落的左侧,当指针变成指向右边的空心箭头时,双击可以选定该段 |
| | 在段落的任意位置三击(连续按三次左键)可选定整个段落 |
| 全部文档 | 按 Ctrl + A 组合键 |
| | 将鼠标指针移动到文档正文任何部分的左侧,当指针变成一个指向右边的空心箭头时,三击可以选定整篇文档 |
| 矩形块文字 | 按住 Alt 键拖动鼠标可选定一个矩形块文字 |
| 不连续文本 | 选中要选择的第一处文本,再按住 Ctrl 键的同时拖动鼠标依次选中其他文本 |

**真 题 对 接**

**【2016 年上半年真题】**在 Word 中,如果双击某行文字左端的空白处,被选中的区域是(　　)

A. 该行　　B. 全文

C. 该段　　D. 该页

**【答案】**C。**解析:**在 Word 中,如果双击某行文字左端的空白处,则该段文字都被选中。

(5)文本的移动和复制

选中需要移动的文本内容,然后在“开始”选项卡的“剪贴板”组中单击“剪切”按钮(或按快捷键 Ctrl + X),将选中的内容剪切到剪贴板中。将光标插入点定位到文档中的目标位置,然后单击“剪贴板”组中的“粘贴”按钮(或按快捷键 Ctrl + V),即可把选中的文字移动到目标位置。

如果是复制文本,则选中要复制的文本内容,然后在“开始”选项卡的“剪贴板”组中单击“复制”按钮(或按快捷键 Ctrl + C),将选中的内容复制到剪贴板中。将光标插入点定位到文档中的目标位置,然后单击“剪贴板”组中的“粘贴”按钮(或按快捷键 Ctrl + V),即可把选中的文字复制到目标位置。

**3. 查找与替换**

(1)导航窗格

选择“开始”选项卡下“编辑”组的“查找”按钮,或用快捷键 Ctrl + F。在导航窗格的搜索框中输入要查找的关键字,此时系统将自动在选中的文本中进行查找,并将找到的文本以高亮显示,同时,导航窗格包含搜索文本的标题也会高亮显示。

用导航窗格查找关键字

(2)高级查找

单击搜索框右侧的下拉按钮,选择"高级查找"命令,或者在"开始"选项卡的编辑组中单击"查找"右侧的下拉按钮,在弹出的下拉菜单中选择"高级查找"命令,都能打开"查找和替换"对话框。

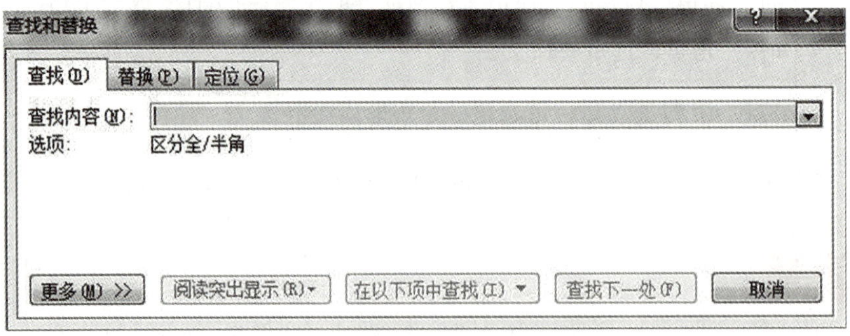


"查找和替换"对话框

(3)替换

选择"开始"选项卡下"编辑"组的"替换"按钮,或用快捷键 Ctrl + H。在打开的"查找和替换"对话框中,在"查找内容"填写被替换内容,在"替换为"填写替换后的内容。单击"替换"替换的是当前内容;单击"全部替换"替换的是全部内容。



**真题对接**

**【2018 年下半年真题】**在 Word 中,要实现对文档中的文字进行"替换",在默认设置下,首先选择的功能菜单是(　　)

A. "工具"　　B. "文件"　　C. "视图"　　D. "编辑"

**【答案】**D。**解析:**在"编辑"菜单下可以找到"替换"。

**【2015 年下半年真题】**关于 Word 中的查找与替换功能,下列表述正确的是(　　)

A. 不可以指定查找文字的格式,可以指定替换文字的格式

B. 可以指定查找文字的格式,不可以指定替换文字的格式

C. 不可以按指定文字的格式进行查找及替换

D. 可以按指定文字的格式进行查找及替换

【答案】D。解析：Word 中，可以按指定文字的格式进行查找及替换。

**4. 字体格式**

（1）使用选项卡设置

Word 文档中的字体、字形、颜色、字号、字符间距、动态效果等属性属于字体格式的范畴。可以使用“开始选项卡”中的“字体”组设置。

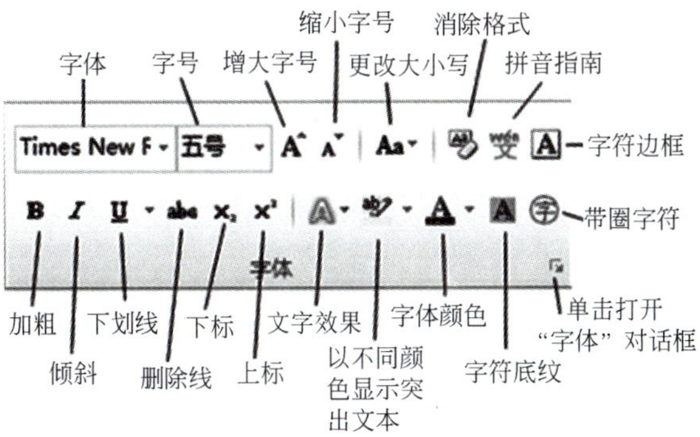


字体设置

| 按钮 | 作用 | 示例 |
| --- | --- | --- |
| B | 加粗 | 笑对人生→笑对人生 |
| I | 倾斜 | 笑对人生→笑对人生 |
| U | 下划线 | 笑对人生→笑对人生 |
| A | 字符边框 | 笑对人生→笑对人生 |
| abc | 删除线 | 笑对人生→笑对人生 |
| $x_2$ | 下标 | 笑对人生→笑对$_{人生}$ |
| $x^2$ | 上标 | 笑对人生→笑对$^{人生}$ |
| ab | 以不同颜色突出显示文本 | 笑对人生→笑对人生 |
| A | 字符底纹 | 笑对人生→笑对人生 |
| A | 增大字体 | 笑对人生→笑对人生 |
| A | 缩小字体 | 笑对人生→笑对人生 |

（2）使用“字体”对话框进行设置

单击“格式”菜单中“字体”命令，打开“字体”对话框；也可以选中文字，在右键快捷菜单中选择“字体”，在弹出的“字体”对话框中设置。

**真题对接**

【2018 年上半年真题】在 Word 编辑状态下，点击功能图标☰可完成的操作是(　　)

A. 左对齐　　B. 右对齐　　C. 居中对齐　　D. 分散对齐

【答案】B。解析：题干中的功能图标为对齐方式中的右对齐。

**5. 段落设置**

段落格式是文档段落的属性，包括对齐方式、缩进方式、行间距与段间距等。可以使用“开始”选项卡中的段落功能区进行设置；也可以选中文字，在右键快捷菜单中选择“段落”，在弹出的“段落”对话框中设置。

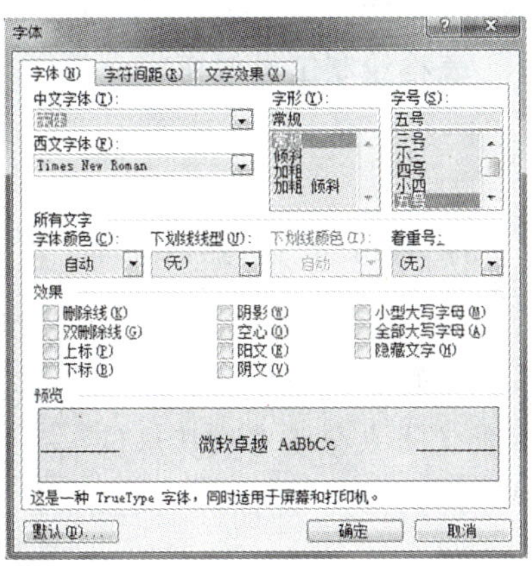

字体对话框

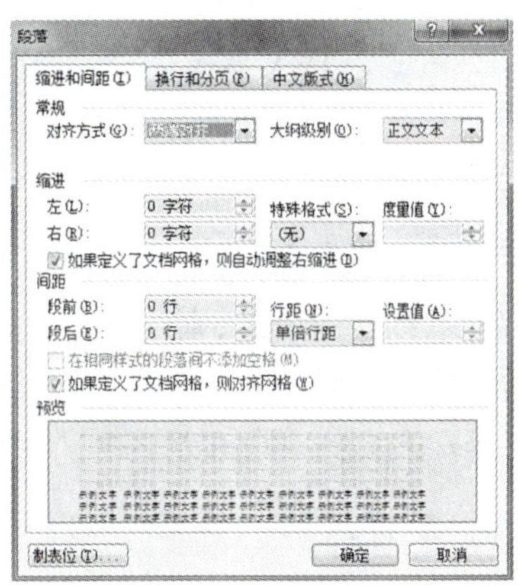

段落对话框

**6. 格式刷**

格式刷按钮可以方便地将现有字符或段落的格式复制到别的字符或段落。先选定要复制的格式所在的段落或文字,鼠标左键点击“剪贴板”中的格式刷按钮,再用鼠标左键选定要修改的段落或文字,格式就被复制到选定的段落或文字上了。

选定文字后,双击格式刷按钮,可实现对格式的多次复制。

**真 题 对 接**

**【2014 年下半年真题】**在 Word 中,双击“格式刷”,可将格式从一个区域一次复制到的区域数目是(　　)

A. 三个　　B. 一个　　C. 多个　　D. 两个

**【答案】**C。**解析:**在 Word 中,双击“格式刷”之后可以使用无限次,直到按 Esc 键取消为止。

**7. 页面设置**

(1)页面设置

单击“文件”菜单中的“页面设置”命令或者“页面布局”选项卡中的“页面设置”操作,均可对文字方向、页边距、分栏、纸张大小与方向进行设置。

(2)页眉和页脚设置

单击“插入”选项卡中的“页眉”“页脚”“页码”操作,可对页眉和页脚、日期和时间等进行设置,还可对首页不同、奇偶页不同进行设置。

**8. 表格**

(1)插入表格

插入表格的方法有多种,如单击“插入”选项卡中的表格按钮,可以鼠标拖动方块格,选择需要插入表格的行和列;单击“插入表格”命令,输入行和列的数量;使用“绘制表格”命令绘制表格。

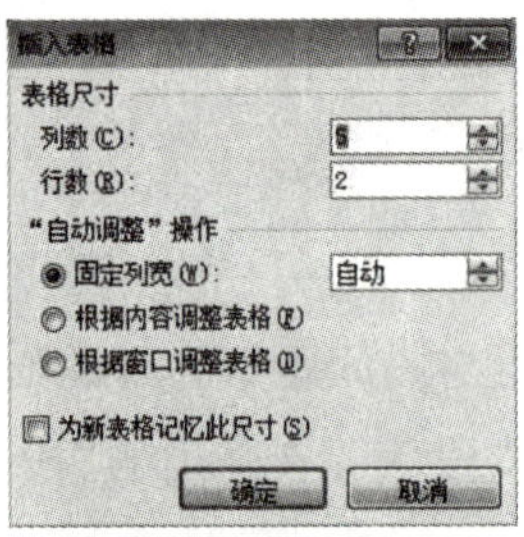


插入表格

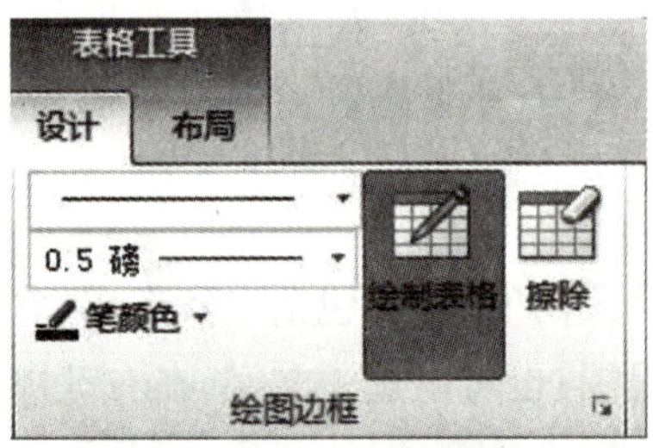


表格绘制工具按钮

**真 题 对 接**

**【2016 年下半年真题】**在 Word 中,单击“插入”选项卡下的“表格”按钮,然后选择“插入表格”命令,如右图所示,则(　　)

A. 只能选择行数　　B. 可以选择行数和列数

C. 只能选择列数　　D. 只能使用表格设定的默认值

**【答案】**B。**解析:**“插入表格”后的弹出的窗口,既可以选择列数,也可以选择行数。

(2)表格操作

光标在表格内时,会自动出现“表格工具”选项卡如“设计”选项卡和“布局”选项卡。“设计”选项卡可以对表格式样进行修改,包括修改表格的颜色、底纹和边框等。“布局”选项卡可对表格进行删除、插入、合并、拆分等操作。

**9. 图文混排**

(1)插入图片

在“插入”选项卡的“插图”组中单击“图片”按钮,打开“插入图片”对话框,从列表中选择需要插入的图片,然后单击“插入”按钮即可。

双击已插入的图片即可出现“格式”对话框,对图片的高度、对比度、阴影效果、边框、文字、文字环绕方式、大小进行调整。

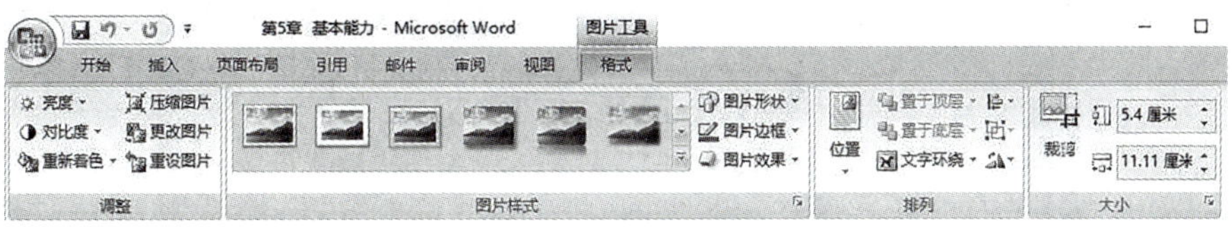


(2)插入剪贴画

剪贴画是 Word 提供的存放在剪辑库中的图片。插入剪贴画的操作步骤:切换到“插入”选项卡,然后单击“插图”组中的“剪贴画”按钮,打开“剪贴画”窗格。在“搜索文字”文本框中输入剪贴画类型,单击“搜索”按钮进行搜索,单击需要插入的剪贴画,即可将其插入到文档中。

(3)插入自选形状

打开需要编辑的文档,切换到“插入”选项卡,然后单击“插图”组中的“形状”按钮,在弹出的下拉列表中选择需要的绘图工具。此时鼠标指针呈十字状,在需要插入自选图形的位置按住鼠标左键不放,然后拖动鼠标进行绘制,当绘制到合适大小时释放鼠标即可。

注意:在绘制图形的过程中,配合 Shift 键的使用,可绘制出特殊图形,如绘制矩形时,同时按住 Shift 键不放,可绘制出一个正方形。

(4)插入艺术字

打开要编辑的文档,定位好插入点,切换到“插入”选项卡,然后单击“文本”组中的“艺术字”按钮,系统将弹出艺术字样式下拉列表。选择需要的艺术字样式,文档中将出现一个插入艺术字文本框,占位符“请在此放置您的文字”为选中状态,此时可直接输入、修改艺术字的内容。

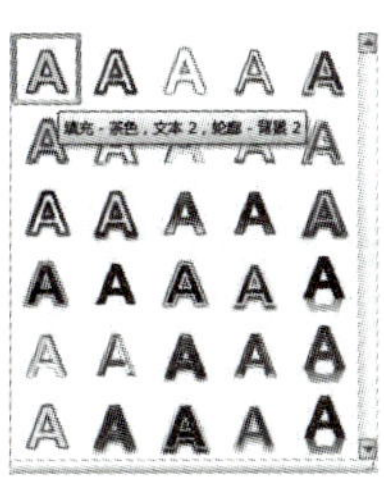

艺术字样式列表

插入艺术字文本框

(5)插入文本框

打开需要编辑的文档,切换到“插入”选项卡,然后单击“文本”组中的“文本框”按钮,在弹出的下拉列表中选择需要的文本框样式。在 Word 文档中插入文本框后,若要对其进行美化操作,同样在"绘图工具/格式"选项卡中实现。

(6)插入数学公式

在"插入"选项卡的"符号"组中,单击"公式"按钮,此时,我们可以从内置的"公式"下拉列表中选择所需的公式类型,或者选择"插入新公式"命令,功能区中随即将会打开"公式工具/设计"选项卡,可以根据需求来选择相应的符号类型编辑公式结构,如分数、上标、根式、积分、导数、极限和对数等。

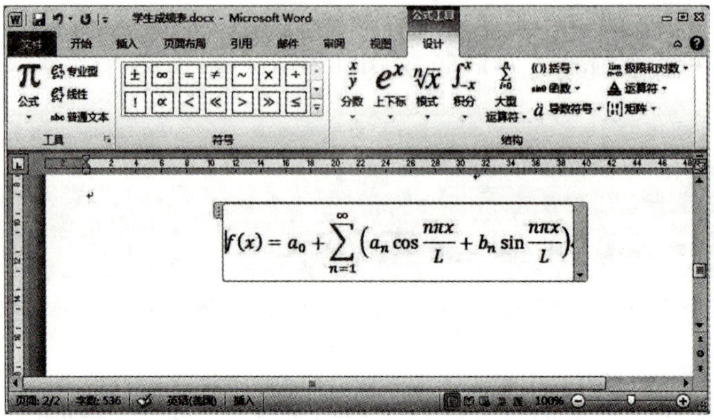

插入公式

## 三、电子表格软件 Excel

考点3

### (一)Excel 的常用术语

工作表编辑区就是 Excel 窗口中由暗灰线组成的表格区域,主要包括单元格、编辑栏、行号和列标等,是编辑电子表格的主要场所。

**1. 行号和列标**

在工作表编辑区左侧显示的数字是行号,上方显示的大写英文字母是列标,通过它们可确定单元格的位置。

**2. 单元格**

单元格就是工作表中行和列交叉的部分,是工作表最基本的数据单元,也是电子表格软件处理数据的最小单位。单元格的名称(也称单元格地址)是由列标和行号来标识的,列标在前,行号在后。例如,第 3 行第 2 列的单元格的名称是 B3。

**3. 编辑栏**

编辑栏位于工作表编辑区的正上方,用于显示和编辑当前单元格中的数据或公式。编辑栏从左向右依次是单元格名称框、公式栏和编辑框。

**4. 工作簿与工作表**

(1)工作簿

工作簿是指在 Excel 中用来存储并处理数据的文件,其扩展名是 xlsx。工作簿是由工作表组成的,每个工作簿都可以包含一个或多个工作表。通常所说的 Excel 文件指的就是工作簿文件。

(2)工作表

工作表(Sheet)是一个由行和列交叉排列的二维表格,也称作电子表格,用于组织和分析数据。Excel 的一个工作簿默认有 3 个工作表,可以根据需要添加工作表,一个工作簿最多可以包括 255 个工作表。在工作表标签上显示了系统默认的前三个工作表名(Sheet1、Sheet2、Sheet3)。

**5. 单元格区域**

单元格区域指的是由多个相邻单元格形成的矩形区域,用该区域的左上角单元格地址、冒号和右下角单元格地址表示。例如,单元格区域 A1:E5 表示的是左上角从 A1 开始到右下角 E5 结束的一片矩形区域。

**真题对接**

【**2018 年下半年真题**】在 Excel 工作表中,单元格区域 B3:E5 所包含的单元格的个数是(　　)

A. 11　　B. 12

C. 13　　D. 14

【**答案**】B。**解析**:单元格区域 B3:E5 所包含的单元格的个数是 12。

## (二)Excel 工作界面

Excel 工作界面,包括快速访问工具栏、标题栏、功能区、编辑栏、工作表区、状态栏等部分。

**1. 功能区**

功能区包括“开始”“插入”“页面布局”“公式”“数据”“审阅”“视图”等选项卡。

(1)“开始”选项卡

“开始”选项卡包含剪贴板、字体、对齐方式、数字、样式、单元格和编辑几个分组功能区。开始菜单选项卡中的功能主要用于帮助我们对 Excel 工作表进行文字编辑和单元格的格式设置,也是我们最常用的功能区。

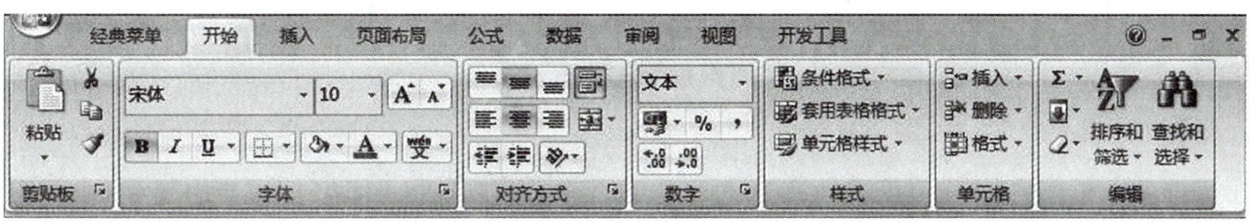


**“开始”选项卡**

(2)“插入”选项卡

“插入”选项卡包含表、插图、图表、链接、文本和特殊符号几个分组功能区。此功能主要用于在 Excel 工作表中插入各种对象。

**“插入”选项卡**

(3)“页面布局”选项卡

“页面布局”选项卡包含主题、页面设置、调整为合适大小、工作表选项和排列几个分组功能区。此功能主要用于帮助我们设置 Excel 工作表页面样式。

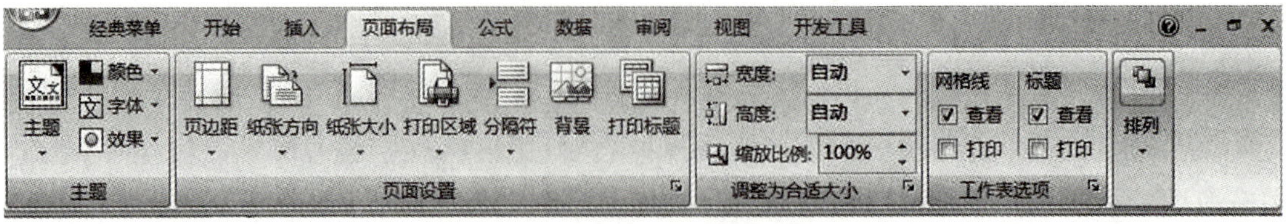


**“页面布局”选项卡**

(4)“公式”选项卡

“公式”选项卡包含函数库、定义的名称、公式审核和计算几个分组功能区。此功能主要用于在 Excel 工作表中进行各种数据计算。

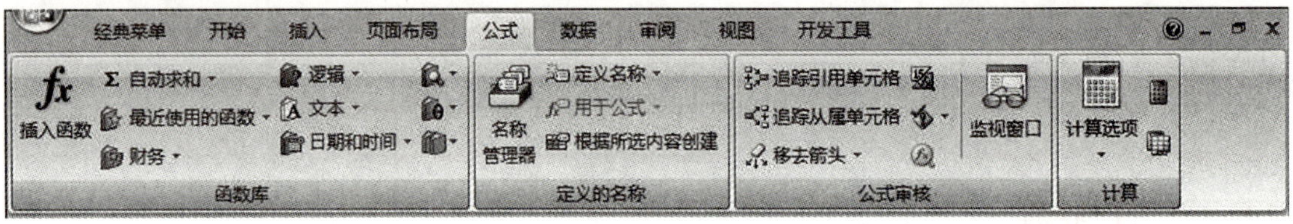


**“公式”选项卡**

(5)“数据”选项卡

“数据”选项卡包含获取外部数据、连接、排序和筛选、数据工具和分级显示几个分组功能区。此功能主要用于在 Excel 工作表中进行数据处理相关方面的操作。

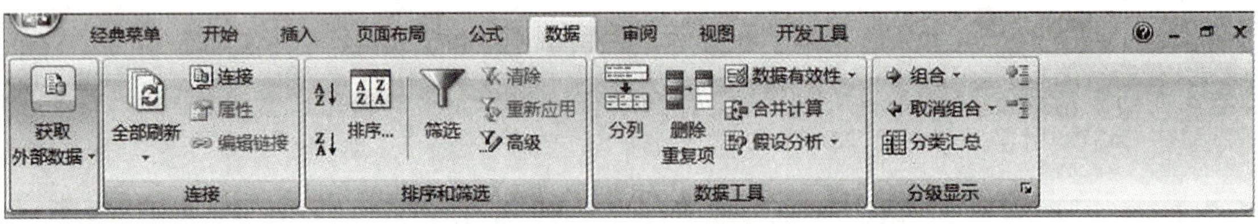


**“数据”选项卡**

(6)“审阅”选项卡

“审阅”选项卡包含校对、中文简繁转换、批注和更改几个分组功能区。此功能主要用于对 Excel 工作表进行校对和修订等操作。

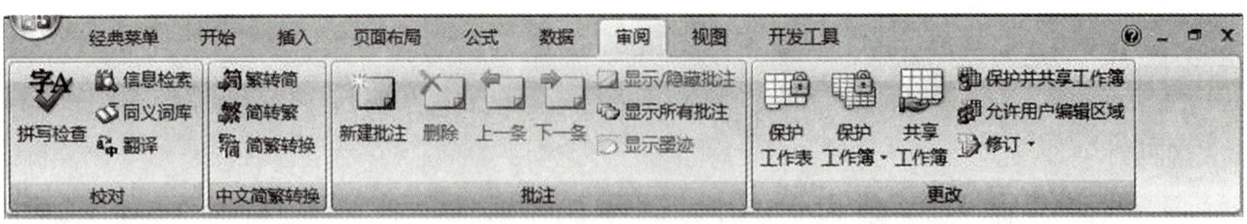


**“审阅”选项卡**

(7)“视图”选项卡

“视图”选项卡包含工作簿视图、显示/隐藏、显示比例、窗口和宏几个分组功能区。此功能主要用于帮助我们设置 Excel 工作表窗口的视图类型。

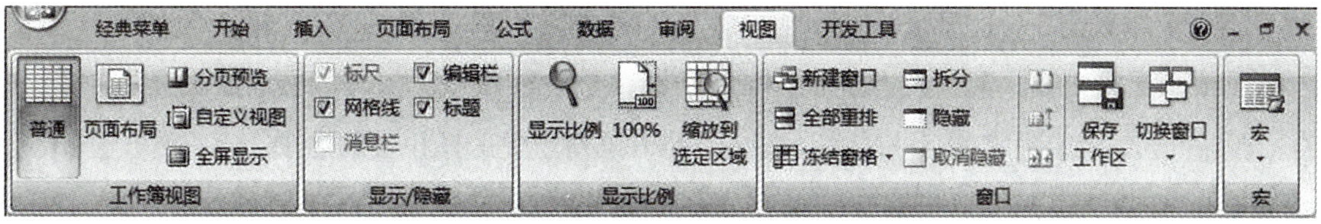


“视图”选项卡

**2. 编辑栏**

编辑栏位于功能区的下方，用户可以在其中输入、编辑和查看单元格中的数据，其构成包括：

**单元格名称框：**显示当前正在编辑的单元格名称，也可以在其中输入单元格名称来选定单元格或单元格区域。

**编辑栏：**显示当前单元格的内容，也可以在其中输入和编辑当前单元格的内容。若当前单元格中使用了公式，则在公式栏中显示公式，而在单元格中显示公式的值。

**公式栏：**单击弹出的“插入函数”对话框，用于向单元格中输入函数，可以实现特定的数据处理。

## （三）Excel 的基本操作

**1. 单元格操作**

（1）单元格、单元格区域、行和列的选择

Excel 在执行大多数命令或任务之前，都需要先选择相应的单元格或单元格区域。

| 选择内容 | 具体操作 |
|---|---|
| 单个单元格 | 单击相应的单元格 |
| 某个单元格区域 | 单击选定该区域内的第一个单元格，然后按住鼠标左键不放拖动鼠标直至选定最后一个单元格 |
| 所有单元格 | 单击“全选”按钮 |
| 不相邻的单元格或单元格区域 | 先选定第一个单元格或单元格区域，然后按住 Ctrl 键再选定其他的单元格或单元格区域 |
| 较大的单元格区域 | 单击选定区域的第一个单元格，然后按住 Shift 键再单击该区域的最后一个单元格（若此单元格不可见，则可以用滚动条使之可见） |
| 整行 | 单击行标 |
| 整列 | 单击列标 |
| 连续的行或列 | 沿行号或列标拖动鼠标；或先选定第一行或第一列，然后按住 Shift 键再选定其他行或列 |
| 不连续的行或列 | 先选定第一行或第一列，然后按住 Ctrl 键再选定其他行或列 |
| 增加或减少活动区域的单元格 | 按住 Shift 键并单击新选定区域的最后一个单元格，在活动单元格和所单击的单元格之间的矩形区域将成为新的选定区域 |

第五章

(2)插入行、列、单元格

选中行、列或单元格要插入的位置,然后右击,在快捷菜单中选择“插入”命令,或在“开始”选项卡的“单元格”组中,单击“插入”按钮右侧的下拉按钮,在弹出的下拉列表中选择相应的选项。

注意:如要插入多行、多列或多个单元格,则需要同时选中多行、多列或多个单元格。

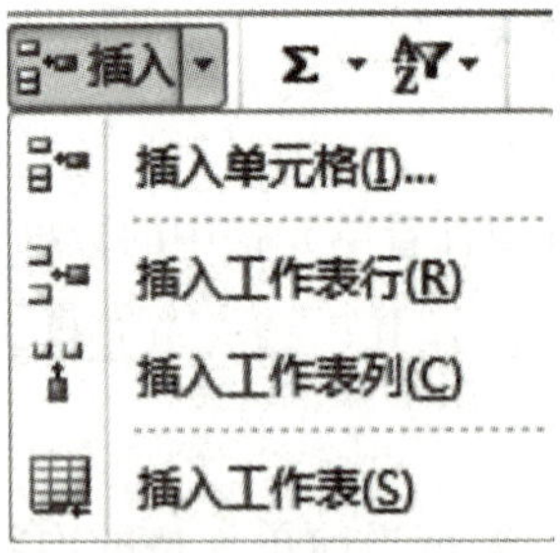


“插入”选项

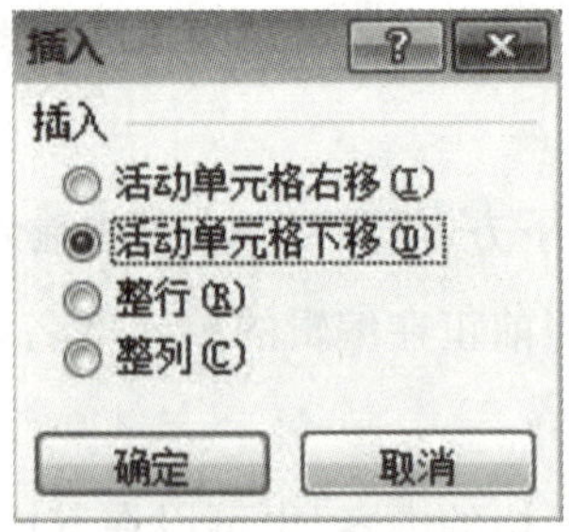


“插入”对话框

插入单元格时,会弹出“插入”对话框。在对话框中有4个单选项,单选项的作用如下:

活动单元格右移:在当前单元格的左侧插入一个或多个单元格。

活动单元格下移:在当前单元格的上方插入一个或多个单元格。

整行:在当前单元格的上方插入一行或多行。

整列:在当前单元格的左侧插入一列或多列。

(3)删除行、列、单元格

选中要删除的行、列或单元格,然后右击,在快捷菜单中选择“删除”命令,或在“开始”选项卡的“单元格”组中,单击“删除”按钮右侧的下拉按钮,在弹出的下拉列表中选择相应的选项。

注意:要删除多行、多列或多个单元格,则需要同时选中多行、多列或多个单元格。删除单元格时,会弹出“删除”对话框。

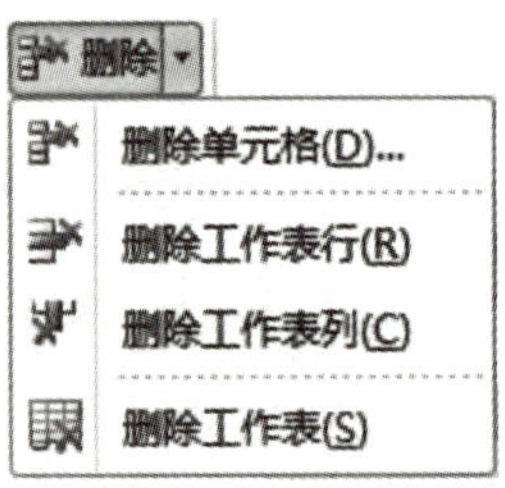


“删除”选项

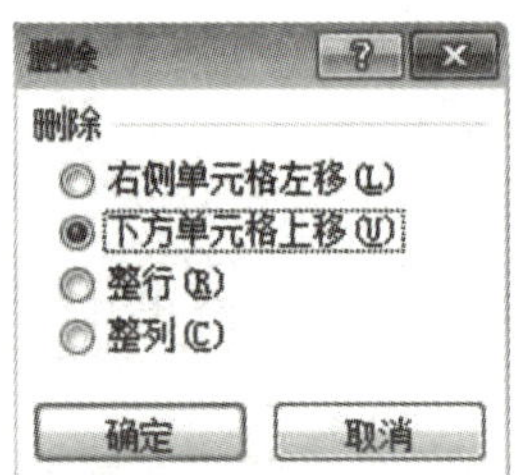


“删除”对话框

(4)单元格的合并

对单元格进行合并操作时,有“合并后居中”“跨越合并”和“合并单元格”3种方式。合并单元格的具体方法如下:选中需要合并的单元格区域,在“开始”选项卡的“对齐方式”组中,单击“合并后居中”按钮右侧的下拉按钮,在弹出的下拉列表中选择合并方式,如“合并后居中”。

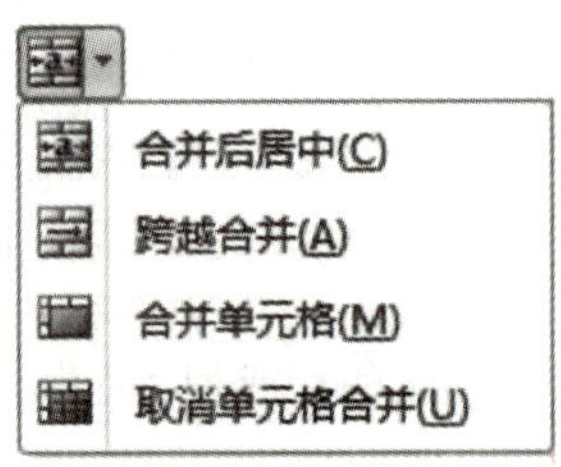


合并及取消合并

(5)取消单元格合并

取消单元格合并的方法为:选中合并后的单元格,单击“合并后居中”按钮右侧的下拉按钮,在弹出的下拉列表中单击“取消单元格合并”选项即可。

(6)设置单元格的行高和列宽

如果需要设置精确的行高或列宽，在“开始”选项卡的“单元格”组中单击“格式”按钮，在弹出的下拉列表中单击“列宽”或“行高”选项，会弹出“列宽”或“行高”对话框，输入想要设置的值，单击“确定”即可。

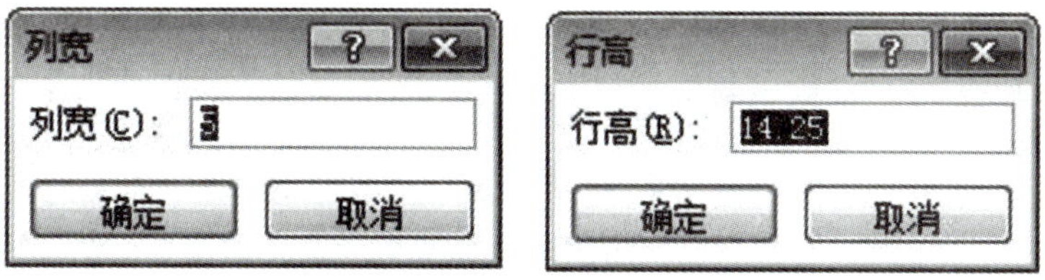


“列宽及行高”对话框

**2. 输入和编辑数据**

创建一个工作表，首先要向单元格中输入数据。Excel 能够接收的数据类型可以分为文本(或称字符或文字)、数字(值)、日期和时间、公式与函数等。

(1)向单元格输入或编辑的常用方式

①单击需要输入数据的单元格，然后直接输入数据，输入的内容将直接显示在单元格内和编辑框中。

②单击单元格，然后单击编辑框，可在编辑框中输入或编辑当前单元格的数据。

③双击单元格，单元格内出现光标，移动光标到所需位置，即可进行数据的输入或编辑修改。

(2)数字(值)型数据及输入

在 Excel 中，数字型数据除了数字 0 ~ 9 外，还包括“ +(正号)”“ -(负号)”“)”“(”“,(千分位号)”“.(小数点)”“/”“ $”“E”“e”“%”等特殊字符。数字型数据默认右对齐，数字与非数字的组合均作为文本型数据处理。

如果在数字前加一个英文状态下的单引号“’”，输入的内容为文本数据。

(3)自动数据填充

Excel 有自动填充功能，以现有数据为基础自动生成一系列有规律的数据。如：填充相同数据，填充数据的等比数列、等差数列和日期时间序列等，还可以输入自定义序列。

(4)数据复制和移动

Excel 数据的复制或移动，可以用剪贴板复制或移动数据，也可以用鼠标拖放操作。选定要被复制的单元格区域，再将鼠标指针移动到该区域边框线上，这时鼠标形状变成箭头状，按 Ctrl 键将鼠标指针移动到目标区域，实现复制。



**知识视野**

**数据的删除和清除**

在 Excel 中，数据删除和清除是两个不同的概念。

数据清除指的是清除单元格格式、单元格中的内容及格式、批注、超链接等，单元格本身并不受影响。数据删除的对象是单元格、行或列，即单元格、行或列删除后，选取的单元格、行或列连同里面的数据都从工作表中消失。

**3. 查找和替换**

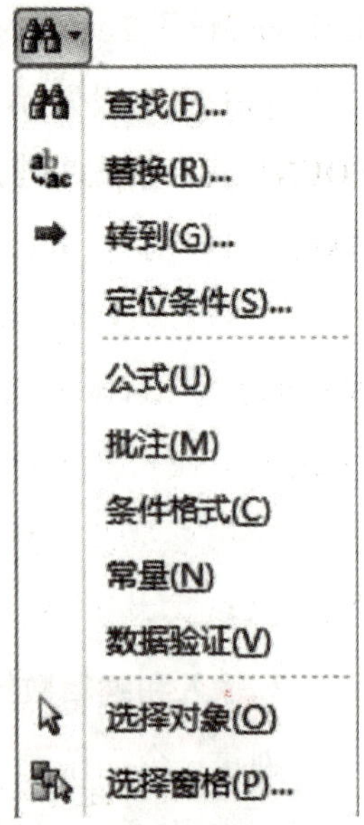


“查找和选择”菜单

利用Excel的“查找”和“替换”功能,可快速定位满足查找条件的单元格,并能方便地将单元格中的数据替换为其他需要的数据,从而提高编辑效率。Excel既可以在一个工作表中进行查找和替换,也可以在多个工作表中进行查找和替换。在“开始”选项卡的“编辑”组中单击“查找和选择”按钮,在弹出的下拉列表中单击“查找”或“替换”选项。Excel的“查找”和“替换”功能的使用方法同Word类似。

**4. 公式**

公式以“=”开始。一个公式一般包含单元格引用、运算符、值或常量、函数等几种元素。例如,公式“=A1+B2”中,“A1”和“B2”是单元格地址,“+”是运算符。

(1)公式中的运算符类型

Excel包含四类运算符:算术运算符、比较运算符、文本运算符和引用运算符。

(2)输入和编辑公式

选择要在其中输入公式的单元格,先输入等号“=”,然后再输入运算数和运算符。在输入公式时,一般都需要引用单元格数据。引用单元格数据有两种方法,第一种是直接输入单元格地址,第二种是利用鼠标选择单元格来填充单元格地址,最后按回车键确认。

(3)单元格的引用

单元格的引用是把单元格的数据和公式联系起来,Excel单元格的引用方式有相对引用、绝对引用和混合引用。默认方式为相对引用。

①**相对引用**。相对引用是指单元格地址会随公式所在位置的变化而改变,公式的值将会依据更改后的单元格地址的值重新计算。

②**绝对引用**。绝对引用是指公式中的单元格或单元格区域地址不随公式位置的改变而发生改变。不论公式的单元格处在什么位置,公式中所引用的单元格位置都是其在工作表中的确切位置。绝对引用的形式是在每一个列标及行号前加一个“$”符号,例如,输入公式“51.06*$C$4”。

③**混合引用**。混合引用是指单元格或单元格区域的地址部分是相对引用,部分是绝对引用,如$B2、B$2。

**5. 函数**

函数一般由函数名和参数组成。函数名一般代表了函数的用途,如SUM代表求和、AVERAGE代表求平均、MAX代表求最大值等。参数根据函数计算功能的不同可以是数字、文本、逻辑值、数组、错误值或单元格引用。指定的参数都必须为有效参数值。参数也可以是常量、公式或其他函数。

(1)常用函数介绍

函数作为Excel处理数据的一个最重要手段,功能是十分强大的,在生活和工作实践中可以有多种应用。这里仅介绍一些常用函数的功能及语法格式。

①求和函数SUM。求和函数SUM的语法格式为SUM(number1,number2,…),其中number1,number2,…为需要求和的参数。

②求平均值函数AVERAGE。求平均值函数AVERAGE的语法格式为AVERAGE(number1,number2,…),

其中 number1,number2,…为要计算平均值的参数。

③COUNT 函数。COUNT 函数作用是计算参数列表中数字项的个数。计数函数 COUNT 的语法格式为 COUNT(value1,value2,…),其中 value1,value2,…是包含或引用各种类型数据的参数。例如,若"=COUNT(A1:A20)"的返回值为 5,说明该区域中有 5 个单元格包含数字。

④排位函数 RANK。排位函数 RANK 的语法格式为 RANK(number,ref,order),其中 number 为需要找到排位的数字,ref 为包含一组数字的数组或引用,order 为一数字,用来指明排位的方式。例如,公式"=RANK(G2,$G$2:$G$11)"用于计算 G2 单元格中的数据在 G2:G11 区域内的排名。

⑤MAX、MIN 函数。MAX、MIN 分别用来求解数据集的极值(即最大值、最小值)。函数的用法非常简单,语法格式为 MAX(number1,number2,…),其中 number1,number2,…为需要找出最大数值的参数区域。

**真题对接**

**【2018 年上半年真题】**在 Excel 中,下列选项与公式"=SUM(A1:A4)"等值的是(　　)

A. SUM(A1+A4)　　B. SUM(A1*A2*A3*A4)

C. SUM(A1/A4)　　D. SUM(A1+A2+A3+A4)

**【答案】**D。**解析:**在 Excel 中,"=SUM(A1:A4)"表示"单元格+单元格",即 SUM(A1+A2+A3+A4)。

(2)常见的出错信息

如果公式或函数不能正确计算出结果,Excel 将显示一个错误值。下表列出了常见的出错信息:

**常出现的错误**

| 错误值 | 可能原因 | 解决方法 |
|---|---|---|
| ##### | 输入到单元格中的数值太长或公式产生的结果太长,单元格容纳不下 | 适当增加列宽度 |
| #DIV/0! | 公式被 0(零)除 | 修改单元格引用,或者在用作除数的单元格中输入不为零的值 |
| #N/A | 当在函数或公式中没有可用的数值时 | 如果工作表中某些单元格暂时没有数值,在这些单元格中输入#N/A,公式在引用这些单元格时,将不进行数值计算,而是返回#N/A |
| #NAME? | 在公式中使用了不能识别的文本 | 确认使用的名称确实存在,如果所使用的名称没有被列出,添加相应的名称。如果名称存在拼写错误,修改拼写错误 |
| #NULL! | 试图为两个并不相交的区域指定交叉点 | 如果要引用两个不相交的区域,使用联合运算符(逗号) |
| #NUM! | 公式或函数中某些数字有问题 | 检查数字是否超出限定区域,确认函数中使用的参数类型是否正确 |

续表

| 错误值 | 可能原因 | 解决方法 |
| --- | --- | --- |
| #REF! | 单元格引用无效 | 更改公式。在删除或粘贴单元格之后,立即单击“撤消”按钮以恢复工作表中的单元格 |
| #VALUE! | 使用错误的参数或运算对象类型,或自动更改公式功能不能更改公式 | 确认公式或函数所需的参数或运算符是否正确,并且确认公式引用的单元格所包含均为有效的数值 |

**6. 数据处理**

(1)数据排序

Excel 可以根据需要按行或列、按升序或降序或自定义序列来排序。排序是按一定规则对表格进行升序或降序的整理和排列,为数据的进一步处理做好准备。

排序是指对单一字段按升序或降序排列,可利用工具栏的“升序排列”或“降序排列”按钮,或单击“数据”菜单,选择“排序”命令,进行排序。

当排序的字段(主要关键字)有多个相同的值时,可根据另外一个字段(次要关键字)的内容再排序。以此类推,可使用最多 3 个字段进行复杂排序。利用“数据”菜单中的“排序”命令可实现复杂排序。其中,主要关键字不能为空。

(2)筛选

筛选数据就是将不符合特定条件的行隐藏起来,这样可以更方便查看数据。有两种筛选方式:自动筛选和高级筛选。自动筛选适用于简单条件的筛选,而高级筛选适用于复杂条件的筛选。

(3)分类汇总

分类汇总是 Excel 中最常用的功能之一,它能够快速地以某一个字段为分类项,对数据清单中的数据进行各种统计操作,如求和、平均值、最大值、最小值、乘积以及计数等。分类汇总前,需要先按分类字段对数据清单进行排序。

(4)合并计算

Excel 的“合并计算”功能可以汇总或者合并多个数据源区域中的数据,方法有两种:一是按类别合并计算,二是按位置合并计算。

(5)图表的建立

图表可以用来表现数据间的某种相对关系,在常规状态下我们一般运用柱状图比较数据间的多少关系;用折线图反映数据间的趋势关系;用饼状图表示数据间的比例关系。

在 Excel 工作表数据区域中的数据发生变化时,相应的图表也会随数据发生变化。



**真题对接**

【**2015 年下半年真题**】当 Excel 中图表的数据源发生变化时,下列关于图表变化的描述,正确的是(　　)

A. 不跟随变化　　　　B. 会自动更新

C. 需要手动更新　　D. 不受任何影响

**【答案】**B。**解析：**当 Excel 表格中数据源发生改变时，图表会随之发生变化。

**【2014 年上半年真题】**在 Excel 中，对数据源进行分类汇总之前，应先完成的操作是(　　)

A. 筛选　　B. 建立数据库

C. 排序　　D. 有效地计算

**【答案】**C。**解析：**先选定汇总列，对数据清单进行排序。

## 四、演示文稿软件 PowerPoint　考点 4

### (一)PowerPoint 的常用术语

**幻灯片：**PowerPoint 的基本构成单位，每张幻灯片除了可以包括文字和图片，还可以有声音、视频、图表等。

**演示文稿：**由幻灯片组成，扩展名 pptx。演示文稿除了可包括幻灯片外，还可以包括讲义、备注、大纲、格式信息。

**幻灯片版式：**一些对象标识符的集合，在不同的标识符中可以插入不同的内容，如文字、剪贴画、图表等。每种版式有不同的对象标识和排列位置。

**模板：**是一种特殊的文件，扩展名为 pot，包含一套预先定义好的颜色和文字特征的信息，可以支持用户快速制作幻灯片。

**母版：**是模板的一部分，主要用来定义演示文稿中所有幻灯片的格式，其内容主要包括文本与对象在幻灯片中的位置、文本与对象占位符的大小、文本样式、效果、主题颜色、背景等信息。

### (二)PowerPoint 的工作界面

启动 PowerPoint 后，显示的窗口被称为演示文稿的工作窗口，该窗口主要由快速访问工具栏、标题栏、功能区、幻灯片/大纲窗格、幻灯片编辑窗格、备注窗格、任务窗格、状态栏、视图切换按钮和显示比例工具等部分组成。

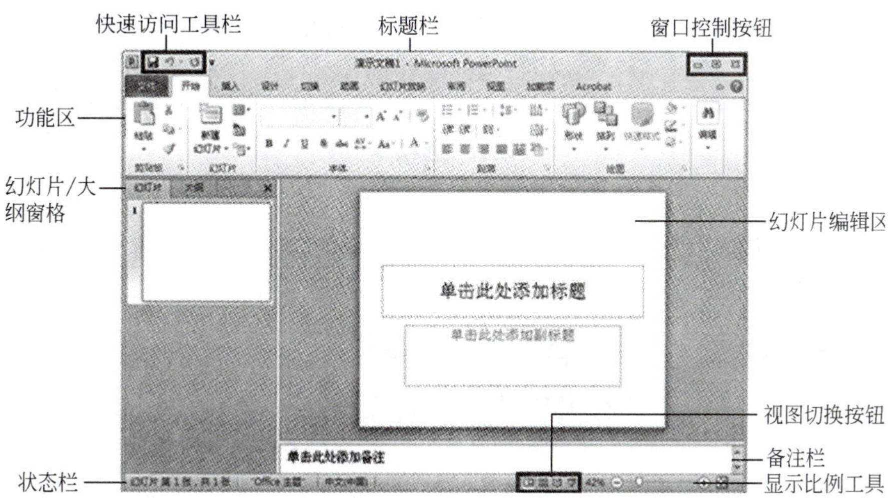


PowerPoint 2010 的窗口界面

**1. 工作区**

工作区中一次显示一张幻灯片,是 PowerPoint 最主要的编辑区域,可以向当前幻灯片中插入各种对象,并对对象进行格式设置、动画设置操作。

**2. 功能区**

功能区包括“开始”“插入”“设计”“动画”“幻灯片放映”“审阅”“视图”等选项卡。

(1)“开始”选项卡

“开始”选项卡包含“剪贴板”“幻灯片”“字体”“段落”“绘图”“编辑”等。通过“开始”选项卡可以进行如下所示操作。

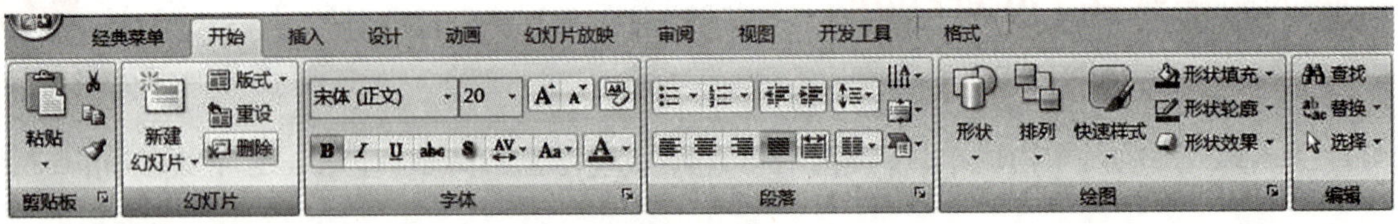


**“开始”选项卡**

(2)“插入”选项卡

“插入”选项卡包括“表格”“插图”“链接”“文本”“媒体剪辑”“特殊符号”等内容。通过“插入”选项卡可以进行如下所示操作。

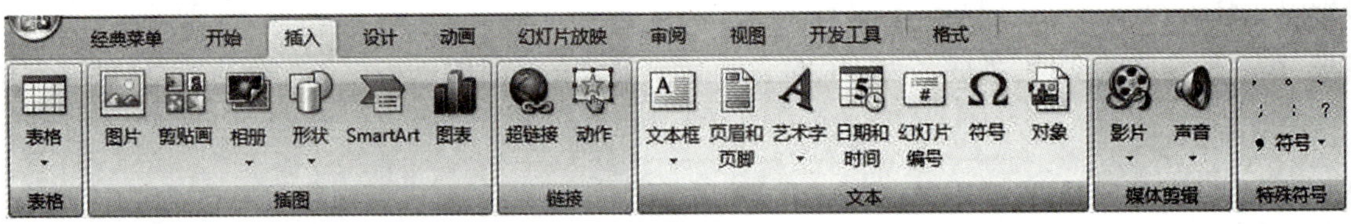


**“插入”选项卡**

(3)“设计”选项卡

“设计”选项卡包含“页面设置”“主题”和“背景”,通过“设计”选项卡可以对演示文稿进行页面设置,以及设置演示文稿的主题和背景等。

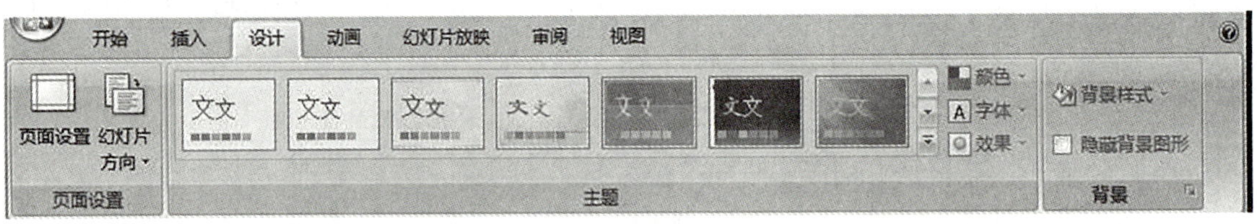


**“设计”选项卡**

(4)“动画”选项卡

“动画”选项卡包括“预览”“动画”“切换到此幻灯片”等,可以为幻灯片中的文字、图片、形状等各种对象设置动画效果。

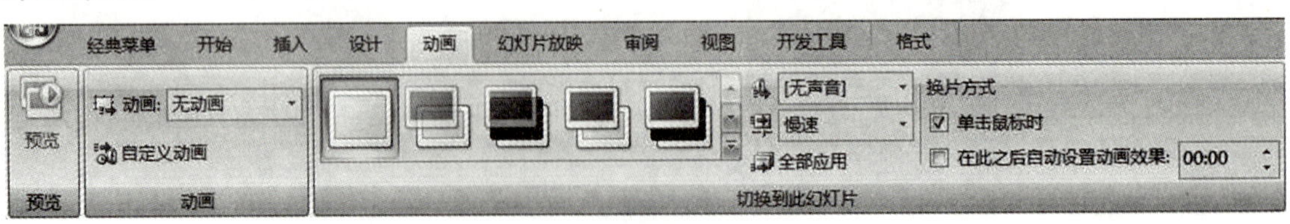


**“动画”选项卡**

第五章

(5)“幻灯片放映”选项卡

“幻灯片放映”选项卡包括“开始放映幻灯片”“设置”和“监视器”等,可以设置幻灯片的放映方式、进行排练计时等。

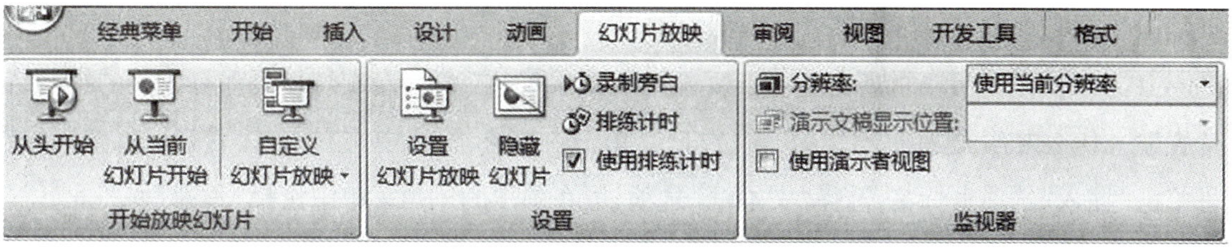


“幻灯片放映”选项卡

**真题对接**

【**2016 年上半年真题**】演示文稿 PowerPoint 的基本组成单元是幻灯片,下列工具栏按钮可以插入新幻灯片的是(　　)

A. 　B. 　C. 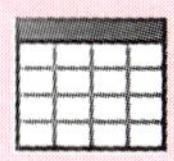　D. 

【**答案**】B。**解析**:A 为打开的幻灯片,C 为插入表格,D 为保存。

**3. 任务窗格**

任务窗格用于显示某一特定功能的命令。在默认情况下,PowerPoint 的操作界面中不会显示任何任务窗格。只有在执行了相应的操作后,任务窗格才会自动出现。

**4. 视图切换按钮**

视图切换按钮共有 4 个,用于在不同视图间进行切换,分别为普通视图、幻灯片浏览视图、备注页视图和阅读(幻灯片放映)视图。

(1)**普通视图**:单击普通视图按钮,即可实现将屏幕显示内容转换到普通视图,该视图将屏幕分为三个窗口:幻灯片/大纲窗格、幻灯片窗口、备注窗口。

(2)**幻灯片浏览**:在幻灯片浏览视图中,所有幻灯片被缩小,可以方便地对幻灯片进行移动、复制、删除等操作。

(3)**备注页**:备注页视图用于演示者为幻灯片添加备注。备注是演示者对每张幻灯片的注释或提示,仅供演示者使用,不能在幻灯片上显示。

(4)**阅读**:在该视图中,幻灯片按顺序在全屏幕上显示,单击鼠标左键或按回车键可显示下一张幻灯片,按 Esc 键或放映完所有幻灯片后,则返回原视图。

## (三)PowerPoint 的基本操作

**1. 创建演示文稿**

当启动了 PowerPoint 之后会自动创建一个名为“演示文稿 1”的空白演示文稿,也可使用“文件|新建”命令或者快捷键 Ctrl + N 新建一个空白的演示文稿。空白演示文稿的第一张默认的是标题幻灯片。在空白演示文稿中可以插入幻灯片、输入文本、插入图片、剪贴画、表格、声音和视频等各种对象,从而创建一份图文

并茂的演示文稿。

此外还可以利用模板或主题快速创建演示文稿。

**2. 编辑演示文稿**

(1)文字的编辑

在 PowerPoint 中,幻灯片上的所有文本都要输入到文本框中。每张新幻灯片上都有相关的提示,让用户在什么位置输入什么内容,这些提示称为“占位符”。单击占位符,将选中文本框,然后就可以在其中输入文本。也可单击“插入”选项卡标签,选择“文本框”选项,可在弹出的下拉菜单中选择“横排”或“垂直”两种编排方式。

(2)幻灯片的编辑

在 PowerPoint 中使用“开始”选项卡中的“复制”或“剪切”和“粘贴”选项可以复制或剪切幻灯片。在“普通”视图的“大纲”窗格中,使用拖拽的方法可来回移动幻灯片改变其排列顺序。在除了“阅读”外的所有视图状态中都能执行删除操作。单击“开始”选项卡中的“删除”选项,就可以删除幻灯片。

(3)插入图片、艺术字和媒体对象

单击“插入”选项卡标签中的图片、剪贴画、形状、图表、文本框、艺术字、影片、声音等,可完成相应对象的插入。动画、影片或声音将按其在幻灯片中的显示顺序依次播放。

(4)插入超链接

在幻灯片中添加超链接的对象可以是文本或图形图片,也可以是表格或图示。插入超链接时,首先选中要插入超链接的对象,然后切换到“插入”选项卡,单击“链接”组中的“超链接”命令,这时会弹出“插入超链接”对话框。

**3. 幻灯片外观的修饰**

(1)设置幻灯片背景

选中目标幻灯片,单击“设计”选项卡的“背景”组中的“背景样式”命令,在弹出的下拉菜单中选择需要的背景即可。也可以单击“设置背景格式”命令,在弹出的“设置背景格式”对话框中进行设置。PowerPoint 提供的背景格式设置方式有纯色填充、渐变填充、图片或纹理填充、图案填充 4 种。

(2)主题

主题是演示文稿的颜色搭配、字体格式化以及一些特效命令的集合,使用主题可以大大化简演示文稿的创作过程。

**应用主题**:在“设计”选项卡的“主题”组内单击“其他”按钮,在下拉列表中选择合适的主题单击即可。

**自定义主题**:若用户需要自定义主题,则可以在“设计”选项卡的“主题”组内通过“颜色”“字体”和“效果”命令进行自定义。

**4. 动画效果和动作设置**

(1)插入单个动画

选中要添加动画的对象,选择“动画”选项卡,在“动画”组中选择合适的动画单击即可。也可以单击“其他”按钮,在下拉列表中选择合适的动画。选好动画后,还可以通过“效果选项”命令改变动画的路径。在“动画”选项卡的“计时”组中还可以设置动画的开始方式、动画长度和动画开始播放的延迟时间等。

“动画”组

(2)对一个对象插入多个动画

选中要插入多个动画的对象，单击“动画”选项卡的“高级动画”组中的“添加动画”按钮，在弹出的下拉列表中选择合适的动画，这样就添加了一个动画，重复这一步骤即可添加多个动画。单击“动画窗格”按钮会弹出动画窗格，在里面可以看到全部的动画。

(3)自定义动画路径

PowerPoint 将所有动画分为进入、退出和强调 3 类，这些动画都有固定的路径，若需要自定义动画路径，则可单击“动画”组中的“其他”按钮，在下拉列表的“动作路径”中进行选择。

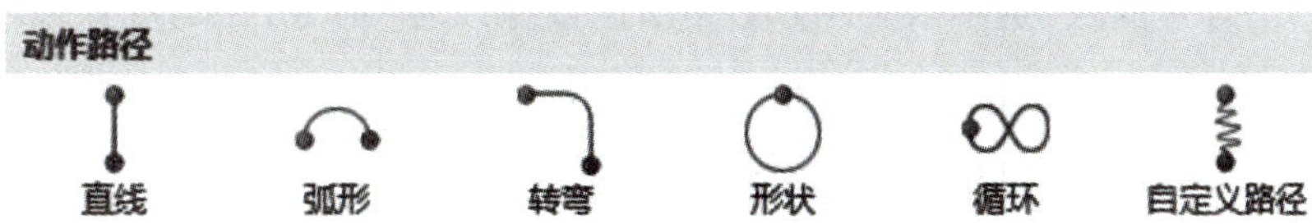


动作路径

(4)删除动画

选中要删除动画的对象，则其左上角会出现该对象的所有动画序号按钮，选中要删除的动画序号按钮，按 Del 键即可。也可以在动画窗格里选中要删除的动画，单击右键，在弹出的快捷菜单中执行“删除”命令。

**5. 播放和打印演示文稿**

(1)设置幻灯片放映

在幻灯片放映前，可以设置放映方式，以根据具体的情况满足相应的需求。单击“幻灯片放映”选项卡的“设置”组中的“设置幻灯片放映”命令，弹出“设置放映方式”对话框。

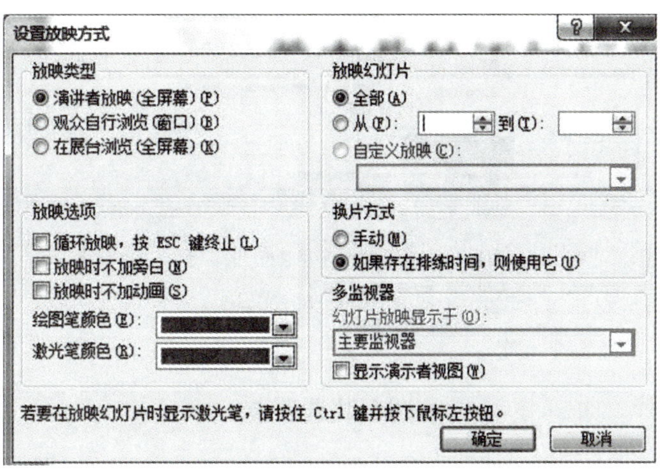


“设置放映方式”对话框

(2)放映演示文稿

①直接放映。在任何一种视图下，单击 PowerPoint 主窗口下的视图切换按钮中的“幻灯片放映”按钮，

都可以进入幻灯片放映视图,并根据设置的放映方式从当前幻灯片开始播放演示文稿。

②控制放映过程的快捷菜单。在幻灯片放映视图中单击鼠标右键,可弹出控制放映过程的快捷菜单,有下一张、上一张、定位至幻灯片、指针选项、屏幕、结束放映等命令。

**真 题 对 接**

**【2017 年下半年真题】**在 PowerPoint 中,下列视图模式可用于播放幻灯片的是(　　)

A. 大纲模式　　　　B. 幻灯片模式

C. 幻灯片浏览模式　　　　D. 幻灯片放映模式

**【答案】**D。**解析:**幻灯片放映模式用于播放幻灯片。大纲模式用于批量编辑幻灯片;幻灯片模式用于编辑具体幻灯片单页;幻灯片浏览模式用于快速查找定位幻灯片。

(3)排练计时

操作方法:执行"幻灯片放映"选项卡中"设置"组的"排练计时"命令,在幻灯片放映视图中,系统会弹出"录制"对话框并自动记录幻灯片的切换时间。结束放映时或单击"录制"工具栏中的"关闭"按钮时,系统将弹出提示框,单击"是"按钮即可保存排练计时。

"录制"对话框

提示框

(4)打印演示文稿

打印演示文稿指将制作完成的演示文稿按照要求通过打印设备输出并呈现在纸上。切换到"文件"选项卡,单击"打印"选项卡即可对打印选项进行设置。

"打印"选项卡

# 第二节　逻辑思维能力

（本节共7个考点）

## 考向分析

本节主要介绍逻辑学相关知识，包括类比推理、图形推理、数字推理等。相关知识点考频分布如下表：

| 考点 | 考查频次 | 题型 | 重要程度 |
| --- | --- | --- | --- |
| 直言命题 | 1 | 单项选择 | ★ |
| 复合命题 | 9 | 单项选择 | ★★★ |
| 类比推理 | 5 | 单项选择 | ★★ |
| 图形推理 | 2 | 单项选择 | ★ |
| 数字推理 | 5 | 单项选择 | ★★ |

本节知识主要以单项选择题的形式考查，题量为两道。考生应重点学习主要概念间关系、直言命题和复合命题、类比推理和数字推理。

## 思维导图

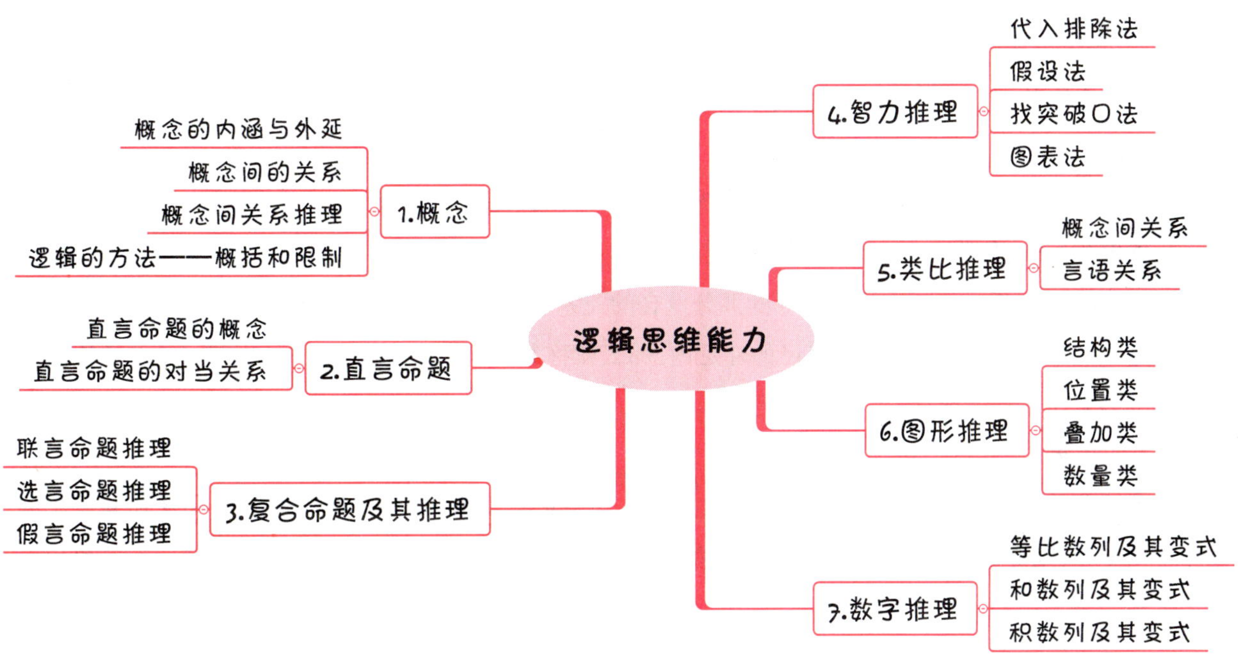

## 考点精讲

逻辑思维,也称抽象思维,是思维的一种高级形式,它是人们在认识过程中借助概念、判断、推理等思维形式,能动地反映客观现实的理性认识过程。逻辑思维的形式包括概念、判断、推理等。

教师的逻辑思维水平对其所从事的教师事业有着重要的影响,逻辑思维能力是教师应掌握的职业基本能力。

### 一、概念

考点1

概念是反映事物(对象)属性和范围的思维形式,是思维形式最基本的组成单位,也是构成命题、推理的要素。只有表达了一类事物的词语才能称之为概念。

#### (一)概念的内涵与外延

内涵和外延是概念的两个基本逻辑特征。

概念的内涵,是指概念所反映的事物的特性或本质。例如,“笔”这个概念的内涵是:笔是用来书写的工具。

概念的外延,是指概念所表达的事物范围。例如,“笔”这个概念的外延是具有“笔”这个概念内涵的所有的笔,如铅笔、毛笔、钢笔、圆珠笔等。

我们可以通过文氏图来表示概念的外延。

#### (二)概念间的关系

常见的概念间关系主要有:全同关系、真包含(于)关系、交叉关系和全异关系。

全同关系　　真包含(于)关系　　交叉关系　　全异关系

**1. 全同关系**

全同关系又称同一关系,它是两个概念的外延完全重合的关系。如“番茄”与“西红柿”,它们是同一种。

**2. 真包含(于)关系**

真包含(于)关系是指两个概念的外延部分重合的关系。a、b 两个概念,a 的外延大,b 的外延小,如果 a 概念能把 b 概念的外延全部包含在自己的外延内,那么就称 b 真包含于 a 或者 a 真包含 b。如“实数”与“整数”,整数只是实数的一部分,实数真包含整数。

**3. 交叉关系**

交叉关系是指两个概念的外延部分重合的关系。a、b 两个概念,如果 a 概念的部分外延和 b 概念的部分外延相重合,则称 a、b 两个概念存在交叉关系。如“食物”与“植物”,食物的一部分是植物,而植物的一部分是食物。

**4. 全异关系**

两个概念之间存在上述三种关系统称为相容关系,与相容关系相反的是不相容关系,即全异关系。如

“老人”和“小孩”，两个概念的外延不重叠。全异关系又存在两种情况：矛盾关系和反对关系。

(1)矛盾关系。两个概念外延相互排斥，其外延之和为全部外延，如“男人”和“女人”。

(2)反对关系。两个概念外延相互排斥，其外延之和小于全部外延，如“红色”和“蓝色”。

在考试中，对于几种常见的直言命题，我们都可以用概念间关系来表示，同时结合文氏图法进行推理。在解题过程中，关键是要注意区分逻辑中的“有的(有些)”与日常生活中“有的(有些)”的不同。

### (三)概念间关系推理

对考试中经常出现的命题所表示的概念间关系总结如下表：

| 命题 | 表示的概念间关系 |
| --- | --- |
| 所有 A 都是 B | 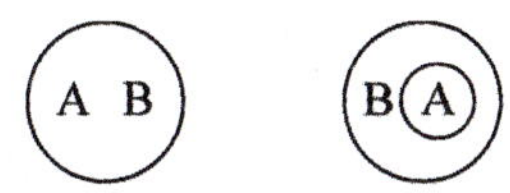 全同关系　真包含于关系 |
| 有的 A 是 B |  全同关系　真包含于关系　真包含关系　交叉关系 |
| 所有 A 都不是 B | 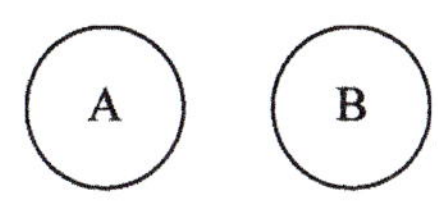 全异关系 |
| 有的 A 不是 B | 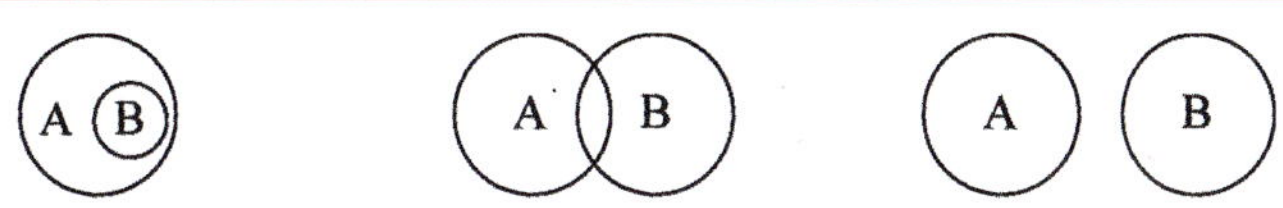 真包含关系　交叉关系　全异关系 |

从上表可知，“有的 A 是 B”将 A 与 B 互换后仍成立，即“有的 A 是 B”换位后可推出“有的 B 是 A”。同理，“所有 A 都不是 B”也可换位推出“所有 B 都不是 A”，因为 A 和 B 为全异关系。但另外两个命题却不能直接将 A 与 B 对调。“所有 A 都是 B”换位后只能得到“有的 B 是 A”；而“有的 A 不是 B”不能进行换位。

### (四)逻辑的方法——概括和限制

具有种属关系的概念的内涵与外延之间存在这样的关系：内涵较少的概念外延较大，内涵较多的概念外延较小。

(1)限制。从外延较宽的概念过渡到外延较窄的概念，如从“人”到“中国人”再到“中国学生”，外延在逐渐缩小。

(2)概括。从外延较窄的概念过渡到外延较宽的概念，如从“中国学生”到“中国人”再到“人”，外延在逐渐扩大。

限制和概括都必须在有种属关系的概念间进行，如“人”的概念怎么扩大也不可能扩大为“猪”。

## 二、直言命题

考点2

### (一)直言命题的概念

直言命题又称为性质命题，是判断事物具有或不具有某种属性的简单命题。直言命题是句子结构最为简单的命题,其不可分割。

【示例】“地球是圆的”就是直言命题,但是“你认真学习这本书,你就能通过考试”就不是直言命题,因为这个命题可拆分为“你认真学习这本书”和“你能通过考试”两个命题,这种命题叫作“复合命题”。

常见的直言命题主要有以下六种:

| 量项 | 类型 | 定义 | 逻辑形式 | 举例 |
| --- | --- | --- | --- | --- |
| 全称 | 全称肯定命题 | 断定所有对象都具有某种性质的句子 | 所有S都是P | 所有人都会哭 |
| | 全称否定命题 | 断定所有对象都不具有某种性质的句子 | 所有S都不是P | 所有人都不会哭 |
| 特称 | 特称肯定命题 | 断定有的对象具有某种性质的句子 | 有的S是P | 有的人会哭 |
| | 特称否定命题 | 断定有的对象不具有某种性质的句子 | 有的S不是P | 有的人不会哭 |
| 单称 | 单称肯定命题 | 断定特定的某个对象具有某种性质的句子 | 某个S是P | 小明会哭 |
| | 单称否定命题 | 断定特定的某个对象不具有某种性质的句子 | 某个S不是P | 小明不会哭 |

## (二)直言命题的对当关系

直言命题的对当关系即直言命题之间的真假制约关系,四种常见的直言命题之间的对当关系如下图所示:

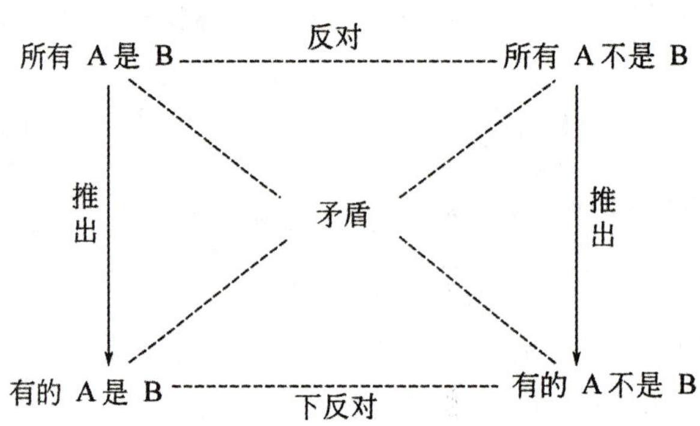


【示例】“所有明星是东北人”和“有的明星不是东北人”是矛盾关系。当“所有明星是东北人”为真时,“有的明星不是东北人”必然为假;当“所有明星是东北人”为假时,“有的明星不是东北人”必然为真。即两者之间必有一真一假。

所以,不难归纳出具有对当关系的直言命题之间的真假特点,具体如下表:

| 关系类型 | 真假特点 | 相关命题 |
| --- | --- | --- |
| 矛盾关系 | 必有一真一假 | “所有A是B”与“有的A不是B”<br>“所有A不是B”与“有的A是B” |
| 下反对关系 | 必有一真,可以同真 | “有的A是B”与“有的A不是B” |
| 反对关系 | 必有一假,可以同假 | “所有A是B”与“所有A不是B” |

续表

| 关系类型 | 真假特点 | 相关命题 |
| --- | --- | --- |
| 从属关系 | 既可同真，又可同假 | “所有 A 是 B”→“有的 A 是 B”<br>“所有 A 不是 B”→“有的 A 不是 B” |

一个命题前面加“并非”，等值于这个命题的矛盾命题，即：

并非“所有 A 是 B” = 有的 A 不是 B；并非“有的 A 不是 B” = 所有 A 是 B。

并非“所有 A 不是 B” = 有的 A 是 B；并非“有的 A 是 B” = 所有 A 不是 B。

可简记为：“所有”与“有的”互换，有“不”的去掉，没“不”的加上。

在考试中，当题干给出几个直言命题并且告知这几个命题中为真或为假的个数，却不知道具体哪个命题为真或为假时，解题关键在于找到具有对当关系的一对命题，然后绕开这对命题的真假，判断其他命题的真假从而得出答案。

## 三、复合命题及其推理　　考点3

复合命题是由两个或多个单句通过联结词联结而成的命题。

**【示例】**一滴水只有放进大海里才永远不会干涸。其中“只有……才……”为联结词，“放进大海里”和“永远不会干涸”是构成复合命题的肢命题。

根据逻辑联结词的不同可对复合命题进行划分，主要有联言命题、选言命题和假言命题，其中假言命题是考试的重点。

### (一)联言命题推理

联言命题就是将若干个命题联合起来，表示这些情况同时存在的命题。可表示为：p **并且** q(p、q 是联言肢，“并且”是联结词)。联言命题的推理规则有两条：

(1)全部肢命题为真推出联言命题为真；

(2)联言命题为真，可推出其中任一肢命题为真。

**【示例】**“你很高”和“你很帅”可以推出“你又高又帅”这个联言命题；“你又高又帅”又可以推出“你很高”和“你很帅”。

**真 题 对 接**

**【2018 年下半年真题】**下列表述，与“以事实为根据，以法律为准绳”不属于同类判断的是(　　)

A. 团队重要，平台也很重要　　B. 品德看言行，知识看谈吐

C. 若想人不知，除非己莫为　　D. 善人必勤俭，恶人必奢华

**【答案】**C。**解析：**“以事实为根据，以法律为准绳”是联言判断 p 并且 q，“若想人不知，除非己莫为”是假言判断，其他选项是联言判断，故选 C 项。

### (二)选言命题推理

选言命题就是给出若干个命题，可以选择出一种或者多种情况存在的命题。根据所能选择的情况不

同,可以分为两种:

(1)相容选言命题:多种情况可以同时存在。可表示为:p 或者 q(p、q 是选言肢,“或者”是联结词)。

(2)不相容选言命题:只允许一种情况存在。可表示为:要么 p,要么 q(p、q 是选言肢,“要么……要么……”是联结词)。

相容和不相容选言命题推理规则如下表:

| | 相容选言命题(p 或 q) | 不相容选言命题(要么 p,要么 q) | |
|---|---|---|---|
| 推理规则 | 肯定一部分选言肢,不能否定另一部分选言肢;<br>否定一部分选言肢,可以肯定另一部分选言肢 | 肯定一个选言肢,就能否定其余的选言肢;<br>否定一个选言肢以外的所有选言肢,就能肯定被否定的那个选言肢 | |
| 推理有效式 | p 或者 q<br>非 p<br>————<br>所以,q<br>否定肯定式 | 要么 p,要么 q<br>非 p<br>————<br>所以 q<br>否定肯定式 | 要么 p,要么 q<br>p<br>————<br>所以非 q<br>肯定否定式 |
| 示例 | “去德国馆或者去意大利馆”<br>不去德国馆⇒去意大利馆<br>去意大利馆⇏不去德国馆 | “要么顽强抵抗,要么屈膝投降”<br>顽强抵抗⇒不屈膝投降<br>不顽强抵抗⇒屈膝投降 | |

## (三)假言命题推理

假言命题就是带有假设条件的命题。假言命题通常包含两个肢命题:反映条件的肢命题在前,称为前件;反映结果的肢命题在后,称为后件。根据前后件间条件关系的不同,又可分为三种。

(1)充分条件假言命题:当条件 p 存在时,结论 q 一定成立,而无需考虑其他条件,则 p 是 q 的充分条件,即“有它就行”。

可表示为:**如果 p,那么 q 或 p→q**(p 是前件,q 是后件,“如果……那么……”是联结词)。

(2)必要条件假言命题:当条件 p 不存在时,结论 q 一定不成立,则 p 是 q 的必要条件。即“没它不行”。

可表示为:**只有 p,才 q 或 p←q**(p 是前件,q 是后件,“只有……才……”是联结词)。

| | 充分条件假言命题(如果 p,那么 q 或者 p→q) | 必要条件假言命题(只有 p,才 q 或 p←q) |
|---|---|---|
| 推理规则 | 肯定前件就能肯定后件,否定后件就能否定前件;<br>否定前件不能否定后件,肯定后件不能肯定前件 | 否定前件就能否定后件,肯定后件就能肯定前件;<br>肯定前件不能肯定后件,否定后件不能否定前件 |

续表

| | 充分条件假言命题（如果 p，那么 q 或者 p→q） | 必要条件假言命题（只有 p，才 q 或 p←q） |
|---|---|---|
| 推理有效式 | 如果 p，那么 q<br>p<br>————<br>所以，q<br>肯定前件式<br><br>如果 p，那么 q<br>非 q<br>————<br>所以，非 p<br>否定后件式 | 只有 p，才 q<br>非 p<br>————<br>所以，非 q<br>否定前件式<br><br>只有 p，才 q<br>q<br>————<br>所以，p<br>肯定后件式 |
| 示例 | "如果下雨，那么地就湿"<br>下雨⇨地湿；地没湿⇨ 没下雨 | "不到长城非好汉"＝"只有到长城才是好汉"<br>不到长城⇨ 不是好汉；好汉⇨ 到长城 |

（3）充分必要条件假言命题：表示 p 是 q 的充分条件和必要条件的命题，即表示 p 与 q 等值的命题。可表示为：p **当且仅当** q **或** p↔q（p 是前件，q 是后件，"当且仅当"是联结词）。

## 四、智力推理　考点 4

智力推理，是根据题干所给条件进行灵活推理的一类题目。近几年，智力推理不再以简单推理的形式出现，它逐渐与直言命题或复合命题等考点相结合，考生需要具备一定的逻辑知识，掌握相应的推理规则，才能准确解题。

解答智力推理题不需要专业逻辑知识，只需要根据题目所给的条件进行适当的推理即可。因此，智力推理类题目其实并不难，关键是要掌握解答这类题目的常用方法和一些固定题型的快速解题思路。

**1. 代入排除法**

代入排除法是指结合题干条件，将选项代入进行验证，如果不产生矛盾或者符合题干要求，即为正确答案；反之，则该选项错误。

**适用情况：**当题干给出的确定条件较多且能够快速排除选项或者利用题干条件易于验证选项时，可优先采用代入排除法进行解题。注意：当选项中存在"不能确定"的选项时，该方法慎用。

**2. 假设法**

假设法即假设某一条件正确，根据假设来进行推导的方法。如果假设没有推导出矛盾，则假设正确；反之，则假设错误。

**适用情况：**多用于当题干条件存在多种不确定情况，不能直接推理的题目。

**3. 找突破口法**

找突破口法就是快速找到解题切入点的方法。

**找突破口的方法：**通常当题干存在某个比较特殊的条件或者某个对象（条件）被反复提及的时候，这个（些）条件往往就是解题的突破口。

**4. 图表法**

图表法就是通过表格或图将元素之间的关系表示出来的方法。

**适用情况：**排序匹配类题目即要求对题干元素进行排序或匹配，找出其对应关系的一类题目。当主要元素只有两类时，通常可以用表格表示；当主要元素超过两类或者需要表现出位置关系时，通常可以画图表示。

## 五、类比推理

考点5

解答类比推理题,找准词项之间的相似性是关键。快速准确地找到关系的切入点对于正确高效地解答类比推理题目有着重要的意义。

### (一)概念间关系

类比推理涉及的逻辑关系有两类:第一类词项代表概念间的集合关系,这是考试的重点;第二类词项代表事件间的逻辑联系。

**1. 集合关系**

概念间关系即集合关系,主要有全同关系、包含关系、交叉关系和全异关系四种。

| 类型 | 特征 | 举例 |
|---|---|---|
| 全同关系 | 1. 同一事物的全称、简称、别称、美称、谦称、敬称等<br>2. 音译名与中文名、口语和书面语等 | 美国:USA;麦克风:话筒 |
| 包含关系 | 1. 种与属<br>2. 整体与部分 | 人:哺乳动物<br>书包:背带 |
| 交叉关系 | 有些A是B且有些A不是B | 体育明星:江苏人 |
| 全异关系 | 所有A都不是B | 实数:木耳 |

**真题对接**

【2018年上半年真题】下列选项中,与"教授"和"科学家"两概念的关系一致的是( )

A."图书"和"英文书"

B."昆明"和"春城"

C."学生"和"运动员"

D."足球"和"篮球"

【答案】C。解析:题干中"教授"和"科学家"是交叉关系,即有的教授是科学家,有的科学家是教授,而与此关系一致的是C选项。A项是种属关系,即图书包含英文书;B项为对应关系,昆明又被称为"春城";C项属于交叉关系,即有的学生是运动员,有的运动员是学生;D项是并列关系。

【2017年下半年真题】下列选项中,与"教师"和"戏剧爱好者"两概念的关系一致的是( )

A."军人"和"军医"

B."杨树"和"柳树"

C."蛋糕"和"面包"

D."作家"和"画家"

【答案】D。解析:通过分析可知题干中的"教师"和"戏剧爱好者"是交叉关系。选项A"军人"和"军医"是包容关系;选项B"杨树"和"柳树"是并列关系;选项C"蛋糕"和"面包"是并列关系;选项D"作家"和"画家"是交叉关系。

【2017年上半年真题】下列选项中,与"重庆——直辖市"逻辑关系相同的是( )

A. 法国——法兰西

B. 华盛顿——纽约

C. 英国——联合国

D. 北京——首都

【答案】D

【2016年下半年真题】下列选项中，与“中国—香港”的逻辑关系相同的是(　　)

A. 北京—承德　　B. 宁夏—银川

C. 新疆—西藏　　D. 太原—山西

【答案】B。解析：考查概念的关系。题干“中国—香港”的关系为种属关系，且中国包含香港，与此关系相同的为B项，宁夏包含银川。

【2016年上半年真题】下列选项中的概念关系，与“土豆”和“马铃薯”一致的是(　　)

A. 坦克——战车　　B. 录音机——录音笔

C. 萝卜——青萝卜　　D. 番茄——西红柿

【答案】D。解析：“土豆”和“马铃薯”之间是概念的全同关系，而番茄的别名是西红柿，两者也是概念的全同关系。

**2. 逻辑关系**

逻辑关系主要包括条件关系和因果关系。

| 类型 | 特征 | 举例 |
|---|---|---|
| 条件关系 | A是B的充分或必要条件 | 投资:回报;旅行:交通 |
| 因果关系 | A的发生导致或引起B的发生 | 酒驾:车祸;海啸:地震 |

## (二)言语关系

对言语关系的考查也分两类：第一类是词义关系，主要从词语的含义入手；第二类是语法关系，主要从词语的语法结构入手。

**1. 词义关系**

词义关系主要有近义关系、反义关系和象征关系三种。

| 类型 | 特征 | 举例 |
|---|---|---|
| 近义关系 | 所给词语含义相近，词语表达意思相近即可 | 美好:美妙;照料:照顾 |
| 反义关系 | 所给词语含义相反，词性相同的词语 | 尊重:侮辱;危险:安全 |
| 象征关系 | A是B的象征意义；动物所具有的独特象征意义 | 鸽子:和平;鸳鸯:爱情 |

**2. 语法关系**

主要有主谓结构、动宾结构、并列结构、修饰关系四种。

| 类型 | 特征 | 举例 |
|---|---|---|
| 主谓结构 | 两个词语可以构成主谓结构；词语本身的构成是主谓结构 | 宇航员:探月;清洁工:保洁 |
| 动宾结构 | 两个词语可以构成动宾结构；词语本身的构成是动宾结构 | 消除:障碍;解决:问题 |
| 并列结构 | 两个词语可以构成并列结构；词语本身的构成是并列结构 | 三心:二意;惊世:骇俗 |
| 修饰关系 | 一个词语对另一个词语起修饰作用 | 苹果:红色;湖水:荡漾 |

## 六、图形推理

考点 6

### (一)结构类

结构类考点是从“图形整体特征”来考查的,包括图形的对称性、直曲性和封闭性。当题干图形间差异很大,无明显共同特征时,可考虑图形整体特征,分析结构类考点。结构类考点中最重要的是对称性。

### (二)位置类

位置变化的类型分为相对位置、平移、旋转、翻转。考查相对位置时给出的图形一般含有多个构成部分,且构成部分之间具有一定的相似性;考查图形的移动、旋转和翻转时给出的图形的显著特点是所有图形的构成元素完全相同,只是所处的位置不同。

### (三)叠加类

图形叠加是将两个图形的中心重合,叠放在一起,它是将两个图形转化为第三个图形的重要方式。给出图形的显著特点是图形之间的结构部分相同,但不完全相同,根据这个特点,很容易确定考查的是叠加规律。

**1. 直接叠加**

将已知的两个图形叠放在一起,形成一个新的图形,新图形中保留已知两个图形的所有构成元素。

**2. 去同存异**

将两个图形叠加后去掉相同的部分,保留不同的部分,形成第三个图形。

**3. 去异存同**

将两个图形叠加后去掉不同的部分,保留相同的部分,得到第三个图形。

**4. 自定义叠加**

图形叠加后,按照一定的规律发生变化,常出现的是叠加后阴影的变化。

**真题对接**

【**2018 年上半年真题**】下面图形组合的变化呈现出一定的规律性。下列选项中,最适合填在问号处的是(　　)

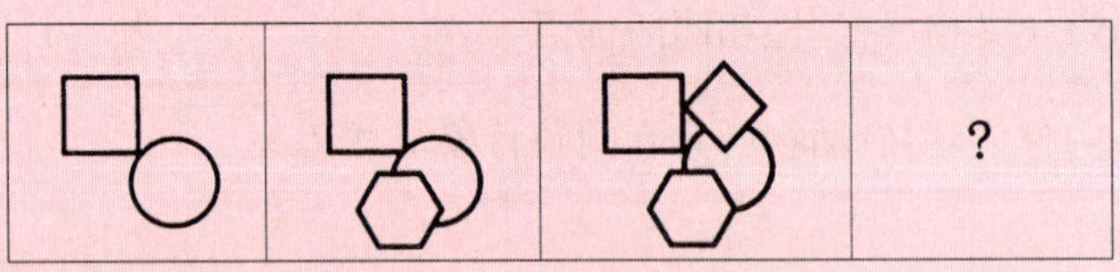


A. 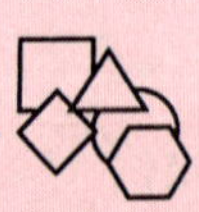　B. 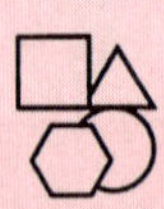　C. 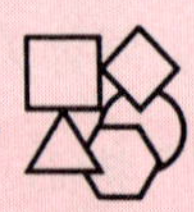　D. 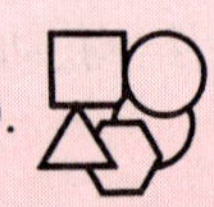

【**答案**】C。**解析**:题干图形的规律是在原来各图形位置不变的基础上加入一个新图形。只有 C 项符合此规律。

【**2017 年下半年真题**】下面图形组合的变化呈现出一定的规律性。下列选项中,最适合填在问号处的

是(　　)

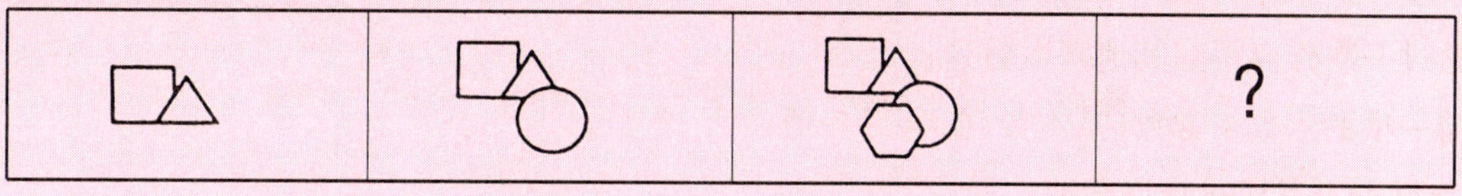

A. 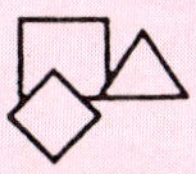　B. 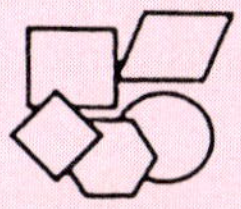　C. 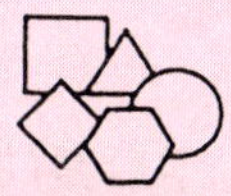　D. 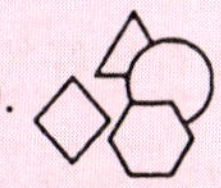

【答案】C。解析:题干前三个图示中体现的是顺时针叠加关系,是在原来各图形位置不变的基础上添加一个新图形。

### (四)数量类

当题干图形之间差异较大时,可考虑数量类考点。数量类考点包括点、线、角、面、素五类,每一类中又有众多细分考点。其中,线条数、封闭区域数、图形种类数、笔画数是常考点。

| | 定义及说明 | 常见题型 |
|---|---|---|
| 数量相同 | 图形中的某种构成元素的数量相同,如一组图形中,各个图形含有的直线数均为3 | 类比型、顺推型、九宫格 |
| 构成等差数列 | 图形中的某种构成元素的数量构成等差数列,如一组图形中,各个图形含有的直线数分别为1、2、3、4、5、6 | 类比型、顺推型、九宫格 |
| 存在和差关系 | 有两种考查方式:(1)两个图形的某种构成元素的数量之和等于另一个图形的这种构成元素的数量;(2)三个图形的某种构成元素的数量之和相等 | 类比型、九宫格 |
| 存在乘积关系 | 两个图形的某种构成元素的数量之积等于另一个图形的这种构成元素的数量 | 类比型、九宫格 |
| 数量换算 | 图形的构成元素在数量上进行一定的换算后,可转化为“数量相同”或“构成等差数列”形式 | 顺推型 |

## 七、数字推理

考点7

### (一)等比数列及其变式

等比数列及其变式常通过相邻两项作商寻求解题规律。

**1. 等比数列基本形式**

**基本等比数列:**从第二项起,每一项与前一项的比值等于同一个非零常数的数列。

**二级等比数列:**通过一次作商得到的数列是等比数列的数列。

**三级等比数列:**通过两次作商得到的数列是等比数列的数列。

**2. 等比数列变式**

等比数列变式的核心是相邻项之间的变化存在一个有规律的比例关系。等比数列变式有两种形式:

(1)通过一次作商得到其他基本数列;

(2)前一项的倍数+常数(基本数列)=后一项。

**3. 等比数列及其变式特征归纳**

(1)数列具有良好的整除性。

(2)递增(递减)趋势明显,会出现先增后减的情况。

(3)具有递推规律的等比数列可通过估算相邻项间的大致倍数反推规律。

**真题对接**

**【2019年上半年真题】**找规律填数字是一个很有趣的活动,特别锻炼观察和思考能力。下列选项中,填入数列"101、169、305、577、______、2209"空缺处的数字,正确的是( )

A. 1118

B. 1119

C. 1120

D. 1121

**【答案】**D。**解析:**前四个数字形成数列:101,169,305,577。该数列的后一项减去前一项的差形成新数列:68,136,272。在新数列中,后一项是前一项的2倍。则空缺处应该填入的数字为577+272×2=1121。

**【2018年下半年真题】**找规律填数字是一个很有趣的活动,特别锻炼观察和思考能力。下列选项中,填入数列"11、55、187、583、______、5335"空缺处的数字,正确的是( )

A. 1771　　B. 1772　　C. 1773　　D. 1774

**【答案】**A。**解析:**题干数列的规律是:55-11=44=44×1,187-55=132=44×3,583-187=396=44×9,因此第五个数=583+44×27=1771。

## (二)和数列及其变式

和数列及其变式常通过作和寻求规律。

**1. 和数列基本形式**

**基本和数列:**以递推规律为主的数列。

**两项和数列:**从第三项开始,每一项等于它前两项之和的数列。

**三项和数列:**从第四项开始,每一项等于它前三项之和的数列。

**2. 和数列变式**

和数列变式主要有两种基本形式:

(1)作和后得到基本数列,这类题在考试中经常出现。和数列通常涉及递推数列,解题时需要跳出思维定势,大胆考虑作和得到基本数列。

(2)存在加法运算的递推规律数列,算是比较常见的数列变式,如:

(第一项+第二项)×常数(基本数列)=第三项

第一项+第二项+常数(基本数列)=第三项

第一项×常数+第二项×常数=第三项

**3. 和数列及其变式特征归纳**

(1)数项偏小。涉及和数列的数字往往较小,根据第三项(或第四项)很容易辨别出来,接下来对其加以验证即可。

(2)数列整体趋势不明朗。和数列或其变式往往在数列整体趋势上并非单调递增或递减,会出现增减杂乱的情况。

(3)递推规律宜从大数入手构造。小数字之间的运算关系多,通过发散思维,易得到很多种,逐个验证规律的效率不高。大数字之间存在的运算关系少,验证规律次数少效率高。因此递推规律宜从大数字入手构造。

**真 题 对 接**

**【2015 年下半年真题】**按规律填数字是一种很有趣的游戏,特别锻炼观察和思考的能力。下列各组数字,填入数列"1、3、7、13、23、□、□、107"空缺处,正确的是(　　)

A. 2857　　　　B. 2961

C. 3759　　　　D. 3965

**【答案】**D。**解析:**第三个数等于前面两个数加 3,如:3+1+3=7,7+3+3=13,7+13+3=23,13+23+3=39,23+39+3=65,39+65+3=107。

### (三)积数列及其变式

积数列及其变式常通过项与项之间作商寻找解题规律。

**1. 积数列基本形式**

**基本积数列:**通过对数列数字作积得到后项的数列。

**二项积数列:**从第三项起,每一项等于它前两项乘积的数列。

**三项积数列:**从第四项起,每一项等于它前三项乘积的数列。

**2. 积数列变式**

积数列变式是原数列相邻项作积之后经过简单变化得到后一项的数列。积数列变式的形式主要包括:(1)两项积+常数(基本数列)=第三项;(2)两项积构成基本数列。

**3. 积数列及其变式特征归纳**

(1)两项积数列通常表现为 1,A,A…

(2)数列递增(递减)趋势明显。

## 第三节　阅读理解能力

(本节共 7 个考点)

### 考向分析

本节主要介绍了综合素质科目考试中阅读材料题的命题类型、分析方法和答题技巧。考生应重点注意关键词的理解、内容要点的归纳、中心思想的概括,近几年考试均从以上几个方面考查。

在考试中,本节内容作为材料分析题第三题考查,题目设置两个小题,第一个小题4分,主要考查考生对文中重要词语或句子的含义的理解,或者归纳、概括文中要点,难度较小;第二个小题10分,主要考查考生对文中观点的概括和分析,难度较大。

## 思维导图

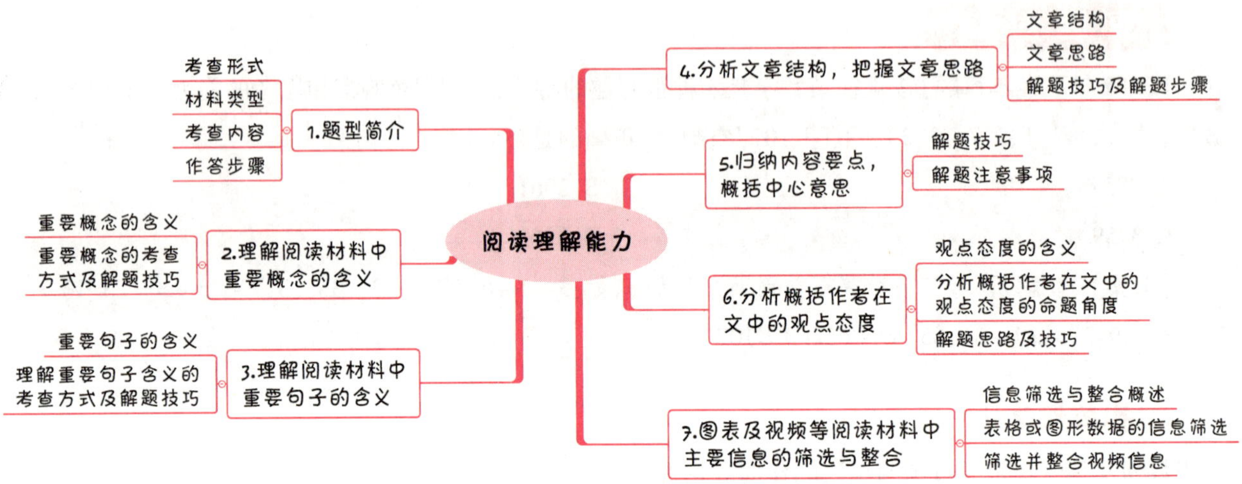


## 考点精讲

### 一、题型简介

考点1

对阅读理解能力的考查一般通过文章阅读来实现,文章阅读这种考查形式,大家并不陌生。在高中阶段我们已经熟知,但是教师资格考试的文章阅读又和高考的文章阅读有所不同,接下来我们重点了解一下这类题目。

#### (一)考查形式

文章阅读一般是给出一篇600~800字左右的文章,然后给出两个问答题,要求考生根据对文章的理解来回答问题。主要从对文中重要概念或句子含义的理解和对文中观点、态度的理解两个方面来设置题目。

#### (二)材料类型

在教师资格考试中,文章阅读的材料类型主要是人文社科类,所涉范围广泛,人文社科类文章是研究人类社会的各种文化现象与社会科学的文章,此类文章涉及知识面广,但是在教师资格考试中主要是从教育类期刊(如《中国校外教育》《课外阅读》等)、文学批评类期刊(如《当代作家评论》)以及名家作品中摘选。

### (三)考查内容

能阅读一般社会科学类、自然科学类文章和文学作品
- 理解
  - 理解文中重要词语的含义
  - 理解文中重要句子的含义
- 分析综合
  - 筛选并整合文中的信息
  - 分析文章结构,把握文章思路
  - 归纳内容要点,概括中心意思
  - 分析概括作者在文中的观点态度
  - 根据文章内容进行推断和想象
- 奖赏评析
  - 鉴赏文学作品的形象、语言和表达技巧
  - 评价文章的思想内容和作者的观点态度

### (四)作答步骤

**1. 纵观全文,把握主旨**

在拿到题目时,先不要盲目做题,应先对文章进行速读,快速浏览,以对文章整体有一个基本的了解,对文章的主旨观点有一定把握。

**2. 认真审题,定向扫描**

在对文章进行速览后,要从题目开始着手分析解题。题干是答题的重点,它提示了答题范围,规定了答题角度,提供了作答思路,隐含了答题信息,因此答题时要认真审题,仔细分析题干。把握题目要求,然后根据题干中提示答题内容在文中的位置,找出每道题目的出题点,锁定答题区域,找准原文中的相关表述,认真揣摩上下文的文义,准确抓住关键词句。把握住答案的相关信息,从而确定正确答案。若是主旨类的题目,考生需要对文章整体进行分析把握才可得出正确答案,而其他类型的题目。可借鉴对应题型的解题方法来解答。

**3. 组织语言,文字工整**

在初步确定答案后,需要组织语言并通过工整规范的文字,将答案书写在答题卷上。

## 二、理解阅读材料中重要概念的含义 考点2

### (一)重要概念的含义

所谓"重要概念",是指那些与文段的整体内容或要传达的主要信息密切相关的概念。文中重要概念包括:

(1)体现作者立场、观点的词语;

(2)表现文章主题思想及深层含义的词语;

(3)对文章结构起照应连接作用的词语;

(4)比喻、借代、反语等特殊的词语;

(5)根据语境而隐含其他意义的词语。

**【示例】**李陵在匈奴生活了约二十年,最后死在那里。他的躯体上一直覆盖着厚厚的冰雪,一个蒙羞的灵魂,一个堆积着厚厚冰雪的灵魂,一个插着无数把刀的灵魂,在两千多年前安息了。隔着两千多年的岁

月,李陵在冰雪中远去,远去。人们一直遥望着的,是那一个背影。人们感受到李陵灵魂里的冰雪。

“冰雪”一词在文中的含义是什么?

**【点评】**分析文段可知,“冰雪”一词与文段的主旨密切相关,且临时被赋予了更深层的含义。“冰雪”在文段中有两种含义:一是“冰雪”暗示了李陵远离故乡,最后客死北方;二是李陵一直生活在叛国的阴影中,这是“一个蒙羞的灵魂”,“冰雪”象征着他所受的冷眼、指责和他所背负的叛变罪名。

### (二)重要概念的考查方式及解题技巧

在阅读理解型题目中,重要概念的考查方式灵活多样,相对应的解题方法也有所区别。

**1. 考查方式之一:理解重要概念的语境义**

**解题技巧:**

(1)直接提炼要点。有些题目以解释概念的形式出现,即以诠释的形式出现。在文段中,一般概念的基本含义交代得非常清楚,通过详细阅读材料即可找到答案。因此,需要仔细阅读材料,提炼相关要点。

(2)确定阅读区间,联系文段背景。在一般情况下,要理解的概念在材料中会用一定的篇幅来进行说明或者阐释,有的概念在文中比较集中,词语或概念的含义在文中非常明显,可以在上下文中找到具体的文字表述;而有的则分散在文章的段落中,词语或概念则相对隐晦,没有具体的文字与之相对应,需要考生结合文段背景,调动自己的知识经验进行分析归纳,找出概念含义。

(3)树立语境意识,结合上下文语境。一般情况下,作为概念的词语在文章中不是孤立存在的,总是与其他词语组成句子,表达某种意思,上下文中总是或多或少、或隐或现地包含这个概念的意思,或制约这个概念的含义;而在词句理解型题目中,所考查词语的含义常常是对其本身的含义进行引申,或是临时被赋予更为深刻的含义。这时必须通过将词语放至整个文段中,联系上下文语境,推敲词语的含义或指代内容。所以,阅读时要有整体观念,认真理解语境,把握上下文的意思,切不可断章取义,或以偏概全。

**【示例1】**动物福利指的是尊重动物的权利,保护生态环境,促进人与动物协调发展。动物福利主要包括:生理福利,即无饥渴之忧虑;环境福利,即让动物有适当的居所;卫生福利,即尽量减少动物的伤病;行为福利,即保证动物表达天性的自由;心理福利,即减少动物恐惧和焦虑的心情。

“动物福利”的概念是什么?

**【点评】**对于“动物福利”的概念,文段中明确清晰地给出了说明和解释,即尊重动物的权利,保护生态环境,促进人与动物协调发展。

**【示例2】**一个作家如果在语言的运用上从来没有苦闷,从来不曾对语言进行过斗争,我敢断言:他不会是一个好作家。

“斗争”在此处的含义是什么?

**【点评】**“斗争”本义是指矛盾的双方互相冲突,一方力求战胜另一方。但结合语境可知,“斗争”在此处引申指为摒弃苍白贫乏的语言而为追求鲜明生动的语言做出努力。

**2. 考查方式之二:词语的指代意图**

**解题技巧:**

(1)遵循“就近原则”,分析指代意图。有些词句理解型题目,以解释代词的内容为形式考查,如“这”“它”等代词在具体语境中的意义和作用。我们必须通读材料,理解代词的所指。

(2)结合文体特点、修辞方法来理解词语。在词句理解型题目中,有些词语或句子会运用修辞手法。这时在理解词句含义时结合修辞手法的特点来分析,注意对概念进行修饰、判断的词语。对重要概念的理解要以准确判断其本质属性为基础,筛选与文章有关的信息,并对其进行简单概括,然后把握概念的本质属性。

**【示例】**当下有些报刊文化品格极低。其一是过于看重时尚,娱乐要摩登,明星要刺激,迎合大众的猎奇心来找话题。其二炒作公众人物,让平凡的公众人物神秘化和庸俗化。细看近几年一些媒体(包括文学批评界)的热门话题,有许多走时尚的路子,唯独与民众的生活远了。我在《媒体炒作下的文艺批评》一文中谈到这一点。有时想想,作为报人,我们多少有些责任的。

文段中的"这一点"是指哪一点?

**【点评】**"这"属于代词,分析文段可知,"这一点"所指代的内容在前句中,即"细看近几年一些媒体(包括文学批评界)的热门话题,有许多走时尚的路子,唯独与民众的生活远了"。

**3. 考查方式之三:借助主旨做推测**

**解题技巧:**

针对此类考查方式,作答时一定要整体关照,先通读全文,把握大意(内容、情感、主题等),然后根据中心(文章的中心就是文章选材、立意、谋篇布局的魂)具体阐述。

## 三、理解阅读材料中重要句子的含义　考点3

### (一)重要句子的含义

所谓"重要句子",是指对表达文义起重要作用的关键性语句。阅读材料中的重要句子是指:

从内容上看,能点明主旨、直接表达作者观点或写作意图的关键性语句。

从结构上看,在各层次的中心句、总领句、总结句、过渡句或对文脉的推进与转接有关键作用的语句。

具有特殊表达方式的句子:

(1)内涵较为丰富而且具有提示性或引导性的语句;

(2)比较含蓄的有深层含义的语句;

(3)结构比较复杂,对理解文意有直接影响的语句。

理解文中重要句子含义的实质:一是将使用修辞手法形象化了的语句转化为概括性的直白语言,二是将抽象含蓄的句子转化为具体化的阐释。

**【示例】**理想是由真实的素材构成的。缺乏这种认识,人类就不能切合实际地运用它的理想能力。<u>真正的友谊,这一美好的理想,会激励我们竞争;</u>但认识到它只是一个理想,实际上常含有一点虚幻的成分,这种认识乃是一种不可忽视的对幻想的解毒剂。友谊是如此,一切真理也都如此。

如何理解画横线部分的句子?

**【点评】**"真正的友谊,这一美好的理想,……"说明友谊是理想,它能激励人们努力拼搏。

### (二)理解重要句子含义的考查方式及解题技巧

**1. 考查方式之一:考查语句所蕴含的深层意义**

**解题技巧:**

阅读大段材料主要用精读的方法,需逐字逐句推敲揣摩。可以先看题目涉及文中哪些段落或区域,和

第五章

哪些语句有关。确定某一答题区域后,再仔细阅读每一句的意思,进而理清段落之间的关系,了解行文思路。阅读时反复琢磨题干,圈画与之相关的内容。这样,答题时就不需要再从头至尾搜寻,可节省时间。

**【示例】**中国学术历来轻"术"。经济学、金融学都是太低级的"术",所以,他们往往被忽略。遗憾的是,时下的儒学研究学者还是不能走出用文化来谈文化的圈圈,特别是以儒家文化来评价儒家文化,其结论当然不会是别的,用"四书五经"来看"四书五经",只能越看越美。如果脱离传统儒家社会的实践现实,不去研究特定文化背景后面的成因(特别是经济成因),那么得出"以中华文化整合世界"这样的认识就不奇怪了。

如何理解画线部分的句子?

**【点评】**题目出现在最后一句,这就需要从前文找信息,联系上下语境。之所以得出"以中华文化整合世界"这样的认识,是因为中国历来轻视"术",脱离了社会的实践现实,没有研究文化背后的成因,特别是经济成因。

**2. 考查方式之二:表达文章主旨或作者观点的关键性语句**

**解题技巧:**

(1)尊重原文,不可过度夸大或缩小。句子理解型题目的答案通常就在原文中,不需要凭空想象。离开了原材料,会出现答案不准、答案不全的情况。在原文中找答案是准确解答题目最重要、最有效的方法,大多数题目的答案是可以从文中概括提炼的。同时,找出的语句不一定能够直接使用,必须根据题目要求进行加工,或摘取语句或压缩主干或抽取要点或重新组织。

(2)"踩点"给分,条理清晰,不可堆砌答案。作答句子理解型题目有两个基本要求:一是"踩点"给分,二是文通字顺。根据阅卷规则,多写一般不扣分,在限定字数的情况下可在答题时尽可能地陈述自己的见解。同时要保证字迹清晰、条理清楚。阅读理解题与作文一样,十分注重语言表达的基本功,为确保答题质量、提高得分率,作答时应该先拟草稿再反复修改。

**【示例】**无论什么文章,一旦选入语文教材,就不再是原来意义上的、独立存在的作品,而是整个教材系统中的一个有机组成部分,是"基本功训练的凭借"。

"基本功训练的凭借"指什么?

**【点评】**题干是一个复句,抓住句子的谓语,句子的层次为"……不再是……而是……是……"。三个谓语动词为并列关系。也就是说,作为最后一个"是"的宾语,"基本功训练的凭借"与"不再是""而是"的宾语是并列关系。由此可以很快得知"基本功训练的凭借"指的是收入语文教材中的作品。

**山香指导** 作者将作答流程总结为顺口溜:巧用信息,整体把握。确定区域,圈定勾画。尊重原文,摘取信息。先打草稿,写全写顺。



## 四、分析文章结构,把握文章思路 考点4

文章结构是指作者对材料的组织和安排的方法,包括叙述顺序、层次梳理、过渡照应、开头结尾、文章线索等因素。文章思路就是按照一定的条理由此及彼表达思想的路径、脉络。

文章的结构和作者的思路关系密切:结构是外显的思路,思路是内化的结构。思路是谋篇,结构是布局;思路是内隐的,结构是外显的。因此要理清思路脉络,辨明行文结构。

### (一)文章结构

对文章结构与思路的把握有赖于对文章的细致阅读,尤其是解题前的通读全文。不同文体的文章结构特点如下：

**1. 记叙文的结构特点**

(1)抓住时空变化划分。时间、地点是记叙文的主要因素，许多记叙文都是按时空的变化组织材料的。

(2)抓住作者思想情感的变化划分。

(3)按照记叙文内容的变化来划分。

(4)按逻辑关系划分。

(5)还可按描述角度的变化、事物发展的阶段方式来划分。

**2. 议论文的结构特点**

(1)按逻辑思维划分，包括提出问题、分析问题、解决问题，或绪论、本论、结论三部分。

(2)按篇章结构划分，常见的结构有并列式、对照式、层进式和总分式。

**3. 说明文的结构特点**

说明文要按一定的顺序对事物、事理进行说明，故说明的结构受说明的内容、说明的顺序限定。

(1)以时空变化为顺序的说明文，一般按层进式的结构来行文。

(2)说明事理和事物结构的说明文，一般按人们的认识规律和观察顺序安排结构。

(3)揭示事物发展过程的说明文，必须按照事物发展的进程来安排结构。

(4)有的说明文采用分类说明的方式，故其结构层次往往是并列式的。

**【示例 1】**高等教育无论从政府、个人还是各种资源的综合配置来说，都是一项非常昂贵的投资。因此在美国和其他地方，目前有一种日渐增加的压力，即要求大学的教育和研究必须证明直接的、实质的经济效益。

**【点评】**因果关系。“因此”后点明重点，即由于高等教育是一项非常昂贵的投资，所以大学教育和研究需具备经济效益。

**【示例 2】**这已是二十多年前的事了。我最近还见到这位朋友，那一盏灯光居然鼓舞一个出门求死的人多活了这许多年，而且使他到现在还活得很健壮，我没有跟他重谈起灯光的话。

**【点评】**递进关系。“多活了这许多年”与“使他到现在还活得很健壮”之间用关联词“而且”，构成了递进关系，进一步说明“那一盏灯光”对“他”的鼓舞作用之大。

## (二)文章思路

思路是作者为了实现表达目的而确定的文章内容和先后顺序。把握文章思路，就是把握文章各部分的内容，发现各层意思之间的内在联系，揣摩作者的构思过程。

理清文章思路大致包括两个方面：

(1)理清结构。阅读文章，应当把握住它的框架，看出作者“编织”文章的基本路数，弄清文章的来龙去脉。理清结构，可以着眼于局部，也可以着眼于全篇。着眼于局部时，对某一段落或段中的某一部分，要理清层次，分析层次间的关系。着眼于全篇，即弄清文章的开头、结尾以及文章是怎样渐次展开和步步推进，以实现对文章主旨的表达的。

(2)理清语脉。语脉，即行文的脉络。理清语脉，即分析语句间的意义关系，梳理行文的语意走向，把握语句顺序的安排及其根据。理清语脉，可以借助对线索、过渡、照应等的分析，借助对关联词语所表达的语意关系的辨识，借助对指示代词和其他指代、借代、喻代类词语的指代内容的确认，也可以借助对表示肯定、否定、强调、揣测和有所保留、有所暗示等词语含义的理解。

【示例】去年夏天,我在杭州一所疗养院里休养。那儿的景色真美!六和塔静静地矗立在钱塘江边,江面上帆影点点,碧波粼粼,江岸后面是起伏的山峦和绵延不断的树林。

【点评】从句子结构上讲,文段是并列关系。前两句指出,“那儿的景色真美”。后面三句“六和塔静静地矗立在钱塘江边,江面上帆影点点,碧波粼粼,江岸后面是起伏的山峦和绵延不断的树林”具体描写优美景色,三个分句之间是并列关系。从思路上看是空间型:先写远处的六和塔,由远及近到江面上的景色,接着转到江岸后面的景色。

### (三)解题技巧及解题步骤

**1. 分析文章结构**

(1)抓住文体特征进行分析。分析记叙文的结构层次有以下方法:①按时间先后顺序划分;②按地点的转换划分;③按事情发生发展的过程或思想感情的变化划分;④按描述内容的不同角度划分;⑤按“总—分—总”的结构特点划分。

议论文的特点是“以理服人”,不仅要求语言严密、逻辑性强,而且文章的结构也是灵活多样的。它最基本的形式是:提出问题(引论)—分析问题(本论)—解决问题(结论)。它的结构方式大致有两种:逐层深入的纵式结构和并列展开的横式结构。说明文有以下结构方式:①并列式;②连贯式(按时间、空间顺序组合);③递进式(按逻辑顺序组合);④总分式。

(2)抓住文中的关键句子和关键词语分析。关键性句子有承上启下的过渡句,前后照应的语句,文段的首句尾句。关键性词语有:①指代性的词语,如“这样、这些、这种、这个问题、这种情况”;②关联性词语,如表语意转折的“相反”“否则”“与此不同”,表递进的“更加”“而且”,表承接的“首先”“其次”,表因果的“因此”“那么”“由此看来”,表并列的“同时”“一方面……另一方面……”;③衔接性词语,如“也”“于是”等。

(3)通过语句间的组合关系分析文章,其内容是根据各语段的大意来综合的,各个语段、各个层次之间,不论怎样排列,它们所要表达的内容都是要围绕中心的,各个语句之间都有一定的语脉。阅读时,把握住这种关系,才能更好地理解文章的内容。

**2. 把握文章思路**

(1)抓题目。好的题目是文章的“题眼”。题目或是写作对象,或揭示了文章线索,或隐含了写作顺序。通过仔细推敲题目蕴含的信息,可以揣摩出文章的中心。题目揭示写作对象的,看哪些地方是直接写该对象的,哪些地方是从侧面写的,这样就能大致理清思路;题目揭示文章线索和写作顺序的,则直接以此探寻文章的思路。如毛泽东写的《纪念白求恩》,题目揭示了写作对象。我们可以从“纪念白求恩”这个题目,联想到为何要纪念,白求恩做了什么样的事情值得大家尊敬和学习等内容。

(2)抓中心句。中心句是表明作者思路与写作目的的关键句,揭示了文章的中心思想,是文章思想感情高度浓缩的结晶,含义丰富深刻。这类句子往往出现在段首、段中或段尾部分,抓住中心句就抓住了段落核心和文章主旨,对理解文章整体思路意义重大。

(3)抓中心话题。如果中心句不明显,则直接去抓中心话题,哪些段落讲述的是同一话题就划分为一个层次,这样也能很快理清思路。有时文章的意思是多层次的,分析完每一个层次之后还要有主次之分,提取主要的省去次要的。如果是递进关系,那就要提取主要强调的意思;如果是并列关系,那就把它们的意思联合起来,进行简要概括。

**3. 解题步骤**

分析文章结构和把握文章思路一般可以分为三步：

第一步，粗读全文，这篇文章主要谈的是什么问题，或者说了件什么事情，这一步的作用是把握文章全貌。

第二步，以段为单位仔细读，然后用简明的一两句话把段意标示出来，这一步的作用是把几百上千字的文章浓缩成几句话，显露出文章的脉络。

第三步，分析段落之间的内在联系，划分文章层次，这一步的作用是理清脉络，把握全文的结构。

（1）逐段细读，标示段意，常见的有三种方法：①寻找中心句；②根据关键词语归纳；③如果既没有中心句，也没有关键词语，就需要调用已学过的知识自己概括。

（2）分析文章结构和把握文章思路时，要善于借助作者对思路展开轨迹的提示：①借助过渡段；②借助承递性词语；③借助重复出现的关键词语；④借助文章标题。

## 五、归纳内容要点，概括中心意思　考点5

"内容要点"，"内容"既可以是几句话、一段话、一个层次或几个层次的内容，也可以是整篇文章的内容。归纳文章的内容要点是对文章在分析理解基础上的综合，要求提纲挈领，以点带面，它离不开对文章中语句，特别是重点语句的理解。"中心意思"是针对文章的整体而言的，它直接以文章层意、内容要点为基础，又涉及作者主观创作意图和文章客观表达效果，涉及文内使用材料和文外相关材料，要求具有较高的分析概括能力和较准确的语言表达能力。

从逻辑上来说，"归纳内容要点"是"分析中心意思"的基础，只有归纳出了内容要点，才能在要点中提炼出作者要表达的中心意思，而在考查中则没有明显的分界，"归纳内容要点"也就是提炼总结某段或全篇文章的中心意思。

### （一）解题技巧

归纳内容要点时要纵览全文，把握整个文意，而不可拘泥于某些词句，要善于找全文、全段的中心句、指示句、过渡句、总结句，把握全文脉络，理清各段之间的联系，找准内容要点，不遗漏，也不把无关紧要的内容牵扯进去。具体有以下方法：

（1）直接提取要点。可从原文中直接摘录关键词语或中心句、重点句，提取出这样的词语和句子，经过删改，可转化为自己的答案。

（2）用自己的语言概括要点。有些文章，中心句、重点句并不明显，就需自己对内容进行条分缕析，用自己的语言进行概括。如怕遗漏，可先分部分、分层次，把握其脉络，再概括层意。

（3）概括性语句的选用一般是判断句。分析近几年的考题我们知道，考生在判断时切记要结合原文内容整体感知，不可臆断，也不可只抓只言片语，要结合作者写作意图，避免以偏概全和随意拔高。

**【示例】**幸福即是"一种令人满意的生活"，社会成员有时对生活不满意，可能与生活琐事或基本民生问题直接相关。当然，一个人衣食无忧，也可能感到不快乐，没有幸福感。有无幸福感是一个较为复杂的问题，它涉及很多因素，且带有较强的主观性。解决了基本民生问题之后，未必让人获得幸福感。但是，社会成员若缺乏基本的民生保障，则一定不会有幸福感。民生好坏是社会成员幸福与否的一个基本判断标准。

问题：概括本段的主要观点。

【点评】本段首句"幸福即是'一种令人满意的生活',社会成员有时对生活不满意,可能与生活琐事或基本民生问题直接相关",指出幸福与生活琐事和民生问题休戚相关。段尾句再次强调民生问题和幸福之间的关系。中间表述是对生活琐事和民生问题的解释说明。因此本文的观点是尾句,即"民生好坏是社会成员幸福与否的一个基本判断标准"。

### (二)解题注意事项

归纳内容要点的前提是对文段内容有准确的理解,对文章的写作思路有清晰的判断。在此基础上还应注意:

(1)尽可能用原文中的词语归纳,防止要点遗漏。防止要点遗漏的方法,就是对相关文字作层次分析,无字数限定下尽量多写要点,保证答案完整。

(2)注意抓住各个文段中的中心句,这些句子一般在首句和尾句的位置上。

(3)对于没有中心句的段落,要分析语句之间的关系,把握其内容的重点。

(4)注意承上启下的过渡句,有些过渡句不仅概括了前文要点,也指出了下文的要点。

(5)归纳概括时要把握整体,从全文出发。

**山香指导** 概括性语句明显的,直接找出即可;不明显的需要独立归纳,归纳时需要注意把握相关文字之间的层次。答题步骤:分三步走,第一步划分本段(或全文)的层次,第二步提取要点词语(或句子),第三步整合答案。

## 六、分析概括作者在文中的观点态度 考点6

### (一)观点态度的含义

所谓"观点态度",是指作者通过一定的材料所表达出来的对客观事物的认识和思想倾向,表现为文章的中心思想和作者的创作意图,即是褒扬还是贬低,是肯定还是否定,是赞扬还是反对等。具体体现为在句、段、文章中,作者对具体的事、物、景、现象的看法和态度等。分析概括作者在文中的观点和态度,就是要求用自己的语言,将语言、语段或全文进行具体的理解和总结、筛选和提炼、加工和转化,从而分辨作者对所说事物的歌颂或批评的态度。

从某种意义上讲,分析概括作者在文中的观点和态度,应该是一切阅读活动的出发点和归宿。而把文中的观点和态度用准确、简明的文字表达出来,则是考查中的热点和难点。

### (二)分析概括作者在文中的观点态度的命题角度

(1)辨析作者在文中体现的观点和态度。

(2)概括作者对文中某一内容的观点和态度。

(3)比较在文中转述的多种观点。

一篇文章列举了多种观点,如介绍一种新的发明或一个新事物时,可能有很多人持有不同的意见。作者把不同的观点都罗列出来后,一定有自己的看法。设题时就从别人的观点和作者的观点方面辨析。

### (三)解题思路及技巧

分析归纳文章的内容要点和中心意思的步骤:

(1)理解题干要求,通读全文,把握大意。

(2)对照考题要求,找到答题区间,筛选出相关的语言材料,选好答题的角度,组织好答题的语言。

(3)快速浏览全文,验证答案。

除此以外,还要注意:①注意理清段与段之间的逻辑关系,抓准核心句子——起始句、重点句、归纳句,概述中心要点时,要保持概念的一致性;②要注意文段中多次出现的词语、意义相近的词语;③概括时,要注意保持角度一致性,概括的层次要恰当,内容要全面,概念要准确,表述要精炼确切;④注意弄清作品的社会背景,揣摩作者的写作意图,知人论世;⑤充分利用题干所提供的信息;⑥掌握常用方法:标题法、开篇法、结尾法、摘录关键句法、自拟法。

分析概括是要归纳全面,抓住主要观点,要注意以下几点:

(1)使用摘录法。直接表达作者观点态度的语句,一般可以把关键的词语、句子从文中摘录下来;过于分散的内容可以通过筛选整合成一个句子;过长的句子可以采用压缩的手法摘录。

(2)解释含蓄句。对文中含蓄的语言,联系上下文,通过对具体语句的理解,把握隐含的信息,解释出语句的含义。

(3)理解观点句。作者总是在文中表现自己的感情倾向,可以通过对体现作者持否定、批判的语句,把握作者持保留态度的语句,体会作者的观点和态度。

## 七、图表及视频等阅读材料中主要信息的筛选与整合 考点7

### (一)信息筛选与整合概述

所谓“信息筛选与整合”就是根据一定的目的要求,经过辨别,从纷繁的材料中找出信息,提取主要信息,筛掉次要信息;提取有用信息,舍弃无用信息、干扰信息。然后根据目的和要求,将文中相关而又分散的信息集中起来,并加以处理。

这类试题的考查点主要有:

(1)能准确地概括材料的主要信息;

(2)能整体把握材料(包括图表、视频),能准确提炼材料中所有的信息,并能用简洁的语言表述;

(3)能根据所给出的材料要求,设计出解决问题的方案;

(4)能透过材料的字面意思,准确地表述言外之意。

### (二)表格或图形数据的信息筛选

所谓图表信息,是指将已知信息用图像或表格形式给出,它要求从已知图像或表格中获取信息,回答问题。图是指统计图及绘画等;表是指统计表,是描述数据的一种形式。在文章写作中,图表一般作为论据或说明事理而使用。阅读理解型题目中也会出现图表来配合文字的情况,因此图表阅读是材料阅读的重要部分。作答时要注意对题意、数据和知识点的联系进行综合分析,把统计表格的某个特征的信息,从多个不同特征的信息中抽取出来,再按其内在联系总结出知识与规律,形成文字,进行题目作答。

### (三)筛选并整合视频信息

随着信息时代的发展,由于音频、视频等多媒体技术内容丰富、画面感强、生动有趣且易于接受,愈来愈多地被应用到教学活动中。教师应重视视频材料在教学活动中的作用,学会对视频材料信息进行正确合理的选择、采集、加工以及整理制作,了解其原理,解决实际问题。视频材料与统计图、表及其他平面静止视觉图像都不同，它是动态的，需要在观看或倾听的过程中把握信息。

阅读视频材料的基本思路是：主体、具体措施、主要内容、结果。可以依据这样的阅读过程搜集、整合相关信息，并根据试题要求用文字将相关信息表述出来。

## 真题对接

**【2018 年下半年真题】材料：**中国古典文学很善于用意象表达作者的思想情感。特别是古典诗词，利用意象传神达意，是诗人的一项重要的艺术手法，历代不乏这方面的大家高手。例如李白的《忆秦娥·箫声咽》，被后人誉为“怀古咏史诗中无与伦比的典范之作”。这首词运用意象体现作者的所感、所思、所想时，可谓驾轻就熟、出神入化，达到了炉火纯青的程度。作者选择的几个意象，原本有些风马牛不相及，但在作者的大手笔中，不仅活了起来，还一脉相承为一首千古绝唱：

箫声咽，秦娥梦断秦楼月。秦楼月，年年柳色，灞陵伤别。乐游原上清秋节，咸阳古道音尘绝。音尘绝，西风残照，汉家陵阙。

不难看出，这首词中有十个意象：箫声、秦娥、秦楼月、柳色、灞陵、乐游原、咸阳古道、西风、残照、汉家陵阙。围绕着这些意象，几幅生机盎然的画面，随着深夜的箫声渐次浮现出来。

现代学者浦江清在其《词的讲解》一文中认为，李白的这首《忆秦娥·箫声咽》，是“几幅长安素描的合订本”。所谓“合订本”，显然意指词中的画面都是“独立成篇的”，看上去这是事实。然而每吟诵这首《忆秦娥·箫声咽》，“秦楼月”的悲苦幽怨中，总是升起一股荡尽千古风尘的浩气，将词中画面一气呵成为色彩浓烈的悲剧，从而使人并不觉得那些画面是支离散乱的，甚至并不感到它们是“独立成篇的”，那些画面在读者的心神体会中，成为一个密不可分的有机整体，所谓“素描的合订本”中的合订，其实是一种血肉相连的内在联系。这种内在联系是审美的结果。也就是说，词中的十个意象，实质上是作者“阅尽人间春色”后的怀古伤今中的审美选择。没有崇高的审美情操，没有敏锐的审美判断及娴熟的文学技巧，是不可能有这种恰到好处的意象选择的。这是只有李白这样的大诗人才有的天才的艺术想象的结果。

诗词家常说，意象选择是诗词创作的主要方法，这是经验之谈。然而意象选择的原则是什么？换言之，是什么指导了意象选择？从《忆秦娥·箫声咽》中可以看出，作者选择的十个意象，能在一首小令中得到淋漓尽致的体现。诚然，这里的思想不是理性思考的结果，而是善感于外界产生的浮想联翩中的看法。毋宁说，一个心智正常的人，这种“看法”绝无可能前后矛盾，而是一以贯之的。这种一以贯之的“看法”，才是《忆秦娥·箫声咽》中十个意象之间内在联系的灵魂。也就是说，唯思想才是诗词创作中意象选择的主导。严格说没有思想的主导，则不会有正确的意象选择，整篇诗词创作也就失败了。李白之所以能在《忆秦娥·箫声咽》中将十个意象完美无缺地排列组合成一首意义深远、气势磅礴的精妙好词，主要得力于他那气贯古今的思想。说实在的，《忆秦娥·箫声咽》中的十个意象，在一般人那里，都是司空见惯的平常物，但这些平常物在李白思想的驾驭中，都有了非同寻常的意义，都在思想的指挥下发挥自身的“音阶”功用，汇成了一支既悲苦凄清又威武苍凉的乐曲。

（摘编自李工《古典文学意象的示范》）

问题：

（1）文章认为中国古典诗词意象选择的原则是什么？请简要概括。

（2）请结合文章，对中国古典诗词意象是“合订本”这一特征予以分析。

**【参考答案】**（1）文章认为古典诗词意象选择的原则是思想。没有思想的指导，就没有正确的意象选择，普通人司空见惯的一些平常物，在诗人思想的指导下，就会被赋予不同寻常的意义。

（2）中国古典诗词意象是“合订本”，意指诗词中的画面都是“独立成篇”的，但是又不会让人觉得他们是独立的、支离散乱的。在读者的心神体会中，那些画面有一种血肉相连的内在联系，成为一个密不可分的有机整体。这种关系是作者阅尽世事之后的审美结果，没有崇高的审美情操，没有敏锐的审美判断和娴熟的文学技巧是不可能有这样的意象结果出现的。

**【2018 年上半年真题】材料：**“风萧萧兮易水寒，壮士一去兮不复还。”

荆轲以此得名，而短短的两句诗乃永垂于千古。在诗里表现雄壮的情绪之难，在于令人心悦诚服，而不在嚣张夸大；在能表现出那暂时的感情后面蕴藏着的更永久更普遍的情操，而不在那一时的冲动。大约悲壮之辞往往易于感情用事，而人在感情之下便难于辨别真伪，于是字里行间不但欺骗了别人，而且欺骗了自己。许多一时兴高采烈的作品，事后自己读起来也觉得索然无味，正是那表现欺骗了自己的缘故。《易水歌》以轻轻二句遂为千古绝唱，我们读到它时，何尝一定要有荆轲的身世。这正是艺术的普遍性，它超越了时间与空间而诉之于那永久的情操。

“萧萧”二字诗中常见。古诗：“白杨多悲风，萧萧愁杀人。”“风萧萧”三字所以自然带起了一片高秋之意。古人说“登山临水兮送将归”，而这里说：“壮士一去兮不复还”，它们之间似乎是一个对照，又似乎是一个解释，我们不便说它究竟是什么，但我们却寻出了另外的一些诗句。这里我们首先记得那“明月照积雪”的辽阔。

“明月照积雪”，清洁而寒冷，所谓“琼楼玉宇，高处不胜寒”。《易水歌》点出了“寒”字，谢诗没有点出，但都因其寒而高，因其高而更多情致。杜诗说“风急天高猿啸哀”，猿啸为什么要哀，我们自然无可解释。然而我们不见那“朔风劲且哀”吗？朔风是北风，它自然要刚劲无比，但这个哀字却正是这诗的传神之处。那么壮士这一去又岂可还乎？“一去”正是写一个劲字，“不复还”岂不又是一个哀字？天下巧合之事必有一个道理，何况都是名句，何况又各不相关。各不相关而有一个更深的一致，这便是艺术的普遍性。我们每当秋原辽阔，寒水明净，独立在风声萧萧之中，即使我们并非壮士，也必有壮士的胸怀，所以这诗便离开了荆轲而存在。它虽是荆轲说出来的，却属于每一个人。“枯桑知天风，海水知天寒”，我们人与人之间的这一点相知，我们人与自然间的一点相得，这之间似乎可以说，又似乎不可以说，然而它却把我们的心灵带到了一个更辽阔的世界去。那广漠的原野乃是生命之所自来，我们在狭小的人生中早已把它忘记，在文艺上乃又认识了它，我们生命虽然短暂，在这里却有了永生的意味。

专诸刺吴王，身死而功成，荆轲刺秦王，身死而事败。然而我们久已忘掉了专诸，而在赞美着荆轲。士固不可以成败论，而我们之更怀念荆轲，岂不正因为这短短的诗吗？诗人创造了诗，同时也创造了自己，它属于荆轲，也属于一切的人们。

（摘编自林庚《论〈易水歌〉》）

问题：

(1)文章论述的中心观点是什么？请简要概括。

(2)怎样理解“诗人创造了诗,同时也创造了自己,它属于荆轲,也属于一切的人们”？请结合文本内容简要分析。【参考答案】(1)中心观点:①艺术具有普遍性,它超越了时间与空间而诉之于那永久的情操,各不相关而有一个更深的一致;②一首诗可以离开一个人而存在,虽然这一首诗是针对荆轲说出来的,却属于每一个人,诗可以赋予人永生的意味,在狭小的人生中可以将一些事情忘记,但是在文艺上又认识了它。

(2)“诗人创造了诗,同时也创造了自己”的含义:①每个诗人作诗都会融入自己的情绪,在诗里表现雄壮的情绪之难,在于令人心悦诚服,而不在于嚣张夸大,在于能表现出那暂时的感情后面蕴含着的更永久更普遍的情操,而不在于那一时的冲动。②不同的诗人对于同样的词有自己不同的理解。就像文中的“萧萧”二字,“风萧萧兮易水寒”和“萧萧愁杀人”便是两种不同的情感。

“它属于荆轲,也属于一切的人们”的含义:①我们每个人即使并非壮士,也必有壮士的胸怀,所以这首诗便离开了荆轲而存在。虽然是针对荆轲说出来的,却属于每一个人。②我们已经忘掉了专诸,而怀念和赞美着荆轲,是因为诗人创造的诗句。

综上,由于艺术具有普遍性,所以不同的人对于相同的字词理解有所不同,所创造出来的诗句也不尽相同;而也正是由于人有普遍共通的情感,使得尽管一首古诗所描写的是某一个人物,但是也能使阅读古诗的人们产生共鸣,所以“诗人创造了诗,同时也创造了自己,它属于荆轲,也属于一切的人们”。

# 第四节　写作能力

(本节共5个考点)

## 考向分析



本节内容在综合素质科目考试中主要以写作题的形式出现,所占分值最大,为50分,故考生应格外注意。写作题主要测查考生对材料的理解阅读能力、思考认识的深度及文字表达能力。

在考试中,本题主要以论说文为主,一般要求阅读一段材料,根据材料引发的思考和感悟,写一篇论说文。所考查主题包括实践、言传身教、赏识教育、成长、挫折教育等。

## 思维导图

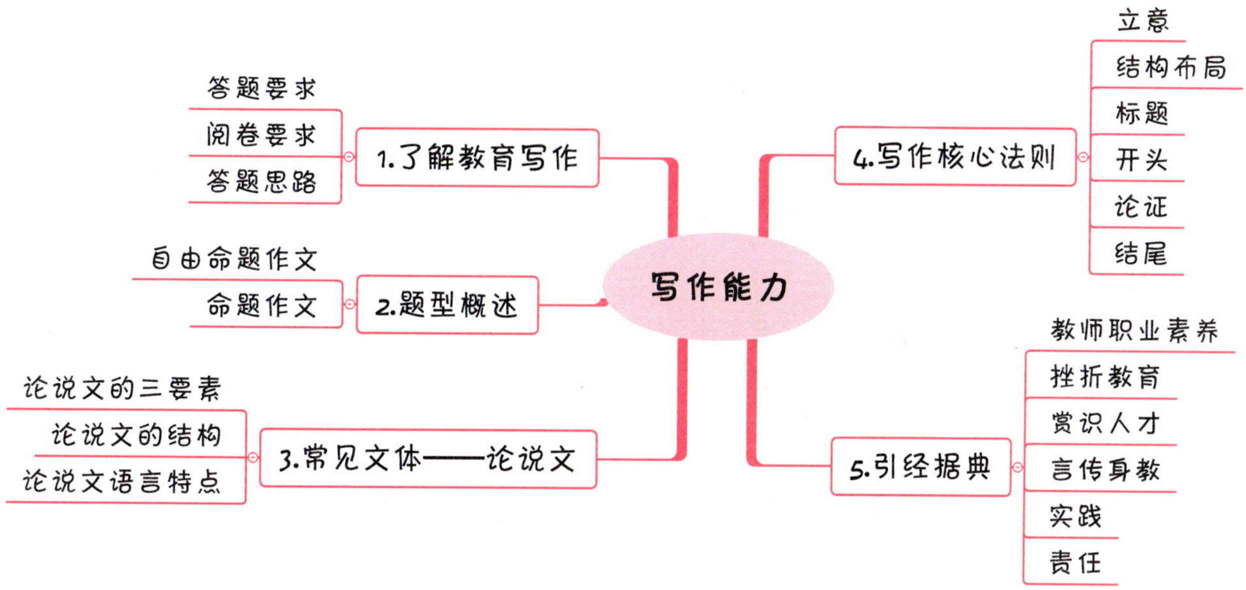


## 考点精讲

### 一、了解教育写作

考点 1

#### （一）答题要求

**1. 材料**

在综合素质考试中，写作题一般为材料作文，即给出一段材料，根据这段材料发散发挥，组织语言撰写一篇作文。给定的材料分为两类：一类是现象、观点类材料，即材料直接给出某种现象和事例，或是若干观点，要求学生对所述现象、事例或观点阐述和评论，这类型的题目考查频次较高；另一类是哲理类材料，即材料给出一段故事或寓言，其中往往蕴含着一些人生哲理，要求考生据此作文。这类型的题目考查难度较大。

【示例】丹麦队与伊朗队的一场足球赛进行到第 45 分钟时，场上响起了清晰和响亮的结束哨声。伊朗队后卫队员在球门区内捧起足球，准备交给裁判，裁判却立刻判他手球犯规，并示意丹麦队罚点球。原来，此前的哨音是球迷造假的“杰作”。

伊朗队队员追着裁判理论，企图说服裁判改变初衷。丹麦队主教练奥尔森悄悄把队长韦格斯特招到场边，告诉他这个点球的来龙去脉和怎样处理这个球。韦格斯特重新回到罚球点，飞起一脚，将球故意踢飞，全场顿时一片哑然，继而爆发出雷鸣般的掌声。在掌声中，裁判吹响了上半场结束的哨音。

**2. 作答要求**

作答要求包含作答范围、作答任务、作答条件和作答分值。

【示例】综合上述材料所引发的联想和感悟，写一篇论说文。

要求:用规范的现代汉语写作;角度自选,立意自定,标题自拟;不少于1000字。

【分析】(1)作答范围:作答时依据的材料范围,本题的作答范围为给定材料。

(2)作答任务:考生在作答中需要完成的任务,本题的作答任务是:"综合上述材料所引发的联想和感悟,写一篇不少于1000字的论说文。"

(3)作答条件:内容、语言、角度、标题等,本题的作答条件为用规范的现代汉语写作,角度自选,立意自定,标题自拟。

(4)作答分值:本题的分值为50分。

## (二)阅卷要求

### 1. 评分标准

在综合素质考试中,写作题一般以议论文、论说文为主,其评分标准集中于对内容、语言、结构及卷面的考核,根据达标情况将之分为四个档次,如下表所示:

写作题评分标准

| 一等(41~50) | 二等(31~40) | 三等(21~30) | 四等(21以下) |
|---|---|---|---|
| 切合题意 | 符合题意 | 基本符合题意 | 偏离题意 |
| 中心突出 | 中心明确 | 中心基本明确 | 中心不明确 |
| 内容充实 | 内容比较充实 | 内容单薄 | 没什么内容 |
| 感情真切 | 感情真实 | 内容不够真实 | 感情虚假 |
| 结构严谨 | 结构完整 | 结构不够完整 | 结构混乱 |
| 语言流畅 | 语言通顺 | 语言不够通顺 | 语病偏多 |
| 字体工整 | 字迹清楚 | 字迹潦草 | 字迹难辨 |

### 2. 字数与语言

(1)字数

在综合素质写作题中,字数一般要求不少于1000字,大于或等于1000字即可。在这个要求下,考生如果写了600~1000字,根据内容要求正常打分,每50字扣1分,不足600字,不用分项打分,给总分即可。

(2)语言

在综合素质写作题中,要求用规范的现代汉语写作,因此考生不要在试卷上出现网络语言、词汇。例如把"有没有"写成"有木有"等,都会按照错别字处理,扣1~3分。

### 3. 文面

清楚整洁、易于辨识是书写的最低要求。是否把字写好,是否保持卷面书写清楚整洁、易于辨认、有美感,对考生的成绩有很大的影响。实际上,作文卷面干净,书写工整,阅卷老师会寻找加分点,卷面脏乱差,阅卷老师会寻找扣分点。卷面过于潦草,语言再优美,主题再深刻,也是枉然。面目全非的作文,让阅卷老师如何评判?

| 提倡的文面 | 不提倡的文面 |
| --- | --- |
| 见下图 1 | 见下图 2 |

阳光从不开口说话，无言的它赋予世界光明和温暖；青山从不耀武扬威，无言的它滋润万物细腻无声；海水从不与溪流攀比，无言的它包容万物波澜不惊。是的，无言的力量从不容忽视。大象无声，大象无形。伟大的教育也是如此，从无言的行动中体现着教育的内涵。

君不见风范之师，默默无闻，朴实无华，却从一言一行，一举一动都为人师表，他们所

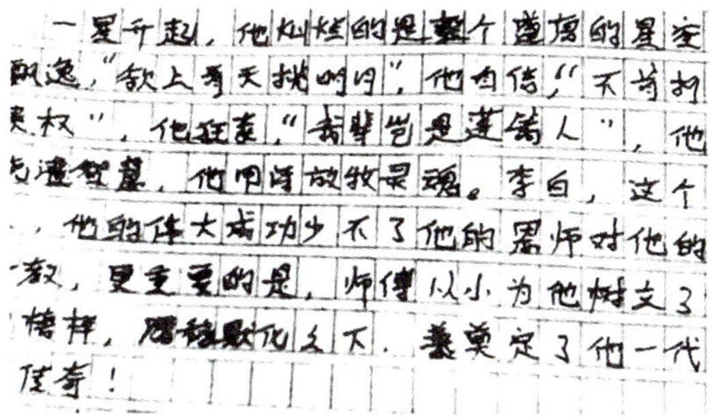
一星升起，他灿烂的提醒个璀璨的星空飘逸。"钦上青天揽明月"，他自信；"不肯折腰权贵"，他狂妄；"天生我材必有用"，他用浪漫放飞灵魂。李白，这个……他的伟大成功少不了他的恩师对他的教，更重要的是，师傅从小为他树立了榜样，潜移默化之下，奠定了他一代传奇！

考生在书写时需要重点注意以下两点：

(1)书写工整

考生需按照要求使用指定的笔作答，避免笔迹过淡或过浓导致扫描不清楚。在书写时，应注意：

①保证字居于格子的中心，避免出现字过大或过小的情况。

②保证字迹清楚，避免出现连笔、缺笔画、简写等问题。

③保证字体结构匀称，避免出现字过扁或过长、歪歪斜斜等情况。

(2)谨慎涂改

写作题的卷面是很关键的，一旦出现写错字的情况，用橡皮擦、涂改液、小刀或胶带纸修改都不可避免会影响卷面整洁，进而影响考试的得分。正确的解决办法是将错字用一条斜线划掉，在原错字后面写上正确的字。

(3)书写速度适中

参加过教师资格考试的考生感叹写作作答时间不足，没有时间体会给定资料的内涵并组织材料，没有时间写作文或者没有写完等情况非常普遍。如何把答案写得又好又快是考生必须要重视的一个问题，这就需要我们平时不断地练习，加快写字速度。

### (三)答题思路

写作部分要求考生能充分利用给定材料，围绕中心观点展开阐述，应在深入思考、"运筹帷幄"的基础上进行，具体可按照以下思路进行：

**1. 审题立意**

在审题的基础上立意，需充分理解材料内涵，从材料中确定文章观点，同时需明确文章作答要求。

**2. 谋篇布局**

根据立意及写作要求，进行谋篇布局。谋篇布局要围绕中心观点进行，建议考生在撰写前先拟制写作提纲(大概 3～5 分钟)：可先明确作文的结构，如议论文，"五段三分式""层层递进式"或是"一个论点多个论据式"等，再确定每一段落的大致内容及可采用的素材，接着确定写作的重点。行文前有了框架，落笔自然会思路清晰。

**3. 落笔行文**

(1)开头写作。一篇文章的开头是很重要的，文章有了好的开头，不仅能带动全篇，使文章顺利展开，而

且能抓住读者,引人入胜。

(2)正文写作。围绕中心观点展开阐述或进行论证,是一篇文章的主题部分。

(3)结尾写作。富有吸引力的结尾,同样也能为文章增色不少。或总结全文,使文章结构清晰;或直抒胸臆,以增强文章感染力;或语言含蓄,使读者回味无穷;等等。

## 二、题型概述

考点2

教师资格考试的文体一般为论说文。论说文的考试形式有两种:命题作文和基于文字材料的自由命题作文,每次考试择其一种。

### (一)自由命题作文

综合素质写作题大部分为基于文字材料的自由命题作文。考生可根据给定材料,一般为具有教育意义的故事或对话,根据对故事或对话的思考和感悟,结合自己的经验和感受写一篇文章。

【示例】阅读下面的材料,按要求作文。

在一次网络访谈中,国家邮政局市场监管司某领导谈到,快递业务的便捷,形成了邮政的一种新业务:为高校学生服务,可把积攒的脏衣服寄洗,再通过快递寄回。这一现象引发社会热议。

根据材料所引发的思考和感悟,写一篇不少于1000字的论说文。

要求:用规范的现代汉语写作,角度自选,立意自定,标题自拟。

### (二)命题作文

综合素质写作题也有少部分属于命题作文,且是全命题作文。在此种情况下,只需将试题中给出的标题作为文章标题即可,在没有特殊说明的情况下,考生不可画蛇添足添加副标题,否则会被视为违反题意,阅卷老师将予以扣分。

【示例】阅读下面的材料,根据要求作文。

梦想是什么?

在卖火柴的小女孩眼里,梦想是飘香的烤鹅,是奶奶温暖的双臂;在“千手观音”邰丽华的眼里,梦想是聋人可以“听”得到,盲人可以“看”得到,肢残朋友可以“行走”;在杂交水稻之父袁隆平的眼里,梦想是杂交水稻的稻谷像葡萄一样结得一串串。

…………

请你以“我的梦想”为题,写一篇记叙文或论述文。

要求:用规范的现代汉语写作。自定立意,不少于1000字。



## 三、常见文体——论说文

考点3

在教师资格考试中,写作题的写作文体一般为论说文。论说文是直接说明事理、阐发见解、宣示主张的文章,一般要求考生在准确、全面地理解题意的基础上,对命题或材料所给观点进行分析,表明自己的观点并加以论证。一篇优秀的论说文要求思想健康,观点正确,论据充分,论证严密,结构合理,言语流畅。

### (一)论说文的三要素

**1. 论点**

论点是整篇论说文的核心和灵魂,是作者在文章中提出的对某一个问题或某一类事件的看法、观点和主张。它要求正确性、鲜明性、新颖性、深刻性、时代性。论点的位置比较灵活,一般以标题体现或在开头写明。

**2. 论据**

论据是证明论点正确的证据。要想证明论点的正确,首先,论据必须让人觉得真实、可信,能够充分证明论点。其次,论据要具有典型性,能收到"以一当十"的效果。最后,论据要新颖,要尽可能寻找一些新鲜的、能给人以新的感受和启示的论据。

**3. 论证**

论证就是用论据来证明论点的过程,论证的目的在于揭示出论点和论据之间的内在逻辑关系。论证方法有举例论证、道理论证、对比论证、比喻论证等。

### (二)论说文的结构

**1. 引论**

引论就是提出文章的论题、论点。考场作文时间紧,文章不宜过长,因此文章最好开门见山,尽快鲜明地亮出观点。一般来说,开头最好控制在100~200字以内。

**2. 本论**

本论,即运用论据证明自己的观点。这一部分最好能够联系实际,对自己的观点做进一步的阐释。论说文本论部分的结构布局应该充分显示各分论点之间的逻辑关系。

**3. 结论**

结论作为全文的收束部分,在一定意义上注定了文章的成败。精彩的结尾要扣题,要与首段相呼应,结论要精练有力、富有深意又发人深省。

### (三)论说文语言特点

论说文是对某个问题或某件事进行分析、评论,表明自己的观点、立场、态度、看法和主张的一种文体。论说文的语言特色主要体现在准确、鲜明、富有概括力上。具体而言,论说文要求语言具有以下特点:

(1)准确、严密。遣词选句,要能够恰如其分、实事求是地反映客观事实,表达自己的观点,做到不夸张,不缩小,不会引起歧义。

(2)概括、简练。叙述事实论据,要简单扼要,善于归纳事物的共同特点,用简练的话进行表达。

(3)朴实、明白。用自己的语言来表达自己的观点,力求朴实、通顺、明白。议论文要求语言鲜明、生动,有助于加强论证的力量。

(4)诙谐、幽默。诙谐幽默的语言,不但可使本来很枯燥的结论变得生动有趣,还会产生强大的逻辑力量。



## 四、写作核心法则 考点4

### (一)立意

立意就是确立文章总论点及其分论点的思维过程。它起着明确主旨、统领全文、指明写作方向的作用,在文章写作中处于核心地位。

**1. 立意的基本要求**

(1)立意要鲜明、集中。一篇文章赞扬什么(或歌颂什么),批评什么(或揭露什么),或说明一个什么道理,要观点明确,不能模棱两可。一篇文章必须围绕一个中心来写,不能分散,不能有两个(或多个)中心。

(2)立意要贴切、健康。立意要符合题目要求和命题意图,如《难题》写工作、生活中遇到的困难和难题最适宜。此外,开放式材料作文的立意需符合材料内容。观点要符合社会主流意识,正面积极。

(3)立意要新颖、深刻。要善于从多层次、多角度、多方面来考察材料,做到以小见大,由表及里,从中挖掘出他人从未曾发现的新的思想内容。

**2. 立意的基本方法**

通过审清题目要求,明确立意,即中心思想。找立意的方法主要有三种:抓关键词句法、以果溯因法和多角度分析法。

(1)抓关键词句法

从抓关键词句入手。有的材料为突出中心,有时会在材料中设置关键词、句(开头、结尾、对话),抓住这些关键词、句,再寻找关键词之间的逻辑关系,并对关键词的内涵进行阐释,找出其引申义、比喻义,列出符合题目要求的几个立意,这样就能把握材料主旨,准确理解材料,正确立意。

**【示例】**三个学生进商店,分别买饮料。一个人说,我喜欢喝果汁,味道是甜的;另一个人说,我喜欢喝咖啡,苦中带甜;还有一个人说,我喜欢矿泉水,味道是淡的。一个老师听见了,若有所思。

根据此情景写一篇作文,题目自拟,字数不少于800字。

找关键词:三个学生、分别、果汁、咖啡、矿泉水、老师

逻辑关系:三个学生同样要买饮料,由于喜好、兴趣、需求不同,三个人的选择也都不同,同与不同给我们教学上带来了启示。

解析关键词的含义:结合"老师若有所思"提炼出引申义、比喻义。

三个学生买饮料是指学生的意图、目的、想法是相同的;

果汁、咖啡、矿泉水可以引申为学生的喜好、性格、学习成绩是不同的;

老师若有所思:在班级中,学生的情况不尽相同。在教学中,既应该注意班级整体,又要关注学生个体;既要注意普通共性,又要关注学生个性。

可选用的立意有:①教育应有教无类;②教育需要尊重学生;③教育需要平等对待学生;等等。

(2)以果溯因法

任何事物的产生、变化和发展,都有其内在或外在的原因。因此,阅读、分析材料的因果联系,从原因切入,以果溯因立意,是行之有效的方法。

**【示例】**一个中国学生在日本的一个果园参观,看到每棵收获结束的果树上都留着几个果实,学生很纳闷。农场主人回答了学生的疑问,原来这些果实是给鸟儿留下的。

根据上述材料给你的启示,从教育观角度,写一篇字数不少于800字的文章。

找结果:果树上留下了果实;

推原因:果实是给鸟儿留下的;

引申义:从教育观角度分析,为了让学生健康成长,教师要留下爱心、善良……

可选用的立意有:①留下爱心,关爱学生;②留下了知识,更留下了奉献精神;③付出过辛勤的汗水,也许收获的就是桃李满天下等。

(3)多角度分析

一般来说,材料的各个立意点,是蕴含在材料所涉及的人和事上的,因而我们可以从材料中的人和事入手,问个“为什么”,提炼出多个观点。

**【示例】**阅读材料,选择一个角度构思,自主立意,写一篇不少于800字的文章。

一头驴子和一匹马到某磨坊去应聘拉磨工作。结果,驴被选中,马遭淘汰。

一年以后,这匹马被伯乐相中,成了远近闻名的千里马。

磨坊的主人闻讯以后,后悔不迭地跑去对千里马说:“你如此能干,当初我居然没有聘用你,我真是有眼无珠呀!”

“幸亏当初没被你聘用,”千里马说,“不然,我现在就不会成为千里马,而是变成一头拉磨驴了!”

可选的立意有:①是金子总会发光;②错过也许意味着新生;③要正确地面对挫折;④认清自己,找准位置;⑤适合自己的,才是最好的;⑥莫让人才空埋没;⑦塞翁失马,焉知非福。

## (二)结构布局

结构布局即文章结构。论说文的逻辑思路的外在表现为一篇文章的结构布局。整体上有“总—分—总”“总—分”“分—总”结构,但应试最常写的是“总—分—总”式,按照“引论—本论—结论”(即“提出问题—分析问题—解决问题”)三个部分来写。引论部分提出中心论点,本论部分具体论证论点,结论部分总结全文。

**1. 基本结构式**

根据议论问题的一般思维模式,论说文的一般结构模式应当是按“提出问题、分析问题、解决问题”三大块构成。

“提出问题”即在论说文开头一般要鲜明地提出中心论点,“分析问题”即在文章的中间要围绕中心论点展开分析论证,“解决问题”即在文章的后半部分,或者提出问题的解决方案,或者得出综合性结论,或者提出前瞻性希望等。

因此,当我们看到作文的话题时,我们先要确定作文的中心论点,然后对着你确定的中心论点连问三个问题:

(1)中心论点“是什么”?

(2)“为什么”需要这个中心论点?

(3)“怎么样”才能做好这个中心论点?

即:是什么(提出问题)—为什么(分析问题)—怎么办(解决问题)

我们把这三个问题称之为“九字心诀”,这是练习论说文这门“功夫”的基本入门口诀,但是,千万不要小看了这入门口诀,如果你真正领会了,那么,这“九字心诀”也是论说文的高秘诀。你凭着这“九字诀”一定能够在考场上纵横驰骋,所向披靡。

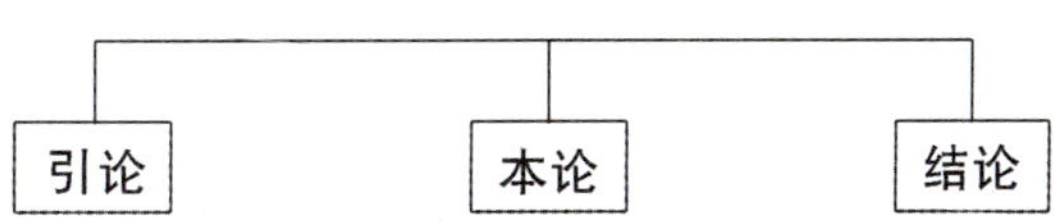


**2. 五段三分式**

五段三分式是最基本的一种结构,它围绕中心论点展开三个分论点,三个分论点之间可以是并列或递进关系,分论点可从“是什么”“为什么”“怎么办”着手。考场上,五段三分式特别常见,建议在结构上有所变化。可在提出中心论点后,结合现实或名人言论、事例等进一步阐述,再展开分论点,最后结尾。也可在分论点结束之后联系现实阐述必要性等,再结尾。

在论说文写作中,同学们犯难的,是在确定了中心论点之后,应该如何展开论证的问题。当一篇论说文的中心论点明确之后,采用分论点的方式进行展开论证,是写好考场论说文的一个非常重要的环节。

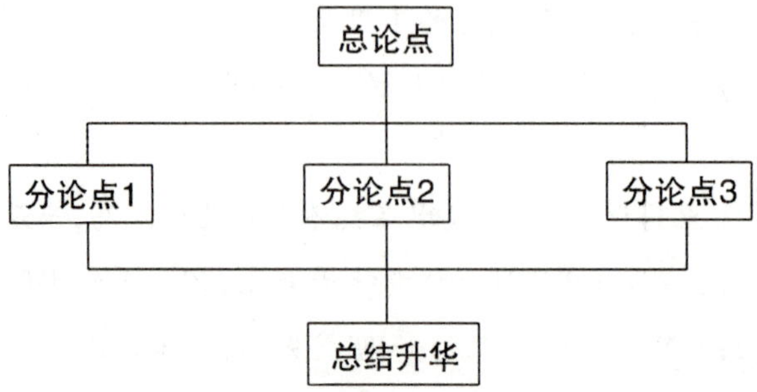


**3. 正反对照式**

正反对照式是在中心论点提出之后,从正反两方面提出分论点或摆正反两方面的论据,加以论证,最后进行结论的方式。它的特点是两种看法或论据之间为一正一反的关系,或通过正反对比明辨是非,或通过正反对比突出其中一个方面的正确性。这种结构方式能起到对比鲜明、突出深化观点的作用。

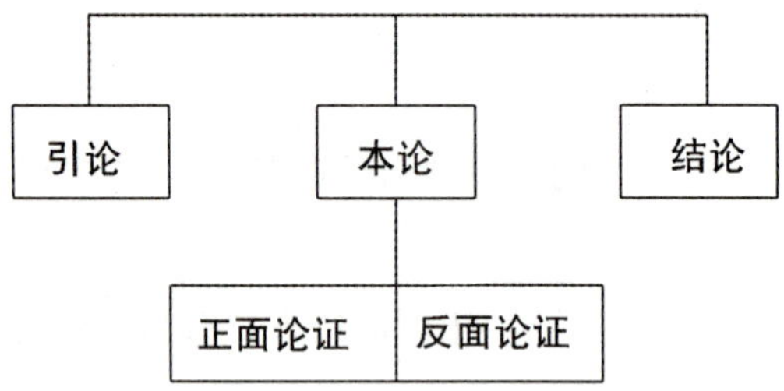


**4. 引议联结式**

“引议联结式”在“议”部分更强调对材料和观点进行一种理性的分析和思辨,给你的观点一种理论的背景或者深度。因此,在这一部分,要注意加入一些有一定深度的理论,或生活哲学,或教育思想等,使文章更有说服力。

从阅卷来看,思辨性强的论说文普遍受到阅卷老师的青睐,材料作文要紧密联系现实,以活生生的现实矛盾为切入口,议评时政,抓住关键,简明扼要,生动形象,论述深刻透彻。



## (三)标题

“题好文一半。”好的标题往往是传达文章主旨、内容和意蕴之神的“眼睛”,它可以为文章画龙点睛,增添色彩,从而诱人阅读。拟写标题时,首先需审清题干对“标题”的要求:以“××”为题(题目);以“××”为话题,自拟标题。

**1. 标题的基本要求**

(1)体现论点

古人云:题如文眼。在写作题中,标题起着提纲挈领的作用,展示着文章的主题思想。作答文章论述题,要求在标题中体现论点,一者可以先为文章定下基调,确保论证条理清楚,说理分明,二者可以使阅卷者在第一时间明确考生观点,掌握文章中心。

(2)简洁鲜明

英国著名戏剧大师莎士比亚曾说:“简洁是智慧的灵魂,冗长是肤浅的藻饰。”拟制文章标题,对考生的要求是用适量的字,表达出文章的中心。原则上单层标题字数不应超过一行,复合标题字数不应超过两行。

(3)富有文采

“文似看山不喜平,画如交友须求淡。”袁枚在《随园诗话》中为我们点明了文章出彩的重点——文采。很多考生拟定的文章标题宛如白水,虽然清澈透底,但索然无味。文采如同茶叶,稍加一些就会清芬扑鼻,舌有余香。

(4)书写规范

文章标题应居中书写,或是空四格书写,副标题加破折号在主标题下缩进两个字书写,尽量做到两边空格均匀。标题格式如下:

□□□□□□□□□□□□成长的引路者□□□□□□□□□□□□

□□□□□□□□□□□□□□——因材施教□□□□□□□□□□

标题由两个以上句子组成或一句话分成两部分说的中间应当空一格。而不能在两句间加标点。长标题的书写格式如下:

□□□□□□□□□□营造温情氛围□呵护学生自尊□□□□□□□□□

□□□□□□□□□□□别让关爱的水杯溢满□□□□□□□□□□□

**2. 拟题的基本方法**

(1)点事实

“事实”指事情的实际情况,实有的事情。点事实,就是把材料中反映的某一事件或问题简单概括出来作为标题,也可以直接引用材料中的原话做标题。需要注意的是,题目中所涉及的事件或问题,一般是材料中的一个点或一个面,这个点或面往往最能反映材料中心,最具有代表性,最能激起作者的强烈感情。

**【示例】**我最敬爱的蔡老师　　从百草园到三味书屋

(2)点论题

论题往往是在材料中提炼概括出的材料的共同主题。点论题也就是说标题告诉了读者该文的议论范围。其特点为标题中含有“说”“谈”“论”“讲”等词语。

**【示例】**新时代的素质教育　　谈诚信

(3)点论点

中心论点,是作者对所论述的问题最基本的看法,是作者在文章中所提出的最主要的思想观点,是全部分论点的高度概括和集中。中心论点是论说文的灵魂。用中心论点做标题,可以鲜明地告诉读者作者的见解和观点,作者赞成什么,反对什么都可以一目了然。此种标题多用判断句或陈述句形式表达。点论点是写作题目拟定最常用、最推崇的一种拟题方法。

**【示例】**用宽容之心对待学生　　用发展的眼光看待学生

保护学生的自尊　　责任是教师的使命

**3. 优化标题的方法**

在准确拟定题目的基础上,通过引用名言、巧用修辞等方法对题目进行优化,尽量使题目新颖灵活,用

个性化特点吸引读者眼球。优化题目的方法有:

(1)引用法

引用法是指在拟定标题时由于其论述的主题或范围与某些名言警句、成语典故、古诗文句、影视片名、歌曲名等意思相吻合,就直接把他们引过来做标题的一种拟题方法。

①引用名言警句

【示例】学高为师　身正为范　　捧着一颗心来　不带半根草去

天下兴亡匹夫有责　　身教重于言传

②用成语典故

【示例】赠人玫瑰　手有余香　　我为人人　人人为我　　尺有所短　寸有所长

③用古诗文

【示例】言必信　行必果　　先天下之忧而忧　后天下之乐而乐

路漫漫其修远兮　吾将上下而求索　　春蚕到死丝方尽　蜡炬成灰泪始干

(2)修辞法

用比喻、拟人、对比等修辞手法来表现标题中的某个或某几个要素,用含蓄的方式表达主题,概括中心思想,如此拟制出的标题,就会具有一定的文采和表现力。

①比喻

【示例】创新是教育事业发展的基石　　用宽容打开学生的另一扇窗

让公平之光洒遍教育大地　　开启因材施教的新航程

②借代

【示例】对"五道杠"少年不妨多些宽容　　"范跑跑"跑掉了良心

③双关

【示例】填鸭添压　　因材施教还是因"财"施教

④对偶

【示例】营造温情氛围　呵护学生自尊　　夯实知识基础　培养实践能力

### (四)开头

文章的开头既要能将后文内容稍加遮掩,避免一目了然丧失阅读兴趣,又要展现考生对文章主题掌握的"丘壑",还要微微显露"羊肠小道"引出下文,这样才能赢得阅卷者的赞赏。

**1. 开头的基本要求**

(1)有吸引力

教育写作,要起笔不凡,让阅卷者刚刚接触到文章即被吸引住,有一睹全文的欲望。可以使用"设悬念""用典故""引名言""摆问题"等技巧、形式,设置出吸引人的开头,第一时间博得阅卷者青睐。

(2)快速切入主题

文章的开头是文章的总体方向,是要为文章总论点服务的,因此,开头应快速切入文章主题,让阅卷者开篇便知晓你在谈什么问题,文章的核心观点是什么。开头不要繁冗啰嗦,要简明扼要,无论是引出总论点,还是直接提出总论点,都要有实际内容,忌假大空,大量列举事例而忽略、埋没了文章中心论点。

(3)流畅引出下文

布局谋篇要考虑段与段、层与层之间的组合关系,开头除了要完成好自身的任务,还有个重要功能是引出下文,所以开头的最后一句通常是承上启下的,既要前接上文,又要后启下文,或者宏观概括问题,或者简要论述问题的总体解决思路,为下一段乃至下几段的延伸阐述留出充足的空间。

**2. 开头的方式**

文章的开头是展现给读者的"第一缕阳光",不仅奠定了行文的基调,而且能为读者带来一份好心境。常见的开头写法有"开门见山"式、引用名句式、妙用修辞式、故事引入式等。

(1)"开门见山"式

开篇直截了当地摆出观点,简洁平实,开宗明义,一语中的。将自己的观点高屋建瓴地在文首亮出,引领全文,既能渲染出一种气势,也利于畅通文思,围绕论点展开议论。例如,吴晗的《谈骨气》首段就提出中心论点"我们中国人是很有骨气的"来引领全篇,让读者产生强烈的民族自豪感。

(2)引用名句式

引用诗句、名言、格言、谚语作为文章的开头,并顺其自然地引到自己的论点上来。这样不仅使文章立意深邃隽永,而且能显示作者丰厚的文学素养和深厚的文学底蕴,有先声夺人之势。例如,林家箴在《说"勤"》中开篇谈道:"中国有句俗话,叫作'一勤天下无难事'。唐代大文学家韩愈也曾经说:'业精于勤'。这就是说,学业方面的精深造诣来源于勤奋好学。"

(3)妙用修辞式

文章开头运用比喻、排比等巧妙而贴切的修辞方法,形成一种形式美,让人印象深刻。例如,写作题"语文,想说爱你不容易",可以采用排比开篇:"语文,读你是水波不兴的平静,要有明亮的眼睛,所以我轻吟爱你不容易;语文,听你是娓娓动听的欢快,要有倾听的耳朵,所以我低唱爱你不容易;语文,赏你是鱼游浅底的自然,要有智慧的心灵,所以我高歌爱你不容易。"开篇三句话巧妙构成排比,交代"语文,想说爱你不容易"的原因,文采飞扬,且提纲挈领。

(4)故事引入式

采用形象化议论,引入故事,即事明理,提升立意。当然,故事应言简意赅,重点不在于故事本身,而在于为后文提供广阔的议论空间。

## (五)论证

一篇文章要想算得上精彩,仅仅通过立意提出论点是不够的,还需要通过论证来证明自己的观点以使人信服。

**1. 论证的基本要求**

(1)论据选取准确

首先,论据要和论点保持一致。论据是论证论点的材料,是支撑论点的工具。如果不一致,或者偏离论点,不但没有说服力,反而会成为文章的累赘,甚至会扰乱和阻塞文章的思路。

其次,论据要确凿。所用的论据要正确、真实,没有虚构成分,没有错误内容,要经得起推敲。如果论据是想象、捏造出来的或者错误的,不但毫无论证的力度,甚至会让人怀疑所论证观点的可信度。

(2)论证说服充分

文章的论证,不但要选取准确的论据,还要对论据进行分析论述,这样才能更有效地证明论点。这就好比做菜,若将食材直接装盘上桌肯定是不行的,必须施展厨艺对食材进行加工。

(3)论证方法多样

"文似看山不喜平",单调、贫乏从来都是写作的禁忌,在教育写作中考生如能恰当地运用多种论证方法,就能使文章显得丰富而又富于变化,拉开与其他考生的距离。

**2. 论证的技巧**

(1)举例论证

举例论证是指运用典型事例来证明论点的方法。任何论点不能独立存在,事实胜于雄辩,列举确凿、充分、有代表性的事实,能够增强论证的说服力。

(2)引用论证

引用论证也叫"引证",即引用公理、名言警句、经典著作、历史文献、谚语、成语、俗语等作为论据,用以分析问题、说明道理的论证方法。引用论证的方法有两种:一种是明引,交代所引的话的出处;一种是暗引,即不交代所引的话是谁说的或出处。

(3)对比论证

对比论证是一种常用的、有说服力的论证方法。事物的特征和本质在对比中最容易显露出来,特别是正反相互对立的事物的比较,具有极大的鲜明性,能给人留下深刻的印象,通过对比,论点的正确性会更加稳固。

### (六)结尾

**1. 结尾的基本要求**

(1)完整简洁

古人作文,有凤头、猪肚、豹尾一说。即文章开头要精彩,引人入胜;主体要内容饱满,分析深入;结尾则要力求简洁,点题有力。一篇好的文章应该是首尾俱全的,如果考生因为时间不足而作答不全,势必不符合文章写作的基本要求。

结尾的重要作用之一是收束全文。古人说,文章结尾应当"如截奔马",就是要把洋洋洒洒的文章在适当的地方收住。要掌握好分寸,做到既言简意赅,又完整地表达意思,决不拖泥带水,尽量不要超过200字。

(2)言之有物

我们写作时,对文章的结尾进行适当的升华,并对未来做出展望是可以的,但切忌空喊口号,无实质内容,如"让我们为……努力吧!""让我们为……而拼搏吧!""我们要为……而奋斗!"这样的结尾不仅毫无新意,还给人单调、底气不足的感觉。

**2. 结尾的方法**

文章结尾是留给读者的最后一道风景线,其意义不可小觑。常见方式有照应结尾、号召性结尾、启发性结尾等。

(1)照应结尾

照应结尾是指结尾扣题,呼应上文,强调开篇与正文主体所提出的问题,概括问题的意义和能够产生的影响、效果,紧扣政策背景、联系实际生活,目光深远,视野开阔,可以深化对全文主题的阐释与论述。照应结尾包括照应标题和照应开头。

**【示例】**标题:教育是发展的基石

结尾：百年大计，教育为本。教育是社会和谐发展的基础工程，教育公平是建设和谐社会的重要基石。李克强总理强调的"让每个孩子都能接受义务教育，一个都不能少"，向我们传递了要实现教育公平的明确信号。只有将教育基石打牢，才能使社会和谐发展，才能为国家的强大、民族的复兴提供源源不断的人才支撑。

(2)总结全文

总结分论点即指对全文的内容进行总结、归纳的方法，通常是对论点，尤其是对分论点的总结。需注意的是，对分论点的总结不是胡乱堆砌，而应对分论点进行适当加工。通常，这种结尾方式是分论点与意义的综合表述。

**【示例】**标题：师爱

结尾：冰心说道："爱在左，同情在右，走在生命的两旁，随时撒种，随时开花，将这一径长途，点缀得花香弥漫，使穿枝拂叶的行人，踏着荆棘，不觉得痛苦，有泪可落，却不悲凉。"教师要以爱去播种，以心去耕耘，以智去劳作，在学生美好的心野里种下智慧的种子，收获爱的结晶。

(3)展望号召

展望号召式结尾是在文章结尾时发出真挚的呼唤，鼓舞人心，给读者强烈的心灵震撼。展望号召要求我们以坚定有力的语气指明事物未来的发展方向、政策走向，以及问题必然解决、情况必然改善的趋势和前景。一般以感叹句、陈述句等抒发感情，发出倡议。

**【示例】**标题：教书育人

结尾：没有蓝天的深邃，就没有白云的飘逸；没有大海的壮阔，就没有鱼儿的自由；没有花朵的明丽，就没有小草的翠绿。作为一名人民教师，应找到自己教书育人的位置，找到自己的光源，发出自己的声音。唯有如此，学生的未来才有希望之光相随，教育事业的明天才会迸发出瑰丽的色彩！

(4)借用名言式

借用名言式是指引用教育学家或哲人、经典名著中的权威论述，联系主题进行阐释论述，借题发挥，有引有阐，开掘文章的内涵思想，提升全文的理论层次，展现教育、道义高度与人文情怀，烘托文章的立意。

**【示例】**微软总裁比尔·盖茨曾对他的员工说："人可以不伟大，但不可以没有责任心。"责任就是一份承诺、一种约束、一股动力，拥有它，我们将铭记自己的目标，控制自己的行为，挖掘自己的潜能，为教育事业奉献力量。

## 真题对接

**【2018年下半年真题】**阅读下面的材料，按要求作文。

"木桶原理"认为，一个木桶能装多少水，取决于最短的那个板。(图1)

近来又有人提出了"新木桶原理"，认为当木桶倾斜一定角度后所能装的水，才是它的真正容量，也就是说，木桶的长板越长，装的水越多。(图2)

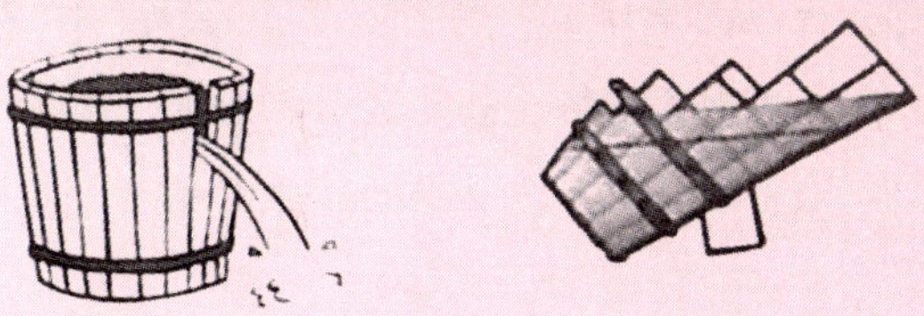

图1　　图2

综合上述材料所引发的联想和感悟,写一篇论说文。

**要求**:用规范的现代汉语写作,角度自选,立意自定,标题自拟,不少于1000字。

**【写作思路】**(1)转变一种思路,就可以得到一种新的结果。可以从"转变思路""打破传统思维"方面来立意,谈及创新思维也是可以的,但要从具体的"转变思路"引到"创新思维"的立意上来。

(2)短板指不足之处,长板指长处。可以从发挥人的长处和发扬人的优点的角度进行立意,引到教育方面即可。

**【2018年上半年真题】**阅读下面的材料,按要求作文。

2016年里约奥运会上,中国女排在前期战局不利、对手强大的情况下,艰苦拼搏,最终战胜塞尔维亚队,又一次登上世界女排的顶峰。国人沸腾,自然而然的称赞"女排精神"。记者采访女排主教练郎平,希望她谈谈"女排精神",她回答:"不要因为我们赢了一场就谈女排精神,也要看到我们努力的过程。女排精神一直在,单靠精神不能赢球,还必须技术过硬。"

结合材料的内容,联系社会生活,写一篇论说文。

**要求**:用规范的现代汉语写作。角度自选,立意自定,标题自拟,不少于1000字。

**【写作思路】**(1)审题:文体——论说文;题型——材料作文;要求——字数要求。

(2)立意:分析材料可知,女排精神不是因为成功的结果而存在,而是一直贯穿于努力的过程始终。精神是需要的、必不可少的,但是单有精神是远远不够的,更需要坚持不懈的努力和过硬的技术。考生可以从"教师不仅要有爱岗敬业、无私奉献的精神,还要有高超的业务能力,才能做好教育教学工作"角度进行阐述。

(3)确定主题后,考生可从举例子、援引观点等方面搜索材料。

(4)布局:议论文结构。

**【2017年下半年真题】**阅读下面的材料,按要求作文。

共享单车火了,不到半年,在北京、上海等大城市,大街小巷随处可见橙、黄等各种共享单车。与公交车站、地铁站等交通枢纽接驳,解决出行最后一公里的问题,对缓解交通拥堵和环境保护,共享单车都很有用。

然而,在单车数量飙升的同时,共享单车"任性"停放的问题也日益突出。有的无规则随意摆放,让本来就狭窄的非机动车停车区域更显紧张;有的直接停在出入口台阶下,挡住进站通道;有人甚至将车塞进绿化带里,锁在栏杆上,靠在大树边。

根据材料所引发的思考和感悟,写一篇论说文。

**要求**:用规范的现代汉语写作,角度自选,立意自定,标题自拟,不少于1000字。

**【写作思路】**(1)审题:文体——论说文;题型——材料作文;要求——字数要求。

(2)立意:对材料立意进行分析,从"是什么""为什么""怎么办"等方面进行分析,如针对"共享单车"出现的问题,要想出解决办法。考生可以结合教师这一职业进行阐述。

(3)选材:从阐述原因、举例子、援引观点等方面进行搜索材料。

(4)布局:议论文的结构。

【**2017 年上半年真题**】阅读下面的材料，按要求作文。

一位著名演员在一次表演课上，对即将成为职业演员的学员们说："上山的人永远不要瞧不起下山的人，因为他们曾经风光过；山上的人不要瞧不起山下的人，因为他们不定什么时候就能爬上来。"

根据材料所引发的思考和感悟，写一篇不少于 1000 字的论说文。

**要求**：用规范的现代汉语写作。角度自选，立意自定，标题自拟。

【**写作思路**】在这则材料里面出现了"上山的人""下山的人""山上的人""山下的人"四类人。其中"上山的人"指的是处于人生上升阶段的人，"下山的人"指的是从人生巅峰滑下来的人，"山上的人"指的是正处在人生巅峰的人，"山下的人"是处于人生低谷但可能会爬上来的人。通过分析可以知道，文中的"山"即是人生这座高山，文中不同的人就是现实中不同的人生。"上山的人永远不要瞧不起下山的人，因为他们曾经风光过"就是说当你处于上升阶段时要保持平稳的心态，不能骄傲，因为每个人都有自己辉煌的时刻，只有保持平稳的心才能维持自己的态势。"山上的人不要瞧不起山下的人，因为他们不定什么时候就能爬上来"就是说我们要时刻保持谦虚谨慎的心，不要小看任何一个人。整体来说就是不因胜利而骄纵，不因名节而倨傲，不因失利而沉沦，不因落后而浮躁，我们要不断努力、追求，保持一颗向上的心。

## 五、引经据典

考点 5

### （一）教师职业素养

教师是人类灵魂的工程师，必须努力提高自己的思想政治素质和业务水平，热爱教育事业，教书育人，为人师表，精心组织教学，积极参加教育改革，不断提高教学质量。——《中国教育改革和发展纲要》

先生不应该专教书，他的责任是教人做人；学生不应该专读书，他的责任是学习人生之道。——陶行知

因为道德是做人的根本，根本一坏，纵然你有一些学问和本领，也无甚用处。——陶行知

犀象至庞大，人能御之，虎豹鸷猛，人能伏之，惟其任智而学也。——康有为

上天生下我们，是要把我们当作火炬，不是照亮自己，而是普照世界。——莎士比亚

我们可以相信如能在早年把儿童和他所处环境的关系整理得好好的，使他所得到的观念都是确实的、明白的、坚定的，并且无论到什么地方都不能消失，那就无形中给儿童许多智慧的标准，可以终身受用，他们的前途的顺利有非我们现在所能预料的。——杜威《明日之学校》

我确实相信：在我们的教育中，往往只是为着实用和实际的目的，过分强调单纯智育的态度，已经直接导致对伦理教育的损害。——爱因斯坦

道德之所以有如此崇高和美好的名声，就是因为它总是伴随着巨大的牺牲。——康德

人生有七尺之形，死为一棺之土，惟德扬名，可以不朽。——曹丕

### （二）挫折教育

每一种挫折或不利的突变，是带着同样或较大的有利的种子。——爱默生

卓越的人一大优点是：在不利与艰难的遭遇里百折不挠。——贝多芬

斗争是掌握本领的学校，挫折是通向真理的桥梁。——歌德

师也者，教之以事而喻诸德也。——《礼记》

人的生命似洪水在奔流,不遇着岛屿、暗礁,难以激起美丽的浪花。——奥斯特洛夫斯基

我以为挫折、磨难是锻炼意志、增强能力的好机会。——邹韬奋

千磨万击还坚劲,任尔东西南北风。——郑板桥

人生里有价值的事,并不是人生的美丽,而是人生的酸苦。——哈代

一切幸福都并非没有烦恼,而一切逆境也绝非没有希望。——培根

艺术的大道上荆棘丛生,这也是好事,常人都望而生畏,只有意志坚强的人例外。——雨果

### (三)赏识人才

赏识教育的奥秘在于让孩子觉醒——一个人觉醒的力量是排山倒海、势不可当的!——周弘

用情感激发人,好像磁力吸铁一样,有多大分量的磁,便吸引多大分量的铁,所以情感这东西,可以说是一切动作的原动力。——梁启超

人最本质的需要是渴望被肯定。——威廉·詹姆斯

称赞对鼓励人类的灵魂而言,就像阳光一样,没有它,我们就无法成长开花。——杰丝·雷尔

赞扬差生极其微小的进步,比嘲笑其显著的劣迹更文明。——苏霍姆林斯基

每个人在出色完成一件事后都渴望得到别人对他(她)的肯定和表扬,这种表扬就是激励人的上进心,唤起人的高涨情绪的根本原因。——马斯洛

赏识导致成功,抱怨导致失败。——周弘

### (四)言传身教

身教重于言传。——王夫之

其身正,不令而行,其身不正,虽令不从。——孔子

要学生做的事,教职员躬亲共做,要学生学的知识,教职员躬亲共学,要学生守的规则,教职员躬亲共守。——陶行知

动人以言者,其感不深,动人以行者,其应必速。——李贽

要想学生好学,必须先生好学,惟有学而不厌的先生才能教出学而不厌的学生。——陶行知

教师的人格就是教育工作者的一切,只有健康的心灵才有健康的行为。——乌申斯基

做老师的只要有一次向学生撒谎撒漏了底,就可能使他的全部教育成果从此为之毁灭。——卢梭

使学生对教师尊敬的唯一源泉在于教师的德和才。——爱因斯坦

要把学生造就成一种什么人,自己就应当是什么人。——车尔尼雪夫斯基

教师个人的范例,对于青年人的心灵,是任何东西都不可能代替的最有用的阳光。——乌申斯基

### (五)实践

道虽迩不行不至,事虽小不为不成。——《荀子》

力行而后知之真。——王夫之

行是知之始,知是行之成。——陶行知

不下水,就无从学习游泳。——茅盾

耳闻之不如目见之,目见之不如足践之。——刘向

理论是灰色的,生活之树常青。——歌德

事业是理论和实践的生动统一。——亚里士多德

行动是通往知识的唯一道路。——萧伯纳

理论所不能解决的疑难问题,实践将为你解决。——费尔巴哈

### (六)责任

学而不厌,诲人不倦。——《论语·述而》

教师的职务是"千教万教,教人求真";学生的职务是"千学万学,学做真人"。——陶行知

学校的目标始终应当是:青年人在离开学校时,是作为一个和谐的人。而不是作为一个专家。——爱因斯坦

教师的威信首先建立在责任心上。——马卡连柯

## 强化练习

| 建议用时 | 实际用时 | 设定分值 | 实际得分 |
| --- | --- | --- | --- |
| 160 分钟 | | 176 分 | |

### 一、单项选择题(每小题 2 分,共 48 分)

1. 下列叙述中,正确的是(　　)

A. CPU 能直接读取硬盘上的数据

B. CPU 能直接存取内存储器中的数据

C. CPU 由存储器、运算器和控制器组成

D. CPU 主要用来存储程序和数据

2. 下列属于计算机病毒特征的是(　　)

A. 模糊性　　B. 高速性

C. 传染性　　D. 危急性

3. 在 Windows 的"搜索""文件或文件夹"功能中,以下说法错误的是(　　)

A. 可以搜索图片、音乐或视频

B. 可以按计算机名搜索网络上的计算机

C. 不可以搜索隐藏的文件或文件夹

D. 可以按文件被修改的日期进行搜索

4. 当"编辑"菜单中的"剪切"和"复制"命令呈浅灰色而不能被选择时,表示(　　)

A. 选定的文档内容太长,剪贴板放不下

B. 剪贴板里已经有信息了

C. 在文档中没有选定信息

D. 正在编辑的内容是页眉或页脚

5. 在 Word 中把彩色图片改成灰度图片,应选择"设置图片格式"对话框中的(　　)

A. "颜色和线条"选项卡　　B. "环绕"选项卡

C. "图片"选项卡　　D. "大小"选项卡

6. 在 Excel 中图表的大多数图表项(　　)

A. 可被移动或调整大小

B. 不能被移动或调整大小

C. 固定不动

D. 可被移动,但不能调整大小

7. 在 Excel 中,COUNT 函数用于计算(　　)

A. 平均值　　B. 求和

C. 数字的个数　　D. 最小数

8. 下列关于 PowerPoint 的叙述,错误的是(　　)

A. 可以新建空白演示文稿,也可以基于模板创建演示文稿

B. 可以在幻灯片中插入表格

C. 可以将某张图片设置为幻灯片的背景

D. 可以在 PowerPoint 中插入表格,并对其中的数字进行排序

9. 在 PowerPoint 中,下列关于自定义动画的说法,正确的是(　　)

A. 自定义动画可在"备注页视图"中看出效果

B. 自定义动画可在"普通视图"中看出效果

C. 自定义动画可在“幻灯片浏览视图”中看出效果

D. 自定义动画可在“幻灯片放映视图”中看出效果

10. 下列推理正确的是(　　)

A. 有些青年是党员,大学生是青年,所以大学生是党员

B. 所有盗窃犯都是罪犯,王某是罪犯,所以王某是盗窃犯

C. 凡是信仰宗教的人都不是唯物主义者,这些学生不信仰宗教,所以这些学生是唯物主义者

D. 吃素的人不吃鱼,陈某吃素,所以陈某不吃鱼

11. 某学校甲、乙、丙三位老师年龄各不相同,一位喜欢足球,一位喜欢篮球,一位喜欢排球。现在知道:甲比喜欢足球的人年龄大;喜欢排球的老师比喜欢篮球的老师年龄小;乙老师年龄最大。由此可以推出(　　)

A. 甲老师年龄最小

B. 乙老师喜欢排球

C. 丙老师喜欢足球

D. 三人年龄大小无法确定

12. 大学生都必须学习自然科学基础。如果代数是必修的或者几何是必修的,那么所有学生都将学习数学。一部分学生要学习微分方程,但代数和三角都是所有学生必修的。因此(　　)

A. 所有学生都将学习数学

B. 所有学生都将学习代数

C. 所有学生都将学习微分方程

D. 所有学生都将学习自然科学基础

13. 在一次选举计票过程中,工作人员发现有人投了所有候选人的赞成票。如果计票过程是真实的,那么下列哪项也必定是真实的(　　)

A. 有人没有投所有候选人的赞成票

B. 不止一人对所有候选人都投赞成票

C. 每个候选人都得到了赞成票

D. 绝对不可能所有的候选人都当选

14. 下列选项中,与“伞:雨衣”逻辑关系相同的是(　　)

A. 现金:支票　　　　B. 空调:暖气

C. 钢笔:铅笔　　　　D. 蚊香:蚊帐

15. 下列选项中,与“破釜沉舟:项羽”逻辑关系相同的是(　　)

A. 乐不思蜀:刘备

B. 精忠报国:岳飞

C. 卧薪尝胆:夫差

D. 纸上谈兵:赵奢

16. (　　)对于手机相当于交流对于(　　)

A. 电视　文学

B. 电脑　文化

C. 信号　文字

D. 通讯　语言

17. (　　)对于表达相当于信件对于(　　)

A. 比喻　沟通　　　　B. 文字　载体

C. 感情　抒情　　　　D. 交流　包裹

18. 将下列选项中的图形填入下面空格中,最符合格子中另外几个图形的一致性规律的是(　　)

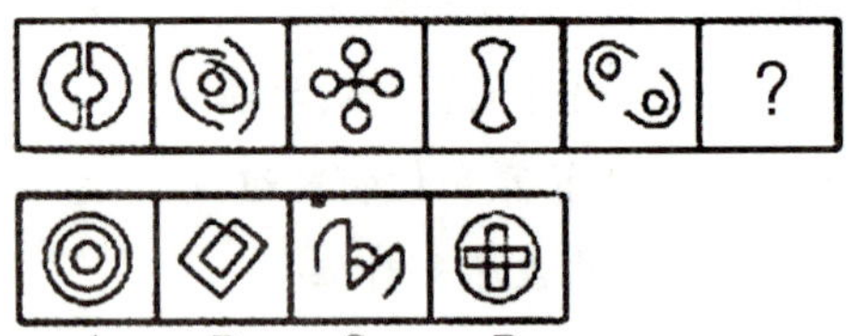

A　B　C　D

19. 将下列选项中的图形填入下面空格中,最符合格子中另外几个图形的一致性规律的是(　　)

| 旺 | 旱 | 旧 | 旮 | 时 | ? |
|---|---|---|---|---|---|

| 早 | 旷 | 旨 | 旭 |
|---|---|---|---|
| A | B | C | D |

20. 将下列选项中的图形填入下面空格中,最符合格子中另外几个图形的一致性规律的是(　　)

A　B　C　D

21. 将下列选项中的图形填入下面空格中,最符合格子中另外几个图形的一致性规律的是(　　)

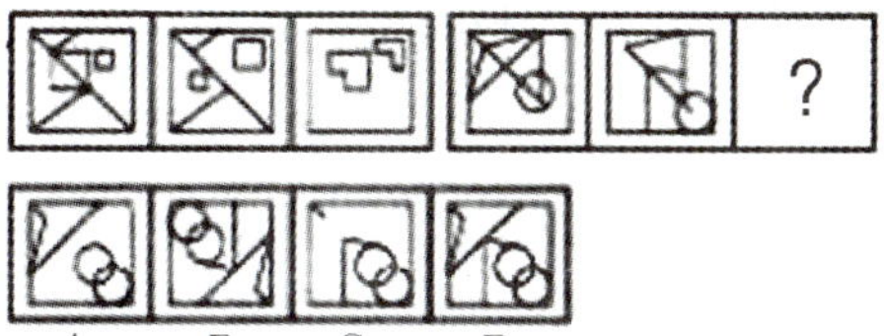

A　B　C　D

22. 找规律填数字是一种很有趣的游戏,特别锻炼观察和思考能力,下列各组数字,填入数列“12,23,34,45,56,□”空缺处,正确的是(　　)

A. 66　　B. 67

C. 68　　D. 69

23. 找规律填数字是一种很有趣的游戏,特别锻炼观察和思考能力,下列各组数字,填入数列“2,4,6,□,16,26”空缺处,正确的是(　　)

A. 8　　B. 10

C. 12　　D. 14

24. 找规律填数字是一种很有趣的游戏,特别锻炼观察和思考能力,下列各组数字,填入数列“6,24,8,16,16,□”空缺处,正确的是(　　)

A. 0　　B. －1

C. 4　　D. 8

## 二、材料分析题(每小题 14 分,共 28 分)

1. 阅读下列材料,回答问题。

### 路灯下的守望

没有晚风吹笛,没有月光煮酒,一盏盏灯火点亮孤独的城市。我匆匆吃过母亲中午走时预留的晚餐,躺坐沙发,开始用遥控器点播欢愉。荧屏里刀光剑影,红颜如玉,上演着绚烂的青春与江湖,我陶醉其中,几乎忘却了母亲单车远骑,在现实里沉重呼吸。不去管它,时间尚早,节目大好,快乐总是将忧愁代替。墙上挂钟嘀嗒嘀嗒,一圈圈地轮回,楼梯幽暗寂静,始终听不见母亲踏响的脚步。我开始坐立不住,披衣,下楼,伫立在路灯下守望。一拨拨人影来去,没有熟悉的步履。夜风清寒,也不忍搅醒满街的浅梦。我在路灯下来回地张望踱步,以此驱赶着浓浓的睡意,原来这守望,并没有臆想的雅趣,而是桩焦虑烦躁的苦事。

母亲去的地方,我没有去过,只听妹妹讲起。据说是个破旧的厂房,里面堆积着如山的啤酒瓶子,母亲戴了手套,坐在池边,机械枯燥地挥舞着一把钢丝刷子,将一堆的“瓶山”,清洗干净,转移到另一堆去。

从学校毕业之后,我一身娇气被现实碰撞得狼藉,蜗居家里,闭门不出,就如一只受伤的鞋子,被生活丢弃在角落里,无人问津。只有母亲心急,她要把鞋子扶正,让它端端正正地上路。

这活儿,本是为我揽下的,一来解解寂寞,二来赚点收入,我不去,母亲就顶了急。瘦弱的身躯不停歇地运作,自然吃力,况且路远,又得单车载步,风来,吹乱鬓发,雨来,淋湿单衣,担心越来越盛,守望越来越长,我劝母亲别去了,母亲抹去额上汗水,说再坚持下,干够一月吧,什么事都要善始善终呀。

母亲说到做到,一日日继续下去,我不明白她的执着,暗笑她的迂,可是每当深夜又不免担忧,于是这守望,也便在路灯下一夜夜继续下去。

当母亲干满一月回家时,我如释重负般吁口长气,我知道,我的守望终于结束了。我挺直腰身,只顾在青春的风中前行,根本就没在意身后的母亲,她悄悄接住我丢弃的守望,衔在深情的眸子里,望穿我一生。

那段日子,也许真是太过年轻了吧,根本不懂得也不愿意守望,把自己藏在荧屏里,藏在梦境里,悠闲了自己,辛苦了母亲,以至于现在行走街上时总不能仰望路灯,总感觉那柔和的灯光是灼眼的。每每回首来时路,就觉得这青春一半是明亮的,而另一半,分明是灰暗的。

**问题:**

(1)结合文段谈谈“守望”的两层含义。(4 分)

(2)文末作者为什么说“每每回首来时路,就觉得这青春一半是明亮的,而另一半,分明是灰暗的”?(10 分)

2. 阅读下列材料,回答问题。

### 人生感悟

人类为什么称自己为人,而不称自己为动物,是因

第五章

为我们一直以来都把自己定义为区别于低等生物的高等智慧生物。我们能够大半生直立行走,能够说成千上万种语言,能够操纵各种各样精密的机器设备,改造自然成为我们眼里再简单不过的事情,我们俨然成了这个世界上无与争锋的主宰。我们不单有需求,有欲望,更重要的是我们有理想,有追求,能够发挥自己的聪明才智,实现远大的理想抱负,追求真正有意义的人生。然而,在人类颇为自得地认为自己伟大时,却不知道自己可能比那些在他们眼里微不足道的生物还要可悲可叹。

虽然蚂蚁总沿着一条路线爬来爬去,看来实为笨拙,但至少它们还有着把食物搬回洞穴的明确目标,可是我们中的大多数人却整天毫无方向地漂泊游荡,空洞的双眼望着脚下,不知未来的路在何方,每天的生活追求都停留在吃喝玩乐、声色犬马上,忘乎所以,等到醒来时,却发现别人已经站在胜利的终点,并开始向下一个目标奔跑……也许,人生本就是一个成长的过程,因为成长,所以成熟,因为成熟,所以醒悟。

思考人生,特别是有意识有计划地去思考怎样才能度过有意义的一生,对我们来说,很有可能成为人生的一个转折点。每当产房响起婴儿美妙的啼哭声,一个新生命便开始根植于这个绚烂的世界:当我们感觉到累了,生命又会回归到最初的形式,化作泥土,开始孕育下一次的轮回。生命的起点和终点都是一瞬间,但是生命的过程却是漫长的。真正有意义的人生不是一味地索取,而是不断付出,并能够在这个过程中享受到精神上的愉悦与满足,就算即将与这个世界告别,脸上也能带着满足的笑,能毫不夸张地用"不枉此生"作为我们人生的真实写照。

**问题:**

(1)结合文段,分析作者说的"在人类颇为自得地认为自己伟大时,却不知道自己可能比那些在他们眼里微不足道的生物还要可悲可叹"是什么意思?(4分)

(2)请概括作者想要表达的中心思想。(10分)

## 三、写作题(每小题50分,共100分)

1. 阅读下面的材料,根据要求写作文。

美国著名作家和教育家爱默生曾精辟地指出:"教育成功的秘密在于尊重学生。谁掌握了这把钥匙,谁将获得教育上巨大的成功。"

**要求:**用规范的现代汉语写作,不要脱离材料内容或含义,立意自定,题目自拟,观点明确,分析具体,条理清晰,语言流畅,文体不限,不少于1000字。

2. 阅读下面的材料,根据要求写作文。

教师的人格就是教育工作者的一切,只有健康的心灵才有健康的行为。——乌申斯基

**要求:**请以"教师人格的塑造"为话题写一篇文章,题目自拟,文体不限(诗歌除外),1000字左右。

# 参考答案



## 一、单项选择题

1. B【解析】CPU由运算器和控制器组成。CPU只能直接访问存储在内存中的数据,外存中的数据只有先调入内存,才能被中央处理器访问和处理。
2. C【解析】计算机病毒实际是一种特殊的计算机程序,可以自我复制并能相互传染。计算机病毒主要特征有可执行性、破坏性、传染性、潜伏性、针对性、衍生性、抗反病毒软件性。
3. C【解析】在Windows的搜索文件或文件夹功能中,可以搜索图片、音乐或视频;要在更多高级选项中设置,才能搜索系统文件夹和隐藏的文件夹;也可以按文件被修改的日期进行搜索;在搜索功能下还可以按计算机名搜索网络上的计算机。
4. C【解析】当"编辑"菜单中的"剪切"和"复制"命令呈浅灰色而不能被选择时,表示在文档中没有选定任何信息。

5. C【解析】把彩色图片改成灰度图片，应该应用“设置图片格式”对话框中的“图片”选项卡，点击“图像控制”中的“颜色”，选择“灰度”选项。

6. A【解析】Excel 图表中的大多数图表项都可以被移动或调整大小。

7. C【解析】COUNT 函数用来计算所列参数中数值的个数，即为实现计数功能的函数。

8. D【解析】PowerPoint 中没有内置函数，也不支持自动排序功能。

9. D【解析】自定义动画需要在“幻灯片放映视图”中看其效果。

10. D【解析】D 项是典型的三段论。

11. C【解析】由“甲比喜欢足球的人年龄大”和“乙老师年龄最大”可知，甲、乙都不喜欢足球，喜欢足球的是丙。又由“喜欢排球的老师比喜欢篮球的老师年龄小”可知，乙喜欢篮球，甲喜欢排球。所以年龄大小关系为：乙 > 甲 > 丙。

12. A【解析】“如果代数是必修的或者几何是必修的，那么所有学生都将学数学”是一个充分条件假言命题，因为“代数和三角都是所有学生必修的”，肯定了其前件选言命题中的一个选言肢，则肯定了前件，所以必然能肯定后件，即 A 项正确。根据“一部分学生要学习微分方程”不能推出 C 项；B、D 两项都是题干陈述的一般事实，不需要由题干的逻辑关系中推出，故排除。

13. C【解析】由题干“有人投了所有候选人的赞成票”不能推出“有人没有投所有候选人的赞成票”，排除 A 项；B 项“不止一人”意思是“两个或两个以上”，而题干“有人”的意思还可能是“一个”，排除；D 项由题干推不出；C 项可以从题干推出。

14. B【解析】伞和雨衣都遮雨，伞还有遮阳的功能；空调和暖气都可以取暖，空调还有降温的功能。

15. B【解析】本题考查成语及主人公的关系。“破釜沉舟”讲的是项羽的故事，“精忠报国”讲的是岳飞的故事，“乐不思蜀”讲的是刘禅的故事，“卧薪尝胆”讲的是勾践的故事，“纸上谈兵”讲的是赵括的故事。

16. D【解析】本题考查事物及其功能的关系。手机的功能是通讯，语言的功能是交流。

17. A【解析】将四个选项代入，关系都不是很明显，可使用遣词造句法。选项 A，比喻可以用来表达，信件可以用来沟通，都是一种手段，关系类似；选项 B，文字可以用来表达，而信件是一种载体，关系不明；选项 C，信件与抒情之间无明显关系；选项 D，交流的过程中需要表达，但信件与包裹没有这种关系。

18. C【解析】题干一组图形中曲线特征明显，尤其是第二、四、五个图形，仅由 4 条曲线构成，观察其他图形，也都包括 4 条曲线。故选 C。

19. A【解析】汉字中都含有相同的部分“日”，且顺时针分别位于汉字的左、上、右、下、左、(上)。故选 A。

20. A【解析】从叠加性、位置性无法得出合适的规律，考虑对称性。以中间图形为对称中心，对称位置上的两个图形中心对称。故选 A。

21. D【解析】每组前两个图形较为相似，考虑叠加。本题规律为第一个和第二个图形叠加，内部线条“去同存异”得到第三个图形。故选 D。

22. B【解析】该数列的数项特征极为明显，每一项的个位与十位都比前一项大 1，所以此题为典型的等差数列，公差为 11，$56 + 11 = (67)$。

23. B【解析】典型和数列。前两项之和等于第三项，故 $4 + 6 = (10)$，$6 + (10) = 16$。

24. A【解析】题干中数列的规律是：$6 \times 4 = 24$，$24 \div 3 = 8$，$8 \times 2 = 16$，$16 \div 1 = 16$，$16 \times 0 = (0)$。

## 二、材料分析题

1.【参考答案】

(1) 一是“我”满怀担忧、焦灼地在路灯下等待单车远骑、做工深夜不回的母亲；二是母亲对“我”的深切关怀，守望我一生。

(2)“青春一半是明亮的”源于母亲对“我”的呵护，守望我一生，让“我”不至于被生活丢弃；“另一半分明是灰暗的”是指我的年轻、任性，辛苦了母亲，“我”对母亲深怀愧疚。

第五章

【解析】

第一题,文章以“路灯下的守望”为题,全文前半部分陈述“我”在路灯下守望做工深夜晚归的母亲时的焦灼、烦躁,正是为了映衬后文母亲“守望我一生”无怨无悔的伟大。前者是字面意思,后者是字里行间的深意,二者结合突出“我”的年轻不懂事,更是在表现母爱的伟大。

第二题,文中母亲之所以单车远骑,深夜晚归,是因为“我”的任性,不去做本属于“我”的活,母亲才去顶了急,“我”悠闲了自己,却辛苦了母亲。作者将青春评价为一半明亮,一半灰暗,一方面是在表现作者对伟大母爱的肯定,另一方面也是在表现作者对自己不懂事的深深自责。

2.【参考答案】

(1)人类眼中微不足道的生物有着明确的目标,而大多数人类却没有人生目标,如同行尸走肉。

(2)此篇“人生感悟”是作者对“思考人生,特别是有意识有计划地去思考怎样才能度过有意义的一生”的高度肯定,只有不断地“思考人生”,不断地付出,才有可能拥有一个真正有意义的人生。

【解析】

第一题,文段开篇点出人之所以为人,是因为我们人类不单有需求,有欲望,还有理想,有追求,能够实现远大的抱负,追求有意义的人生,但现实生活中的大多数人却毫无目标地漂泊着,因此说比那些在他们眼里微不足道的生物还要可悲。

第二题,作者通过对“人之所以为人”的思考,引出人要在成长的过程中不断成熟、思考,有意识有计划地生活,只有这样才能获得一个“不枉此生”的有意义的人生,而“思考人生”很有可能成为人生的一个转折点。

三、写作题

1.【参考范文】

教育从尊重学生开始

美国著名作家和教育家爱默生曾精辟地指出:“教育成功的秘密在于尊重学生。谁掌握了这把钥匙,谁将获得教育上巨大的成功。”爱默生先生把尊重学生当成打开教育成功之门的钥匙,是非常正确的。

对于尊重学生的人格,我深有体会。在我实习的时候,曾经历过一件难忘的事情。教师节前夕,我收到一张贺卡,里面写道:“老师,谢谢您善意的谎言。”看到这娟秀的字迹,我就知道贺卡是谁送的了。记得那天我正在讲课,突然看到小A在匆忙地写着什么。这时,其他学生也注意到了,纷纷把目光投向了小A。恰好她抬头,碰到我的目光,赶忙将桌上的纸条揉成团捏紧。我走近她,和蔼地说:“把纸条给我吧。”她看了看我,脸都红到耳朵根了。我伸出了手,她这才把那纸团放在我的手心里。我展开一看,“可惜不是你”五个字跃入眼帘。我再次看了看小A,她一直低着头,我清了清嗓子,说:“大家想知道这张纸上写了什么吗?”大家都说:“想!”我说:“小A同学写的是‘努力了不一定会成功,不努力肯定不会成功’,而且她今天的字写得非常大方、秀气。”小A猛地抬起头,我观察到她快速而又细微变化的眼神,惊讶、感激……

人人都想追求完美、受到尊重和得到信任。正因为我尊重这位学生,信任她,不因为她的表现而忽视她,所以才会有她后来的感激。还是那句老话:尊重是教育的前提。

学生的家庭、学习、性格、思想等方面可能千差万别,但作为合格的教师,应该尊重他们的个性差异。有这么一个真实的故事,一位校长的一句话改变了一个学生的人生。这位校长是当时美国纽约大沙头诺必塔小学校长皮尔·保罗,而学生是调皮捣蛋的罗尔斯。罗尔斯出生于美国纽约声名狼藉的大沙头贫民窟,那里环境肮脏、充满暴力,是偷渡者和流浪汉的聚集地。因此,他从小就受到了不良影响,读小学时就经常逃学、打架、偷窃。一天,当他又从窗台上跳下,伸着小手走向讲台时,校长皮尔·保罗将他逮个正着。出乎意料的是,校长不但没有批评他,反而诚恳地说:“我一看你修长的小拇指就知道,将来你一定会是纽约州的州长!”这么一句语重心长的话给了罗尔斯震动和鼓励。罗尔斯大吃一惊，因为在他不长的人生经历中只有奶奶曾让他振奋过一次，说他可以成为五吨重的小船的船长。罗尔斯记下了校长的话并坚信这是真实的，从那天起，“纽约州州长”就像一面旗帜在他心里高高飘扬。他的衣服不再沾满泥土，他的语言不再肮脏难听，他的行动不再拖沓和漫无目的。在此后的40多年间，罗尔斯没有一天不按州长的身份要求自己。51岁那年，他终于成了纽约州的州长。中国教育家魏书生也曾说过：“人心与人心之间，就像高山与高山之间一样，你对着对方的心灵大山呼唤‘我尊重你’，那么，对方心灵高山的回音便是：‘我尊重你’。”尊重是双向的，只有尊重才有平等，只有平等才有信任，有了信任，教师才能深入学生的内心世界，准确把握学生的心理状态，才能与学生进行心灵的沟通，最终收到良好的教育教学效果。

2.【参考范文】

教师要塑造完美人格

良好的教师人格是学生成长的重要保证，是教师自我完善的最高境界，是社会进步的阶梯。有了它，儿童的心灵就拥有了一片“最灿烂的阳光”。抓住了教师良好人格的培养，就等于抓住了教师教育的灵魂。因此，教师要塑造完美人格。

首先，教师的劳动特点规定了教师人格的特殊性。教师劳动的最大特点是培养、塑造新生一代，是做人的工作。教师的劳动对象是人，是一个个具有不同个性的学生；教师的主要劳动工具是人，是涵盖着自身全部人格、知识和才华的教师本人；教师的劳动产品也是人，是能够带着教师在自己心中播下种子，使之发芽，开花，结果，播撒更多的种子，影响社会的学生。所以，各个社会和阶段总是对教师人格有特殊要求。

其次，教师肩负的责任决定了教师人格的高尚性。教师的思想觉悟、道德品质、文化知识和工作能力的好坏，直接关系社会主义建设能否兴旺发达，党的事业是否后继有人。因此，教师不仅要具有高度的文化修养和专业知识，还要具有高尚的道德品质。唯有高尚的教师人格，才能担负起培养人的历史重任。

再次，教师人格反映了广大教师对真、善、美的自觉追求。教师人格是构成教师道德内在本质的精神力量，是思想、品德、情感的有机结合，陶行知先生曾说过：“千教万教，教人求真；千学万学，学做真人。”爱因斯坦也说过：“只有按道德行事才能赋予生活以美和尊严。”真、善、美的统一是人生的最高境界，也是教师理想人的集中体现和自觉追求。

当下教育界丑闻频出，让教师人格的塑造显得尤为重要。教师的人格对于学生的心灵来说，是任何东西都不能替代的，教师的人格是教育事业的一切。

【点评】这是一篇话题作文，要求以“教师人格的塑造”为话题，写一篇文章。材料当中引用了俄国教育学家乌申斯基的话：“教师的人格就是教育工作者的一切，只有健康的心灵才有健康的行为。”可见教师人格的完善是成就教育事业的基石，教师人格的完善对学生的人格塑造起到至关重要的作用。教师人格魅力，对其开展教学活动有重要作用。良好的人格也是作为一名教师所必备的基本素质。这篇范文是一篇论说文，以引用开头，简单引出教师要塑造完美人格的重要意义。第二、三、四段重点分析为什么要塑造教师的完美人格：首先，教师的劳动特点规定了教师人格的特殊性；其次，教师肩负的责任决定了教师人格的高尚性；再次，教师人格反映了广大教师对真、善、美的自觉追求。通过这三个方面论述，说明了教师塑造人格对事业、对国家的重要作用。突出重要性，起到了深化主题的作用。最后一段笔锋一转，针对当前的社会现实分析，对前面的总论点和分论点进行总结，起到承上启下的作用。本文逻辑清晰，有一定的文采。

# 「反馈有奖」

**重磅!真题重奖征集(QQ:3232490489),奖励200元至1000元的网校红包**

(温馨提示:奖励红包不设门槛,用于支付山香网校任意课程和题库,该红包不能提现,可与其他优惠一同使用)

亲爱的读者：

感谢您对山香教育的信任与支持，您的建议，是我们前进的助推剂！为了进一步提高图书质量，我们特向全国各地的读者开展有奖反馈活动。

1.凡提供山香教材或试卷的错题反馈者，均能获得山香网校学习卡50元；

2.凡提供以下反馈项目者，均能获得山香网校200元代金券的奖励；

3.我们从意见被采纳的人员中每月抽取幸运者2名，奖励山香网校视频课程大礼包（价值598元）各一份。

¥200 山香网校 代金券

¥598 大礼包

## 反馈项目

姓名：　　性别：　　专业：

报考地区：　　QQ号：　　手机号：

1.本书内容结构安排如何?您有何好的建议?

2.您认为本书内容上需改进的有哪些方面?

扫码填写反馈意见

3.关于版式，您认为本书需要增加哪些栏目或特色?

4.您对本书的印刷/装订/封面有何意见和建议?

联系方式

电话专线：400-600-3363　　研发中心QQ：1831595423

招教网：http://www.zhaojiao.net　　山香网校：http://www.1211.cn

山香图书勘误链接